Ein Jahrhundert Leipziger Fußball
1893-1945

Jens Fuge

Ein Jahrhundert Leipziger Fußball

Die Jahre 1893 bis 1945

Connewitzer Verlagsbuchhandlung Leipzig
1996

Das Titelbild zeigt eine Spielszene aus dem Kampf um die Mitteldeutsche Meisterschaft vom 1. 5. 1930 zwischen dem VfB Leipzig und dem Dresdner SC; von links nach rechts Schlösser, Edy Pendorf, Rimke.

Dem Buch liegt ein Reprint eines Stadtplanes aus dem Jahr 1925 bei, auf dem anläßlich des 25jährigen Jubiläums des Deutschen Fußball-Bundes alle damaligen VMBV-Vereine mit ihren Spielstätten verzeichnet wurden.

© 1996 Connewitzer Verlagsbuchhandlung Leipzig
Alle Rechte vorbehalten
1. Auflage 1996
Satz und Gestaltung: Westend-Presseagentur Jens Fuge; Jürgen Auge
Lektorat: Stefan Krause, Peter Hinke
Reproduktionen und Belichtung: Repromedia Leipzig AG
Druck: Pöge-Druck, Mölkau
Bindung: Kunst- und Verlagsbuchbinderei Baalsdorf
Printed in Germany
ISBN 3-928833-23-5

Vorwort

Fußballsport als Volkssport – das gibt es in Leipzig nun schon seit über 100 Jahren. Der nachweislich erste Verein konstituierte sich vor einem Jahrhundert, als Schüler städtischer Lehranstalten diese Sportart für sich entdeckten und sich organisierten.

Der Fußball nahm auch in Leipzig einen schnellen und ungeahnten Aufschwung, zog mehr und mehr Zuschauer in seinen Bann und brachte große Vereine mit beeindruckenden Erfolgen hervor. In der Messestadt war mit dem VfB Leipzig ein äußerst erfolgreicher Club zu Hause, der deutschlandweit für Furore sorgte und drei Meistertitel an die Pleiße holte. Spätestens zu diesem Zeitpunkt war diese zunächst äußerst umstrittene und sogar angefeindete Sportart gesellschaftsfähig geworden. Hier trafen sich nicht nur mehr die kleinen Leute, sondern auch Fabrikanten und Unternehmer, Regierungsangestellte und Beamte. Wollte man anerkannt sein, mußte man ganz einfach einen Mitgliedsausweis von Arminia, Wacker oder Spielvereinigung in der Tasche haben.

Das änderte sich auch in der Zeit der Weimarer Republik nicht. Sportlich erlebte Leipzig damals große Zeiten, die Mitteldeutschen Meisterschaften wurden beherrscht, und Leipziger Vereine holten sich auch in zahlreichen Freundschaftsspielen Anerkennung im ganzen Land. Große Stadien mit eindrucksvollen Holztribünen entstanden. Die Anlagen in der Messestadt gehörten zu den modernsten in Deutschland. Mit dem Beginn der Herrschaft der Nationalsozialisten war eine ungehinderte Entwicklung des Fußballs nicht mehr möglich. Gleichgeschaltet und zentralgelenkt hatten die Vereinsführer sich dem Willen der neuen Herrscher vollends unterzuordnen.

Mit zunehmender Kriegsdauer verfiel der einstmals stolze Fußballsport in Agonie. Tausende und aber Tausende Fußballer mußten in den Krieg, doch die Nazis dachten gar nicht daran, Meisterschaften abzubrechen – mit aller Kraft sollte der Eindruck der Normalität gewahrt bleiben. Bis wenige Tage vor Kriegsende wurde gespielt, und die Zuschauer kamen in Scharen, suchten sie doch diesen Rest Erinnerung an die vergangenen Tage unter normalen Lebensbedingungen.

In unserem Buch werden wir versuchen, dieses erste halbe Fußball-Jahrhundert in möglichst vielen Facetten zu betrachten und den Werdegang der populärsten aller Sportarten in unserer Stadt nachzuvollziehen. Man wird den Fußball auch als Spiegelbild der gesellschaftlichen Ereignisse erkennen, wodurch Zusammenhänge sichtbar werden und Entwicklungen erklärbar. Vor allem aber wollen wir den Fußballfreunden Gelegenheit geben, einen Blick in längst vergangene Zeiten zu tun und sich an den vielen Geschichten und Anekdoten zu erfreuen. Ein Farbtupfer in der Zeit des sich immer schneller drehenden »Spielerkarussells«, in der die Vereine insgesamt austauschbar wirken. In der beschriebenen Frühzeit des organisierten Fußballs waren noch echte Typen dabei, verwachsen mit Stadt und Leuten, Verein und Mitspielern.

Viel Freude beim Eintauchen in eine gänzlich andere, fast vergessene Zeit!

Jens Fuge

Vom Beginn des Fußballsports in Deutschland

Die Anfänge des deutschen Fußballsports gehen auf die Jahre nach 1874 zurück. Wie schon im Mutterland dieser Sportart, in England, wurde das Fußballspiel auch in Deutschland zunächst an höheren Schulen betrieben.

Der Braunschweiger Professor Konrad Koch war es, der 1872 gegen viele Widerstände aus den Kreisen seiner Amtskollegen und der Öffentlichkeit bei seiner Behörde die Einführung eines Pflichtspielnachmittages an seiner Schule erwirkte. 1874 war es soweit, daß die Ballspielbewegung in der Gründung einer Schülervereinigung am Gymnasium Martino-Catherineum zu Braunschweig ihren Niederschlag fand. Das Braunschweiger Vorbild wurde in anderen Städten nachgeahmt; die Ballspielbewegung hatte ihren Siegeszug angetreten.

In Leipzig war vom Fußballspiel so gut wie nichts bekannt, denn damals fühlten sich die Tageszeitungen nicht veranlaßt, Berichte und Hinweise über den neuen, aus England herüberkommenden, allgemein als roh und unfein verschrienen Sport zu veröffentlichen.

In manchen größeren Städten wie Frankfurt, Hannover und Heidelberg wurde schon längere Zeit Fußball gespielt, meist jedoch Rugby, und erst Ende der 80er Jahre kam in Hamburg und Berlin »Association Fußball«, also das Spiel ohne Aufnehmen des Balles, auf. 1888 wurde in Berlin der »Tor- und Fußballclub Germania« gegründet, dem in den nächsten Jahren andere Clubs folgten. Doch die Entwicklung ging recht langsam vonstatten, denn es bedurfte schon ziemlichen Mutes, sich über die vielen Hindernisse und Vorurteile hinwegzusetzen. Welche Schwierigkeiten galt es zu überwinden! Anfangs unterwarfen sich die Fußballspieler einer strengen Regulierung der Sitten und Gebräuche beim Spiel. Am Braunschweiger Martino-Catherineum wurde im Sommer nur ein beschränkter Spielbetrieb geduldet, bei mehr als zehn Grad Wärme war jedes Spiel »wegen der Gefahren« verboten. Jedem zu Erkältungen neigenden Spieler wurde empfohlen, an den Spielnachmittagen ein wollenes Hemd zu tragen. Außerdem wurde allen Spielern auferlegt, nach den Wettspielen sofort den Überrock anzulegen und einzeln (!) nach Hause zu gehen, um Erkältungen zu vermeiden und keine Gelegenheit zum Sprechen zu geben. Zudem gab es besondere Gesundheitsvorschriften.

»1. Schwächliche und kränkliche Kinder werden nur mit ärztlicher Erlaubnis zugelassen.
2. Es wird niemals ohne Aufsicht eines Lehrers gespielt.
3. Bei unsicherem Wetter wird nur von Freiwilligen gespielt.
4. Es wird bei der Einrichtung des Spielplatzes dafür Sorge getragen, daß kein Spieler gegen den Ostwind anzulaufen hat.
5. Auf dem Platz darf sich niemand hinlegen oder müßig stehen.
6. Kein Schüler darf ohne besondere Erlaubnis den Rock ablegen; die Erlaubnis hierzu wird nur dann erteilt, wenn die Schüler ein wollenes Hemd tragen.
7. Eine ärztliche Untersuchung ist vor Eintritt eines Mitgliedes notwendig.
8. Wo die ärztliche Untersuchung unterlassen wurde, ist sie nachzuholen, sofern nach dem ersten Übungstage neben den üblichen Turnschmerzen noch Verdauungsstörungen, Atembeschwerden, Blutandrang und Schlaflosigkeit auftreten.
9. Man gehe nicht nach reichlich genossenem Mahl zum Spiel. Etwaigen Durst stille man nur mit Wasser.
10. Bei hoher Temperatur und heftigem, trockenem Wind (Richtung nebensächlich) soll nicht gespielt werden. Ruhige Kälte schadet nicht, hilft vielmehr abhärten.
11. Während des Spiels sei man leicht bekleidet, den Kopf halte man nach Möglichkeit unbedeckt.
12. Bei hohem Sonnenstand soll nicht gespielt werden, bei tiefem Sonnenstand spiele man tunlichst in nord-südlicher Richtung.
13. Man beginne mit mäßiger Anstrengung, steigere dieselbe allmählich und spiele nie bis zur Erschöpfung.
14. Weder während des Spieles, noch unmittelbar nach Beendigung desselben, darf gegessen oder getrunken werden.«

Mit der Zeit gelangten durch auswärtige Freunde und Bekannte immer mehr Nachrichten über den neuen Sport nach Leipzig und ließen hier bei einer Anzahl junger sportbegeisterter Leute den Wunsch aufkommen, es anderen Städten gleichzutun. Zu jener Zeit war eine außerberufliche körperliche Betätigung nur im Turnverein möglich, aber auch da meist in geschlossenen Räumen und unter dem Zwang strenger turnerischer Disziplin.

Chronik der Jahre 1883-1945

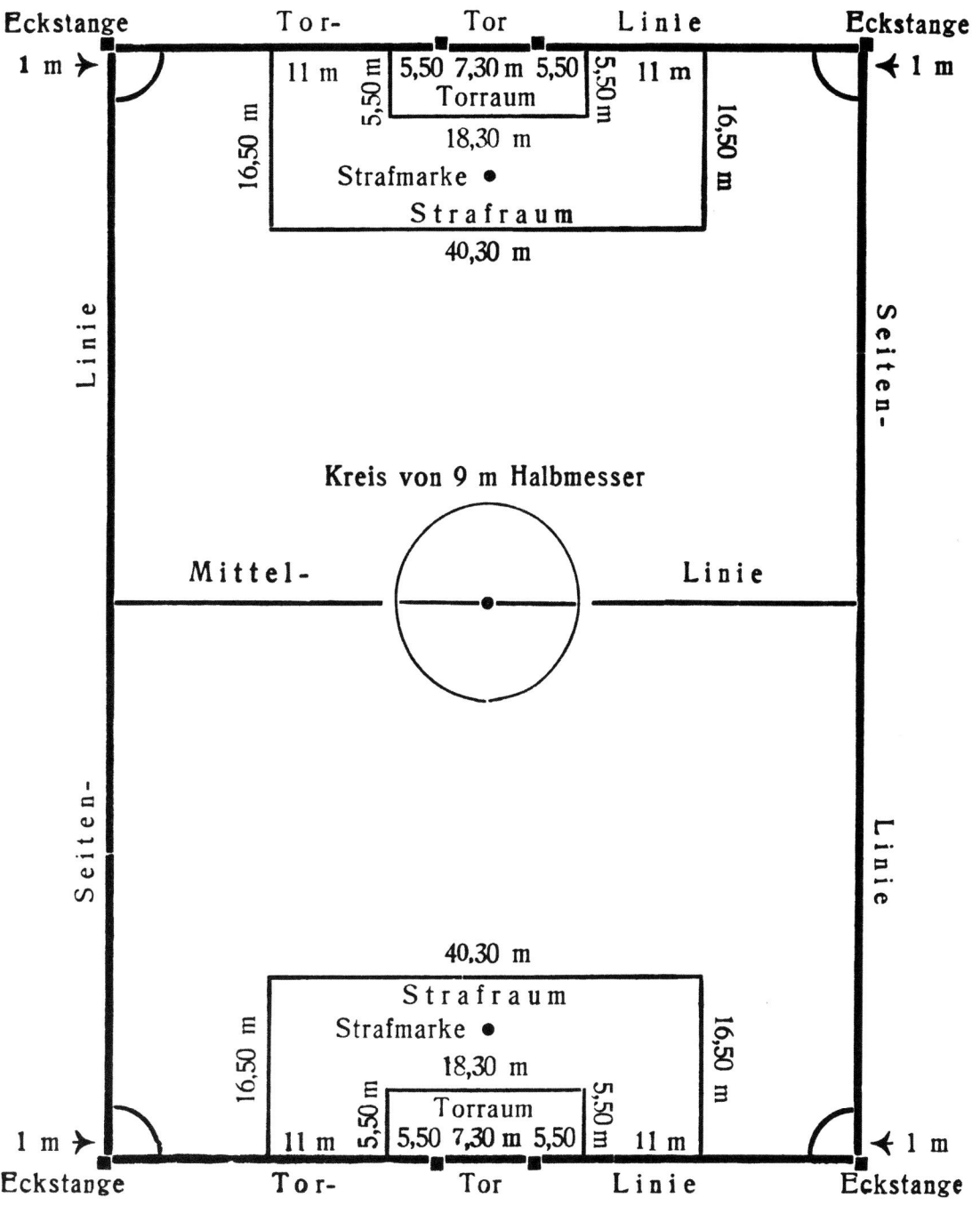

1883 An der Petrischule in Leipzig spielten unter der Leitung des Turnlehrers Wortmann die Jungen erstmals Fußball. Förderlich war dieser Entwicklung der vom Minister von Goßler herausgegebene Spielerlaß, der »mehr Spiele im Freien« verlangte. Kaum jemand nahm aber von den ersten Bemühungen um das Fußballspiel Notiz. Nur die »Deutsche Turnzeitung« widmete den »Volksspielen im Freien mit Hilfe eines Balles« Aufmerksamkeit, so daß die Kunde von der Gründung von Fußballvereinen in die Reihen der Turner drang. Der breiten Öffentlichkeit jedoch blieb sie verborgen.

Schuljungen begannen auf Wiesen und öffentlichen Plätzen Fußball zu spielen.

Seilspringen in der Schulpause. Körperertüchtigung spielte in den Schulen schon immer eine große Rolle.

1887 Der »Allgemeine Turnverein zu Leipzig von 1894« (ATV) führte am 11. September eine Herbstturnfahrt zum Groitzscher Berg mit 138 Teilnehmern durch. Bei den Turnspielen am Berg erschien zum ersten Mal der Fußball im Verein, einige junge Männer wetteiferten mit den Gastgebern unter den mißbilligenden Blicken der anwesenden Turnerschaft um einen Ball.

1888 Turner der »Vereinigten Riegen« spielten am 3. Juni zum ersten Mal auf den Bauernwiesen Schlagball und Fußball. An diesem Tag wurde auch die »Spielvereinigung des Allgemeinen Turnvereins« gegründet. Damit hatte praktisch die Geburtsstunde der ersten organisierten Fußballmannschaft in Leipzig geschlagen. Gründer der Spielabteilung im ATV Leipzig waren der Vorturner G. Schöck und der spätere Turnwart Max Vogel. Letzterer hatte sich auch bei der Festlegung der Spielregeln erhebliche Verdienste erworben. Nicht nur im Spielbetrieb selbst, sondern auch in der Gründung und Unterstützung anderer Vereine und der Werbung für den Fußballsport tat der ATV sehr viel.

1889 Am 7. Deutschen Turnfest in München am 26. Juli nahmen 184 Vereinsmitglieder des Allgemeinen Turnvereins zu Leipzig 1845 teil. Es turnten drei Riegen am Barren und am Pferd, 48 Sportler führten einen Reigen mit eisernen Reckstangen vor, und 22 Mitglieder spielten Fußball gegen Turner vom Londoner »Orion«. Der in London lebende Paul Köhler, ein Mitglied des ATV, betreute den »Orion-Klub« und hatte das Spiel organisiert – trotz des Widerstands der konservativen Teile der deutschen Turnerschaft, die ihren Übungsbetrieb durch die Fußballspieler und ihr »Treiben« gefährdet sahen.

Turner bei einem Ausflug.

1891

Der ATV führte das erste öffentliche Wettspiel außerhalb von Leipzigs Mauern durch. Mit der Gründung des »Verein Sportplatz Leipzig« wurde der Gedanke, für Leipzigs Bevölkerung eine Turn- und Sportplatzanlage zu schaffen, in die Tat umgesetzt. In vorausschauender Erkenntnis der Entwicklung der Sportbewegung trat der junge Verein mit der Bitte um pachtweise Überlassung des Geländes am heutigen Cottaweg an die Stadt Leipzig heran.

Der Cottaweg in Leipzig. Hier wirkte der »Verein Sportplatz«, der vielen Leipziger Fußballern eine Heimstatt bot.

1892

Anfang des Jahres kam es zum Abschluß eines Pachtvertrages zwischen der Stadt Leipzig und dem »Verein Sportplatz« für das Gelände an der damaligen Frankfurter Straße zwischen dem neuen Schützenhaus und dem Kuhturm. Nach Erbauung einer Radrennbahn, einer Tribüne und der Anlage einiger Spielplätze erfolgte die Eröffnung des »Sportplatz Leipzig« bereits im September des gleichen Jahres. Die in Deutschland einzigartige Anlage wurde sehr bald zum Mittelpunkt der Leipziger Sportbewegung. Auf der Radrennbahn fanden jährlich bis zu zwölf offizielle Rad- und Motorradrennen mit einer Gesamtzahl von etwa 150 000 Besuchern sowie rund 20 lokale Veranstaltungen von Verbänden und Vereinen statt. Die Anlagen für die Leichtathletik mit einer Rund- und 100-Meter-Bahn und einigen Sprunggruben wurden in den Innenraum der Radrennbahn eingebunden. Sie war die erste und viele Jahre auch die einzige Anlage in Leipzig, auf der alle bedeutenden leichtathletischen Veranstaltungen und Turnfeste (Sedanwettkämpfe) zur Durchführung kamen und die den jeweils beheimateten Vereinen, wie zum Beispiel der Universität (Akademischer Turn- und Sportabend), zu Übungszwecken zur Verfügung stand. In den ersten Jahren nahmen vor allem der Leipziger Ballspiel-Club, Marathon Westens, der Turnverein Plagwitz und der Akademische Sportclub gern von der Anlage Besitz. Der Sportverein Viktoria, Olympia, Sportfreunde, Wacker, Spielvereinigung, Lipsia und der VfB trugen hier ihre Spiele aus, bis sie sich eigene Anlagen schufen.

Da die Sedanfeier wegen drohender Choleragefahr unterblieb, wurden am 2. September nur die Spiele auf den Bauernwiesen durch die Spielvereinigung des ATV 1845 durchgeführt.

1893

Gegen viele Widerstände förderten die Oberlehrer Graupner von der 1. Realschule und der Oberturnlehrer Schütze von der 2. Realschule den Fußballsport. Die Jugend der inneren Stadt spielte auf dem Töpferplatz. Der Lindenauer Sportplatz auf dem Gelände des Cottaweges und der Exerzierplatz, das heute bebaute Gelände Nordkirche-Chausseehaus-Hallesche Straße-Ehrensteinstraße-Gohliser Straße in Gohlis, waren weitere Zentren des verpönten Sportes.

Die »Spielabteilung des ATV Leipzig« warb eifrig für das Fußballspiel. 1893 gab in ihrem Auftrag Max Vogel ein kleines Heft heraus, in dem allen denen Anregungen und Unterlagen gegeben wurden, die einen Fußballverein zu gründen beabsichtigten.

Von den Toren wurde in dieser Broschüre gesagt, daß vier einfache, etwas starke Hölzer genügen und an Stelle der verbindenden Querstange eine Leine, die vor jedem Spiel straff angezogen werden muß, treten kann. »Der Ball muß vollständig kugelrund sein und soll nach jedem Spiel vom Schmutz gereinigt und mit einem Lederöl, zum Beispiel Fischtran, eingerieben werden. Wenn der Ball infolge der öfteren Benutzung nicht mehr straff genug ist, wird das Aufblasen mit einer Luftpumpe empfohlen. Zur Unterscheidung der Spieler tragen diese grüne und rote Binden um den linken Arm, die bei besonderen Wettkämpfen durch um den Leib geschlungene Schärpen ersetzt werden.«

»Manche Spieler«, so wurde in der Werbeschrift weiter erläutert, »kleiden sich vor dem Spiel vollkommen um und tragen kurze, nur über das Knie reichende Hosen. Zu dieser Tracht werden lange, schwarze, über das Knie reichende Strümpfe als bestens geeignet empfohlen.« Einen »vollgültigen« Beweis für den Wert der kurzen Hosen findet man in den 90er Jahren in einem Spielbericht vom Treffen »Hanau 93« gegen »Hassia« in Kassel. Hanau war, nach Ansicht des Gegners, ihm nur deswegen stark überlegen, weil

Das Jahr 1893

Hier befindet sich die Wiege des Leipziger Fußballs – der ehemalige Exerzierplatz. Das Gelände ist längst bebaut (Blick von der Nordkirche auf die Gohliser Straße und den Nordplatz).

sie mit kurzen Hosen spielten. Das Ergebnis war 9:1 für Hanau, und für »Hassia« folgte der Beschluß, sich fortan gleichfalls kurze Hosen zuzulegen.

»Das Bestreben, nach des Tages Last und Arbeit sich einige Stunden im Freien zu tummeln, ließ endlich Anfang 1893 bei einer kleinen Schar junger Leute den Entschluß zur Tat werden, einen Fußballclub ins Leben zu rufen. Hauptsächlich waren es einige Lehrlinge und junge Gehilfen der Mechanischen Werkstatt von Poller, die sich mit einigen Freunden und Schulkameraden am 1. Februar 1893 in der Gastwirtschaft zur Mühle in Gohlis zusammenfanden und den ersten Fußballclub gründeten, der den Namen ›Lipsia‹ erhielt. Zu den Gründern gehörten Ewald Anton, Alex Westeroth, Otto Thebs, Curt Häußler, Arthur Paaschie, Bernhard Jülich und Georg Hosenberg. Als Clubfarben wurden zunächst Grün-Weiß-Rot gewählt.

Das älteste existierende Foto des »FC Lipsia« aus dem Jahr 1898.

Nachdem Anleitungen, Regeln und ein Ball vom Berliner Sporthaus Steidel beschafft waren und nach vielen Mühen die Militärbehörden und der Rat der Stadt Leipzig ihre Genehmigung zum Spielen auf dem Gohliser Exerzierplatz gegeben hatten, fanden im Frühjahr 1893 die ersten Übungen statt, gewöhnlich an Wochentagsabenden von 19 Uhr bis zum Dunkelwerden und sonntags von 11 bis 14 Uhr. An Bußtagen sowie den hohen kirchlichen Festen und während der Gottesdienste war das Spiel verboten. Natürlich konnten nicht gleich Wettspiele veranstaltet werden, denn die Mitgliederzahl reichte nicht für eine komplette Mannschaft aus.

Um eine gewisse Fertigkeit in der Ballbehandlung zu erlangen, wurde meist ein Kreis gebildet, Hochstöße ausgeführt und der Ball, so gut es eben ging, von einem zum anderen gestoßen. Mitunter, bei besonders zahlreicher Beteiligung, baute man auch ein Tor auf und übte Torschießen mit Goalkeeper, zwei Backs und Forwards (allgemein waren anfänglich nur die englischen Ausdrücke bekannt und gebräuchlich). Das Tor bestand aus zwei schwächlichen runden Stangen, die oben dünne Eisenstäbe hatten und durch eine Schnur verbunden waren. Viel Mühe bereitete es, den Ball aufzublasen. Der Gebrauch einer Luftpumpe war anfangs noch unbekannt, und der Ball mußte mit Lungenkraft spielfertig gemacht werden, was nur wenige Spieler zuwege brachten. Auch das Aufstellen der Tore war gar nicht so einfach, besonders bei hartem Boden, und es kostete viel Anstrengung, mit der Eisenstange Löcher zu bohren und die Stangen so tief einzubuddeln, daß sie der Wind nicht gleich wieder umblies. Trotzdem passierte das oft, besonders auch, wenn der Ball eine Stange traf. Dann ging dieselbe Mühsal von vorne los...

Aber all diese Unannehmlichkeiten wurden gemeistert. Als erstes Umkleidelokal diente ein Kellerraum im neuen Gasthof Gohlis. Als dann später statt der Torleine zusammenschraubbare Querlatten angeschafft waren, machte deren Aufbewahrung infolge ihrer Länge erhebliche Schwierigkeiten. Neben den Ballübungen pflegten die jungen Lipsianer auch fleißig Leichtathletik mit Laufen, Springen, Steinstoßen usw. Meist lief man Strecken bis 3000 Meter nach Zeit, und es galt als Ereignis, wenn es gelang, die bisherige Bestleistung zu unterbieten.

Das Treiben der jungen Leute erregte auf dem Exerzierplatz, der für damalige Verhältnisse einen regen Fußgängerverkehr von Gohlis durchs Rosental nach der Stadt hatte, nur Kopfschütteln und Mißfallen. Allgemein herrschte die Ansicht vor, daß dieser grobe Unfug polizeilich verboten werden müßte.« (aus: »30 Jahre Gau Nordwestsachsen«)

Trotzdem fand das Spiel bald weitere Anhänger. Am 6. März 1893 gründete sich auf dem Sportplatz in Lindenau der »Leipziger Ballspiel-Club«, der unter seinen Mitgliedern sogar zwei Schweizer Spieler, die Gebrüder Sechehaye, hatte.

Die Firma Steidel aus Berlin war Ausrüster für viele der ersten Vereine; so auch der Leipziger. Hier bekamen die Mannschaften die Ausrüstung, die sie brauchten – vor allem ordentliche Bälle.

Auch die Namen A. und H. Dufour Feronce, Alkier, Mutze, Meißner, Dr. Hofmann, Feldweg, Fröhner, Lange, C. Kramer und Paul Krauß blieben der Nachwelt erhalten.

Wenig später entstand auf dem Exerzierplatz eine Schülervereinigung, die nach ihrem Gründer Schöffler zunächst »Schöffler-Club« benannt wurde. Schöffler, ein echter Fußball-Pionier, gehörte selber der »Spielvereinigung im ATV Leipzig« an und hatte den Klub gegründet, weil sich gegen die begeisterten Fußballspieler seitens der Turner großer Widerstand regte. Dieser Klub bildete später den Grundstock zum VfB. Schöffler besuchte das Spiel einer englischen Mannschaft in Prag und kam mit vielen Neuigkeiten zurück. In langem Vortrag erläuterte er die Spielweise der Engländer, und dann begann er, nach dem Gesehenen das Training zu leiten. Er brachte der Mannschaft das Kombinationsspiel bei, eine Spielweise, die auch künftig ständig zu dieser Mannschaft gehörte.

Kurz darauf, am 11. November 1893, gründete der spätere Stadtverordnete Johannes Kirmse den Club »Sportbrüder«, der fast nur aus Schülern der 2. Realschule bestand.

Das damalige Geschehen hielt Ludwig Beuthien in seinen »Erinnerungen eines alten Fußballspielers« fest: »In den Jahren 1890–93 habe ich schon Fußball gespielt. Damals gab es noch keinen Fußballverein in Leipzig. Wir spielten im ATV Leipzig sonntags früh auf den Bauernwiesen am Germaniabade. Planlos wurde der Ball hin- und hergestoßen, möglichst viele auf einen Haufen; oft kämpfte die eigene Mannschaft um den Ball. Spielregeln waren ziemlich unbekannt, bis mal ein älteres, verdienstvolles Mitglied englische gedruckte Regeln mitbrachte. Dadurch kam nach und nach mehr Ordnung in den Spielbetrieb hinein. Bis auf einige ganz verrückte Sportsmenschen, welche in kurzen Hosen kamen, die aber unterm Knie zusammengebunden wurden, spielten alle in langen grauen, enganliegenden Trikothosen mit Stegen, dazu Hemd ohne Ärmel! Fußballstiefel waren noch nicht zu haben, ein paar »ganz Reiche« hatten sich welche aus England schicken lassen. Da bei uns anderen meist Mangel an Geldüberfluß herrschte, spielten wir in unseren Straßenschuhen, manchmal auch in Turnschuhen. Da gab es bei einem Spitzenkick mitunter sogar eine gebrochene Zehe. Ich spielte in Halbschuhen mit ausgefranstem Gummizug, das Paar zu 3,50 bei Tack & Co. Dadurch kam es manchmal vor, daß bei einem kräftigen Stoße der Schuh hinter dem Ball herflog, zum Gaudium der zahlreich anwesenden, kopfschüttelnden Zuschauer, aus deren Reihen mal eine keifende Weiberstimme erscholl: »Ihr seid ja verrückt!« Vom Zusammenspiel, von Technik oder Taktik hatten wir keine Ahnung, unsere Schienbeine glichen Sägen, da wir uns gegenseitig kräftig bearbeiteten.«

An der »Geteilten Kreisturnfahrt nach Eythra« am 27. August nahmen 136 Vereinsmitglieder des ATV 1845 teil. Den Freiübungen folgte ein Fußballwettspiel der ATV-Spielvereinigung gegen den »Turnverein der Südvorstadt«.

1894

Die »Spielvereinigung« des ATV 1845 zeigte beim 8. Deutschen Turnfest in Breslau ihre Spiele und kämpfte wie die »Alemannia« gegen Mitglieder Breslauer Turnvereine. Die Leipziger Paul Erbes, Lion und Küchenmeister waren als Kampfrichter tätig.

Es bildeten sich in diesem Jahr mehrere Vereine: der FC »Erdbeere«, der wegen des Symbols auf der Spielkleidung so genannt wurde, sowie die Schülervereine »Concordia« und »Saxonia« als Vorgänger von »Wacker«.

In der Zwischenzeit hatte natürlich auch »Lipsia« Zuwachs erhalten, besonders als sich 1894 der Gohliser Fußball-Club »Germania«, der nur kurze Zeit bestand, auflöste. Seine Mitglieder traten fast geschlossen zu Lipsia über. So war um diese Zeit die Mitgliederzahl schon auf 28 gestiegen, wodurch es ermöglicht wurde, zwei Mannschaften zu bilden und regelmäßig Übungsspiele abzuhalten. Das förderte natürlich die Fortschritte und das Können ungemein. Kurz darauf kam auch ein richtiges Wettspiel mit den Schülern der ersten Realschule zustande, das 4:1 zu deren Gunsten endete. Nach weiterem fleißigen Üben wurde schließlich der Wunsch rege, die Kräfte einmal mit einem auswärtigen Gegner zu messen.

Nach langen Verhandlungen trat im Herbst 1894 der Berliner Tor- und Fußball-Club Germania als erster auswärtiger Verein in Leipzig zum Spiel gegen Lipsia an. Die Berliner

Unter primitiven Bedingungen trugen die Mannschaften ihre ersten Spiele aus.

hatten damals eine starke Mannschaft und erregten besonders durch ihr Spiel von Mann zu Mann sowie durch die hier noch nie gesehenen wunderbaren Kopfstöße ihres fast zwei Meter langen Mittelstürmers Demmler berechtigte Bewunderung. Das Spiel stand unter der Leitung des Turnwarts Max Vogel vom ATV und endete mit dem 4:2-Sieg der Berliner. In Anbetracht der mangelnden Spielgelegenheiten hatte sich die Lipsia gut gehalten und war dem besseren Gegner ehrenvoll unterlegen.

Das bald danach in Berlin ausgetragene Rückspiel gewann wiederum Germania – diesmal 5:3. Viele Feinheiten, die Lipsia in diesen Spielen kennenlernte, wurden in der Folgezeit nachgeahmt und förderten die Spielstärke sehr. Die nächsten Berliner Vereine, die Wettspiele in Leipzig austrugen, fanden deshalb in »Lipsia« auch einen besseren Gegner vor und wurden geschlagen – Columbia mit 2:1 und Eintracht mit 4:2.

Der Winter 1894 brachte reichlichen Schneefall, so daß das Spiel unterbleiben mußte. Statt dessen veranstaltete man Schnitzeljagden, die sich über das Rosental mitunter bis nach Leutzsch und Möckern zogen. Am Abend fanden dann im damaligen Klublokal Hotel Stadt Gotha gemütliche Kneipenabende statt.

Schimpften die Turner über die Buntscheckigkeit der »Fußballfexe«, so anerkannte die »Deutsche Turn-Zeitung« in einem Bericht über das Spiel der Berliner Columbia in Leipzig gegen Lipsia und den Leipziger Ballspiel Club die Notwendigkeit unterschiedlicher Kleidung: »In beiden Spielen konnte man beobachten, daß eine gleichmäßige Kleidung jeder Partei einen guten Eindruck macht, und daß bei Wettspielen die eine Partei sich in der Kleidung in irgendeinem wesentlichen Punkte (Farbe des Hemdes, Tragen einer bunten Schärpe) von der anderen unterscheiden muß. Eine ganz einheitliche und dabei nicht zu aufdringliche Kleidung (dunkelblaues Trikot und gelbe Schärpe) trug der Leipziger Ballspiel-Club.«

1895

Auch eine Anzahl Schüler der 1. Realschule von Leipzig übten auf dem Exerzierplatz das Fußballspiel und hatten in ihren Reihen verschiedene begeisterte und begabte Spieler. Unter dem Namen Concordia trugen sie mehrere Spiele gegen Schüler des Albert-Gymnasiums aus, die unter dem Namen »Saxonia« spielten. Beide Vereine schlossen sich nach Ablauf der Schulzeit 1895 zum FC Wacker zusammen. Dieser Name entstand aus einem unter den ersten Fußballspielern üblichen Zuruf, wenn es galt, beim Kampf um den Ball einen Spieler besonders anzufeuern, sich »wacker« zu halten. Im Frühjahr 1895 konnte auch bei Lipsia nach langer Pause endlich der Fußballbetrieb wieder aufgenommen werden. Mit erhöhtem Eifer ging es zur Sache, und an den Sonntagen herrschte reger Spielbetrieb auf dem Exerzierplatz, zumal die Mitgliederzahl erheblich zugenommen hatte. Um diese Zeit wurden auch die alten Klubfarben durch die Farben der Stadt Leipzig ersetzt. Von nun an war die Spielkleidung ganz weiß mit blaugelber Schärpe und Sportmütze.

In Berlin bestand damals schon der Deutsche Fußball- und Cricket-Bund, in dem die meisten Berliner Vereine vereinigt waren. Von der Erkenntnis ausgehend, daß nur der Zusammenschluß weitere Erfolge bringen konnte, besonders durch die angemessene Beeinflussung der öffentlichen Meinung, beschloß Lipsia, ebenfalls dem Bund beizutreten. Zu dem im Juli 1895 in Berlin stattfindenden Bundestag wurde als Vertreter das Mitglied Georg Riedel entsandt, der das Aufnahmegesuch überbrachte. Der Bundestag beschloß einstimmig die Aufnahme Lipsias, so daß weiterhin ein ungehinderter Verkehr mit den Berliner Vereinen ermöglicht wurde. An den Bundesspielen konnten sich die Leipziger zwar nicht beteiligen, aber wertvoll waren die neuen Beziehungen zu anderen bedeutenden Vereinen der Reichshauptstadt, die mancherlei Wettspiele im Gefolge hatten. Daß es zu jener Zeit überhaupt möglich war, alle diese kostspieligen Unternehmungen durchzuführen, zeugt von einem großen Idealismus der ersten Fußballer. Außer den Mitgliedsbeiträgen hatten die Vereine keinerlei Geldquellen. So mußte denn jeder Teilnehmer an einer solchen Reise die Kosten aus eigener Tasche zahlen, was für den einzelnen in der Regel große Opfer bedeutete, weil die meist im jugendlichen Alter stehenden Fußballer nur über geringe Mittel verfügten. Zu einer Reise bedurfte es gewöhnlich mehrmonatigen Sparens, und auch dann noch war jeder Pfennig genau berechnet.

Nichtsdestoweniger wagte sich die junge Lipsia an immer neue Aufgaben heran, in dem Bestreben, das Fußballspiel auch in anderen Städten bekannt werden zu lassen. Zum Beispiel im Sommer 1895: Da traten Fußball-Anhänger aus Magdeburg mit dem Wunsch an Lipsia heran, doch einmal ein richtiges Fußballspiel erleben zu wollen. Die Leipziger kamen mit dem Berliner Verein »Victoria« überein, zu Werbezwecken ein Spiel gegeneinander in Magdeburg auszutragen. Die Sportanhänger dort verpflichteten sich, das Feld und die Tore aufzubauen, die spielenden Vereine brachten die Bälle mit. Auf dem »Anger«, einem hinter der Elbe liegenden riesigen Exerzierplatz, trat Lipsia gegen Victoria an. Die Berliner, damals in Höchstform, erwiesen sich als eindeutig überlegen und gewannen haushoch mit 16:0. Die Magdeburger aber waren von dem Geschehen hochbefriedigt und gründeten im Anschluß an dieses Spiel den längst nicht mehr bestehenden »Magdeburger Fußball- und Cricket-Club von 1895«. Dieser nahm sofort sportliche Beziehungen zur Lipsia auf und vereinbarte für das Frühjahr 1896 ein Wettspiel in Leipzig, wohl in der Meinung, diesem Gegner gewachsen zu sein. Das Spiel fand statt und endete ebenfalls 16:0, nur diesmal für die Leipziger.

1896

Bei der Lipsia fand wieder ein reger Wettspielbetrieb statt. Besonders zu erwähnen ist dabei das am 2. Dezember 1896 auf dem Sportplatz ausgetragene Spiel gegen den spielstarken LBC. Beide Vereine traten mit ihren stärksten Mannschaften an und trennten sich 2:2. Bei diesem Spiel wurden erstmals auch Mannschaftsfotos geschossen, was damals sehr selten war. Für solche Aufnahmen mußten extra Berufsfotografen bestellt werden, was teuer war und sich die Fußballer deshalb fast nie leisten konnten. Die Zahl der Vereine hatte sich weiter erhöht, nun gab es auch FC Olympia, FV Adler, die Spielabteilung des ATV 1845 und den Turnverein Südvorstadt, der trotz stärkster Gegnerschaft aus den eigenen Reihen weiterhin das Fußballspiel pflegte.

Im Sommer 1896 hatte »Lipsia« versucht, nach dem Vorbild Berlin auch in Leipzig das Cricketspiel einzuführen. Doch das Unterfangen mißlang, wohl auch wegen der unübersichtlichen Spielregeln, und geriet langsam wieder in Vergessenheit. Besonders die Passanten freuten sich darüber, denn sie hatten in jener Experimentierphase doch recht gefährlich gelebt. So ein Cricketball ist ein ganz schön hartes Ding! Im Laufe der ersten Jahre hatte sich bei den Vereinen auch ein gesellschaftlicher Verkehr herausgebildet. Stiftungsfeste, Weihnachtsfeiern und sonstige kleinere Veranstaltungen trugen dazu bei, daß sich die Familienangehörigen näher kennenlernten und reges Interesse am Vereinsleben und Gedeihen des Vereins nahmen. Dadurch kamen an Sonntagnachmittagen bei gutem Wetter Familienausflüge in die nähere Umgebung zustande, während bei ungünstigem Wetter gewöhnlich Konzerte und Unterhaltungsdarbietungen besucht wurden. Verpönt war dagegen der Besuch öffentlicher Tanzsäle. Auch mit den anderen Vereinen pflegte man freundschaftlichen Verkehr, was dazu führte, daß sich alle Fußballer untereinander kannten und einer großen Familie glichen. So ging auch kein Spiel vorüber, ohne daß man anschließend in gemütlicher Runde in einer Kneipe zusammengesessen hätte, sich anfreundete und sportliche Erinnerungen austauschte. Bei auswärtigen Spielen ehrte man sich gegenseitig durch den Austausch der Vereinsnadeln und knüpfte besonders enge Bindungen durch die Ernennung hervorragender Persönlichkeiten der Gegnermannschaft zu Ehrenmitgliedern des eigenen Vereins. So hatte Lipsia zum Beispiel die Ehre, den damals wohl berühmtesten Verteidiger der Berliner Victoria, Laube, als auswärtiges Mitglied führen zu können. Dieser spielte sogar einmal in Leipzig in der Lipsiamannschaft gegen den LBC mit und wurde allgemein wegen seiner Ballsicherheit und fabelhaften Technik bestaunt.

Zu dieser Zeit wurde der Fußball zum ersten Male Gegenstand der Berichterstattung in einigen Zeitungen. Es erschienen in Süddeutschland mehrere Sportzeitungen, in Leipzig wurden vor allem die Berliner Zeitschriften »Sport im Bild« und »Spiel und Sport« gelesen. 1896 entstand in Halle der erste Fußballclub, der HFC 96, mit dem Lipsia ebenfalls sofort in sportliche Verbindung trat.

Am 13. Mai 1896 wurde in »Bodens Deutscher Trinkstube« der VfB Leipzig gegründet. Als Gründungsmitglieder verewigten sich Theodor Schöffler, der geistige Schöpfer und 1. Vorsitzende, Otto Braune (Kassenwart), Schraps (Schriftwart), Paul Zschuppe (Zeugwart), Oskar Knothe (Spielwart), Otto und Georg Braune, Joseph Windisch, Heinrich und Wilhelm Keßler, Schirmer, Simon, Albin Geyer, Paul Kühn, Thienemann I und II, Prischmann, Weigand, Dorsch, Witte, Lindner und Ewald Trummlitz. Am 26. Mai folgte die zweite Versammlung im Weinrestaurant Kämpfe, am 7. Juni fand bereits das erste Übungsspiel auf dem Gohliser Exerzierplatz statt, und am 5. Juli gewann der VfB sein erstes Wettspiel gegen den Leipziger Ballspielclub mit 3:1. Es trat folgende Mannschaft an: Witte, Albin Geyer, Knothe, Otto Braune (»Manasse«), Georg Braune, Schraps, Zschuppe, Weigand, Otto Windisch, Stanischewsky, Theodor Schöffler.

1897

Um endlich einen geordneten und regelmäßigen Spielverkehr unter den Vereinen zu ermöglichen, gründeten nach langen Vorbesprechungen die Leipziger Vereine Lipsia, LBC, VfB, Wacker und Olympia den »Verband Leipziger Ballspielvereine«. Vorkämpfer dafür war Oskar Büttner vom LBC, der alle Vereine eingeladen hatte und seine Idee entschlossen verfolgte. Im Rosental-Kasino in der Rosentalgasse fand die Gründungsversammlung im August 1897 statt. Büttner wurde zum Ersten Vorsitzenden gewählt, seine Mitarbeiter im Vorstand wurden Moldenhauer (Wacker), Franke (Lipsia), Schöffler (Sportbrüder) und Walter (Sportbrüder). Die erste Stadtmeisterschaft wurde ausgerichtet.

Die Entwicklung der vielen kleinen Vereine wurde dadurch entscheidend gefördert, und auch die Tageszeitungen nahmen endlich Notiz von den Bemühungen der Fußballer und brachten nun auch kleinere Meldungen über das Wettspielgeschehen. Der erste Redakteur, der sich für den Fußball zu interessieren begann, war Sigfried Burckhardt von den »Leipziger Neuesten Nachrichten«. Vorher druckten die Zeitungen die Artikel nur gegen Bezahlung, doch dafür hatten die Vereine natürlich kein Geld übrig.

Am 14. Dezember 1897 fand in Prag auch das erste Städtespiel statt. Leipzig spielte mit Moldenhauer (Wacker), den Gebrüdern Sechehaye (LBC), Braune (VfB), Blohm (Wacker), Bähr (VfB), Matthes (LBC), Franke (VfB), Erler (LBC), Skokan (Wacker) und verlor mit 2:4. Die Reise endete tragisch, denn der Wacker-Spieler Skokan verunglückte unterwegs tödlich.

Für die Lipsia, die in bester Verfassung war, brachte das Jahr wieder eine Anzahl auswärtiger Spiele in Berlin, Magdeburg und Halle. Zu einem Rückspiel schickte die Victoria Berlin wohl im Gedenken ihres hohen Sieges die zweite Mannschaft nach Leipzig. Da diese jedoch 6:0 geschlagen nach Hause geschickt wurde, trat kurz darauf die erste Mannschaft erneut in Leipzig an, um diese Scharte auszuwetzen, und gewann verdient mit 8:3. Die hochgesteckten Hoffnungen der Lipsianer erlitten kurz darauf noch einen herben Dämpfer. Mittlerweile waren nämlich die ersten Fußballer ins militärfähige Alter gekommen, und im Herbst 1897 mußten acht Spieler zum Wehrdienst einrücken. Zur damaligen Zeit war es jedem Soldaten streng verboten, sich in einem Verein sportlich zu betätigen, so daß die Spieler für die Dauer der Dienstzeit für Lipsia verloren waren. Die Zurückbleibenden brachten zwar den Klub auch über diese schwere Zeit hinweg, konnten aber die Soldaten nie gleichwertig ersetzen, so daß die Spielstärke erheblich zurückging. Trotzdem waren sie noch gut genug, um gegen die leichteren Gegner aus Halle und Magdeburg erfolgreich antreten zu können. Daneben wurden mehr die gesellschaftlichen Veranstaltungen gepflegt, was den Zusammenhalt sehr förderte. Nach und nach kamen nun die Verbandsspiele in Fluß, bei denen Lipsia infolge der geschwächten Mannschaft gegen die starken Vereine Wacker, VfB und LBC nicht besonders günstig abschnitt.

1898

Der Leipziger Ballspielclub gewann die erste Stadtmeisterschaft. Dieser Titel war nicht nur für den Verein ein Meilenstein, sondern auch für den Fußball in der Stadt. Denn nun gab es einen Meister, die besten Fußballspieler konnten ab sofort regelmäßig gekürt werden.

Vielgestaltige Bemühungen wurden unternommen, um dem Fußballsport weiter an Bedeutung zu verhelfen und bessere Bedingungen zu schaffen. So wandte sich der Verband Leipziger Ballspiel-Vereine an den Rat der Stadt, um die Überlassung geeigneter Spielplätze zu erreichen, was jedoch abgelehnt wurde. Zum Glück besaßen die Vereine im »Verein

Sportplatz« einen eifrigen Förderer, welcher vielen Leipziger Mannschaften Heimatrecht auf seinen Plätzen gestattete und die Verpflichtung namhafter Gegner nach Leipzig unterstützte. Die »Sportbrüder« veranstalteten ein 40-Kilometer-Distanzlaufen auf der Strecke Paunsdorf – Bennewitz und zurück und ein Schlittschuh-Wettfahren auf dem Rohrteich.

»In einer gutbesuchten Versammlung sprach Turnlehrer W. Auerbach über die Turn- und Bewegungsspiele. In eindrucksvollen Ausführungen sprach er über die Gefahren für die Gesundheit der Massen und schloß seine Ausführungen mit dem Ruf: Heraus, Jugend, auf die Spielplätze!« (aus: »Jahrbuch für Volks- und Jugendspiele«)

Am 15. Juni 1898 vereinigten sich die Sportbrüder und der VfB zum neuen Verein »VfB Sportbrüder«.

1899

Es war zu Anfang des Jahres 1899, als der damalige Vorturner des »Allgemeinen Turnvereins zu Leipzig-Lindenau«, Oskar Irmischer, die Anregung gab, auch im »ATV Leipzig-Lindenau« eine Spielabteilung zu gründen, wie sie schon im »ATV zu Leipzig« bestand. Am 15. Februar 1899 traf sich dann Irmischer, nachdem er vorher über seine Absicht mit verschiedenen Turnvereinsmitgliedern gesprochen hatte, mit noch sechs Vorturnern und Turnern des ATV im Restaurant seines Vaters, Ecke Merseburger und Queckstraße in Lindenau, um die Gründung der wiederholt besprochenen Spielabteilung vorzunehmen. Man kam, da der gemeinsame feste Wille dazu vorhanden war, schnell zum Ziele und gründete die »Spielvereinigung des Allgemeinen Turnvereins zu Leipzig-Lindenau« mit dem Zwecke, durch sie im Turnverein die turnerischen Spiele zu pflegen und zu fördern. Als solche Spiele kamen in Betracht Faustball, Schlagball, Ballhoch, Dreimannhoch usw., und erst in letzter Linie dachte man auch an den Fußball. Oskar Irmischer wurde zum Vorsitzenden gewählt, und er leitete auch den nunmehr einsetzenden Spielbetrieb. Er beschränkte sich zunächst hauptsächlich auf die zuerst genannten rein turnerischen Spiele, und nur ab und zu wurde auch Fußball gespielt, und zwar auf dem Turnplatz. Als Tor, denn es wurde nur mit einem »Tore« gespielt, benützte man den Zwischenraum zweier Bäume. Beim Fußball war die Teilnehmerzahl immer bedeutend stärker als bei den anderen Spielen. Jedes Turnvereinsmitglied hatte das Recht, sich an den Spielen der Abteilung zu beteiligen, ohne ihr angehören zu müssen, da die Spielgeräte vom Turnverein gestellt wurden.

Wie die alten Spielstatistiken nachweisen, verdrängte der Fußball, der vornehmlich Interesse bei den jugendlichen Turnern fand, bald die anderen Spiele. Viele Jugendliche

Die Spieler der Spielvereinigung feierten schon bald erste Erfolge; so mancher Ehrenkranz wurde von ihnen erobert.

Anfeindungen nicht nur von seiten der Turner waren an der Tagesordnung, man versuchte – wie mit dieser Zeichnung –, die Fußballer der Lächerlichkeit preiszugeben.

schlossen sich gerade wegen des Fußballs der Spielvereinigung an; diese kaufte sich nun selbst einen Fußball und wurde ein geschlossenes Ganzes, indem jeder Mitspieler nun auch zahlendes Mitglied von ihr sein mußte. Oskar Irmischer, als Leiter der Abteilung, setzte sich mit großem Weitblick über die Schranken hinweg, die man der Abteilung ob der einseitigen Fußballorientierung von vorgesetzter turnerischer Seite aufzuerlegen versuchte, und ließ die Jugend währen. Der Erfolg zeigte sich in einem schnellen Anwachsen der Mitgliederzahl.

Johannes Kirmse, der Vorsitzende der »Sportbrüder«, wurde zum Vorsitzenden des »Verbandes Leipziger Ballspiel-Vereine« gewählt. Der Leipziger Lehrerverein und besonders sein Mitglied O. Reichert von der 20. Bezirksschule setzten sich stark für die Belange des Fußballs ein. So forderten die Lehrer in einer Entschließung an das Schulamt und den Rat der Stadt Leipzig die Freigabe der Schulhöfe zum Spielbetrieb für die Schüler, den obligatorischen Spielunterricht, der für Turnklassen vorgeschrieben ist, auf alle Klassen auszudehnen, und für die Beaufsichtigung und Leitung geeignete Lehrer zu finden und zu finanzieren. Zum ersten Mal wurden Schiedsrichter namentlich genannt, auch hier bekannte Namen wie Schöffler (VfB), Blohm (Wacker) und Lange (LBC).

Das Deutsche Turn- und Sportfest bot Gelegenheit für die Fußballer, enger zusammenzurücken. In einer von Dr. Lengenfeld aus Prag organisierten Versammlung wurde beschlossen, den »Verband Leipziger Ballspiel-Vereine« mit der Einberufung eines Deutschen Fußballtages zu beauftragen. Ein »Ausschuß für die Einberufung eines Bundestages« wurde gegründet. Mitglieder waren Kirmse, Reimann, Schöffler, Matthes und Fahr. Rege Kontakte wurden zum DFC Prag aufgebaut, etliche Spiele fanden gegen die neuen Freunde statt.

Am 12. März 1899 bestritt der VfB Leipzig sein erstes auswärtiges Spiel in Prag und verlor gegen den DFC mit 0:8.
Hintere Reihe von links: E. Trummlitz, T. Schöffler, J. Kühnel, A. Geyer, O. Braune, A. Rößler. Unten von links: P. Kühn, van Rijnberg, G. Schöffler, P. Zschuppe, W. Keßler.

Lipsia erlebte einen neuen Aufschwung, als im Herbst 1899 seine Soldaten vom Wehrdienst zurückkehrten. Das kam auch sofort in besseren Resultaten zum Ausdruck. Allerdings erreichten nicht alle Spieler ihre frühere Leistungsfähigkeit wieder, weil der ganz anders geartete Exerzierdienst und die lange Pause das Können einzelner doch mehr oder weniger beeinträchtigt hatten. Dafür war aber bei der Lipsia eine starke Jugendabteilung entstanden, aus der im Laufe der Jahre gute Spieler hervorgingen, zum Beispiel Oppermann, der später viele Jahre lang in der 1. Mannschaft des VfB und des Dresdner SC als Mittelläufer spielte.

Der VfB veranstaltete das erste Spiel gegen Einnahmen und lud sich die Berliner »Preußen« auf den Sportplatz ein. Am 22. Mai gewannen die Berliner, damals zweifellos eine der besten deutschen Mannschaften, mit 4:2. Beim VfB spielten: A. Geyer, T. Schöffler, W. Keßler, A. Rößler, Neubert, E. Trummlitz, Haferkorn, C. Schumann, Blüher, Riso, Zschuppe. Da der VfB keine Eintrittskarten verkaufen durfte, ließ man sich einen Trick einfallen: Das Spielfeld wurde mit Bindfaden abgesperrt, und wer diesen abgesperrten Raum betreten wollte, mußte ein hektografiertes Programmheft, das die Aufstellungen enthielt, für 20 Pfennige kaufen. Auf diese Art und Weise sammelte der VfB an die 20 Mark ein, eine damals horrende Summe! Das Revanchespiel in Berlin am 14. Oktober 1900 verlor der VfB 4:10.

1900

In der Folgezeit ergaben sich mehrfach Absplitterungen von Mitgliedern »Lipsias«, da manch einer aus beruflichen Gründen seinen Wohnsitz nach außerhalb verlegen mußte. Ein Teil der Gründungsmitglieder trat zu Wacker über. Zur allgemeinen mißlichen Lage kam hinzu, daß aufgrund von Bebauungsarbeiten auf dem Exerzierplatz die Suche nach einem neuen Spielplatz notwendig wurde. Da beim Rat der Stadt über die Erfordernisse eines Fußballplatzes nicht die allereinfachsten Kenntnisse bestanden, erhielt Lipsia nach langen Mühen endlich einen Bauplatz in Eutritzsch zugewiesen, begrenzt von der Wittenberger, Theresien- und Schiebestraße. Dieser, voller Löcher und Unebenheiten, wurde mit viel Arbeit und Kosten zu einem einigermaßen bespielbaren Feld hergerichtet. Trotz der Mängel wurden alle Verbandsspiele dort ausgetragen, bis sich endlich 1903 die Gelegenheit bot, einen der neuangelegten Plätze auf dem Sportplatz in Lindenau nördlich des großen Wettspielfeldes zu pachten.

Im Frühjahr 1900 trug die Spielvereinigung das erste richtige Fußballwettspiel mit zwei vollen Mannschaften aus. Die Spielkleidung bestand aus kurzer weißer Hose mit weißem Hemd, später kam noch eine rote Schärpe dazu. Erwähnt sei hierbei, daß, wie das Fußballspiel selbst, auch die kurze Hose im allgemeinen mehr Anstoß als Gefallen erregte, und es war nicht leicht für die junge Schar, sich gegen die öffentliche

Meinung mit ihrer abfälligen Kritik durchzusetzen. Als Spielplatz wurde nunmehr die sogenannte Schildwiese benutzt, die zwischen der Turnhalle des ATV und dem Charlottenhof lag. Leider ging dieser bequeme und billige Spielplatz, den man einfach ohne jegliche Erlaubnis und noch viel weniger Bezahlung für sich in Anspruch genommen hatte, bald wieder verloren, da der Schulbau der 42. Volksschule begann. Die Spielvereinigung wandte sich deshalb an die Leipziger Westend-Baugesellschaft um Überlassung des Geländes gegenüber der Schildwiese – zwischen der Rietschel- und jetzigen Ottostraße gelegen – zur Fortsetzung ihres Spielbetriebes. Gegen eine jährliche Entschädigung von 60 Mark wurde die Erlaubnis zur Benutzung dieses Geländes als Spielplatz erwirkt. Der Platz war zwar nicht besonders geeignet, und es bedurfte großer Vorrichtungsarbeiten, um ihn nur einigermaßen zu einem Fußballspielfeld brauchbar zu machen. Dieser Platz bildete den Grundstein für die weitere Entwicklung der jetzigen Spielvereinigung. Auf dem neuen Platze begann der Verkehr zunächst mit den Spielabteilungen der anderen Leipziger Turnvereine, wie »Volkswohl«, Turnspielverein und ATV Leipzig, dem dann auch Wettspiele mit Leipziger Fußballvereinen folgten, und zwar mit FC Lipsia, FC Vorwärts, Leipziger Ballspiel-Club, FC Sportfreunde und anderen. Von bekannten Namen der ersten Wettspielmannschaft der Spielvereinigung seien hier genannt: W. Hornauer, Storch, Scheffler, Athner, Rich. Scholz, Kölzner, Knauf, Schlesiger, Beer. Die Begegnungen mit anderen Mannschaften trugen sehr viel zur Steigerung der eigenen Spieltüchtigkeit bei, und die Wettspiele auf eigenem Platz begegneten regerem Interesse der Einwohner von Lindenau, so daß bei jedem Wettspiele auch der zwei unteren Mannschaften – denn inzwischen waren drei Mannschaften entstanden – eine ansehnliche Zuschauermenge den Spielplatz umsäumte. Dadurch wuchs auch die Mitgliederzahl der Spielvereinigung, die nunmehr einige 30 aktive Spieler zählte.

Als am 28. Januar 1900 in Leipzig der »Deutsche Fußball-Bund« gegründet wurde, hatte die Entwicklung des deutschen Fußballsportes bereits einige Etappen hinter sich. Einige Hemmnisse für die Entwicklung waren allerdings geblieben. Die Spielregeln waren sehr unterschiedlich. Wenn ein Verein nicht genügend Spieler zur Verfügung hatte, so spielte er mit zehn Spielern; wer zuviel spielfreudige Mitglieder zählte, übertrug aus den Fußballregeln die Zahl 15 auf seine Mannschaft. Diese Unterschiedlichkeit erwies sich als besonders nachteilig. Geschlossene Plätze gab es wohl nur ein Dutzend in Deutschland; die großen Vereine spielten vornehmlich auf Radrennbahnen. Reisen in andere Städte waren ein Wagnis. Monatelang wurde gespart, um die Fahrtspesen vierter Klasse im Personenzug aufzubringen. Fahrtkostenersatz kannte man nicht; Geselligkeit und Kameradschaft waren die einzige Gegenleistung für den Besuch. Um die dadurch bedingten Gegensätzlichkeiten auszugleichen, amtierten bei den Wettspielen meist zwei Schiedsrichter, zu jeder Spielzeithälfte führte je ein Vertreter der beiden spielenden Vereine das Kommando.

Der VfB trennte sich am 2.11. wieder vom Namen Sportbrüder, weil man sich mit einigen Vereinsmitgliedern aus finanziellen Gründen verstritten hatte. Dadurch änderte sich auch wieder die Spielkleidung, diesmal in komplettes Weiß. Daraus entstand der Spitzname »die Lilien«.

Vor den Wettspielen gab es oft langwierige Verhandlungen über die Spielbedingungen und Regelanwendung. Auch mußte die Frage der Preisbeschaffung geregelt werden, denn es gab Diplome und Medaillen für die siegreiche Mannschaft, die vom Verlierer bezahlt werden mußten. Die Spielaufforderungen an die gewünschten Spielgegner geschahen meist öffentlich und durch die wenigen vorhandenen Sportzeitschriften. So wurden besonders die Ortsrivalen zum Wettkampf verpflichtet, und mit mehr oder weniger starken Worten erfolgte die Annahme der Herausforderung. »Nimmt der somit zum Wettkampf Aufgeforderte unsere Herausforderung nun nicht an, erklären wir selbigen als endgültig besiegt«, lautete eine immer wieder zu findende Formulierung in den Anzeigen. Solche Spielabschlüsse gab es häufig. Die Aufforderung kam auch mitunter so zustande: »Der FC ›Abazia‹ fordert hiermit den FC ›Alexandria‹ zum letzten Male zu einem Gesellschaftsspiel auf. Sollte letzterer Club nicht erscheinen, so erklären wir diesen für besiegt.« Oder: »Dem SC ›Italia‹ zur gefl. Kenntnisnahme, daß wir das Gesellschaftsspiel zum 22. März mit dem besten Dank annehmen. Es würde uns aber sehr angenehm sein, wenn das Spiel schon um 2 Uhr anfangen könnte, da wir nachher noch ein Spiel haben und es uns sonst zu dunkel wird. Wir werden aber diesmal mit vollständiger Mannschaft spielen. FC Sevilla.« Auch zu Vereinsvergnügungen wurde auf ähnliche Weise eingeladen: »Wir feiern Freitag, den 6. März, im Casino ›Zum Rosental‹ unser 3. Stiftungsfest und laden dazu unsere Freunde und die uns befreundeten Clubs, denen keine direkte Einladung zugegangen sein sollte, ergebenst ein. Einladungskarten bitten wir vom Unterzeichneten verlangen zu wollen. Wir geben uns der Hoffnung hin, an diesem Tage recht viele unserer Leipziger und auswärtigen Sportfreunde begrüßen zu können. Leipziger Ballspiel-Club, Oskar Büttner, I. Schriftführer.« Dabei waren Reisen nach auswärts mit großen Schwierigkeiten und Umständen verbunden. Es wurde meist in der Nacht vorher gefahren. Am Vormittag des Spieltages wurde geübt, wenn nicht gar ein zweites Spiel durchgeführt, um die Fahrtspesen zu mildern. Anders konnten die an sich nicht hohen und dennoch kaum erschwinglichen Unkosten nicht getragen werden. Fand aber nur ein Spiel statt, eben weil die Reise nicht weit und die Unkosten nicht zu hoch waren, wurde bestimmt am Vormittag eine Stunde lang »Tortreten« geübt, um den Platz kennenzulernen. Diese Spiele auswärts hatten vor der Jahrhundertwende ihre Schwierigkeiten, zuerst bedingt durch die in den Vereinen unterschiedlichen Spielregeln.

Besondere Schiedsrichter gab es nicht. Die in den Vereinen und Verbänden in der Leitung stehenden Männer – die selten mehr als zwei Lebensjahrzehnte hinter sich hatten – wurden zur Spielleitung bestimmt. Die Schiedsrichter standen dennoch in hohem Ansehen, so daß es nicht wunder nimmt, wenn der Berliner Verband, der immer im DFB eine führende Rolle mitspielte, im Jahre 1901 beschloß, »daß ein zum Schiedsrichtern untaugliches Mitglied auch nicht Vertreter seines Vereins sein könne«.

Oft wurde – in den Anfangsjahren, also lange vor der Jahrhundertwende – auch in einer Spielzeithälfte Rugby, in der anderen Fußball gespielt, um ein Wettspiel überhaupt zustande zu bringen. Die an Mitgliederzahl noch schwache Fußballbewegung betrachtete das Erscheinen einer auswärtigen Mannschaft als ein Allgemeinereignis, das bestimmt war, in weitestem Maße werbend für den Fußballsport zu wirken. Die Reisekosten der besuchenden Mannschaft wurden von beiden spielenden Vereinen zur Hälfte getragen. Sparten die reisenden Spieler ein halbes Jahr und länger an ihrem Anteil, so legte der gastgebende Verein bei Mitgliedern und Freunden »Kleinaktien« auf, um in Markstück und Zehnern seinen Anteil zusammenzubekommen. War der Betrag beisammen, so ging er per Post an den Gegner, damit dieser die Fahrkarten lösen konnte. Das große Spiel konnte steigen. Dementsprechend waren auch die äußeren Umstände solcher Begegnungen. Der Anfang lag bei dem Empfang der auswärtigen Mannschaft auf dem Ankunftsbahnhof und das Ende wiederum auf dem Bahnhof bei der Abreise. So hatte der Spielverkehr, wenn er über die Grenzen der eigenen Stadt hinausging, zugleich den Charakter kameradschaftlichen Handelns. Aus jenen Anfangsjahren des deutschen Fußballsportes bestehen noch heute Verbindungen zwischen Vereinen, die inzwischen traditionelle Bedeutung bekommen haben.

In dem im Jahre 1890 von dem nach Berlin übersiedelten Frankfurter Maler und Bildhauer Georg Leux gegründeten »Bund Deutscher Fußballspieler« und dem ein Jahr später als Konkurrenz ins Leben gerufenen »Deutschen Fußball- und Cricket-Bund« hatte der »Deutsche Fußball-Bund« zwei Vorläufer. Beide versuchten, sich über Berlin hinweg auszudehnen, erreichten dies aber nicht und gingen deshalb nach mehr oder weniger erfolgreichem Wirken vor der Jahrhundertwende wieder ein. Auch ein Versuch des bekannten Berliners »Huts« Demmler, einen gesamtdeutschen Fußballbund zu gründen, war gescheitert. Es gelang ihm, die »Deutsche Sportbehörde für Athletik« ins Leben zu rufen, aber für eine »Deutsche Behörde für Fußball« fand er keine Resonanz. Doch 1900 war es endlich soweit. Der »Deutsche Fußball-Bund« wurde am 28.1. gegründet. Der erste Vorsitzende des DFB war Professor Dr. Hueppe, der in Prag beheimatet war und den dortigen, zwei Vereine umfassenden »Verband der Deutschen Fußballvereine« leitete. Mit Dr. Manning, der später im nordamerikanischen Fußball eine bedeutsame Rolle spielte, Dr. Karding, dem späteren langjährigen Stadtkämmerer in Kiel und Berlin, und J. K. Roth standen Hueppe gute Kräfte zur Verfügung. So nahmen die recht umfangreichen Arbeiten

Im Quartier an der Karlstraße (heutige Ansicht) wurde 1900 im Mariengarten der DFB gegründet.

des jungen Bundes, dessen Kassenlage immer angestrengt war, einen guten Fortgang. Noch waren die Rugbyvereine Mitglied des Bundes. Als 1903 die Trennung erfolgte, gewann die Statistik zum ersten Mal einen vollen Wert. 194 Vereine mit 9317 Mitgliedern zählte der Bund, um in den nächsten zehn Jahren, bis zum Ausbruch des ersten Weltkrieges, auf 2233 Vereine mit 189 294 Mitgliedern anzusteigen. (aus: »50 Jahre DFB«)

Am 26. Dezember riefen im Mariengarten zu Leipzig, dem Gründungslokal des DFB, zwölf Vereine den »Verband Mitteldeutscher Ballspielvereine« (VMBV) ins Leben und wählten Dr. E. Raydt zum 1. Vorsitzenden. Der VMBV trat am 28. 8. 1901 dem DFB bei. Der VLBV blieb aber noch bestehen. Zum VMBV gehörten damals die Vereine aus Halle, Weißenfels und Altenburg, so daß auch viele auswärtige Spiele vonnöten waren.

Zwei Umstände haben das Verlangen der Vereine nach einer gesamtdeutschen Fußballorganisation geboren: die Uneinheitlichkeit in den Spielregeln, die den Spielverkehr über die lokalen Grenzen hinweg stark hemmte, und das Sehnen nach einer Deutschen Meisterschaft. Die erste Forderung wurde schnell erfüllt. Schon auf dem zweiten Bundestag, wenige Monate nach dem ersten, lag der Bericht der Regelkommission vor. Die Deutsche Meisterschaft wurde zwei Jahre nach dem Gründungstag des DFB auf dem Münchner Bundestag ins Leben gerufen.

Der VfB Leipzig im Jahr 1901. Stehend von links: Rößler, Schöffler, Raydt, Braune, Keßler, W. Friedrich I; sitzend: Leine, Stanischewsky, Haferkorn, Harbottle, Riso.

Die Spielvereinigung, Spielabteilung des ATV im Jahre 1901.

1901

Am 6. Oktober trafen in Berlin die Berliner Britannia und Wacker Leipzig aufeinander. In einer Stärke von 60 Mann rückten die Leipziger in Berlin ein.

Am 20. Oktober kamen die »Preußen« aus Berlin nach Leipzig und verloren überraschend gegen den VfB Leipzig mit 2:3.

1902

Der VfB Leipzig fuhr am 16. März zum Revanchespiel wiederum gegen die »Preußen« nach der Reichshauptstadt und errang dort einen aufsehenerregenden, vielfach bestaunten 10:3-Sieg. Aber das war noch längst nicht alles, was der VfB zu bieten hatte: Der Verein »Sportplatz« in Lindenau hatte einige Anstrengungen unternommen, um die englische Amateurmannschaft von Richmond nach Leipzig zu holen. Der VfB schaffte ein unglaubliches 2:2-Unentschieden! Kein Wunder, daß die Leipziger spätestens seit diesen Spielen einen sehr guten Ruf in Fußballkreisen hatten und als eines der besten Teams in Deutschland galten.

Die Meisterschaft allerdings gewann Wacker Leipzig, das am 17. März im Endspiel den favorisierten Dresdner Sport-Club mit 6:3 schlagen konnte. Der Mitteldeutsche Meister hatte eine gute Mannschaft beisammen, die nicht zu stoppen war und diesen Titel verdient errang. Mit diesem Spiel wurde gleichzeitig auch der neue Platz des »FC Wacker« eingeweiht, der Debrahof. Als erster Verein schafften sich die Wackeraner eine eigene, 20 000 Quadratmeter umfassende Platzanlage an.

Ein Pionier der Fußballbewegung im Osten Leipzigs war zweifellos der Fußballklub »Fortuna«. Er ging aus einer in Reudnitz und Thonberg aus Schuljungen zusammengeschlossenen Fußballclique hervor, deren Bestehen bis in die Zeit um die Jahrhundertwende zurücklag. Das Spielfeld befand sich auf der Mansfeldwiese an der Oststraße. Zu dieser Zeit wurde der Fußballklub »Hohenzollern« in Leipzig-Sellerhausen gegründet. Im Allgemeinen Turnverein von Sellerhausen, später Turn- und Sportverein Leipzig-Ost 1858, hatten sich nach der Schulentlassung einige Freunde im Alter von 15 bis 16 Jahren in einer Riege zusammengefunden, die sie »Frisch Auf« nannten. Mit großem Fleiß und regem Interesse pflegten sie dort das volkstümliche Turnen. Das Riegenmitglied Hugo Richter war es, der, durch ein altes Lipsiamitglied veranlaßt, oft sonntags nach dem Gohliser Exerzierplatz wanderte, um sich ein Fußballwettspiel anzusehen. Das weckte sein Interesse so stark, daß er sich zur Aufgabe machte, seine Riegenfreunde ebenfalls für den Fußball zu gewinnen. Der Erfolg blieb nicht aus, denn sie beschlossen fast einmütig, das Turnen aufzugeben.

Am 28. Juni 1902, einem heißen Sommertag, versammelten sich im Schrebergarten von Max Eulenburger weitere sieben Riegenfreunde: Franz Willenbrink, Kurt Linke, Alvin Schmidt, Alfred Beerbaum, Otto Vicum, Arthur Höhne und Hugo Richter gründeten zusammen mit den für die Sache geworbenen Freunden Max Luft, Walter Rucks, Paul Unger und Max Schlesinger den Fußballklub »Hohenzollern«. Es wurde beschlossen, aus dem Alt-Sellerhausener Turnverein auszutreten.

Fast am gleichen Tage erfolgte in Thonberg die Gründung eines weiteren Fußballklubs, womit der Grundstein zur Fußballbewegung im Osten Leipzigs gelegt wurde. In einer Sandgrube, nahe dem Napoleonstein gelegen, einigte man sich bei einer abgehaltenen Zusammenkunft, dem neu gegründeten Verein den Namen »Fortuna« zu geben, und es wurde als eigentlicher Gründungstag der 29. Juni 1902 festgelegt.

Zur Anschaffung eines Balles mußte bei Hohenzollern jeder der kaum dem Knabenalter Entwachsenen eine Mark Sonderbeitrag stiften. Die Tore wurden eigenhändig eingezimmert und in den Vereinsfarben rot-weiß gestrichen. Eine Schülergruppe der III. Realschule, die sich »Hertha« nannte, wurde mit 2:1 besiegt. Es folgte der große Kampf gegen den Rivalen im Osten, Fortuna Thonberg. Mit 2:4 unterlag Hohenzollern erstmalig, um kurze Zeit darauf in einem Rückspiel, das ebenfalls auf des Gegners Platz am Völkerschlachtdenkmal ausgefochten wurde, Revanche für die Niederlage zu nehmen. Die Hohenzollern hatten von Fortuna zwei gute Spieler (Walther Ruh und Alfred Schurig) »gezogen« und konnten mit einem verdienten Sieg von 2:1 das Feld verlassen.

1902/03

	V.f.B.	Wacker	L.B.C.	Lipsia	Halle 96	Punkte
V.f.B.	—	4:2 2:0	3:2 3:2	8:1 —	6:0 9:0	16
Wacker	2:4 0:2	—	— 4:1	— 1:0	6:2 —	8
L.B.C.	2:3 2:3	1:4	—	7:2 6:1	3:3 4:1	7
Lipsia	1:8 —	— 0:1	2:7 1:6	—	—	—
Halle 96	0:6 0:9	2:6	3:3 1:4	—	—	1

Die Abschlußtabelle der Saison 1902/03.

1903

Der VfB Leipzig sicherte sich zunächst die Gaumeisterschaft und später sogar im Endspiel am 3. Mai in Dresden durch ein 4:0 gegen den Dresdner SC die Mitteldeutsche Trophäe. Damit war die Mannschaft, die ausschließlich aus Schülern im Alter von 18 und 19 Jahren bestand, für die erstmals stattfindende Deutsche Meisterschaft qualifiziert.

Zu seiner alljährlichen Osterreise erregte der VfB durch zwei großartige Spiele in Wien bundesweit Aufsehen. Beim Vienna Cricket FC gelang am 12. April ein 4:1-Sieg; tags darauf gab man sich nur knapp mit 3:4 einer Wiener Repräsentativauswahl geschlagen.

133 in 28 Verbänden zusammengefaßte Vereine mit 5000 Teilnehmern musterte der DFB, als der Spielausschuß 1902 seinen Ausschreibungsentwurf für die erste Deutsche Fußballmeisterschaft vorlegte. Die um den Titel eines Deutschen Fußballmeisters kämpfenden Vereine mußten alle entstehenden Unkosten selbst tragen; ein etwaiger Überschuß sollte geteilt werden. Für die Spiele wurden neutrale Orte gewählt, die aus Eintrittsgeldern erzielten Einnahmen reichten oft kaum für Platzmiete, Reklame und Schiedsrichterkosten. So ist es erklärlich, daß von den 28 dem DFB angehörenden Verbänden nur sechs ihren Vertreter für die erste Meisterschaft meldeten. Die Verbände steckten noch in den Kinderschuhen. Sie hatten im einzelnen noch lange nicht die Bedeutung, die sie später bekamen. So hatte Westdeutschland auf dem DFB-Bundestag, gemessen an seiner Größe, zwei Stimmen, Süddeutschland dagegen 39, Berlin 23 und Norddeutschland 12. Der Rest gehörte den kleinen Splitterverbänden. Der Deutsche Fußballverband in Prag entsandte zur ersten Meisterschaft den DFC Prag als seinen Vertreter, ohne daß es in Böhmen eine Meisterschaft gab, denn der Verband zählte nur zwei Vereine.

So gab es schon beim dritten Spiel des ersten Jahres einen bedauerlichen Zwischenfall, der die kleine Fußballgemeinde in nicht geringe Aufregung versetzte; er war geeignet, die ganze Meisterschaft in Gefahr zu bringen. Das Zwischenrundentreffen zwischen dem DFC Prag und dem Karlsruher Fußballverein war in München angesetzt. Auf Antrag der Prager änderte der Bundesvorstand den Spielort ab und bestimmte Prag, weil dort eine bessere Möglichkeit der Finanzierung gegeben war. Hiergegen wandte sich der KFV, und es kam dann eine Einigung auf Leipzig zustande. Gerade als der süddeutsche Vertreter sich zur Abreise anschickte, kam ein Telegramm aus Prag: »Meisterschaftsspiel verlegt. DFB.« Der KFV reiste nicht, während der DFC in Leipzig vergebens auf seinen Gegner wartete; er hatte von jenem Telegramm keine Kenntnis. Der DFB gab den Karlsruhern das Spiel verloren. Er sagte mit Recht, daß das Telegramm hätte Bedenken auslösen und zu einer fernmündlichen Rückfrage anregen müssen. Der DFC Prag, der bis dahin noch kein Spiel durchgeführt hatte, kam damit ohne Kampf ins Endspiel, wo er auf den VfB Leipzig traf. Die Leipziger hatten sich im ersten Spiel um die Meisterschaft in der Qualifikation mit der Berliner Britannia auseinanderzusetzen. In der Reichshauptstadt gelang ein 3:1-Sieg, den Stanischewsky (2) und Riso mit ihren Toren sicherstellten. Heinrich Riso erinnerte sich später: »Das Spiel, das wir gezeigt hatten, muß recht gut gewesen sein, denn ein kleiner, dicker Berliner Herr drückte vor Freude über unsere Leistung dem Torwart unserer Mannschaft, Dr. Raydt, ein Zwanzigmarkstück in die Hand und sagte: Hier, kaufen Sie für Ihre Mannschaft Bier.«

Gegen »Hamburg-Altona« gewannen die Leipziger auf dem Sportplatz gleich mit 6:3, die Tore erzielten Stanischewsky (2), Blüher (2) und Riso (2). Und dann stand der VfB im Endspiel!

Ein zeitgenössischer Bericht über das Spiel gibt das Geschehen wieder. Dabei fehlt allerdings die Anmerkung, daß zum vereinbarten Spielbeginn – der Ball fehlte! Eine geschlagene Stunde dauerte es, bis das wichtigste Utensil besorgt war und das Endspiel um die Deutsche Meisterschaft endlich beginnen konnte. 473 Mark betrug die auf Tellern gesammelte Einnahme beim Endspiel. Der Platz war mit Tauen abgegrenzt, um den quer durch das Spielfeld gehenden Weg unpassierbar zu machen. Franz Behr, der Vorsitzende von Altona 93, war »Organisator« dieses Endspiels. Er sammelte die Beiträge ein, begrüßte die Gäste und war zugleich Schiedsrichter des Spiels. Kein Wunder, daß er bei soviel Pflichten die Ballbeschaffung vergessen hatte. So wurde Altona 93 um die leihweise Überlassung des Spielballes angegangen, die Verzögerung ergab sich daraus, weil die Altonaer ja erst selbst einen beschaffen und aufblasen mußten. 2249 Mark an Auslagen verschafften ein Defizit von etwa 1000 Mark.

Der Originalbericht spiegelt das Spielgeschehen wider: »Die erste Deutsche Meisterschaft VfB Leipzig – DFC Prag 7:2. Nach langen Mühen und unter großen Schwierigkeiten ist endlich die erste Deutsche Meisterschaft des DFB ausgefochten worden, Skeptiker hatten freilich gefürchtet, daß dieselbe nie das Licht der Welt erblicken würde, aber dank der angestrengten Arbeit des Spielausschusses, besonders der eingreifenden Tätigkeit des Herrn Dargow, kam die Meisterschaft doch endlich zustande. Allerdings verlor sie an Wert, da der Karlsruher FV dank eines gefälschten Telegramms verhindert wurde, sich an der Meisterschaft zu beteiligen. Hätte der Karlsruher FV an den Kämpfen teilnehmen können, so wäre der DFC sicher niemals zum Schlußspiel gekommen, zu welchem er nun kampflos gekommen ist. Seltsam hätte es wohl berührt, wenn der DFC Sieger geworden wäre, da dann die Deutsche Meisterschaft durch ein einziges Spiel errungen worden wäre. Der VfB hat sich schwer bis zur Schlußrunde durcharbeiten müssen, seine Siege gegen Britannia Berlin und Altonaer FC waren verdiente, und im Schlußspiel siegte Leipzig glänzend über die Prager Mannschaft. Unter Leitung des Herrn Fr. Behr (Altona) begann am ersten Pfingstfeiertag um 4 3/4 Uhr das Spiel. Prag hatte Wahl und zog es vor, mit Sonne und Wind im Rücken zu spielen. In ziemlich scharfem Tempo stattete Prag sofort dem Tor der Leipziger einen Besuch ab, und nur knapp vermag Raydt zu retten. Mehrere Angriffe Leipzigs scheitern, da der rechte Außenstürmer zu scharf paßt, so daß die Innenleute die Bälle nicht mehr bekommen konnten. Von einem Gedränge vor dem Tor aus konnte Prag 5.07 Uhr zum erstenmal einsenden, und lauter Jubel seiner wenigen Anhänger belohnte diesen Erfolg. Leipzig, hierdurch aufgerüttelt, eröffnete eine Reihe heftiger Angriffe auf das Prager Goal, aber alle Mühe war umsonst: mehrere Eckbälle konnten nicht verwandelt werden, und verschiedene Schüsse hielt Pick. Schließlich gelingt es dem Leipziger Centrehalf, durch einen scharfen Schuß das ausgleichende Goal zu erzielen. Bis Halftime ändert sich an diesem Resultat nichts. Nach Wiederbeginn wird das Spiel insofern einseitig, als Leipzig durch geradezu glänzendes Spiel die Situation vollständig beherrscht und der Kampf sich fast ausschließlich vor Prags Tor abspielt. Von einem Eckball aus erzielt Leipzig seinen zweiten Punkt und 10 Minuten später durch Stany nach schönem Lauf ein drittes Goal. Von einem Fehlstoß des Leipziger linken Backs aus kann Prag nochmals scoren, so daß eine Zeitlang das Spiel 3:2 für Leipzig stand. Dann trat aber der Zusammenbruch der Prager Mannschaft unhaltbar ein. In der Zeit von 4 Minuten können Stany und Riso drei Goals erzielen, und selbst die unfaire Spielweise des Herrn Robitsek vom DFC konnte die Durchbrüche der Leipziger nicht verhindern. Robitsek hakte Stany, als er sich vor dem Tor Prags befand, von hinten, so daß dieser schwer fiel. Herr Behr beurteilte diese Spielweise insofern sehr milde, als er Herrn R. nur androhte, ihn bei Wiederholung aus dem Spiel zu weisen. Kurz vor Schluß vermag Riso nach schönem Zusammenspiel noch den 7. Punkt für Leipzig zu erringen. Begeisterter Jubel begrüßte den Sieg der so überaus sympathischen Leipziger Mannschaft. Von Leipzig waren

Stany und Riso durch ihr glänzendes uneigennütziges Spiel die Helden des Tages, auch Friedrich spielte hervorragend, dagegen waren die Backs teilweise recht schwach und unsicher. Die Mannschaft Prags rechtfertigte keineswegs die Loblieder, welche man dieser Mannschaft in der deutschen Presse Prags singt. Die Stürmerreihe war durchaus nicht auf der Höhe, und in der zweiten Hälfte klappte auch die Verteidigung vollkommen zusammen. Jedenfalls hat die bessere Mannschaft gesiegt.« (aus: »50 Jahre DFB«)

Sofort nach dem Spiel erhielt der VfB ein glänzendes Angebot von Slavia Prag. Für ein Spiel in Prag wurde dem frischgebackenen Meister 3000 Mark geboten, eine für jene Zeit ungeheure Summe. Der VfB aber lehnte ab, weil er »den im scharfen Kampfe um sein Deutschtum stehenden DFC Prag nicht im Stiche lassen wollte«. Einen »Herausforderungskampf« vor der Rekordkulisse von 2000 Zuschauern, mit dem der KFV den VfB Leipzig »seiner Meisterwürde entthronen« wollte, gewann übrigens der VfB Leipzig mit 4:3, so daß der peinliche Eindruck des »Bubenstückes«, wie der Bundestag in einem angenommenen Antrag jenes Telegramm nannte, bald verwischt wurde.

1333 Mark betrugen die Gesamteinnahmen für den DFB bei den vier Spielen der ersten Deutschen Meisterschaft in Berlin, Leipzig, Altona und Hamburg.

1903 erlitt der FC Lipsia beinahe den Todesstoß, denn wegen einer Meinungsverschiedenheit traten 20 Mitglieder aus dem Verein aus und gründeten ihrerseits den »Neuen Leipziger Ballspielverein«. Dieser erweckte den BV »Olympia« wieder zum Leben, der schon seit einigen Jahren den Spielbetrieb völlig eingestellt hatte. Durch die Fusion nannte sich der neue Verein »Neuer Leipziger Ballspielverein Olympia«. Lipsia wurde durch die Ehrenerklärung der verbliebenen etwa 30 Mitglieder gerettet, die ihr Wort gaben, den Verein über diese schwere Zeit zu bringen. Doch den Abstieg aus der ersten Klasse konnten auch sie nicht verhindern. Aber nach und nach machte sich bemerkbar, daß die kleine Mitgliederzahl nicht ausreiche, um allen finanziellen Anforderungen gerecht zu werden. Aus diesem Grund strebte man dann endlich einen Zusammenschluß mit einem der vielen kleinen, neuen Vereine an.

Die Verhandlungen führten am 20. Mai 1903 zur Vereinigung mit dem FC Sturm unter dem Namen »Lipsia Sturm«. Damit wuchs die Mitgliederzahl wieder auf 75 Mann an.

Die »Viktoria«, die höchste Trophäe des deutschen Fußballs. 1903 stand sie zum ersten Mal in Leipzig.

Am 22. Februar 1903 erfolgte im Lokal »Zur Terrasse« in Wahren die Gründung des FC Viktoria.

Die schnelle Entwicklung der Spielabteilung des ATV Leipzig-Lindenau führte dazu, daß sie sich Ende des Jahres 1903 vom ATV trennte und sich unter dem Namen Spielvereinigung Leipzig-Lindenau auf eigene Füße stellte. Bis dahin hatten die »Lindenauer Turner«, wie man zu sagen pflegte, »wild« gespielt.

Am 1. Juli 1903 wurde in der Laube von Erich Kaufmanns Eltern in der Konstantinstraße der »Ballspielclub Arminia« ins Leben gerufen. Bereits am 21. Oktober 1903 schlug der neue Klub den spielstarken Verein »Iltis«, was zur Folge hatte, daß sich der größte Teil seiner Mitglieder sofort bei Arminia anmeldete. Mit 34 Spielern ging es daher ins zweite Spieljahr.

Die Spielstärke der ersten Fußballmannschaft von Fortuna hatte sich inzwischen beträchtlich verbessert, obwohl Walter Ruh und Alfred Schurig dem Verein den Rücken gekehrt und sich bei Hohenzollern angemeldet hatten. So waren unter anderem zwei bekannte Spieler, Schneider (VfB) und Riso (später Wacker), vorübergehend für die Fortuna tätig. Infolge der unmittelbaren Nähe des Spielfeldes zur Dresdener Bahnlinie kamen die Hohenzollern bald mit der Bahnverwaltung in Konflikt, da sehr oft Bälle auf den Bahnkörper gestoßen wurden. Eines schönen Sonntags erschienen einige Polizeibeamte und untersagten ihnen das Weiterspielen auf dem kaum vor einem Jahr zuvor erworbenen Gelände. Das war das Ende, Hohenzollern hatte nun keinen Platz. Das Training wurde auf dem Festplatz des Schützenhauses Sellerhausen links von der Bautzmannstraße zwischen Eisenbahn- und Bülowstraße gestattet. Ein Wettspiel dort auszutragen war jedoch nicht möglich. Dieser Umstand war wohl für den FC Hohenzollern ausschlaggebend, den Bestrebungen einer Vereinigung mit der Thonberger Fortuna zuzustimmen, weil diese ein Spielfeld in der Nähe der Meyerschen Häuser (verlängerte Oststraße in Reudnitz) besaß. Durch die freundschaftlichen Beziehungen zwischen verschiedenen Mitgliedern dieser beiden Vereine faßte der Gedanke immer festeren Fuß. Nur einige der Hohenzollern kehrten dem neuen Verein nach der Vereinigung den Rücken.

1904

Auch im zweiten Jahr der Deutschen Meisterschaftsspiele gab es einen unerfreulichen Protest, der auf dem Bundestag (der alljährlich Pfingsten abgehalten wurde und dessen Abschluß immer das Endspiel war) Annahme fand. Wieder war der Karlsruher Fußball-Verein beteiligt. Sein Vorrundenspiel gegen die Berliner Britannia war, entgegen den Bestimmungen, nicht auf einem neutralen Platz angesetzt worden. Hieraus erklärte der KFV seine 1:6-Niederlage gegen den Berliner Meister, der sich inzwischen mit dem VfB Leipzig bis zum Endspiel durchgekämpft hatte. Das Finale wurde am Vormittag auf dem Bundestag abgesetzt, und ohne auch nur ein Freundschaftsspiel durchzuführen, fuhren beide Mannschaften nach Hause. Schade für den VfB, denn er hatte sich bis ins Endspiel wacker geschlagen. Nach dem Gewinn der Gaumeisterschaft hatte der VfB die Mitteldeutsche Meisterschaft kampflos gewonnen, da die Spiele der Gaumeisterschaft zu lange andauerten und demzufolge nicht rechtzeitig beendet werden konnten, um einen Teilnehmer als Sieger der Mitteldeutschen Meisterschaften zu nominieren.

Im Viertelfinale um die Deutsche Meisterschaft trafen die Leipziger auf den Magdeburger FC Viktoria 1896, der als Meister des Verbandes Magdeburger Ballspielvereine startberechtigt war. Diesmal ging es auf dem Sportplatz in Lindenau nur knapp zu, der 1:0-Sieg gelang nur durch ein unglückliches Selbsttor der Gäste von der Elbe.

Das Halbfinale bestritt der VfB Leipzig erneut auf dem Sportplatz gegen den Duisburger SV. Es entwickelte sich ein äußerst dramatisches Spiel, bei dem die Gäste aus Westdeutschland zweimal führten. Doch jedesmal holte der VfB wieder auf, und so wurde eine Verlängerung nötig. In ihr passierte jedoch auch nichts, so daß eine zweite Verlängerung anberaumt wurde. Erst in der 132. Minute schoß Schneider das Tor zum 3:2, welches den VfB wieder ins Finale brachte. Doch nach dem Protest der Karlsruher fiel dieses aus, so daß sich die Berliner Britannia und der VfB zu Recht als die Betrogenen fühlen mußten.

Proteste gab es des öfteren. Sie hingen eng zusammen mit der unentwickelten Schiedsrichterfrage. So wurde beim Endspiel 1907 der angesetzte Schiedsrichter von Viktoria 89 Berlin in dem Augenblick als befangen abgelehnt, als er das Spielfeld betrat. Lange Verhandlungen mit dem Freiburger FC schufen dann eine Spielmöglichkeit, als sich ein »zufällig« anwesender fußballsachverständiger Zuschauer aus Bremen meldete, den beide Mannschaften als Schiedsrichter akzeptierten. Dessen »Sachverstand« sah so aus, daß er für Berlin einen Elfmeter gab, weil Freiburgs Torwart einmal den Ball zu lange hielt. Bei einem anderen Spiel hatte der Schiedsrichter einen Freistoß für die Stuttgarter Kickers gegeben. Der Freiburger FC erkannte ihn nicht an und drohte mit Spielabbruch; darauf nahm der Schiedsrichter seine Entscheidung zurück. Gegen das mit 1:0 verlorene Spiel protestierten die Kickers erfolgreich; im Wiederholungsspiel revidierten sie das Ergebnis dann mit 5:3.

Viktoria Leipzig bei einem Trainingsspiel auf ihrem ersten Spielplatz an der Wahrener Landstraße. Erst ab 1906 spielte man an der Wettinbrücke.

Die Viktoria gewann an Spielstärke, weil recht gute Spieler, wie Max Beutler, R. Humtzsch und F. Kretzschmar, von »Preußen-Mockau« kamen. Es wurde beschlossen, um Aufnahme beim Verband Mitteldeutscher Ballspielvereine nachzusuchen. Die Viktoria hatte damals ihren ersten Vorsitzenden, Walter Zschenke, als Vertreter zum Verbandstag nach Mittweida entsandt, wo die Aufnahme erfolgte.

Die Spielvereinigung trat Anfang 1904 dem damaligen Verband Leipziger Ballspielvereine bei und wurde ob ihrer Spielstärke, die sich unter anderem aus den erzielten Resultaten in Wettspielen gegen Wacker II, VfB II, Sportfreunde I, Britannia I, Vorwärts I ergab, in die erste Klasse dieses Verbandes eingereiht. Bereits im ersten Verbandsspieljahr stand die Spielvereinigung mit ihrer ersten Mannschaft an der Spitze.

Als der Leipziger Verband geschlossen in den VMBV übertrat, wurde der Verein hier der zweiten Klasse zugeteilt.

1905 Immer neue Sorgen bereitete die wirtschaftliche Seite. So mußte der VfB Leipzig im dritten Jahr auf die Verteidigung seines Titels verzichten, weil er die erforderlichen Fahrtkosten nicht aufbringen konnte. Der Bund beschloß daraufhin, die Bestimmung aufzuheben, nach der die Spiele an neutralen Orten durchzuführen seien, und vergab sie an solche Vereine bzw. Platzgesellschaften, die bereit waren, einen etwaigen Verlust zu übernehmen. Die entstehenden Reisekosten für Mannschaften und Schiedsrichter waren von da ab von den Platzbesitzern vorher zu decken. Das hatte zur Folge, daß auch die Zwergverbände ihren »Meister« meldeten, worauf der DFB mit der Bestimmung antwortete, daß nur solche Verbände einen Vertreter melden konnten, die über vier Vereine umfaßten. Dieser Beschluß schraubte die Teilnehmerzahl wieder zurück. Er bedeutete aber auch zugleich einen gewissen Druck auf die schwachen Verbandsgebilde, sich zusammenzuschließen. Für jeden Gau sollte nur ein Verband zugelassen werden. Dieses Ziel wurde erreicht.

Gau- und Mitteldeutscher Meister wurde in diesem Jahr keine Leipziger Mannschaft, sondern die Spieler von Halle 96.

1905/06

	V. f. B.	Wacker	L. B. C.	Sportfr.	Halle 96	Wacker-H.	Punkte
V. f. B.	—	4:3 6:0	17:1 7:0	6:1 6:4	7:4 4:7	0:5 —	16
Wacker-Leipzig	3:4 0:6	—	6:1 2:2	4:3 3:6	3:2 2:6	3:5 6:0	9
L. B. C.	1:17 0:7	1:6 2:2	—	0:10 —	1:4 1:1	2:5 —	4
Sportfreunde	1:6 4:6	3:4 6:3	10:0 —	—	— 2:6	3:1 8:3	10
Halle 96	4:7 7:4	2:3 0:2	4:1 1:1	— 6:2	—	6:1 7:1	13
Wacker-Halle	5:0 —	5:3 0:6	5:2 —	1:3 3:8	1:6 1:7	—	6

Die Abschlußtabelle der Saison 1905/06.

Schon nach Beendigung des ersten Spieljahres im VMBV rückte die Spielvereinigung in die erste Klasse auf, nachdem sie gegen Wacker II um die Meisterschaft der zweiten Klasse gekämpft hatte. Es lag in der Natur der Sache, daß die Spiele in der ersten Klasse für den Neuling zunächst nicht günstig verliefen, so daß es sogar herbe Niederlagen in ungewohnter Höhe hagelte.

Das erste Spiel der »Fortuna« auf dem zugewiesenen neuen Platze, dem »Reen«, fand im Frühjahr gegen den Ortsrivalen Sturm statt und wurde mit 9:0 gewonnen. Eine seltene Stiftung wurde dem Verein noch dadurch zuteil, daß ihm ein Mitglied ein Paar Tornetze vermachte. Darüber herrschte natürlich große Freude, gab es doch nur wenige Vereine, die über Tornetze verfügten.

Ein Städtespiel Leipzig gegen Berlin im Debrahof endete nach lebhaftem Spiel 2:2.

Entscheidung am Debrahof: Wacker spielt gegen die Spielvereinigung. Die Lindenauer setzten sich durch und spielten fortan in der I. Klasse.

1906

Der VfB hatte erneut den Gaumeistertitel errungen und die Mitteldeutsche Meisterschaft durch den Verzicht des Dresdner SC gewonnen. Zuvor war die Magdeburger Viktoria mit 5:0 überfahren worden.

Das erste Spiel um die Deutsche Meisterschaft wurde eine noch klarere Angelegenheit: Mit sage und schreibe 9:1 Toren schlug der VfB auf dem Debrahof den Berliner FC Norden-Nordwest. Edgar Blüher traf allein viermal ins Netz.

Das Halbfinale fand auf dem Mariendorfer Viktoria-Platz in Berlin statt. Gegen den Berliner FC Hertha 1892 war bereits nach 39 Minuten alles entschieden. Da waren fünf Tore gefallen, es stand 3:2 für den VfB. Da nichts mehr passierte, stand der VfB nun erneut im Endspiel um die Deutsche Meisterschaft. Am 27. Mai kam es auf dem Platz des 1. FC Nürnberg an der Ziegelgasse zum Finale zwischen dem VfB Leipzig und dem 1. FC Pforzheim. Als Schiedsrichter Otto Eikhof aus Hamburg das Match anpfiff, waren nur 1100 Zuschauer gekommen. Und auch die Pforzheimer nahmen das Spiel wohl nicht ganz so ernst. So berichteten Teilnehmer der Fahrt nach Nürnberg: »Nach fünfstündiger Nachtfahrt in Nürnberg angekommen, wurden vormittags Sehenswürdigkeiten angesehen, denn ohne diese kann man doch nicht nach Hause fahren. Ermüdet langte man mittags im Hotel an und war dennoch zufrieden, der Eindrücke wegen. Den Gegner VfB Leipzig lernten wir erst auf dem Spielfeld kennen.«

Die Leipziger spielten in folgender Aufstellung: Johannes Schneider, Arthur Werner, Erhard Schmidt, Georg Steinbeck, Camillo Ugi, Paul Oppermann, Karl Uhle, Heinrich Riso I, Martin Laessig, Edgar Blüher, »Bert« Friedrich.

Der VfB war leicht überlegen und ging bereits in der 15. Minute durch Edgar Blüher mit 1:0 in Führung. Zwar glich Stöhr zehn Minuten später aus, doch der VfB ließ sich das Spiel nicht mehr aus der Hand nehmen. Trotzdem dauerte es lange, bis der Siegtreffer fiel, denn Riso I und Blüher schafften es nicht, die ihnen zugesprochenen Elfmeter im Tor der Pforzheimer unterzubringen. Erst fünf Minuten vor dem Ende traf Heinrich Riso I zum umjubelten Siegtreffer ins Netz – der VfB war zum zweiten Male Deutscher Meister!

Mit dem Aufstieg in die erste Klasse machte sich für die Spielvereinigung die Beschaffung eines geschlossenen Platzes notwendig. So schwierig und schier unüberwindlich diese Aufgabe für die zu jener Zeit kaum 60 Mitglieder zählende Spielvereinigung war, wurde sie doch mit größter Entschlossenheit gelöst. Die Schaffung einer eigenen Platzanlage war unmöglich, und so trat man in Verhandlung mit dem Sportplatz, die schnell zu Ende geführt wurden. Bereits im gleichen Jahr siedelte man nach dem Sportplatz über. Im zweiten Jahre seiner Zugehörigkeit zur ersten Klasse konnte sich die Spielvereinigung einen guten Mittelplatz sichern.

Am 14. April 1906 erschien, handgeschrieben und mühsam vervielfältigt, von A. Brüggemann als Redakteur, die erste Clubzeitung der Arminia. Das war damals eine überaus aufsehenerregende Tatsache, denn so etwas hatte bis dahin noch kein anderer Verein geschafft.

Die Spielvereinigung im Jahre 1906 auf ihrem Spielfeld auf dem Sportplatz.

Die zweitklassige »Fortuna« gewann ein Spiel gegen »Olympia« aus der ersten Klasse auf dem Gohliser Exerzierplatz mit 3:2.

1906/07

	V. f. B.	Halle 96	Sportfr.	L. B. C.	Wacker-H.	Wacker-L.	Punkte
V. f. B.	—	5:2 5:2	— 2:1	8:0 10:0	4:1 8:5	3:0 4:0	20
Halle 96	2:5 2:5	—	6:1 3:1	3:1 3:8	5:0 —	— 2:1	10
Sportfreunde	— 1:2	1:6 1:3	—	5:2 3:3	— 2:7	— 0:9	3
L. B. C.	0:8 0:10	1:3 8:3	2:5 3:3	—	4:6 —	2:9 3:3	4
Wacker-Halle	1:4 5:8	0:5 —	— 7:2	6:4 —	—	0:3 0:4	6
Wacker-Leipzig	0:3 0:4	— 1:2	9:2 9:0	3:0 4:0	—	—	11

Die Abschlußtabelle der Saison 1906/07.

Die Jahre 1907 und 1908

Die Fortuna am 7.10.1906. Von links: Blau, Schurig, Fischer, Röhler, Sieg, Dietrich, Findeisen, Krönert, Kutzscher, Junghans, Richter.

1907

Der Gaumeister hieß erneut VfB Leipzig, und auch in der Mitteldeutschen Meisterschaft waren die »Lilien« wiederum nicht zu stoppen. Gegen den Meister des Gaues Südwestsachsen, den Mittweidaer BC, gab es ein eindeutiges 6:0, und im Endspiel wurde der alte Rivale, der Magdeburger FC Viktoria 1896, mit 1:0 geschlagen. Damit standen erneut die Spiele um die Deutsche Meisterschaft an.

Nachdem beide Mannschaften jeweils ein Freilos für das Viertelfinale erhalten hatten, trafen der Freiburger FC und der VfB in Nürnberg aufeinander. Die Spieler aus dem Breisgau gewannen nach einem spannenden Spiel mit 3:2 und holten sich gegen die Berliner Viktoria auch den Meistertitel.

Ende 1907 trat bei der Spielvereinigung an die Stelle des weißen Hemdes und der roten Schärpe ein weißes Sporttrikot mit breitem, rotem Bruststreifen. So sollten die Lindenauer künftig bekannt werden.

Als die Halleschen Vereine »FC 1896«, »Wacker«, »Hohenzollern« und »Preußen«, die aufgrund mangelnder Konkurrenz im eigenen Gau zwei Jahre lang im Gau Nordwestsachsen mitspielten, sich wieder von Leipzig lösten, gelangte die Fortuna durch eine Abstimmung der Gau-Vereine in die erste Klasse.

1908

Der FC Wacker wurde wieder einmal Gaumeister und nahm an der Mitteldeutschen Meisterschaft teil. Und die Wackeraner hatten auch noch jede Menge Glück: Im Viertelfinale zogen sie ein Freilos, und die starken Dresdener wurden vom Chemnitzer BC mit 5:4 ausgeschaltet. Im Halbfinale traf Wacker auf den Halleschen FC 1896 und gewann nur knapp und mit äußerster Mühe mit 2:1 nach Verlängerung. Das Endspiel gegen die Magdeburger Viktoria am 19. April 1908 dauerte sage und schreibe 137 Minuten, erst dann gewannen die Wacker-Spieler hauchdünn mit 3:2. Doch dann konnten sie feiern und sich so richtig über ihre zweite Mitteldeutsche Meisterschaft freuen.

In der Deutschen Meisterschaft schien Wacker das Glück weiter zuträglich zu bleiben, denn im ersten Spiel gegen den VfR Breslau führte der Gegner schon, ehe in den letzten 25 Minuten noch ein 3:1-Sieg herausgeschossen wurde. Doch dann war es aus mit den Glücksumständen. Das Spiel gegen die Berliner Viktoria, das in Magdeburg stattfand, ging ganz klar mit 0:4 verloren. Wacker war endgültig an seine Grenzen gestoßen. Als Trost ließen die Wackeraner nur gelten, daß die Berliner sich den Titel des Deutschen Meisters im Endspiel gegen die Stuttgarter Kickers sicherten.

Das Jahr 1908 brachte eine Verkleinerung der ersten Klasse. Die Fortuna mußte im Qualifikationsspiel Britannia gegenübertreten, woraus der absteigende Verein ermittelt wurde. Obwohl Britannia bis zur Halbzeit bereits 2:0 führte, konnte Fortuna bis zum Abpfiff der regulären Spielzeit direkt mit dem Schlußpfiff durch Karl Starke das Ausgleichstor zum 3:3 erzwingen. In der Spielverlängerung siegte Fortuna mit 5:3 und blieb somit erstklassig.

Duell zwischen dem Leipziger Ballspielclub und der Spielvereinigung auf dem Sportplatz, dem ständigen Domizil beider Vereine zu dieser Zeit.

Beim VfB melden sich Feiler und Bürkle an, die beide von den Stuttgarter Kickers kamen und in Leipzig ein Studium absolvierten. Dafür verließen mit Martin Laessig, Erhard Schmidt und Edgar Blüher drei Stammspieler den VfB und wechselten zum LBC.

Der VfB und Wacker gehörten zu den fünfzehn größten deutschen Vereinen. Der VfB lag zu dieser Zeit mit seinen 235 Mitgliedern an zehnter Stelle, Wacker an vierzehnter (mit 213). Der größte der insgesamt 730 Vereine in Deutschland war zu diesem Zeitpunkt der FC Mönchen-Gladbach mit 392 Mitgliedern.

1909

Die Gaumeisterschaft wurde mit Verspätung entschieden. Da zwischen dem VfB und der Spielvereinigung erst ein Entscheidungsspiel Klarheit brachte, blieb der Gau Nordwestsachsen ohne Vertreter bei der Mitteldeutschen Meisterschaft, die der SC Erfurt gewann. Der VfB wurde durch ein 4:1 gegen die Lindenauer Spielvereinigung Gaumeister, mußte aber zähneknirschend und ohnmächtig zur Kenntnis nehmen, wie die Thüringer beim Karlsruher FC Phönix mit 1:9 untergingen.

Mitteldeutschland mit einer ausschließlich Leipziger Mannschaft gewann in diesem Jahr auch den vom deutschen Kronprinzen gestifteten Pokal des DFB gegen Berlin. Beim 3:1-Sieg in der Reichshauptstadt spielten: Riso (Wacker), Dietze (Wacker), Hempel (Sportfreunde), Grilling, Ugi (VfB), Krauß (Britannia), Albrecht (Wacker), Richter (VfB), Blüher, Lässig, Tittel (LBC). In diese Zeit fiel auch das erste Länderspiel des DFB in London gegen England. Es ging 1:9 verloren, der Wackeraner Albrecht und der VfBer Ugi spielten mit.

Abt. A	V.f.B.	Fort.	Sachs.	Eintr.	Brit.	Punkte		Olymp.	Wacker	Spielv.	L.B.C.	Sportfr.	Punkte
V. f. B.	—	3:0 / 5:0	3:0 / 7:0	8:2 / 3:3	3:2 / 2:1	15	Olympia	—	3:2 / 1:0	2:3 / 1:1	5:1 / 1:1	2:2 / 1:1	10
Fortuna	— / 0:5	—	2:2 / 5:1	3:3 / 0:5	6:2 / 2:9	6	Wacker	2:3 / 0:1	—	1:4 / 2:1	0:2 / 5:0	4:0 / 8:1	8
Sachsen	0:3 / 0:7	2:2 / 1:5	—	1:11 / 2:0	3:5 / —	5	Spielvg.	3:2 / 1:1	4:1 / 1:2	—	1:4 / 1:2	4:1 / 1:1	8
Eintracht	2:8 / 3:3	3:3 / 5:0	11:1 / 0:2	—	0:4 / 4:2	8	L.B.C.	1:5 / 1:1	2:0 / 0:5	4:1 / 2:1	—	1:2 / 2:2	8
Britannia	2:3 / 1:2	2:6 / 9:2	5:3 / —	4:0 / 2:4	—	6	Sportfr.	2:2 / 1:1	0:4 / 1:8	1:4 / 1:1	2:1 / 2:2	—	6

Schlußspiel V.f.B. – Olympia 2:1 (1:1)

Die Abschlußtabelle der Saison 1909/10.

1910

Obwohl der Fußball längst an Ansehen gewonnen hatte und gesellschaftlich akzeptiert schien, waren die Feinde noch zahlreich. In einer Tageszeitung hieß es noch 1910: »Das Fußballspiel gleicht oft einer blutigen Kriegsschlacht. Fußtritte in den Unterleib mit nachfolgenden Blasenbrüchen, Darmbrüchen und Unterleibsentzündungen sind an der Tagesordnung. Auch greift immer mehr die Unsitte um sich, den Schiedsrichter mit Ziegelsteinen und Eisenstangen anzugreifen, wenn eine seiner Entscheidungen das Mißfallen der spielenden Partei erregt. Häufig prügeln dann die Zuschauer mit, so daß selbst bewaffnete Polizei nicht imstande ist, Frieden zu stiften.«

Durch die am 3. Mai 1910 genehmigte Turnvorschrift für die Infanterie wurde das Fußballspiel in die Armee eingeführt.

Diesmal wurde die Gaumeisterschaft rechtzeitig entschieden, und so konnte Meister VfB nach einem Freilos im Viertelfinale den FC Germania Mittweida in Plauen mit 4:2 schlagen. Souverän setzte man sich auch gegen den Halleschen FC Wacker mit 4:1 auf dessen Platz durch, um dann mit demselben Ergebnis den SC Erfurt im Endspiel zu schlagen. Der VfB war zu dieser Zeit stark wie nie zuvor, hatte eine sehr gute Mannschaft beisammen. Doch das Pech in den Bundesspielen blieb dem VfB treu. Vor 4000 Zuschauern am Debrahof unterlagen die »Lilien« dem amtierenden Titelträger Karlsruher FC Phönix unglücklich erst sechs Minuten vor dem Ende mit 1:2. Die Karlsruher unterlagen im Halbfinale dann aber ihrem Ortsrivalen und späteren Titelträger Karlsruher FV. Die Spielzeit 1909/10 verlief wenig verheißungsvoll für Fortuna, die nicht weniger als acht Spieler verlor, teils durch Einberufung zum Militär, teils durch Weggang zu anderen Vereinen (LBC, Arminia, Sportfreunde). Das wiederum

Die Jahre 1910 und 1911

Die I. Mannschaft von Viktoria 1910 nach dem Platzeinweihungsspiel gegen Eintracht. Der Platz an der Wettinbrücke mußte nach einem Streit mit den Nachbarn mit einer Umplankung umgeben werden.

folgende Befähigungsspiel gegen »Viktoria« sah die Fortunen nach dreieinhalbstündiger Spielzeit mit 1:0 als Sieger und sicherte ihnen abermals den Verbleib in der ersten Klasse.

Fahnenweihe der Spielvereinigung im Februar 1910; die Fahne verschwand erst kurz nach Beendigung des II. Weltkrieges.

1910/11

	V.f.B.	E.	Sp.	O.	L.B.C.	W.	Sportfr.	Fort.	Punkte
V.f.B.	—	12:2 3:3	3:1 1:0	6:1	4:1	2:2 1:0	7:1	5:1 3:1	24
Eintracht	2:12 3:3	—	5:1 3:0	3:4	3:2 5:6	5:1 2:5	2:1	4:4 4:0	18
Spielvereinigung	1:3 0:1	1:5 0:3	—	3:0	0 3:2	4:1 0:2	4:4 1:4	4:1 0:1	9
Olympia	1:6	4:3	0:3	—	4:3	2:1	2:0	0:1	8
L.B.C.	1:4	2:3 6:5	— 2:3	3:4	—	4:6 0:6	8:2	4:3 3:2	16
Wacker	2:2 0:1	1:5 5:2	1:4 2:0	1:2	6:4 6:0	—	3:0	4:0 6:1	19
Sportfreunde	— 1:7	— 1:2	4:4 4:1	0:2	2:8	0:3	—	3:0 3:1	9
Fortuna	1:5 1:3	4:4 0:1	1:4 1:0	1:0	3:4 2:3	0:4 1:6	0:3 1:3	—	7

Die Abschlußtabelle der Saison 1910/11.

1911 Der VfB erkämpfte sich bereits zum sechsten Mal die Gaumeisterschaft. Absteiger aus der ersten Klasse war Fortuna, die als Tabellenletzte das Qualifikationsspiel gegen Helios, den Meister der zweiten Klasse, mit 1:2 verlor. Das erste Spiel zur Mitteldeutschen Meisterschaft gewann der VfB in Köthen gegen den SV 1902 ungefährdet mit 7:1. Das Viertelfinalspiel gegen den FC Apelles Plauen wurde mit 3:1 gewonnen, beim Magdeburger Fußball- und Cricket-Club Viktoria gelang ein knapper 1:0-Sieg. Somit standen die VfBer wieder im Endspiel. Am 2. April 1911 gewannen die Mannen um den Internationalen Camillo Ugi gegen den Halleschen FC Wacker mit 3:1 und sicherten sich somit die Mitteldeutsche Meisterschaft. So kam es am 7. Mai in Cottbus zum ersten Spiel um die Deutsche Meisterschaft gegen den Südostdeutschen Verbandsmeister Askania Forst. Vor 1200 Zuschauern entwickelte sich ein dramatisches Spiel. Dem 0:1 durch Dolge folgte der Ausgleich noch vor der Halbzeit. Lange Zeit wogte das Spiel hin und her, keine der beiden Mannschaften konnte einen Vorteil erringen. Doch dann kam der Leipziger Feiler und schoß in der 82. und 83. Minute zwei Tore. Nur zwei Minuten darauf konnte Forst verkürzen. Die restlichen fünf Minuten glichen einer Belagerung des VfB-Tores, doch die Leipziger ließen sich den Sieg nicht mehr entreißen. Riesenjubel löste in Leipzig der 2:0-Sieg des VfB gegen den Karlsruher FV in Frankfurt am Main aus. Denn nahezu unmöglich schien es vor dem Spiel, die Badener zu schlagen. In der Aufstellung Schneider, Dr. Völker, C. Hesse, C. Fischer, Ugi, Rubin, Uhle, Riso, Dolge, Feiler, Bert Friedrich gelang dieser schöne Sieg. Die beiden Tore schossen vor 4000 Zuschauern Riso I und Feiler. Somit stand der VfB erneut im Endspiel um die Deutsche Meisterschaft, Gegner in Dresden auf dem Sportplatz an der Hygieneausstellung war die Berliner Viktoria. 12 000 Zuschauer waren gekommen, um das Spiel mitzuerleben! Doch diese Berliner Mannschaft war stärker und überlegen, so daß das Endspiel 3:1 für die Leipziger verlorenging. Riso schoß das Leipziger Tor.

Bei der Viktoria galten alle Sorgen der Fertigstellung der Platzanlage. Schnell gelang die Finanzierung des Projektes. Anteilscheine im Wert von 2 Mark und höher wurden ausgegeben und ein größeres Darlehen aufgenommen. Die Kosten für Einplankung und Barriere des Spielfeldes betrugen 2500 Mark, das war für die kleine und arme Viktoria eine starke Belastung. Die Firma Reibandt & Co. wurde mit den Arbeiten beauftragt, und am 20. August fand dann die Weihe des eingeplankten Spielfeldes statt, zu der alle prominenten Persönlichkeiten aus Möckern eingeladen wurden. Die Weiherede übertrug man dem bekannten Verbandsfunktionär A. Perls (LBC). Das Einweihungsspiel des neu eingeplankten Spielfeldes der Viktoria gegen die Eintracht endete am 20. August 2:5. Gegen Corona I erhielt Max Beutler anläßlich seines 200. Spieles einen Kranz mit Schleife.

Das Jahr 1911 war für die Spielvereinigung in wirtschaftlicher Beziehung von ganz besonderer Bedeutung. Die sportlichen Erfolge brachten es mit sich, daß die Einnahmen bei den Spielen der ersten Mannschaft eine sichere und gute Geldquelle wurden, die dem Sportplatz zuflossen. Diese Einnahmen im Interesse eines weiteren Aufwärtsstrebens dem eigenen Verein nutzbar zu machen, bewog die Leitung, sich mit dem Gedanken vertraut zu machen, eine eigene Platzanlage zu errichten.

Schon im Spätherbst 1911 war nach fieberhafter Arbeit im vergangenen Sommer der eigene Sportpark der Spielvereinigung fertiggestellt, und am 21. Oktober 1911 fand die Platzweihe durch den Verbandsvorsitzenden Dr. Albrecht statt. Als Eröffnungs- und Einweihungsspiel wurde das Verbandsspiel gegen den schärfsten sportlichen Rivalen, den VfB Leipzig, ausgetragen. Das Spiel endete mit 1:1 vor etwa 2000 Zuschauern.

Platzeinweihung bei der Spielvereinigung am 21.10.1911; das Vereins- und Gasthaus im Hintergrund steht heute noch.

Wacker konnte ein sehr interessantes Spiel gegen die englischen Berufsspieler von Tottenham Hotspur ausmachen und verlor diese Lehrvorführung mit 1:9. 3000 Zuschauer und auch die versammelte Leipziger Fußballergarde staunten besonders über den englischen Tormann, der seine Abschläge vom Boden aus bis weit in den gegnerischen Strafraum beförderte.

Am 26. November verlor der VfB gegen LBC überraschend hoch mit 1:4. Es war die erste Niederlage des VfB gegen diesen Gegner seit acht Jahren. Feststellung aus den VfB-Mitteilungen: »Allerdings so schlecht hat unsere Erste seit langem nicht gespielt, was etwas heißen will, wenn festgestellt werden muß, daß LBC auch nichts taugte.« Am Heiligen Abend empfing der VfB den DFC Prag, gegen den er mit 4:5 den kürzeren zog. Eine große Zuschauermenge verfolgte das Spiel, in dem Ugi mit sicherem Stellungsspiel glänzte.

In einer Zeitung wurde das Problem der ausländischen Spieler erörtert: »In letzter Zeit laufen außerordentlich viele Anfragen über auswärtige Spieler ein. Wir bitten dabei folgendes zu beachten: Nach den internationalen Bestimmungen haben die beteiligten Länder erst dann ein Bestätigungs- oder Ablehnungsrecht, wenn der Spieler in derselben Saison in beiden Ländern an Meisterschafts- oder sonstigen Wettbewerben mitgewirkt hat. Wenn ein Spieler jetzt nicht mehr an irgendwelchem Wettbewerb teilnimmt, so hat eine Rückfrage keinerlei Zweck, es sei denn festzustellen, ob der Spieler bestraft ist oder auf der Schwarzen Liste steht. Bei Anfragen über Spieler aus England muß unbedingt der vollständige Vereinsname und genaue Angaben des Verbandes beigefügt werden.« (aus: »Mitteldeutsche Sportzeitung«)

Britannia Leipzig, einer der Vorläufer der Tura, im Jahr 1911. Von links: Bohne I, Faust, Laschinsky, Witte, Bohne II, Pötzsch, Lorenz, Beth. Sitzend: Geißler, Frohn, Max Krauß.

Ein weiterer Bericht beschäftigte sich mit der »Schwarzen Liste«. »Man hat jetzt oft Gelegenheit zu hören oder zu lesen, daß der eine oder der andere Fußballer aus seinem Verein ausgetreten ist und sich einem anderen Verein zuwenden will. Das ist recht oder nicht, kann aber schließlich unserem Sport nicht viel schaden. Gewöhnlich liest man aber dann in der Sportzeitung die betreffenden Namen unter der Rubrik ›Schwarze Liste‹ und dahinter einen riesigen Betrag. Sehr oft schon habe ich M. 30.-, 50.- und noch höhere Beträge gelesen. Betrachten wir uns einmal, was das für Verpflichtungen sind. Es ist wohl jedermanns Pflicht, regelmäßig seine Beiträge zu zahlen, und wenn er damit nachlässig gewesen ist und aus seinem Verein austritt, dann hat der Verein wohl das gute Recht, die Rückstände zu fordern, aber gewöhnlich maßen sich die Vereine das Recht an, unberechtigt hohe Forderungen zu stellen, und wehe dem, der austritt, der kriegt eine ›Latte‹. Meist sind es Strafen, die dann an den Haaren herbeigezogen werden und die mit dem Wort Sport absolut nicht in Einklang stehen. Mitunter werden 10 und 20 M. für: Fehlen in einem Spiel oder Mitspielen in einem anderen Verein ausgeworfen. Zumeist betrifft es junge Leute, die sich oft eines Vergehens gar nicht bewußt sind und die dann solche hohe Summen natürlich nicht bezahlen können. Was geschieht nun? Ich habe verschiedene Beobachtungen gemacht. Früher gingen die Leute zu wilden Vereinen, doch da gibt es jetzt nicht mehr viel. Heute ist das anders; die Leute gehen einfach zu einem Turnverein, dort zahlen sie monatliche 50 Pf. und können, ohne daß die finanziell gequält werden, spielen. Die Turnvereine rühmen sich dann, daß ihre Mitgliederzahl stark zunimmt, und im Deutschen Fußballjahrbuch liest man im Jahresbericht, daß verschiedentlich recht schwache Zunahmen zu verzeichnen sind. Bei besseren (erstklassigen) Spielern stellt sich gewöhnlich ein anderes Übel ein. Hier werden die Spieler durch solche aufgebauschte Forderungen gewöhnlich gezwungen, die finanzielle Hilfe eines anderen Vereins in Anspruch zu nehmen, und machen sich dadurch zum Berufsspieler. Wenn nun hier nicht bald Abhilfe geschaffen wird, werden die Beträge für ›Verpflichtungen‹ immer höher gestellt, bis sie dem Lösegeld, was in England für erstklassige Spieler gezahlt wird, verdammt ähnlich sehen. Es heißt also, hier beizeiten eingreifen; vor allem haben ja die Gauvorstände beim ›Prüfen‹ solcher Forderungen Gelegenheit, den Vereinen gehörig Einhalt zu gebieten und zu hohe, unverschämte Forderungen zurückzuweisen, die nur geeignet sind, die Leute zu Berufsspielern zu machen oder an die Turnvereine abzuführen.« (aus: »Mitteldeutsche Sportzeitung«)

1912

Am 7.1. stand Paul Oppermann zum ersten Male wieder in der VfB-Mannschaft, nachdem er zwischenzeitlich in Dresden gespielt hatte. Zum letzten Male vorher hatte er 1906 in der Mannschaft gestanden, die in Nürnberg Meister wurde. Beim 7:1 im Gauspiel gegen das Team von Helios spielte er, als ob er nie gefehlt hätte, und die Zuschauer schwärmten vom schönen Kombinationsspiel. Der 4. Februar brachte das Ortsderby zwischen den schärfsten Rivalen um die Gaumeisterschaft. Auf dem Sportplatz am Cottaweg gewann die Spielvereinigung 3:2 gegen den VfB, der auf knöcheltiefem Schnee auf verlorenem Posten stand. Am Ende der Saison hatte die Spielvereinigung in der Gaumeisterschaft die Nase vorn und vertrat Nordwestsachsen in der Mitteldeutschen Meisterschaft. Gegen Budissa Bautzen gelang den Leipzigern ein klarer 5:1-Sieg. Und der Siegeszug ging immer weiter: 4:0 gegen den Chemnitzer BC im Viertelfinale, und im Halbfinale gab es für den Dresdner SC sogar eine schlimme 0:6-Schlappe gegen die Spielvereinigung. Am 21. April fand auf dem Wackerplatz das Endspiel um die Mitteldeutsche Meisterschaft statt. Es ging als denkwürdiges Spiel in die Leipziger Fußballgeschichte ein. Die Spielvereinigung Leipzig und Wacker Halle lieferten sich einen langen Kampf, der 142 Minuten einschließlich der Verlängerung andauerte. Schließlich schoß die Spielvereinigung das 1:0, das Spiel war beendet. In den folgenden Spielen um die Deutsche Meisterschaft rang sie den Meister des Südostdeutschen Verbandes, den Turnverein Liegnitz, in Dresden mit 3:2 nieder, unterlag dann aber in Frankfurt a.M. unglücklich dem Karlsruher FV 1:3, denn zwei erzielte Tore wurden vom Schiedsrichter nicht anerkannt. Der Traum von der Deutschen Meisterschaft war ausgeträumt.

Einen enormen Zulauf fand das Spiel des VfB gegen das englische Team von Tottenham Hotspurs, welches am 16. Mai stattfand. Das Leipziger Tageblatt berichtete: »Mit dem gestrigen Spiele der Londoner Tottenham Hotspurs auf dem Leipziger Sportplatze erreichte die Leipziger Fußballsaison ihren Höhepunkt. Das Spiel erfüllte seinen Zweck, den Heimischen zu zeigen, welche Durchbildung des Körpers und welche Fertigkeit im Fußballspiel sich durch ein geregeltes Training erzielen läßt, vollkommen. Der bei schönem, mäßig warmem, ruhigem Wetter zum Austrag gebrachte Wettstreit endete mit dem Siege der Tottenham Hotspurs über die Leipziger Bewegungsspieler mit 3:1. Die mehrtausendköpfige Zuschauermenge bewunderte an den Engländern die ungemeine Beweglichkeit, das sichere Stoppen des Balles, den gewandten Stoß und Schuß aus allen Stellungen und das schöne Kopfspiel. Die Kombination der Engländer trat nicht so in den Vordergrund, weil die Leipziger sie nach Möglichkeit und auch mit gutem Erfolge zu stören suchten. Die Heimischen verteidigten sich und griffen auch recht munter an, doch waren sie im Schuß nicht sicher und energisch genug, um die gebotenen Gelegenheiten voll auszunützen. Die Spielweise, besonders aber der Spieleifer der Leipziger befriedigten, wenn auch einige Spieler nicht auf der Höhe waren. Das Wettspielfeld im Innenraum hat übrigens eine Verbesserung erfahren. Der Eingang zum Tunnel, der unter der Zementrennbahn hinwegführt, ist überdeckt worden. Dadurch hat man das Spielfeld auf eine breitere Größe gebracht, die für die Spiele von Vorteil ist. Das Spiel war im großen und ganzen gleichmäßig verteilt. Erst gegen Ende trat eine klare Überlegenheit der Engländer hervor. In der ersten Spielhälfte hatten die Torwärter nicht allzuviel Arbeit, weil die Verteidiger äußerst aufmerksam abwehrten. Einige Eckbälle auf beiden Seiten verliefen resultatlos. Leipzig verdarb sich einige Chancen durch Abseitsstehen. Zur Pause stand das schnell geführte Spiel 0:0. Gleich nach dem Wiederbeginn fiel aus einem voraufgegangenen Eckball nach kurzem Ballwechsel vor dem Leipziger Tore das erste Tor für England, scharf von der Seite mit dem Kopfe eingestoßen. Die Leipziger dagegen schossen, wie schon einmal in der ersten Spielhälfte, einen Ball zu hoch übers Tor. Eine Flanke des englischen Rechtsaußen wurde durch Kopfstoß zum zweiten Tore für England verwandelt. Dann schossen die Leipziger ihr Ehrentor. Aus einem Einwurf von Uhle wurde der Ball gut bis zu dem freistehenden Halblinken Dolge gebracht, der sicher einschießen konnte, da der Torwärter aus dem Tor gelaufen war. Das Spiel stand jetzt 2:1. Die Engländer griffen nunmehr energischer an und überspielten die Leipziger wiederholt, die scheinbar etwas nachließen.

Aus einem vom Leipziger Linksaußen fälschlicherweise zurückgegebenen Balle konnte der englische Rechtsaußen nach zäher Arbeit das dritte Tor für England schießen. Bald danach war die Spielzeit um, und die Tottenham Hotspurs verließen mit 3:1 als Sieger den Platz.« Am 8. September fand erneut ein großartiges Spiel statt. Diesmal war Ex-Meister Viktoria Berlin beim VfB zu Gast. 15 000 Zuschauer bekundeten trotz Regens ihr Interesse an diesem Spiel. Es wurde sehr torreich, und die Berliner gewannen 6:5. Um den knappen Vorsprung in der Schlußphase zu verteidigen, legte sich Berlins Tormann Welkisch minutenlang auf den Ball. Die Leipziger faßten das als »regelwidriges Spiel« auf, doch Schiedsrichter Blüher ließ den Verstoß durchgehen. In diesem Spiel aber ging der Stern des Edy Pendorf auf. Innerhalb von 20 Minuten schoß der damals 19jährige Edy drei unhaltbare, wunderschöne Tore und brachte den VfB mit 4:2 in Front. Am 31. Oktober fand das Städtespiel Leipzig – Halle statt. Die Leipziger, bei denen der rechte Stürmerflügel Edy – Uhle vom VfB stürmte, gewannen 4:1. Am 10. November kam es zu einem Kuriosum: Das so wichtige Meisterschaftsspiel um die Gaumeisterschaft des VfB gegen die Spielvereinigung wurde neun Minuten vor dem Ende wegen der hereinbrechenden Dunkelheit abgebrochen und war somit ungültig. Zu diesem Zeitpunkt stand das Spiel 1:1. Zum Glück für den VfB, denn die Lindenauer drängten mächtig und standen kurz vor dem Siegtreffer. Das Treffen wurde erneut angesetzt, und am 29.12.1912 gewann die Spielvereinigung mit 2:1.

Beim 19. Stiftungsfest des VfB am 13. November übernahmen es die befreundeten Fußballer von Viktoria, den Abend mit einigen Theater-Vorträgen zu gestalten.

17. November 1912: In Leipzig fand das Länderspiel Deutschland gegen Holland statt. Auf dem Sportplatz am Cottaweg versammelten sich 8500 Zuschauer, unter ihnen auch viele Mitglieder Leipziger Mannschaften. Holland siegte 3:2 gegen die deutsche Auswahlmannschaft.

Den letzten Höhepunkt des Jahres bestritt der VfB am 1. Weihnachtsfeiertag mit dem Spiel gegen den süddeutschen Meister Karlsruher FV. Vor 3500 Zuschauern hielt VfB-Torwart Schneider einen Elfmeter und rettete so das 0:0.

Der VfB kümmerte sich sehr um seine Mitglieder. In sei-

Glückliche Sieger: Nach 142 Minuten Spielzeit schoß die Spielvereinigung am 21.4.1912 das Siegtor gegen den Halleschen FC Wacker und holte sich damit die Mitteldeutsche Meisterschaft.

nem Vereinsblatt »VfB-Mitteilungen« hieß es: »Wir geben den ernsten Rat, mindestens zwei Tage vor dem Spiele im Alkoholgenuß und Rauchen usw. äußerst mäßig zu sein. Auch ist Beschränkung im Genuß von Speisen vor einem Spiele sehr vorteilhaft. Glaubt ein Spieler ungerechtfertigt behandelt oder in eine des Spielers Leistung nicht entsprechende Mannschaft eingereiht zu sein, so möge er sich schriftlich an den Fußballausschuß wenden. Man möge aber bedenken, daß bei der z. Zt. sehr großen Menge der Spieler nicht jeder in der 1. oder 2. Klasse aufgestellt werden kann. Wenn endlich alle Spieler einsehen wollten, daß der von dem Vertrauen der Vereinsversammlung eingesetzte Ausschuß nach bestem Wissen und Gewissen urteilt, dann würde manche Kritik überflüssig sein, und mancher Selbstbescheidung üben. Ewald Trummlitz, Obmann«. Über die Presse: »Es sind viele Klagen laut geworden über die mangelhafte, ja schmähliche, tendenziöse Berichterstattung in der Sportpresse über die Spiele unserer I. Ja, es ist eine Schmach, daß ein gewisser Verein, ein alter Rivale (gemeint ist der LBC; d.A.), überall seine schriftlichen Ergüsse auf- oder eindrängt und schmählicherweise die dadurch ihm gewordene Macht benutzt, um uns zu schaden, schmählich ist's, aber an uns ist's, mit aller Kraft zu versuchen, diese Einflüsse unschädlich zu machen, die unser Ansehen auf eine derartige Art zu schmälern versuchen. Wir bitten die Auswärtigen, die Berichte mit Vorsicht zu lesen.«

Die Fortuna wurde in der zweiten Klasse wieder Meister. Doch welches Entsetzen bei den Mitgliedern, als infolge Fehlens eines der damals gerade neu eingeführten Pässe für Mittelläufer Arno Kutzscher, der seit Bestehen Mitglied des

Vereins war, sage und schreibe 24 Punkte abgesprochen wurden! Ausgerechnet nach dem letzten Spiel merkte dies die Verbandsleitung. Damit war natürlich der Aufstieg in die erste Klasse passé.

Die Leipziger VfB-Spieler Camillo Ugi und Karl Uhle fuhren mit der Deutschen Olympiamannschaft nach Schweden, wo in Stockholm die Olympischen Spiele stattfanden. Ugi spielte gegen Rußland beim 16:0 als linker Läufer und gegen Ungarn (1:3) als Mittelläufer, während Uhle als Rechtsaußen gegen Rußland tätig war. Der Tennisspieler Heini Schomburgk vom VfB, der 1905 auch als Fußballer beim VfB wirkte, gewann im gemischten Doppel mit der Dresdnerin Köring die Olympische Goldmedaille.

Länderspiel Nummer 25 in der Geschichte des DFB fand in Leipzig statt. Es spielten (von links): Wegele (Phönix Karlsruhe), Förderer (Karlsruher FV), Röpnack (Berliner Viktoria), Diemer (Britannia Berlin), Bosch (Karlsruher FV), Ugi (Breslau), Kipp (Stuttgart), Gaebelein (Hohenzollern Halle), Hofmeister (Bayern München), Breunig (Karlsruher FV), der zweifache Torschütze Jäger (Altona).

Ein Artikel in der »MSZ« beschäftigte sich mit dem Einfluß der Politik auf den Fußball. »Frei sei der Sport! Keine Politik, keine Religion. Ein fundamentaler Grundsatz für jeden Sportsmann ist die Trennung des Sportes von politischen, sozialpolitischen und religiösen Fragen. Gerade auf der Ausschaltung dieser – an dieser Stelle natürlich äußerst wichtigen, für die Ausübung des Sports aber bedeutungslosen – Momente beruht eine wesentliche Eigenschaft des Sports, nämlich alle Schichten und Kreise des deutschen Volkes zu einigen in der vernünftigen Pflege körperlicher und moralischer Anlagen. In diesen friedlichen Einigkeitsbestrebungen stört uns Sportsleute die Sozialdemokratie. Und zwei Methoden dieser Störung und Bekämpfung sind festzustellen. Die ältere ist die der unbedingten Feindseligkeit. Bemerkt sei, daß auffallenderweise überhaupt nur der Volkssport bekämpft wird, gegen Pferderennen und dergleichen zieht man nicht so los. Man schilt auf die Sportfexerei, will feststellen, daß die Fußballspieler geistige Krüppel seien oder es würden, erhebt hygienische (!) Bedenken, überhaupt sogar, daß Fußball und Geselligkeitspflege zusammen die Jugend schrittweise körperlich und geistig zugrunde richten. Deshalb müsse die proletarische Jugend, die den Kaufmannsstand mitumfasse, heraus aus den Sportsvereinen, die sich dem Klassenkampfe entfremden, um sich dort zu zielbewußten Klassenkämpfern verarbeiten zu lassen. Selten hat man wohl soviel ungereimtes Zeug über unseren Fußballsport gehört. Einer Widerlegung bedarf es gar nicht. Gerade weil der Fußballsport körperliche und moralische Eigenschaften fördert, weil er das Gesamtheitsbewußtsein weckt und die sozialen Gegensätze überbrückt, gewinnt er die Jugend, die noch immer zeitig genug politischen Bestrebungen zugänglich wird. Der Sport sucht ja nicht Jünger der politischen Parteien an sich zu ziehen; also mögen die Parteien den Sport in Ruhe lassen. Nun die andere Methode. In der Sozialdemokratie hat man allmählich erkannt, daß mit der bloßen Abschreckung und Verekelung auf die Dauer nichts zu erreichen ist, und man versucht es anders. Kann man die Jugend nicht vom Sporte fernhalten, so hält man sie eben durch den Sport. Man erklärt die Sportvereine für ›bürgerlich‹, für Werkzeuge der politischen Reaktion, die im Jungdeutschlandbunde verkörpert seien, um die proletarische Jugendbewegung systematisch zu bekämpfen. Man sagt sogar, die Sportvereine handelten arbeiterfreundlich (!), und fordert zum Austritt aus den Sportvereinen auf und zum Eintritt in die sozialdemokratischen Sportvereine. Es ist von der Partei bereits eine ›Zentralkommission für Sport- und Körperpflege‹ eingesetzt worden. Dem längst bestehenden und nichts leistenden Arbeiter-Turner-Bund und ähnlichen Verbindungen ist ein Arbeiter-Fußball-Bund würdig zur Seite gestellt worden. Man sieht, es geht sowohl gegen den Fußballsport überhaupt wie auch mit ihm. Denn die oben wiedergegebenen Ausführungen stammen beide aus dem Dezember 1912! Es wird aber wohl auch dort der ›sportliche Gedanke‹ bald siegen. Die Landesverbände tun gut daran, die neue Bewegung nicht zu unterschätzen. In Berlin ist ein Konkurrenzverband schon ins Leben getreten; wenn er auch nicht allzu viel ausrichtet, so sammelt er doch unzufriedene Elemente. Durch eine gute und gerechte Verwaltung, sportlichen Geistes und durch ständige Aufklärungsarbeit mögen die Verbände dahin wirken, daß sie gefestigt dastehen und an Anhängern ständig zunehmen.

Den aufgedrungenen Kampf nehmen wir an: wir verteidigen den reinen sportlichen Gedanken gegen die Vermischung mit der Politik, mögen diese Bestebungen kommen, von welcher Richtung es sei. Deshalb verurteilen wir auch aufs schärfste die in Berlin zur Tatsache gewordenen Bestrebungen der Geistlichkeit und der Zentrumspartei Förderung durch die Parteipresse, die katholische Jugend in besonderen konfessionell-politischen Vereinen zu organisieren. Bereits sind eine Anzahl solcher Vereine unter einem Spielausschuß zur Pflege des Fußballs, der Leichtathletik und des Wanderns zusammengetreten, und in anderen Städten steht ein gleiches bevor. Darum nochmals: Sportsleute, seid auf der Hut! Der große Gedanke des freien Sportes im Dienste der Nation aber wird seinen Siegeszug fortsetzen und hoffentlich auch diese Störungen bald überwinden.«

Die »VfB-Mitteilungen« waren das Vereinssprachrohr des VfB und erschienen von 1912 bis 1941. Auch zu Festlichkeiten und Versammlungen wurde hier geladen.

1913 Eine bemerkenswerte Entscheidung über Unfälle beim Fußballspiel fällte auf dem Wege der Berufung das Landgericht in Karlsruhe. Bei einem Unfall, der sich in einem Wettspiel zutrug, wurde ein Spieler verletzt. Das Schöffengericht, dem der Fall zur Beurteilung vorlag, nahm wohl keine absichtliche Verletzung an, sprach aber die Verurteilung wegen fahrlässiger Körperverletzung aus, »weil der angeklagte Torwart als geübter Spieler hätte sehen müssen, daß bei dem wilden Spiel des Angreifers ein Hinspringen auf den Ball zum Zwecke seiner Abwehr einen Unfall, wie er auch eingetreten ist, fast unvermeidlich machte. Das Berufungsgericht aber sprach den genannten Spieler von der Anklage frei. Es gibt eine Reihe von Jugendspielen, die mit einer gewissen Gefahr für die Spieler verbunden sind; dazu gehören namentlich das Fechten und das Fußballspiel. Wer sich an einem solchen Spiel freiwillig beteiligt, tut dies mit dem Bewußtsein, daß er sich der Gefahr einer Körperverletzung aussetzt. ... Im übrigen gelte gerade hier: Was dem Angreifer recht ist, muß dem Verteidiger billig sein. Ging der Verletzte als Angreifer ungestüm vor, so durfte der Angeklagte, der ja als Torwart die letzte Rettung seiner Partei war, mit dem gleichen Eifer verteidigen, und er hätte, wenn er statt seines Gegners die Verletzung davongetragen hätte, sie eben auch als vorhersehbare Folge des Fußballspiels hinnehmen müssen.«

Zur gleichen Zeit wurde die Unfallchronik auch in Leipzig um ein Kapitel reicher. Beim Verbandsspiel Sportfreunde gegen Olympia im Sportfreundepark in Connewitz geriet anderthalb Minuten nach Beginn ein Sportfreunde-Verteidiger so unglücklich mit dem Linksaußen von Olympia, Felix Hölling, zusammen, daß dieser einen Oberschenkelbruch erlitt und »mittels Krankenautomobil in das Krankenhaus St. Jakob geschafft werden mußte«. Die Olympia war reichlich vom Pech verfolgt, denn kurz vorher waren zwei Spieler der ersten Mannschaft verstorben.

Eine Notiz aus dem »Mitteldeutschen Sport«, dem Organ des VMBV: »Die beiden bekannten Spieler Gebrüder Dietze vom SC Wacker leben im noch wilden Südamerika, von wo uns der jüngere, unter dem Spielnamen Paula bekannt, schreibt: ›Meine freie Zeit vertreibe ich mir in Gesellschaft meines Bruders recht angenehm. Oft schwingen wir uns auf die Pferde oder Mulas und jagen, das Gewehr über der Schulter, in die Prärie hinein, oder in die wilden Berge der Cordilleren, wo dann auf Papageien oder allerlei Getier Jagd gemacht wird. Auf einem dieser Ausflüge trafen wir in der Nähe eines Dorfes in der Prärie einige Halbindianer, die – höre und staune – einen richtig gehenden Football besaßen und die erstaunlichsten Verrenkungen und Bewegungen machten, um den Ball überhaupt zu treffen. Meinem Bruder Kurt und auch mir zuckte es beim Anblick dieses lieben und schon so lange entbehrten Möbels natürlicherweise ganz gewaltig in den Beinen, und schnell waren wir von den Tieren herunter und jagten dem Balle nach. Und die erstaunten Gesichter solltet Ihr sehen! Die hielten uns wohl für Varietékünstler. Doch unsere Freude war nur von kurzer Dauer, denn das Bällchen war diesen wuchtigen deutschen Fußtritten doch nicht gewachsen und – Ratsch! – aus war der Spaß, so daß wir den braunen Kerls noch ein Schmerzensgeld zahlen mußten.«

Gegen die Ex-VfBer Ugi, Oppermann und Rubin, die nach Breslau übergesiedelt waren, wurde dort ein Verfahren wegen Verletzung des Amateurparagraphen eingeleitet. Angeblich hatten sie für einen Sieg der dortigen Mannschaft eine üppige Prämie erhalten.

Das vorentscheidende Spiel um die Gaumeisterschaft endete mit einem Eklat. Das 3:0 des VfB gegen die Spielvereinigung geriet nach dem Spiel ins Wanken, weil der aus Dresden angereiste Schiedsrichter das Spielformular einem Spieler der unterlegenen Mannschaft aushändigte, damit es dieser der zuständigen Behörde übermitteln solle. Auf unerklärliche Weise kam das wichtige Schriftstück abhanden. Der Gauvorstand stand vor einem nie dagewesenen Fall und rief den Verbandsvorstand an, wie weiter zu verfahren sei.

Poem von Karl Goede nach dem Sieg gegen die Spielvereinigung: Brav, VfB! Strebst in die Höh',
Der Meisterschaft entgegen,
Der Sieg ward dein!
Schlugst Spielverein!
O, Freude allerwegen!
Blauweiß voran! Und weiter so,
Beim nächsten Mal! Halli, Hallo!
Altmeister VfB reckt seine Glieder,
O Jungfrau*), Jungfrau, kehrst du wieder!

Am 9. Februar kam es zum alles entscheidenden Spiel um die Gaumeisterschaft, als der VfB gegen die Sportfreunde antrat. Gewänne der VfB, könnte er die zwei Punkte Vorsprung, die er vor der Spielvereinigung hatte, halten und wäre Gaumeister. Nach zwei Toren von Richter und einem von Pömpner sowie einem Gegentor von Hempel I gewann der VfB mit 3:1 und sicherte sich damit die Gaumeisterschaft – auf dem Papier. Denn es herrschte vorläufig noch einige Tage Unsicherheit diesbezüglich, da von der Gau-

*) Siegesstatue für den Meister

leitung noch zwei Proteste von der Spielvereinigung sowie den Sportfreunden zu behandeln waren. Letztendlich wurde von der Gauversammlung mit großer Mehrheit beschlossen, daß das Spiel VfB – Spielvereinigung (3:0) doch gültig wäre und damit der VfB der Gewinner der Meisterschaft sei.

Die damals anhaltende Protestwelle bewog einen unbekannten Dichter zur Abfassung folgenden Gedichtes:

Ein schlimmer Gast
Ein schlimmer Gast ist heimisch bei uns geworden,
Man trifft ihn bald auf jedem Spielfeld an;
Kein heißer Kampf führt mehr zu Siegespforten,
Nein! – nur ein fremdes Wort – ein Gast – ein Wahn.
Und frägst Du jenem bösen Übel nach,
So tönt es dir ins Ohr viel tausendfach.
Wer siegreich je den Platz verläßt,
Wird mürb geschrien durchs Wort: »Protest«
Ja, ja! – Der »Sportsmann« macht – so will mir scheinen –
In diesen Zeiten manche Wandlung mit.
Wird »stark« im Kopf, doch »schwächer« in den Beinen,
Und ruft Protest bei jedem linden Tritt.
Und will der Sieg im Felde sich nicht zeigen,
Gibt's andre Mittel ihn hierzu zu neigen.
Gleich kurzerhand steht's fest:
»Man macht Protest, einfach Protest!«
Wenn einer über seine »Sicheln« stolpert,
Wenn sich die Sonne mal nicht sehen läßt,
Wenn gar der »Goalmann« um die Pfosten holpert,
Dann! – dann ist's höchste Zeit zu dem Protest.
Ja, wenn's vom Himmel nur ein wenig tropft,
Bleibt gleich der Spieler stehn und schreit und klopft,
Dann sagt er kurz: »Ich steig ins Nest«
»'s gibt doch Protest – 's gibt doch Protest.«
Verliert er gar, glaubt er sich betrogen,
Wird gleich rabiat, wenn ihm der Sieg nicht winkt,
Und sagt, der Schiedsrichter hab' frech gelogen,
Falls er nicht gleich aus Faulheit niedersinkt.
Doch – wenn der Gegner gar ein »Großer« ist,
Gibt's schon Protest, eh man sich mißt.
Und schmunzelnd sagt man, hä! 's ist doch das Best,
Ich laß den Kampf – und siege mit Protest.
»Protest«: so ruf auch ich: doch gegen wen ihn führen?
So hetz' ich den Protest heut gegen den Protest!
Und dunkel ahnend, glaub ich's schon zu spüren,
Daß ihn sein herrisch Wesen und die Macht verläßt.
Warum denn gleich zu Doppelwegen greifen,
Will man euch schaden, wird Erlösung reifen.
Bald wachsen Helfer euch im Sturm
Und dröhnend grollt – »das Publikum«. –

Trotzdem trafen sich am 9. März in Dresden der Fußballring Dresden und der VfB zu einem Ausscheidungsspiel um die

Mitteldeutsche Meisterschaft. Die Leipziger hatten das Handicap zu verkraften, daß ihnen mehrere Stammspieler fehlten, so zum Beispiel die erkrankten Herrmann und Uhle, auch Ersatzmann Fischer fiel wegen Krankheit aus. G. Richter sagte wegen einer Fußverletzung ab, spielte aber zur gleichen Zeit für den ASC in einer Hockeybegegnung mit. Zu allem Überfluß erlitt Dolge schon nach zwei Minuten einen Tritt, der ihn fortan zum Statisten degradierte. Er bemühte sich zwar noch, mußte aber kurz vor der Halbzeit aufgeben und das Spielfeld verlassen. Auch A. Richter wurde so schwer verletzt, daß er nur noch als Statist mitwirkte. Trotz allem drückte der VfB, und nach einer halben Stunde konnte Völker zum 1:0 einschießen. Ein tolles Solo von Edy Pendorf brachte den Leipzigern kurz nach dem Wechsel scheinbar sogar das 2:0, doch der Schiedsrichter erkannte den Treffer nicht an. Unglücklich kassierte der VfB den Ausgleich, alle weiteren Angriffe wehrte die famose Hintermannschaft mit Torwart Schneider ab. Da ertönte der Schlußpfiff – 1:1 stand es. In der Verlängerung gab Pendorf eine lange Vorlage auf Pömpner, der flankte in die Mitte, wohin Pendorf inzwischen gelaufen war und den Ball mühelos einköpfen konnte. 2:1 für den VfB. Nach dem Anstoß erkämpfte sich Pömpner erneut den Ball, flankte vors Dresdner Tor, der Keeper verpaßte, und Winter traf zum 3:1. Die 3000 Zuschauer waren enttäuscht, aber die Leipziger feierten ihre großartige Leistung gebührend.

Dann kam eine ernüchternde Nachricht: Der Protest der Spielvereinigung gegen das Spiel gegen Sportfreunde wurde doch noch erfolgreich beschieden. Beim Spiel gegeneinander hatten die Sportfreunde einen Spieler nicht auf dem Formular eingetragen, so daß die Lindenauer dagegen protestierten. Zuerst wurde entschieden, den Spieler nachträglich ins Formular aufzunehmen. Jetzt sprach der Verbandsspielausschuß den Lindenauern beide Punkte zu, und damit ergab sich ein nachträglicher Gleichstand zwischen VfB und Spielvereinigung. So also trafen sich beide Teams bereits zum vierten Male in dieser Saison, um den Gaumeister zu ermitteln. Das Spiel fand auf dem Platz der Eintracht statt.

Dort wieder ein Paukenschlag: VfB-Torwart Schneider erschien zu spät, so daß der VfB zehn Minuten lang mit zehn Spielern auskommen mußte! Der VfB begann stark, traf durch Fischer aber nur die Latte. Doch die Spielvereinigung wurde stärker und ging kurz vor dem Wechsel in Führung. In der Halbzeit baute der VfB seine Mannschaft völlig um und tat damit genau das richtige. Hesse erzielte den Ausgleich, Pendorf traf nur den Pfosten, und sechs Minuten vor dem Schlußpfiff gelang demselben Spieler das Siegestor. Nach diesem Sieg stand der VfB endgültig als Gaumeister fest. Trotzdem standen sich 14 Tage darauf beide Mannschaften im Kampf um die Mitteldeutsche Meisterschaft erneut gegenüber, denn die Spielvereinigung war als vorjähriger Meister und Titelverteidiger automatisch qualifiziert. Acht Teilnehmer aus den Gauen Nordwestsachsen (VfB, SpVgg), Ost-

Gesellschaftsspiel zwischen Spielvereinigung und Wacker Halle, die im Finale der Mitteldeutschen Meisterschaft dem VfB Leipzig unterlegen waren.

sachsen (Dresdner Fußballring), Südwestsachsen (Chemnitzer FC Sturm), Nordthüringen (SV 1901 Gotha), Ostthüringen (FC Carl Zeiss Jena), Saale (Hallescher FC 1896) sowie Mittelelbe (Magdeburger FC&C Victoria) nahmen teil. Im Viertelfinale hatte die Spielvereinigung den Magdeburger FC&C Victoria auf dessen Platz mit 3:1 bezwungen, der VfB siegte gegen den Fußballring Dresden ebenfalls 3:1. Nun standen sich die beiden Leipziger Mannschaften im Halbfinale gegenüber. Das Spiel fand auf dem Olympiaplatz statt. Vor etwa 10 000 Zuschauern ging die Spielvereinigung in Führung. Doch kurz darauf schaffte Dolge mit einem Bombenschuß den Ausgleich. Fünf Minuten vor dem Ende traf Pömpner den Ball optimal. Von der Querlatte sprang er ins Netz zum Siegtreffer für den VfB – 2:1!

Das Finale gegen Halle 96 gewann der VfB dann auf dem Wackerplatz mit 2:0. Somit war er zur Teilnahme an der Deutschen Meisterschaft berechtigt. Ein zeitgenössischer Zeitungsbericht:»Schon von 1 Uhr an stellten sich die Zuschauer ein, um nur ja einen recht günstigen Platz zu bekommen. Der Platzbesitzer hatte dem zu erwartenden Massenbesuche Rechnung getragen und durch Aufstellen von Stühlen innerhalb der Barrieren und Anfahren von Tafelwagen dafür gesorgt, daß möglichst allen Schaulustigen Gelegenheit geboten würde, den Kampf in allen seinen Einzelheiten richtig zu verfolgen. Schon um 3/4 3 Uhr war der Platz vollkommen von Zuschauern umsäumt, und noch immer führten die Elektrischen neue Menschenmengen heran, die sich an den Kassen stauten, da der Verband keinen Vorverkauf gestattet hatte. Auto folgte auf Auto, und so war es kein Wunder, daß namentlich die Sitzplätze bald ausverkauft waren. Dicht waren die Schranken und Wagen besetzt, als kurz vor 1/2 4 Uhr zuerst die Hallenser lebhaft und dann die Leipziger stürmisch begrüßt den Kampfplatz betraten. Verspätet erschien dann noch der Internationale Edy, dem wieder besondere Verehrer Applaus spendeten.« Der VfB trat an mit: Schneider, Herrmann,

Völker, Michel, Edy, Hesse, G. Richter, Paulsen, Völckers, Dolge, Bert. Dolges Treffer konnte wegen Abseits nicht anerkannt werden, doch nach der 5. Ecke in Folge erzielte Bert das 1:0 für den VfB. Kurz nach der Pause war das Spiel entschieden, als Richter den Ball zum 2:0 ins Netz setzte.

Die Spielvereinigung bekam im Gesellschaftsspiel bei der Spielvereinigung Fürth beim 1:6 eine gehörige Packung mit, mußte jedoch mit einigem Ersatz antreten.

Die Viktoria noch einmal gewinnen! Das war das höchste Ziel für jeden VfBer in diesen Tagen. In Leipzig wurde nur noch darüber geredet. Endlich sollte es wieder gelingen, die höchste Trophäe des Deutschen Fußballsports nach Leipzig zu holen. Das Vorrundenspiel gegen Askania Forst war noch leicht; 5:0 gewann der VfB, wobei Pömpner vier Tore erzielte.

Die schlecht stehende Verteidigung der Duisburger (dunkles Trikot) läßt den Ball durch.

In der Zwischenrunde war der VfB dann gegen Viktoria Berlin mit 3:1 erfolgreich. Etwa 6000 Zuschauer hatten sich auf dem Olympiaplatz an der Marienbrücke im Rosental eingefunden. Da es noch keine Dämme gab, waren Leiterwagen herangefahren worden, der Platz kostete 2 Mark! Ziegelsteine wurden aufgeschichtet, Feldstühle mitgebracht, überhaupt alles mögliche angestellt, um einen erhöhten Blick auf das Spielfeld zu erlangen. Dolge (2) und Richter hießen die Torschützen für Leipzig.

Das Endspiel fand am Pfingstsonntag, dem 11. Mai 1913, in München auf dem MTV 1879-Platz in Sendling statt. Gegner war der Duisburger SV. In der Aufstellung Schneider, Völker, Dr. Hermann, Michel, Edy, Hesse, Georg Richter, Paulsen, Völckers, Dolge und Bert siegten die Leipziger mit 3:1. Dazu hieß es im Spielbericht: »Im Felde waren sich beide Mannschaften ebenbürtig. Mehr am Balle war VfB. Überragend und darum ausschlaggebend für den Sieg Edy, der Nächstbeste Michel, der den gefährlichen linken Flügel der Duisburger, Steinhauer-Fischer, kaltstellte. Im Sturm der Beste Paulsen.« Ein damals gefälltes Urteil über sein Spiel: »Im Sturm der junge Paulsen unübertrefflich. Große Gewandtheit, verbunden mit blendender Technik und denkendem Zuspiel, prädestinieren ihn zum zukünftigen Internationalen. Die Hintermannschaft sowie Hesse, wie immer, in bester Form. Die Gesamtleistung war dieselbe wie in der Zwischenrunde gegen Viktoria. Die Duisburger Läuferreihe war nicht so gut wie die des VfB, auch die Hintermannschaft machte so manchen Schnitzer. Bis Halbzeit war der VfB überlegen und ging durch einen von Edy verwandelten Handelfmeter in Führung. Paulsen erhöhte den Vorsprung auf 2:0. In der Folge spielte Duisburg überlegen; trotzdem kann Edy noch einen Freistoß zum dritten Tor verwandeln. Von da an drückten die Westdeutschen stark und sahen ihre Anstrengungen durch ein schönes Tor ihres Sturmführers Fischer belohnt. Damit war VfB zum dritten Male Deutscher Meister, und Bert Friedrich hatte alle drei Meisterschaften mitgewonnen. Da zwischen der ersten und dritten Meisterschaft genau zehn Jahre liegen – 1903-1913 –, so ist dies eine noch bis heute einzig dastehende Leistung.

Brenzlige Situation vor dem VfB-Tor, doch Torwart Schneider und Pendorf wehren mit vereinten Kräften ab.

Der Empfang unserer Meisterelf in Leipzig auf dem Hauptbahnhofe war großartig und wohl ein bis dahin noch nicht dagewesenes Schauspiel für die dem Sport Fernstehenden. Tausende hatten sich eingefunden, der Querbahnsteig war buchstäblich schwarz von Menschen. Als erster Verein beglückwünschte uns die Spielvereinigung, und all die Tausende stimmten in das auf die Meisterelf ausgebrachte ›Hipp, hipp, hurra‹ ein. Fast alle heimischen Vereine waren als Gratulanten vertreten. Unsere Mannschaft konnte wohl kaum einen

Die VfB-Abwehr mußte ständig auf der Hut sein vor den Angreifern des Duisburger SV.

schöneren Dank für ihre Leistungen ernten als diese Anerkennung.« (aus: »VfB-Mitteilungen«)

Beim Empfang auf dem Leipziger Hauptbahnhof waren mehr als 10 000 Menschen versammelt, die einzig und allein die Sieger feiern wollten.

22. Mai, der VfB hatte die englische Mannschaft von Middlesborough zu Gast. An die 6000 Zuschauer erlebten »einen großen Genuß« (Mitteldeutscher Sport), obwohl die einheimische Mannschaft mit 0:7 unterging. Weiter hieß es: »Keinen Augenblick kam der Deutsche Meister für den Sieg in Frage, ja, oft war es ein Spielen der Katze mit der Maus. Middlesborough war die beste Mannschaft, die je in Leipzig gespielt hat. Sie war auch eine der fairsten Mannschaften...«

Ein weiteres beachtenswertes Freundschaftsspiel führte den VfB mit dem FC Bayern München zusammen. Richter und der »Halbrechte«, der im Spielbericht nicht mit Namen benannt wurde, erzielten die Tore gegen die starken Gäste von der Isar, die eine Viertelstunde vor Schluß noch einen Stürmer wegen Meckerns und dem daraus resultierenden Platzverweis verloren. 2:0 gegen die Bayern – das war ein stolzer Erfolg.

In der Zeitung »Mitteldeutscher Sport« wurde den Lesern eine Abhandlung über die Fußball-Regeln zur Kenntnis gebracht. Es wurden Fragen beantwortet wie »Darf ein Spieler an seinen Stiefeln oder Beinschützern hervorstehende Nägel oder Metallstücke tragen?«, »Ist ein Spieler, der unnützerweise sein Körpergewicht gegen den Gegner benutzt, zu bestrafen?« oder »Darf ein Strafstoß zurückgepaßt werden?«

Am 31.8.1913 kam es in München zum Revanchespiel gegen die Bayern. Da Schneider erst mit dem 4-Uhr-Zug in München eintraf, begann das Spiel eine Dreiviertelstunde später. Edy Pendorf und Richter trafen zum 2:1-Sieg. Anschließend saß man noch mit den Bayern zusammen, und wie die Vereinszeitung später zu berichten wußte, »haben einige Spieler wohl zu tief ins Glas geschaut, was man ihnen noch im Zug stark anmerken konnte«. Im September begab sich der VfB auf eine Reise nach St. Petersburg. Dort stiftete ein Amateursportverein einen Pokal, um den vier

„LIGA"
Fußbälle u. Fußball-Stiefel
das beste deutsche Erzeugnis, in den bedeutendsten Wettspielen glänzend bewährt.

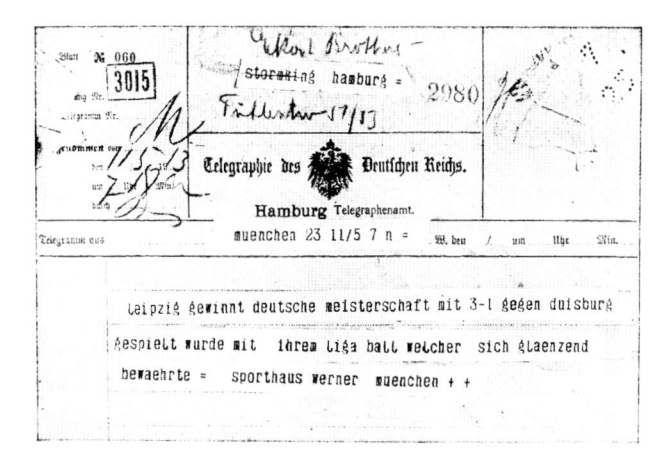

Werbung im Jahr 1913: Vom Sieg des VfB in der Deutschen Meisterschaft konnte auch das Sporthaus aus München profitieren. Geld gab es dafür nicht.

Mannschaften spielten. Der VfB wurde Zweiter mit folgenden Resultaten: – Amateursportverein »Sportverein Petersburg« 4:1, – Auswahl der Petersburger Ligateams 3:2, – Budapester 33er 0:1.

Am 7. September weihte der Ballspiel-Verein Olympia seinen neuen Sportpark in Lindenthal am Flugplatz ein. Das Weihespiel trug man gegen den VfB Leipzig aus, dem man im Punktspiel gegenüberstand. Das Match endete 2:1 für die Olympia, die dem deutschen Meister damit die erste Niederlage seit langem bereitete. Das Fachorgan »Mitteldeutscher Sport« urteilte: »Es war ein kühnes Unterfangen, so weit vor den Toren der Stadt seinen Sportplatz zu errichten, doch wer weiß, wie bald die anderen Vereine unter der Raumgier der sich dehnenden Großstadt dasselbe Schicksal erleiden werden! Vorläufig ist es allerdings noch eine ungewohnt weite Reise bis nach Lindenthal, und man muß sich erst damit abfinden, nicht mehr eine Viertel- oder halbe, sondern eine ganze Stunde unterwegs zu sein, ehe man das gelobte Land erreicht. Olympia hat sich alle Mühe gegeben, eine gute Platzanlage zu schaffen, und in Zukunft wird sie vielleicht einmal ein Muster sein – jetzt läßt der Platz noch viel zu wünschen übrig, und die schlechte Grasnarbe hindert das Spiel, statt es zu fördern.«

Corso, die Fußballabteilung des Allgemeinen Turnvereines Leipzig-Kleinzschocher, weihte in diesem September ihren am Schleußiger Weg zwischen Schrebergärten und Wald herrlich gelegenen Sportpark ein. Gegen TuB Leipzig erreichte man ein 0:0. Die Presse schrieb: »Zur Verwandlung der ziemlich feuchten und unebenen Wiese in ein spielfähiges Feld waren alle Anstrengungen durch Auffahren und Walzen von Erde gemacht worden, doch dürfte hier noch Erhebliches zu leisten sein. Der Platz wies noch große Unebenheiten auf.«

Auch die Taubstummensportler hatten sich bereits organisiert. Die Leipziger traten gegen die Berliner Taubstummen an und gewannen im Viktoriapark mit 7:1. Der »Mitteldeutsche Sport« berichtete: »Als 3/4 3 Uhr der Schiedsrichter, der aus ihren Reihen entnommen wurde, das Spiel zwar auch durch Pfeifen, aber in der Hauptsache durch Winken der Fahne eröffnete, entwickelte sich ein sehr flotter, aber lautloser Kampf.«

Verein für Bewegungsspiele Leipzig, Meister des DFB 1912/13.

Am 12. Oktober spielten Schneider, Völker, Edy, Michel und Paulsen in der mitteldeutschen Auswahl gegen den Südosten um den Kronprinzenpokal und gewannen 2:1. Ein Tor erzielte Paulsen. Auch im Städtespiel gegen Hamburg, welches Leipzig überraschend mit 3:1 gewinnen konnte, wieder drei starke VfBer: Paulsen, der erneut einen Treffer erzielte, Edy und Schneider waren mit von der Partie. Torwart Schneider, der über die gesamte Saison eine starke Leistung gebracht hatte, wurde dafür mit einem Einsatz im Länderspiel gegen Dänemark belohnt. Allerdings verloren die Deutschen 1:4, wobei den Keeper wohl keine Schuld an der hohen Niederlage traf. Das Spiel gegen die Eintracht am 30. November verlor der VfB mit 0:1. Was die Verantwortlichen am meisten ärgerte, war aber nicht das Ergebnis, sondern das, was sich Paulsen und Völkers zeitweise erlaubten. Dazu heißt es in den »VfB-Mitteilungen«: »Zwei Spieler, von der Natur mit den glänzendsten Anlagen ausgestattet, stehen auf dem Platze herum, der eine die Hände in den Hosentaschen, der andere mit verschränkten Armen. Erstens erwächst aus diesem Verhalten dem Verein großer Schaden in mancher Beziehung, dann aber ist es auch höchst unkameradschaftlich. Wenn wirklich ein schlechterer Spieler den Ball einmal schlecht abgibt, so ist es die Pflicht des besseren Spielers, diesen Fehler auf jeden Fall zu verbessern und nicht durch Trotzen und Vorwürfe noch zu vergrößern. Denn hier auf dem Fußballfelde stehen alle für einen und einer für alle.« Am 26. und 28. Dezember bestritt der VfB noch zwei schöne Spiele gegen auswärtige Gegner, verlor aber gegen die Stuttgarter Kickers (1:3) und den HFC Haarlem (1:4).

Proteste blieben in Mode. Der Gauvorstand fällte allerdings auch einige merkwürdige Urteile. Die Sportfreunde Leipzig zum Beispiel protestierten gegen das verlorene Spiel gegen den VfB, weil der Schiedsrichter zu lange habe spielen lassen, und das zweite Tor für den VfB wäre in genau dieser Zeit gefallen. Nach der Uhr des Unparteiischen aber fiel das Tor in der 87. Minute, danach wurde außerdem noch einmal angestoßen, und der Ball sei noch gespielt worden. Trotzdem setzte der Gauvorstand das Spiel neu an – allerdings, weil das Spiel zu kurz gewesen sei und die Sportfreunde deshalb benachteiligt worden wären.

Der VfB gewann einen Prozeß gegen die »Süddeutsche Sportzeitung«. Er hatte Beleidigungsklage gestellt, weil die Zeitung behauptet hatte, die Leipziger würden Spieler anderer Vereine auf unlautere Art wegziehen und abwerben. Die »Süddeutsche« mußte 150 Mark Geldstrafe sowie alle Gerichtskosten tragen und eine Gegendarstellung veröffentlichen.

Die erste Mannschaft der Viktoria unterlag gegen ihren großen Rivalen Fortuna im Januar in einem Gesellschaftsspiel mit 0:1, aber am 19. Januar 1913 landete sie gegen den Mittweidaer Ballspielklub einen hohen 6:1-Sieg, auch Helios unterlag 0:7, und Heise brachte wieder vier Tore auf sein Konto. Wacker Magdeburg spielte am zweiten Osterfeiertag gegen Viktoria und unterlag 0:5.

Das Jahr 1913 beendete die Viktoria mit dem Gewinn der Abteilungsmeisterschaft mit einem Torverhältnis von 126:41. Am 29. Juni fand dann das Meisterschaftsspiel um die II. Klasse gegen Fortuna im Eintrachtpark am Forsthaus Raschwitz statt. Bereits in der ersten Halbzeit verlor die Viktoria ihren Spieler Klingner durch Herausstellung. Das Spiel stand bei zweimaliger Verlängerung immer noch 0:0. Dann wurde den Viktorianern die Verlängerung zum Verhängnis. Max Beutler wirkte infolge Verletzung nur noch als Statist und hatte noch das Pech, durch die entstandene Unbeholfenheit Geßner von Fortuna unfair zu Fall zu bringen. Der verhängte Elfmeter wurde von Fortuna verwandelt und brachte bei einer Spieldauer von 2 Stunden und 48 Minuten dem Kampf ein Ende und der Fortuna als Sieger den Aufstieg zur ersten Klasse.

Der angewachsene Spielbetrieb erforderte einen besoldeten Platzmeister, der allerdings nur sonntags seinen Dienst versah. Bis zu dieser Zeit hatten die Mannschaften vor dem Spiele das Feld selbst zu bauen. So brachte auch dieser Beschluß für die Aktiven eine besondere Erleichterung.

Der Fortuna gelang es nach jahrelangen erfolglosen Bemühungen um ein Areal endlich, einen eigenen Sportplatz (11 000 qm) zu schaffen. Anteil an dem Zustandekommen

Mitteldeutscher Sport

| Nummer 46 | Leipzig, den 13. November 1913 | Jahrgang 1913 |

Spezial-Sport-Haus
Gegründet 1860

A. Steidel
Hoflieferant
Seiner Kaiserlichen und Königlichen Hoheit des Kronprinzen | Ihrer Königlichen Hoheit der Prinzessin Friedrich Leopold v. Preußen

BERLIN C 54, Rosenthalerstr. 34/35
Fernspr.: Amt Norden No. 8313, 8218, 8231. — Telegr.-Adr.: Lawntennis, Berlin.

Fussball-Stiefel

Zehenkappe ohne Stahleinlage. Rohreinlage im Gelenk, Stahleinlage in der Vordersohle.
Stets Eingang von Neuheiten, für jeden Fuß u. Spielstand passend ca. 50 verschiedene Sorten am Lager in der Preislage von Mk. 5.— bis Mk. 12.—

Spezial-Katalog B (Fußball und Leichtathletik) versende kostenlos.
Reich illustrierte Sonder-Kataloge für jeden Sport erhalten Interessenten umsonst und portofrei.

=== Leichte, schwarze Fußball-Stiefel ===

- „Trojan" 7.— Mk. Braun Leder — Ledersohle
- „Centre Half" 8.— Mk. Grünl. Chrome — Chromesohle
- „Eel" 11.50 Mk. Kalbleder-Chrome — Chromesohle
- „Pillager" 10.50 Mk. Schwarz Chrome — Chromesohle
- „Embulation" 11.— Mk. Schwarz Chrome — Chromesohle
- „Swift" 11.75 Mk. Gelbl. Chrome — Chromesohle
- „Torpedo" 10.50 Mk. Weiß Chrome — Chromesohle
- „Gamkick" 10.— Mk. Grau Chrome — Chromesohle

Achtung! In neubearbeiteter Auflage ist erschienen **Wichtig!**

Deutsches Fußball-Liederbuch
zusammengestellt und herausgegeben von **Oskar Matthias**.

Preis 30 Pfg.

Der Portoersparnis halber lasse man die Sendung an eine Adresse richten. Die Zusendung erfolgt gegen vorherige Einsendung des Betrags unter Beifügung des Portos oder bei Bestellung von 20 und mehr Stück per Postnachnahme. Zu beziehen durch die Expedition des **Mitteldeutschen Sport**, Reichelstr. 16. Postscheckkonto 11082.

Preis 30 Pfg.

der Anlage hatte ein früheres Mitglied, Max Bröse, der dem Gelingen die finanzielle Stärkung gab. Auch in Berücksichtigung dessen, daß andere, weitaus größere und ältere Vereine, wie VfB, LBC, nicht über eigene Plätze verfügten, kennzeichnete die Platzanlage als Erfolg. Das Spielfeld wurde seitens der Mitglieder selbst fertiggestellt. Umplankung, Fahnenstange, Barriere und zwei schmucke Kabinen wurden günstig aus Restbeständen des Deutschen Turnfestes erstanden, und so konnte am 2. November 1913 der Platz eingeweiht werden. Das Spiel verlor Fortuna knapp mit 0:1 gegen den LBC vor 2000 Zuschauern.

Über das Spiel Markranstädt II gegen Spielverein 1910 II (2:2) schrieb der »Mitteldeutsche Sport«: »Wieder wird über das Publikum in Markranstädt geklagt: Dieses Spiel wurde vom Schreien der Zuschauer begleitet. Es ist nun höchste Zeit, daß einmal eine maßgebende Persönlichkeit den Spielen in M. beiwohnt und wird zu der Überzeugung kommen, daß, wenn der Fußballsport nicht in den Schmutz gezogen werden soll, der Platz in M. zu sperren ist.«

Plakate.

Der Verbandsspiel-Ausschuß hat wiederholt auf die D.F.-B.-Regeln § 14 hingewiesen, daß Plakate folgenden Inhalts auf jedem Fußballplatze anzubringen sind:

Es wird dringend ersucht, Zurufe an Schieds- und Linienrichter sowie Spieler zu unterlassen.

Zuwiderhandlungen haben Verweisung vom Platze, eventl. gerichtliche Verfolgung zu gewärtigen.

Zu beziehen von der Expedition des Mitteldeutschen Sport, Leipzig, Reichelstr. 16.

Preis: Kanzlei-Papier: 1 Stck. 20 Pf., bei 10 Stck. à 15 Pf.
Karton: 1 Stck. 25 Pf., bei 10 Stck. à 18 Pf.
zuzügl. Porto.

Textauszug aus den amtlichen Bekanntmachungen der Wochenzeitschrift »Mitteldeutscher Sport«, Heft Nummer 3, Jahrgang 1913.

Der Verein Wettin 06 gab bekannt: »Unser neues Vereins- und Umkleidelokal befindet sich jetzt Restaurant West-End, Leipzig-Lindenau, Lützner Straße/Ecke Saalfelder Straße, Haltestelle der Pferdebahn.«

Die Leipziger Polizei teilte mit: »Ein Betrüger macht sich neuerdings im Deutschen Reich bemerkbar, der besonders die Fußballspielerkreise heimsucht. Er gibt sich als Fußballspieler aus, läßt sich als Mitglied von Klubs anwerben und borgt dann die Mitglieder der Vereinigung tüchtig an, um hierauf schleunigst zu verschwinden. Der Gauner ist etwa 30 Jahre alt, 1,70-1,75 Meter groß, schlank, hat dunklen rötlich schimmernden Schnurrbart und blasses Gesicht. Er spricht süddeutschen Dialekt und Englisch. Da er nachgewiesenermaßen von Ort zu Ort reist, ist es sehr leicht möglich, daß er auch nach Mitteldeutschland kommt. Beim Auftauchen wolle man sogleich die Kriminalpolizei benachrichtigen.«

Das zehnte Stiftungsfest der Arminia wurde durch einen Kommers, einen »feierlichen Trinkabend«, im »Bad Rohrteich« und einen Ball im Hotel de Pologne festlich begangen.

1914

Die Spielvereinigung gewann fast sämtliche Spiele in großer Form. Der Gewinn der Gaumeisterschaft war der Mannschaft aus dem Leipziger Westen nicht mehr zu nehmen. Zum zweiten Male durfte sie sich mit dem Meistertitel von Nordwestsachsen schmücken. Die Spiele um die Mitteldeutsche Meisterschaft, an der auch Titelverteidiger VfB Leipzig teilnahm, wurden von beiden Teams zunächst leicht und haushoch gewonnen. Während die Spielvereinigung den Riesaer SV mit 7:0 abfertigte, schoß der VfB den Falkensteiner BC sogar mit 9:0 in Grund und Boden. Dieses Resultat erfuhr in der nächsten Runde sogar noch eine nicht für möglich gehaltene Steigerung, als der VfB den Weißenfelser FC Hohenzollern mit sage und schreibe 11:0 nach Hause schickte. Die Spielvereinigung indessen schlug den SC Erfurt »nur« 5:1. Die Thüringer hatten dafür in der Runde vorher gegen den VfL Eisleben mit 14:0 gesiegt. Im Viertelfinale hatten die Lindenauer »Turner« ein Freilos, während der VfB mit 4:2 gegen Konkordia Plauen gewann. Im Halbfinale schlugen die VfBer in altgewohnter Manier Wacker Halle mit 3:0. Die Spielvereinigung fuhr zum Chemnitzer BC und gewann ungefährdet 6:2. Nun also trafen die beiden Leipziger Vertreter aufeinander – im Endspiel. Am 26. April kam es auf dem Sportfreundeplatz zum Treffen des VfB mit der Spielvereinigung Leipzig. Als Rokosch im Übereifer den Ball mit der Hand spielte, gab es Elfmeter. Edy trat an – vorbei! Weiter 0:0. Doch kurz darauf köpfte Pendorf eine Flanke von Bert ins Netz – 1:0! Allmählich gewannen jedoch die Lindenauer die Oberhand. Und als »Hansi« Pendorf verletzt vom Feld mußte, kippte das Spiel: Edy wollte vier Minuten vor dem Ende den Ball wegschlagen, schoß einen Gegenspieler an, von dem prallte der Ball zum freistehenden Flügelstürmer, eine exakte Flanke – und es stand 1:1. Der VfB war noch verwirrt, da schlugen die »Turner« zum zweiten Male zu. Ein direkt verwandelter Eckball brachte der Spielvereinigung gar den Siegtreffer! Das war das Aus für den VfB im Kampf um die Mitteldeutsche Meisterschaft. Auf den Schultern trugen die Zuschauer die Helden vom Spielfeld.

In den Spielen um die deutsche Meisterschaft unterlag die Spielvereinigung dann mehr durch unglückliche Einwirkungen als durch Überlegenheit des Gegners der Spielvereinigung Fürth mit 1:2 auf dem Wackerplatz Debrahof Leipzig vor 6000 Zuschauern.

Der VfB, der als Titelverteidiger auch um die Deutsche Meisterschaft kämpfte, gewann beim Balten-Meister Prussia Samland trotz einer mäßigen Leistung in Königsberg mit 4:1. So stand man in der Zwischenrunde um die Deutsche Meisterschaft und traf dort auf den MSV Duisburg. In der ersten Hälfte war der VfB überlegen, doch immer wieder scheiterte man am Duisburger Torwart Bruckschen. Dann endlich, wenige Minuten vor dem Halbzeitpfiff, konnte Julitz eine Vorlage von Richter ins Netz drücken. Die 8000 Zuschauer im Sportfreundepark jubelten. In der zweiten Halbzeit jedoch war das Bild genau umgekehrt: Der MSV drückte nun auf den Ausgleich und war eindeutig überlegen. Doch das Glück stand den Westdeutschen nicht zur Seite, und so blieb es bis zum Ende bei diesem knappen Ergebnis. Damit stand der VfB erneut im Endspiel! Dann schlugen die Wellen wegen des Wechsels von Torwart Grimm und Läufer Winter hoch, denn beide gingen ausgerechnet zur Spielvereinigung, dem ärgsten Gegner des VfB. Im Finale schließlich reichte es nicht zur Verteidigung des Titels für den VfB. In Magdeburg unterlagen die Leipziger am 31. Mai 1914 der Spielvereinigung Fürth, die auch schon die Spielvereinigung 1899 ausgeschaltet hatte, mit 2:3 nach Verlängerung.

Am 17.5.1914 gewann der VfB in der Zwischenrunde der Deutschen Meisterschaft mit dieser Mannschaft gegen Duisburg mit 1:0.

6000 Zuschauer auf dem Viktoria-Platz erlebten das bis dahin längste Endspiel aller Zeiten. Die Franken, die in der 17. Minute durch Franz in Führung gehen konnten, wähnten sich lange Zeit als Sieger. Der VfB, der sich zwar bemühte, aber nichts Zählbares herausholen konnte, hatte aber das Glück des Tüchtigen und glich durch »Edy« Pendorf in der 83. Minute aus. Das bedeutete Verlängerung. Der Schreck war groß, als Weicz nach 104 Minuten erneut zur Führung für Fürth einschoß. Doch der VfB schlug zurück, und Hesse traf nach 108 Minuten wiederum zum Gleichstand. Nun ging das Ringen hin und her, beide Mannschaften versuchten das Äußerste, um den begehrten Titel zu gewinnen. Die Leipziger, die seit der 42. Minute zu zehnt auskommen mußten, weil sich Paul Michel eine Verletzung zugezogen hatte, wehrten sich tapfer. Doch da! Hans Schmidt von Fürth trat einen VfBer so heftig, daß der Schiedsrichter Curt von Paquet aus Berlin einen Feldverweis aussprechen mußte. Das war nach 138 Minuten! War das ein Vorteil für den VfB?

Nur wenig später fiel doch noch die Entscheidung für die Mannschaft aus Fürth. Karl Franz III war der Glückliche, der nach über zweieinhalbstündiger Spielzeit das Tor noch einmal getroffen hatte. Fürth war Deutscher Meister, und der VfB ließ sich auch nicht dadurch trösten, daß er sich so lange Zeit mit einem Mann weniger so tapfer seiner Haut zu erwehren wußte. Schade...

Finale um die Mitteldeutsche Meisterschaft im Sportfreundepark in Connewitz an der Meusdorfer Straße – Spielvereinigung besiegt den VfB vor 10 000 Zuschauern mit 2:1.

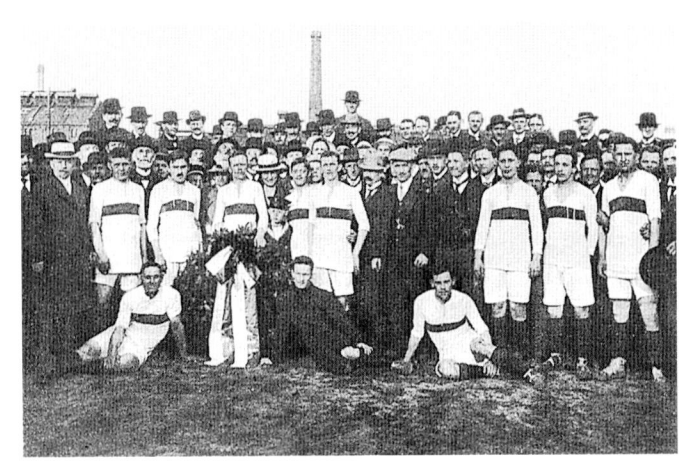

Moment des Triumphes. Die Mannschaft der Spielvereinigung 1899 wurde zum zweiten Mal Mitteldeutscher Meister.

Durch die Bemühungen der Vereinsleitung der Spielvereinigung, nur Gegner bester Klasse heranzuholen, kam der Spielabschluß mit dem Schottenmeister »Celtic Glasgow« zustande. Nach großem Kampf konnten die Lindenauer einen aufsehenerregenden Sieg von 2:1 über die schottischen Berufsspieler davontragen. Dieser Pfingstsonnabend 1914 wurde zu einem der größten Ruhmestage des Vereins. Das auf sportlichem Gebiete so ereignisreiche Jahr 1914 hatte auch für zwei Spieler besondere Bedeutung, indem sie zu ihrem 250. Spiel in der I. Mannschaft vom Verein besonders geehrt wurden. Es waren dies Arthur Schulze und Ernst Rokosch. Gerade letzterem wurde eine hohe Ehre zuteil, denn der Deutsche Fußball-Bund stellte ihn für die deutsche Mannschaft zum Länderspiel gegen Holland auf.

Ein Aufsatz im »Mitteldeutscher Sport« zum Thema »Sport und Recht«: »Daß bei Fußballspielen, insbesondere auf geschlossenen Plätzen, ein Regenschirm geknickt wird, indem der irregeleitete Fußball ihn trifft, ist keine Seltenheit. Sogar einem Damenhute widerfuhr einmal dasselbe Mißgeschick; der plötzlich ins Publikum geratene Ball beschädigte ihn erheblich. Kann in Fällen dieser Art vom Platzinhaber oder von sonst jemandem Schadenersatz verlangt werden? Würde einem friedlichem Spaziergänger durch einen Fußball, den die Mannschaft vielleicht auf dem Wege zum Umkleidelokal hin- und herstößt, der Schirm beschädigt werden, so bestünde kein Zweifel an einer Schadenersatzpflicht dessen, der den Ball gestoßen hat. Anders hier. Wer einen Fußballplatz betritt, ist sich bewußt, daß der das eigentliche Spielfeld verlassende Ball gewisse Gefahren für den Zuschauer bringen kann. Nicht nur Hut, Stock, Schirm, Kleidung kann beschädigt oder beschmutzt werden, sondern auch der Körper des Zuschauers selbst. Der Zuschauer wird sich aber stets so stellen und wird stets so aufmerksam sein, daß er dem Balle entgehen kann. Es gilt als stillschweigend zwischen Besucher und Platzinhaber vereinbart, daß der Zuschauer diese Gefahren auf

Ernst Rokosch (links) und Arthur Schulze werden von ihrem Verein, der Spielvereinigung, für ihr 250. Spiel geehrt.

sein eigenes Risiko nimmt. Diese Vereinbarung entspricht dem Grundsatz von Treu und Glauben und der Rücksicht auf die Verkehrssitte, die bei der Auslegung aller Verträge stets zu beachten sind. Schadenersatzansprüche werden deshalb erfahrungsgemäß fast niemals erhoben; sie sind in der Tat unberechtigt. Es ist geraten worden, die Vereine sollten überdies durch einen Vermerk auf den Eintrittskarten die Haftung für Beschädigungen durch das Spiel ausdrücklich ausschließen. Diese Vorsicht ist überflüssig; denn auch ohnehin besteht keine Haftung, aber die Möglichkeit liegt vor, daß ein solcher Vermerk von übelwollenden Gegnern unseres Sportes mißbraucht wird.«

Die Fortuna konnte in der Meisterschaft nicht so mithalten, wie sie sich das vorgenommen hatte, und belegte am

Ende der Saison den letzten Tabellenplatz. Im Qualifikationsspiel konnte sie jedoch den Meister der zweiten Klasse, Rasensport, mit 2:1 schlagen und somit in der ersten Klasse verbleiben. Eine weitere Trophäe konnte mit dem Pfeilpokal errungen werden, indem die erste Mannschaft im Endspiel Sachsen-Anger mit 12:0 aus dem Felde schlug.

»Der VfB begab sich auf eine Reise nach Prag, um gegen den alten Gegner DFC Prag anzutreten. Bereits 21mal standen sich beide Mannschaften gegenüber, doch nur fünfmal gelang den Leipzigern ein Sieg. Schon die Fahrt nach Prag gestaltete sich zu einem Erlebnis. Es herrschte eine sehr gute Stimmung, was wohl darauf zurückzuführen war, daß sich Bert, der erst in Dresden in den Zug zustieg, noch auf die Schnelle eine Geige gekauft hatte. Sein Mannschaftskamerad Winter aber glaubte eisern, in dem Karton wäre ein Smoking, bis Bert das gute Stück herausholte und ein paar Stücke zum Besten gab. Das Spiel brachte dem VfB einen 2:1-Sieg, was natürlich große Freude auslöste. Unschön verhielten sich die Prager nach dem zweiten Tor für die Gäste. Einer von ihnen war so erregt, daß er einen auf dem Boden liegenden Leipziger mit Schmutz bewarf, was ihm natürlich eine Verwarnung einbrachte.

Eine Reise nach Düsseldorf und Brüssel brachte dann etwas Abwechslung in die dauernden Gauspiele. Im April trat der VfB die weite Reise an, gewann das erste Spiel gegen den Düsseldorfer FC 99 mit 4:2. Nach dieser Zwischenstation ging es weiter nach Belgien. Zunächst erlebten die Sachsen das Spiel von Union Saint Gilloise gegen die englische Mannschaft South Bank mit, welches die Briten 2:4 verloren. Dann, gegen 4 Uhr, betrat der VfB vor etwa 6000 Zuschauern das Feld, um gegen den Daring Club zu spielen. Doch man fing sich eine derbe Schlappe ein, verlor 1:6. Am Abend dann tröstete man sich gemeinsam mit den Schlachtenbummlern, die aus Leipzig mitgereist waren, im deutschen Hotel, wo man kräftig zu Abend speiste und bereits den Spielbericht lesen konnte. Schneider mußte dann die Mannschaft bereits verlassen, da er beruflichen Verpflichtungen nachkommen mußte. Einige seiner Mitspieler begleiteten ihn an die Bahn, die anderen studierten von einem Straßencafé aus das interessante Straßenleben von Brüssel. Früh ging man ins Bett, um gut gerüstet zu sein für das Spiel gegen die Engländer am nächsten Tag. Doch auch das ging gründlich daneben. Paulsen fühlte sich so verletzt, daß er nicht anzutreten können glaubte, so daß der Freund von Mittelfeldspieler Glockauer, ein gewisser Herr Weise, mitspielen mußte, damit der VfB wenigstens mit 11 Mann antreten konnte. In der ersten halben Stunde ging das sogar gut, denn die Leipziger drängten und waren einem Tor mehrmals nahe.

Doch dann kamen die Engländer und konnten bis zur Pause zwei Tore erzielen. Nach dem Seitenwechsel gelang ihnen dasselbe noch dreimal, so daß der VfB mit 0:5 geschlagen wurde.« (aus: »VfB-Mitteilungen«)

Im Sommer 1914 veränderte ein einschneidendes Ereignis alles im Leben der Fußballer und Vereine und warf die Entwicklung um Jahre zurück. Der 1. Weltkrieg war ausgebrochen. »Kaiser und Vaterland« riefen das Volk zu den Waffen. Eine allgemeine Mobilmachung erfolgte, das kaiserliche Heer wurde um Hunderttausende Männer aufgestockt. Auch die Fußballspieler betraf dies, und so mußten viele Vereine ihren Spielern und Mitgliedern Lebewohl sagen; oft für immer. Nach dem Ausbruch des 1. Weltkrieges gründeten die Heimgebliebenen des VfB einen Stammtisch in der »Großen Feuerkugel« am Neumarkt, wo an jedem Donnerstagabend die Kriegsmitteilungen verlesen wurden. Auch sollte die Zusammenkunft dazu dienen, daß sich die nun völlig neuen und umformierten Mannschaften besser kennenlernen sollten. Um die Stimmung zu erhöhen, sollten nach einem Aufruf im Vereinsblatt »patriotische Lieder gesungen werden«. Textbücher waren mitzubringen. Die Zurückgebliebenen wurden über die gesamte Dauer des Krieges immer wieder dazu aufgefordert, den im Felde Stehenden durch kleine Liebesgaben Mut zuzusprechen. Dazu wurde extra ein Sonderausschuß gebildet, der die Regulierung der angeregten Liebesgaben übernehmen sollte. Darüber hinaus wurden die Damen des Vereins dazu aufgerufen, am Strickabend am Mittwochnachmittag im Restaurant zur Linde in der Dreilindenstraße in Lindenau teilzunehmen. Im November 1914 wurden 12 Paar Strümpfe, 4 Paar Müffchen, 2 Paar Schießhandschuhe, 1 Paar Kniewärmer, 4 Schals, 3 Ohrenwärmer, 1 Schlauch, 1 Mütze, 1 Waschlappen und 3 Leibbinden gestrickt. Es gingen laut »VfB-Mitteilungen« folgende Liebesgaben ein: »2 Leibbinden von einem VfBer, 1 Leibbinde von Frau Haase, 1 Paar Kniewärmer und 2 Ohrenwärmer von Frau Göthel, 1 Pfd. Schalwolle von Frau Pflaume, 1 Schal von Fräulein Segitz, 1 Paar Strümpfe (gefüllt) sowie Tee, Pfefferkuchen, Anchovispaste, Ölsardinen, Cacao, Seife usw. von Frau Beuthien, 1 Doppeltafel Schokolade von Herrn Fuhrmann, 3 Flaschen Arac und 3 Flaschen Rum von Herrn Friedrich Beuthien, dem Vater unseres Mitglieds Erich Beuthien, 1 großes Paket mit guten Sachen von Frau Trummlitz sen., Strümpfe von Frau Trummlitz jun.« Die Nachrichten über die ersten Opfer des Krieges blieben nicht lange aus: Hans Dolge, der die letzte Deutsche Meisterschaft mitterrungen hatte, fiel westlich von Lille als Angehöriger des Infanterie-Regimentes 106. Otto Braune, der die erste Deutsche Meisterschaft 1903 mitgewann, starb in Nordfrankreich. Auch der bekannte Torwart Johannes Schneider, der ja auch internationale Ehren errang, fiel. Lange Listen im Vereinsblatt »VfB-Mitteilungen« zeigten, welche Mitglieder im Felde standen. Am 1. Dezember 1914 waren es bereits 218 Vereinsmitglieder, die den Waffenrock trugen. Zu dieser Zeit waren schon zehn VfBer im »Kampf für Kaiser und Vaterland« gefallen. Der aus dem Felde zurückgekehrte Bert Friedrich sprach auf einem Kriegsabend im Sachsenhof von seinen Kriegserlebnissen. In den »VfB-Mitteilungen« vom

Januar 1915 wurde ein Feldpostbrief abgedruckt, der die Verhältnisse der Soldaten aus Sicht eines alten VfB-Mitgliedes schilderte. Es handelte sich dabei vermutlich um Schilderungen von Georg Haase: »Quesnoy-sur Deule, 15. Dezember 1914. Meine lieben VfBer! Vor mir liegt wieder eine Nummer meiner lieben VfB-Mitteilungen und bietet mir wieder mal eine Stunde Gelegenheit, unter Euch zu sein. Ihr glaubt es mir nicht, das Gefühl, das ich beim Lesen der Zeitung habe, ist gerade, als wenn wir sonntags nach dem Wettspiel alle zusammensitzen und erzählen uns. Wie ist Euer Kriegsabend im Sachsenhof verlaufen? Hoffentlich so nett, wie alle gesellschaftlichen Veranstaltungen unseres VfB. Der Januar- und Jahresversammlung wünsche ich einen recht befriedigenden Verlauf und möchte gleich den Wunsch daran schließen: Laßt mir ein Pöstchen frei, damit ich nach meiner Rückkehr wieder mitarbeiten kann. An die Kleinen bitte ich auf dem nächsten Baby-Kongreß meine Grüße auszurichten. Die Ehrentafel unserer lieben Gefallenen weist nun schon zehn Namen auf und Leute darunter, für deren Verlust man nicht genug Worte des Bedauerns finden kann. Denkt doch mal, unser lieber Manasse tot, wir sollen uns nicht mehr freuen dürfen über seinen urwüchsigen Humor, und uns nicht mehr freuen dürfen über seine nie rastende Arbeitslust für seinen alten Verein, den er mit aus der Taufe gehoben hat und dessen Ruhm er mit begründen und festigen half. Nun wir ihn nicht mehr haben, wissen wir erst, was er uns war. Und – ich will niemand zunahe treten damit – ich weiß nicht, wer sein Erbe im Verein antreten soll, wer uns und unsern Bestrebungen ein derartiger Helfer sein soll, wie unser lieber Manasse. Und unser Johannes Schneider und Hans Dolge sind auch dahin, beide so liebe Kameraden und stets voll aufopfernder Liebe zum VfB, dessen Ruhm sie in manchen Jahren mit hochgehalten haben. Richard Polster, mit seinem jungen Ehrgeiz, stets, wenn wir ihn zur würdigen Vertretung unserer Farben brauchten, sei es in welcher Mannschaft, gab er sein Bestes dafür her. Dr. Paul Meynen, unser Zeitungsleiter und Verfechter der Idee gesunder Leibesübungen unserer jüngeren Mitglieder, alle, alle sind nun nicht mehr bei uns, ebenso wie die übrigen, deren Verlust wir nicht weniger zu betrauern haben. Hatte doch jeder seine Liebe zum Verein und nur ein weniger großes Feld, um sich darin zu betätigen. Hoffentlich hört nun der harte Tod auf, seine furchtbare Ernte unter uns zu halten, und brauchen wir unsere Ehrentafel nicht zu vergrößern. Über allen den lieben Mitgliedern aber ruht ein sonniger Schein von strengster Pflichterfüllung und Liebe zum Vaterlande, die sie bis zum Tode gehalten haben. In ihnen ist die Grundidee unseres lieben VfB, dem Vaterlande nicht nur gestählte Körper, sondern vor allem auch starke Liebe zum Vaterlande tragende Herzen zu bringen, Wahrheit geworden, und wir können stolz auf sie sein, stolz darauf, daß wir sie zu den Unseren zählen durften. Ich hoffe gern, daß alle unsere Mitglieder in dieser Zeit gelernt haben, was Pflichterfüllung heißt, und üben sie im Dienste des Vereins. Als leuchtende Vorbilder können sie sich stets die schmerzliche Liste der Namen auf unserer Ehrentafel vor Augen halten. Ehre und Frieden den toten Helden unsers lieben VfB. Ein Zeichen gleich treuer Pflichterfüllung geben uns auch die Ritter des eisernen Kreuzes, die auch schon, 17 Mann stark, den Daheimgebliebenen als Vorbild dienen können. Ich bitte, bei erster Gelegenheit allen meinen herzlichsten Glückwunsch dazu auszusprechen. Einen recht erfreulichen Umfang weist auch die 1. Quittung über Liebesgaben in Barem und Waren auf, und die Damen haben jetzt wohl in ihrem Nachmittagsstrickkränzchen in der Linde einen vollwertigen Ersatz für den sonst üblichen Five o-Clock-Tea gefunden. Ein Hurra ihnen, wenns so bliebe. Die Fußball- und Hockeyresultate lassen zwar dem Klange nach zu wünschen übrig, aber es hat auch nicht jeder Verein den Stolz einer derartigen Kriegerliste wie wir. Die erste Mannschaft bleibt ihrem Prinzip des wechselnden Erfolges treu, ebenso die zweite und dritte, während die tapfere vierte sich nach drei Niederlagen über 2 unentschiedene Spiele hinweg zu 2 Siegen raufgearbeitet hat. Ich gratuliere, und rufe: Immer weiter so und vor allen Dingen stets frischen Mut und den Gedanken, den VfB würdig zu vertreten, denn Ihr, die jüngeren Mitglieder unserer niederen Mannschaften, seid die Stütze und Hoffnung des Vereins, auf Euch ruht die Zukunft des VfB. Und um seinen Platz stets richtig auszufüllen, muß ein jeder sein Bestes geben und wird auch dann der VfB stets straff auf der Höh' erscheinen und es auch sein. Der Teil, der die Grüße aus dem Felde behandelt, gibt auch einen schönen Stoff zum Plaudern, ich habe leider hier nur niemand und bin deshalb in Gedanken immer bei Euch. So, das war der Inhalt Eurer lieben Dezember-Mitteilungen. An alle Namen, die ich in der Zeitung lese, knüpft sich eine Erinnerung, mit dem war ich auf der Schule, der und der, sie waren dabei, als wir dies und jenes veranstalteten. Der alte Mariengarten, die Vereinsbrauerei, die Sumpflöcher auf dem hinteren Teil des Sportplatzes, alles, alles kommt mir vor die Augen, die rückwärts bis in unsere jungen Jahre sehen. Und überall hat der und jener mitgewirkt, auch mancher, den jetzt schon leider die kühle Erde in Feindesland deckt. Doch nun will ich Euch auch noch etwas von mir erzählen. Die strategische Lage ist hier seit dem Sturmangriff, den wir am 7.11. auf die Engländer gemacht hatten, fast noch unverändert dieselbe. Ich brauchte dazu nichts weiter zu schreiben, als einer unserer Landwehrleute an seine Frau: Bei uns ist noch alles beim Alten, wir schießen nüber und die schießen rüber. Das ist kurz und bündig und trifft die Wahrheit genau. Ich möchte eben nur zur Ergänzung noch einige Worte zufügen. Unsere Lage hat sich seit dem Sturmangriff etwas gebessert. Wir lagen stets zwei Tage vorn im Schützengraben (in einer Entfernung von 20 bis 50 Meter vor dem Feinde) und wurden dann nachts abgelöst und lagen dann 2 Tage in der hintersten Gefechtslinie in Ruhe. Seit 8 Tagen, seitdem die Kälte und das Wasser in den Gräben unerträglich geworden sind, haben wir es noch besser gekriegt: Wir liegen genau so wie vorher 2 Tage vorn und zwei Tage in Reserve, aber dann noch 4 Tage in Ruhe. Aber wir brauchen es auch, denn wenn wir aus dem Graben kommen, sind wir direkt nicht mehr zu erkennen vor Schmutz und haben mehrere Tage Arbeit, um nur den größten Dreck runterzubekommen. Wir liegen dann wie auch heute in Korpsreserve in Quesucy in der Nähe von Lille und haben sogar Gelegenheit, einmal ein Gläschen Bier zu trinken, d.h. fragt mich aber ja nicht, wie es schmeckt. Aber es ist eben Bier und die Einbildung hilft einem über vieles hinweg. Doch nun will ich zum Schluß kommen. Verlebt das liebe Weihnachten alle so froh als eben möglich und seid bis auf weiteres alle, alle herzlichst gegrüßt von Eurer alten Frieda.«

Ehrentafel der Gefallenen.

Willi Fresenius

Richard Polster
Einj.-Freiw., Inf.-Reg. 106/6, gefallen 26. Sept. bei Auberive.

Fritz Mehlhorn, Ritter des Eisernen Kreuzes 2. Kl.
Vizefeldw. d. Landw. I., Res.-Inf.-Reg. 133, gef. 27. Sept. bei Châlons s. M.

Johannes Schneider (I)
Unteroff. d. Res., Inf.-Reg. 107/10, gef. 8. Sept. bei Cense de la Borde.

Otto Braune
Unteroff. d. Landw., Inf.-Reg. 107/2, gef. 25. Oktober bei Le Quesnoy.

Hans Dolge
Unteroff. d. Res., Inf.-Reg. 106/6, gef. 23. Okt. bei Prémesques.

Dr. Paul Meynen
Off.-Stellv. d. Res., Inf.-Reg. 169/6, schwer verw. 21. Sept. b. Remenauville, gest. 22. Sept. im Lazarett.

Bruno Uhrlandt
Kriegsfreiw., Res.-Inf.-Reg. 145/7, gef. 29. Okt. bei Becelaere.

Oskar Laue
Unteroff. d. Res., Inf.-Reg. 107/10, gef. 8. Sept. bei Cense de la Borde.

Josef Schmitz
Kriegsfreiw. i. rhein. Res.-Reg., gefallen Ende Oktober bei Poelcapelle.

Erich Mackensen
Vizefeldw. d. Landw., Res.-Inf.-Reg. 24, gef. 30. Okt. bei Pervysse.

Hans Derschuch
Kriegsfreiw., 2. S. Ulanenreg. 18/2, verw. Mitte Oktober bei Lille, gest. 7. Dezbr. in Crefeld.

Sie starben den Heldentod fürs Vaterland! Ehre ihrem Andenken!

Anzeige in den VfB-Mitteilungen. Viele der Gefallenen waren VfBer der ersten Stunde, wie beispielsweise Schneider, Braune und Dolge.

In welcher Zahl die Mitglieder der Fußballvereine seit Kriegsausbruch den »Ruf zu den Fahnen« Folge leisteten, zeigte sich immer deutlicher daran, daß sich von den 71 hiesigen Gauvereinen infolge des Mangels an Spielern jetzt kaum noch 30 an den Gauwettkämpfen beteiligen konnten. Auch von den starken erstklassigen Klubs war es einigen nur noch möglich, mit zwei schwachen Mannschaften anzutreten. Nach den vom Mitteldeutschen Verband gemachten Erhebungen stellte der Gau Nordwestsachsen Anfang November 1914 rund 40 Prozent und zur Jahreswende etwa 50 Prozent seiner Mitglieder zum Heeresdienst. Fünf der stärksten Leipziger Fußballvereine gaben am 1. Januar 1915 folgende Zahlen aus: VfB: 587 Mitglieder, davon 345 Soldaten; Wacker: 404 Mitglieder, 208 Soldaten; Spielvereinigung: 256 Mitglieder, 93 Soldaten; Sportfreunde: 232 Mitglieder, 126 Soldaten; Arminia: 181 Mitglieder, 94 Soldaten. Als gefallen meldeten: VfB 14 Mitglieder, Wacker 10, Arminia 3. Trotzdem blieb die Kriegsbegeisterung nahezu ungebrochen, denn schon kurze Zeit später rief der VfB seine Mitglieder zu »regelmäßigen militärischen Marschübungen und Wanderungen« auf. Monatlich einmal sollte nun ein Tagesmarsch stattfinden. Fußball- und Hockeyspiele fielen an diesen Tagen aus, so daß es jedem dadurch ermöglicht war, teilzunehmen. Später fanden dann auf den Sportplätzen sogar Schießübungen statt. »Ein jeder Patriot müsse erscheinen, um die Wehrpflicht des Volkes zu erhöhen.« Die Aufrechterhaltung des Spielbetriebes war zunächst umstritten, doch bald kamen die Verantwortlichen zu dem Entschluß, daß zur Wehrhaftmachung der Zurückgebliebenen die Fortsetzung der Spiele einer Einstellung der Meisterschaften vorzuziehen sei, zumal auch der Gau den Vorschlag machte, Kriegsspiele zu veranstalten und die Einnahmen wohltätigen Zwecken zufließen zu lassen. Man einigte sich auf die Durchführung von Kriegs-Gauspielen in zwei Runden ohne Punktwertung, ein Teil der Einnahmen wurde dem Roten Kreuz überwiesen. Der VfB beispielsweise lieferte 158,55 Mark ab. Da die Spiele jedoch bereits im Januar beendet waren und die Vereine infolge des Krieges aus Sparsamkeitsrücksichten zu Gesellschaftsspielen mit auswärtigen Vereinen wenig übrig hatten, beschloß man, im Gau Kriegsmeisterschaften mit Punktwertung in einer Runde auf neutralen Plätzen auszutragen. In der Kriegsmeisterschaft gab es nur verzerrte und mitunter merkwürdige Resultate, die aber dem Fehlen vieler Stammkräfte geschuldet waren. Der VfB spielte 1:0 gegen LBC, 0:2 gegen Spielvereinigung, 1:0 gegen Fortuna, 0:5 gegen Sportfreunde. Einmal bekam der Altmeister sogar die Mannschaft nicht zusammen und gab kampflos die Punkte an Wacker ab. Die Saison beschloß der VfB auf Platz 6 der Tabelle. Derweil häuften sich die Bitten der im Felde stehenden Fußballer um Zusendung von Fußbällen. Doch die Reserven sowohl der Vereine als auch des DFB waren erschöpft, denn Leder hatte sich sehr verteuert, was auf den ungeheuren Bedarf des Heeres zurückzuführen war. Daß auch im Schützengraben der Sport noch Mut machte, bewiesen die Abdrucke der vielen Grüße aus dem Felde in den »VfB-Mitteilungen«. Da grüßte Bruno Alex und teilte mit, daß die VfB-Zeitung in einem Kaffeehaus in Ostende ausliegt, Heinrich Gänger berichtete, daß er fleißig Fußball spielt, Erich Müller sendete der Jugendmannschaft zum letzten Sieg die herzlichsten Glückwünsche. Edy Pendorf schrieb, er wäre jetzt bei einer Ballonabwehrkanone, Paul Pömpner meldete sich aus Feindesland, Camillo Ugi sendete einen ausführlichen Brief aus dem Lazarett Babenhausen, in dem er berichtete, daß er sich den Fuß so schwer verstaucht hat, daß ein Knochen gesprungen ist. O. Scheinholz schrieb: »Der Rummel kann weitergehen, de Bärne ist wieder ganz.« Und Johannes Winkler teilte den Daheimgebliebenen mit, daß er nun soviel Regen hat, daß er im Schützengraben ein Schwimmfest veranstalten werde; außerdem habe er Palm von Wacker und Colditz von Eintracht getroffen.

1913/14

	V. f. B.	W.	L. B. C.	Sportfr.	Olymp.	Spielv.	E.	Fort.	Punkte
V. f. B.	—	3:2 / 0:1	1:2 / 0:2	3:0 / 3:1	1:2 / 2:1	0:0 / 1:1	0:1 / 0:1	4:1 / 3:0	14
Wacker	2:3 / 1:0	—	1:0 / 0:0	3:2 / 4:1	2:1	1:0 / 0:4	5:3 / 0:2	5:1 / 0:2	17
L. B. C.	2:1 / 2:0	0:1 / 0:0	—	3:3 / 2:1	0:0 / 1:2	0:1 / 1:4	0:2 / 1:1	1:0 / 3:2	14
Sportfreunde	0:3 / 1:3	2:3 / 1:4	3:3 / 2:1	—	0:0 / 1:2	1:1 / 0:0	1:5 / 1:1	3:1	11
Olympia	2:1 / 1:2	—	0:0 / 1:2	0:0 / 2:1	—	0:1 / 1:3	3:1 / 0:1	0:2 / 2:0	12
Spielvereinigung	0:0 / 1:1	0:1 / 4:0	1:0 / 4:1	1:1 / 0:0	1:0 / 3:1	—	8:1 / 1:1	2:1 / 4:1	21
Eintracht	1:0 / 1:0	3:5 / 1:0	2:0 / 1:1	5:1 / 1:1	1:3 / 1:1	1:8 / 1:1	—	5:2 / 0:2	17
Fortuna	1:4 / 0:3	1:5 / 2:0	0:1 / 2:3	3:1	2:0 / 1:0	1:2 / 1:4	2:5 / 2:0	—	6

Die Abschlußtabelle der Saison 1913/14.

1915 Der VfB meldete Johannes Völckers als vermißt, der als Gefreiter beim 107. Infanterie-Regiment bei Goecsyn in Rußland verwundet wurde und seit diesem Tage nicht wieder aufgetaucht war. Ende August wurde ein Turnier um die »Granate«, die von der Spielvereinigung gestiftet wurde, ausgespielt. Das Endspiel am 5. September verlor der VfB gegen die Eintracht mit 1:3. Das Spiel mußte in die Verlängerung, und die Gaslaternen brannten bereits, als Eintracht die Entscheidung herbeiführte. Das Spiel gegen Wacker, welches der VfB mit 1:6 verloren hatte, zog Kreise, denn der VfB legte Protest ein. Die Begründung im Vereinsblatt: »Eine große Überraschung wäre der Ausgang dieses Spieles zu nennen, wenn der hohe Sieg unter regelmäßigen Verhältnissen errungen wäre. Bei einem einigermaßen mit den Spielregeln vertrauten Schiedsrichter wäre der Ausgang des Spieles vielleicht ein anderer gewesen. ... Nachdem er mehrere ganz offensichtliche Abseitsstellungen übersehen hatte, brachte er es fertig, erst auf Befragen der Zuschauer ein regelrecht von uns errungenes Tor nicht anzuerkennen. Er behauptet, der Ball sei neben den Pfosten gegangen. ... Kurz nach Halbzeit wies der Schiedsrichter unseren Torwärter und Mittelläufer vom Felde. Ersterer soll nach erfolgter Abwehr des Balles einen gegnerischen Spieler geschlagen haben. Letzterer erlaubte sich ein Urteil über den Schiedsrichter zu machen, das den Unparteiischen veranlaßte, den Spieler des Feldes zu verweisen.« Der Protest wurde anerkannt, und bald darauf standen sich Wacker und der VfB erneut gegenüber. Diesmal gewann der VfB mit 1:0, aber jetzt protestierte Wacker gegen die Wertung dieses Spiels, weil am selben Tage ein Geländelauf in Leipzig stattfand und zwei Wacker-Spieler als Läufer daran teilnahmen. Der Gauvorstand gab nun Wacker recht, und das Spiel wurde zum dritten Male ausgetragen. Gegen den 4:2-Sieg des VfB auf dem Sportplatz erhob diesmal niemand mehr einen Einspruch. Kurz darauf wieder zwei Schreckensmeldungen: Paul Michel, Deutscher Meister 1913, und Walter Grimm waren gefallen.

Meister des Gaues Nordwestsachsen aber wurde erstmals die Mannschaft der Sportfreunde. Sie besaß am Ende die besten Spieler und setzte sich gegen alle anderen Kontrahenten durch. Sie hatte nur das Pech, daß in diesem Jahr die Mitteldeutschen Meisterschaften und die Deutsche Meisterschaft nicht ausgetragen wurden.

Die Viktoria spielte am Neujahrstag gegen Lipsia und gewann 5:0. Für den ersten Osterfeiertag war die Mannschaft vom Dresdner Fußballring verpflichtet worden, mit 3:1 wurde auch sie geschlagen. In einer Festschrift des Vereins wurden die Folgen des Krieges für die Viktoria geschildert: »Immer weitere Kreise zog der Krieg, immer mehr von unseren Mitgliedern zogen hinaus, aber unentwegt arbeitete der Vorstand weiter. Neue Mitglieder wurden geworben, die Jugend mehr denn je herangeholt. Unsere Feldgrauen schrieben eifrig und fast in jedem Briefe, wie ihnen die Sportgewöhnung die Strapazen spielend überwinden helfe; was Wunder, wenn sich die noch zu Hause Befindlichen, die jeden Augenblick hinausziehen konnten, daraus eine Lehre nahmen und so der Sportbetrieb auf der Höhe blieb. Die Feld- wie Heimkrieger unterstützten, wo immer möglich, mit Geldspenden den jetzt so bedürftigen Verein, und dank dieses festen Zusammenhaltes war es möglich, das bisher Geschaffene zu erhalten und unseren Feldgrauen Freude in Form von Liebesgabensendungen zu bereiten. Unser 12. Stiftungsfest wurde in stiller, würdiger Form eines Kriegsabends am 13. März im ›Weißen Falken‹ gefeiert. Um den Verein finanziell stärken zu helfen, stiftete der Klubwirt Karl Lehmann einen silbernen Pokal. Eine Versammlung beschloß, denselben unter der ersten Klasse ausspielen zu lassen. Es meldeten die Vereine: Sportfreunde, Eintracht, Olympia und Spielvereinigung. Alle Spiele sind auf unserem Platze ausgetragen worden. Eintracht wurde Pokalsieger. Eine freudige Mitteilung ging im Mai von unserem Mitgliede Spuhholz aus dem Fernen Osten ein. Wohlbehalten befand er sich in japanischer Gefangenschaft. Der 1. Schriftführer Nietzsch wurde bald unter die Fahnen gerufen. Paul Escher nahm trotz seiner Obhut der Jugend diesen Posten an und bekleidete mit voller Hingabe beide Ämter den ganzen Krieg hindurch.«

1916

Im dritten Kriegsjahre wurde vor allem das Beschaffen von Material zum Problem. Insbesondere Fußballblasen waren sehr schwer aufzutreiben. Versuche mit Zellstoffblasen scheiterten. So entschloß man sich zu Aufrufen, um etwa noch vorhandene Blasen zusammenzutragen. Auch bei den befreundeten ausländischen Verbänden wurde seitens des DFB angefragt, aber auf diesem Wege gab es keine fühlbare Unterstützung. Dazu kam das Verbot zur Herstellung von Sportstiefeln, das ebenfalls dem Materialproblem geschuldet war. Im Bahnverkehr gab es Einschränkungen, und Urlaubssperren für die Wehrmachtsangehörigen brachten weitere Erschwernisse bei der Aufstellung von Mannschaften. Nur in der vormilitärischen Jugenderziehungsfrage gab es nach langen Bemühungen eine zufriedenstellende Lösung; die Jugendabteilungen der Sportvereine wurden den Jugendkompanien gleichgestellt und die sportliche Arbeit der Vereine somit anerkannt.

Britannia-Mitglieder auf Urlaub aus dem Felde. Von links: Beil, Gerlach, Heiner, Schwabe, Schlauske, Schulz.

Ein Eklat begleitete die Kreis-Meisterschaft. Die sogenannten Gesellschaftsspiele genossen genauso hohes Ansehen wie die Meisterschaftsspiele. Das Kräftemessen mit auswärtigen Gegnern war für die Vereine mindestens genauso wichtig wie der Kampf um die Punkte. Als der Gauvorstand dem VfB am Tage des geplanten Spiel gegen den VfB Jena ein Punktspiel gegen Olympia ansetzen wollte und sich beide Vereine nicht auf einen Ausweichtermin einigen konnten, verzichtete der VfB auf die Punkte und spielte lieber gegen Jena. Ein 6:2-Sieg ging in die Annalen ein. Als Konsequenz aber zog der dreifache Deutsche Meister seine Herrenmannschaften aus dem Spielbetrieb zurück. Erst in der neuen Saison nahm der VfB wieder an den Verbandsspielen teil und hatte dort zunächst einige schöne Erfolge zu verzeichnen. Der LBC wurde 4:1 geschlagen, gegen Fortuna gelang ein 2:0, und ein 1:0 gegen die Sportfreunde ließ die Blau-Weißen auf dem ersten Tabellenplatz stehen. Dieses knappe Ergebnis hatte erneut ein aufsehenerregendes Nachspiel, denn der Gegner legte Protest wegen eines unerlaubt mitwirkenden Spielers ein. Der Verband kam dem Einspruch nach und zog dem VfB die beiden Punkte wieder ab. Was war passiert? Der jugendliche Ersatzspieler Felix Weber wirkte beim Spiel gegen die Sportfreunde mit, nachdem er bereits am Sonntag zuvor in der dritten Mannschaft ein Verbandsspiel geliefert hatte. Dabei war er gar nicht im Besitz eines Passes, er war überhaupt nicht gemeldet. Der VfB verwies in seinem Gnadengesuch darauf, daß den beiden Mitgliedern seines Jugendausschusses, durch deren Verschulden die Aufnahme Webers in die Mitgliederliste unterblieben ist, dies Versehen unterlaufen ist, weil sie im verflossenen Jahr in zwei Ämtern im Gau sowohl als auch im Verband eine gewaltige Menge Arbeit erledigen mußten. Über das Gnadengesuch wurde dann auf dem Verbandstag abgestimmt, eine Mehrheit entschied, es anzunehmen. Doch dann entstand Tumult am Vorstandstisch, wo der Vertreter der Sportfreunde gegen die Abstimmung protestierte. Sogar die Zulässigkeit der Abstimmung wurde bestritten, das Angebot des VfB, die Abstimmung wiederholen zu lassen, abgelehnt. Daraufhin erklärte der Vorsitzende Herr Dr. Richter das Gesuch plötzlich als abgelehnt. Angeblich wäre die erforderliche Mehrheit nicht gegeben gewesen, obwohl ja eindeutig abgezählt worden war. Eine längere Geschäftsordnungsdiskussion entspann sich, doch das alles änderte am Entschluß nichts mehr. So wurde der VfB um seine Mühen gebracht und verlor die Kriegsmeisterschaft an die Eintracht, die drei Punkte mehr auf ihr Konto bringen konnte.

Die Fortuna sorgte während dieser Zeit für einige Paukenschläge in der ersten Klasse. Nach einem ersten Fehlschlag gegen Eintracht (0:6) landete die Mannschaft gegen den VfB einen Sieg. Auch gegen Olympia (2:2, 7:3), LBC (5:0, 4:0), Sportfreunde (1:1, 6:0), Spielvereinigung (3:0, 1:3), Wacker (6:2, 2:1) wurden sehr gute Resultate erzielt. Eintracht wurde in der zweiten Serie sogar 3:1 geschlagen, die einzige Niederlage, die die Mannschaft damals erlitt. Die Leipziger SV Eintracht 1904 wurde, für viele überraschend, Meister. Und sie setzte ihren Siegeszug auch in der mittlerweile wieder stattfindenden Mitteldeutschen Meisterschaft fort, die ja wegen des Krieges im Jahr zuvor ausgefallen war. In der ersten Zwischenrunde wurde der SC Weimar mit 1:0 geschlagen. Schon klarer fiel der Sieg in der zweiten Zwischenrunde gegen den Mittweidaer FC 1899 aus, der zuvor seinerseits gegen Titelverteidiger Spielvereinigung mit 1:0 gewonnen hatte. Mit 7:0 gewann die Eintracht. Gegen den DSC mußte im Halbfinale gleich zweimal gespielt werden. Die erste Partie am 28. Mai 1916 in Dresden mußte wegen eines starken Unwetters beim Stand von 2:1 für Leipzig in der 42. Minute abgebrochen werden. Das Wiederholungsspiel eine Woche später in Leipzig gewann die Eintracht klar mit 6:1. Auch das Endspiel wurde zur einseitigen Angelegenheit. Den Halleschen FC Borussia fertigte die Eintracht mit 4:0 ab und errang somit fast sensationell die Mitteldeutsche Meisterschaft.

Nur schade, daß auch in diesem Jahr die Deutschen Meisterschaften nicht ausgetragen wurden.

Die Fortuna spielte wieder mit der alten Mannschaft und errang folgende Resultate: Eintracht 3:1, LBC 3:0, Olympia 9:2, Spielvereinigung 3:3, Sportfreunde 3:1, VfB 0:2, Wacker 4:0; Gesellschaftsspiele: Minerva Berlin 1:1, Dresdener Sportklub in Leipzig 6:2, Dresden 1:2, Erfurter Spielvereinigung 8:0 in Leipzig und 7:1 in Erfurt, Konkordia Plauen 5:0, Sturm Chemnitz 4:1, Halle 96 3:3, Wacker Halle 3:0. Mit einem Punkt Vorsprung führte die Fortuna in der Herbstserie, doch jeden Tag war damit zu rechnen, daß der eine oder andere ins Feld rücken mußte.

Die Wiederaufnahme der Spiele um die Deutsche Meisterschaft, die Mitteldeutschland beantragt hatte, wurde abermals abgelehnt.

1917 Der VfB und die Eintracht führten nun die Tabelle an. Der VfB schlug Wacker sage und schreibe 6:0, verlor allerdings gegen Eintracht mit 0:2. Der Angstgegner für den VfB konnte erneut im Kampf um die Punkte nicht bezwungen werden und holte sich zum zweiten Male hintereinander die Meisterschaft. In der Mitteldeutschen Meisterschaft jedoch schied der Titelverteidiger gleich in der ersten Runde aus, gegen den SV 1902 Köthen verlor man 1:3. Seit Jahren das erste Mal, daß eine Leipziger Mannschaft gleich zu Beginn ausscheiden mußte!

Ein Spiel des VfB gegen das Infanterie-Regiment 107 endete vor 800 Zuschauern nur 2:2. Spiele gegen Soldatenmannschaften waren stark in Mode gekommen, diesmal hatte sich der Korpsmeister angesagt.

Um den Arminiaplatz vor einer Vergabe als Kartoffelfeld zu retten, wurde er dem Militär zu Übungen sowie dem ATV Neuschönefeld mit zur Verfügung gestellt. Natürlich ging, da es an entsprechenden Materialien mangelte, nach und nach die Einzäunung des Platzes verloren, Holzbarrieren wurden als Feuerholz gestohlen usw. So legte denn der Klub im Dezember 1917 eine Sportplatzkasse an, um den Platz wieder ausbauen bzw. einen neuen schaffen zu können. Durch Opferfreudigkeit der Mitglieder in Form von Skat- und Kegelgeldern sowie Spenden aus dem Felde waren nach vier Wochen schon 200 Mark beisammen.

In der Zeitung »Mitteldeutscher Sport« finden sich »6 Gebote für den Fußballer«:

»1. Jeder Spieler hat rechtzeitig mit vollständiger Sportkleidung bei jeder Witterung zu erscheinen. Nur dringende Ausnahmefälle entschuldigen sein Fernbleiben.

2. Jeder Spieler hat schnell und ohne Murren auf dem Felde die Anweisungen des Kapitäns zu befolgen.

3. Jedes überflüssige Reden, Schimpfwörter etc., vor allem das Anulken des Schiedsrichters auf dem Spielfeld ist zu unterlassen.

4. Das ›Hipp Hipp Hurra‹ am Schluß des Spieles ist kräftig (aber nicht schreien) von der gesamten Mannschaft auszubringen.

5. Unfaires Spiel ist zwecklos und schändet den Verein und muß aus diesem Grunde unterbleiben.

6. Clubkameraden, die zusehen, haben keine Spieler anzuulken.«

Punkttabelle 1917

	Spiele	gew.	unentschied.	verl.	Tore für	Tore gegen	Punkte
Eintracht	14	9	3	2	39	19	21
V. f. B.	14	9	2	3	23	11	20
Fortuna	14	9	2	3	49	25	20
Spielvereinig.	14	7	4	3	35	26	18
Sportfreunde	14	7	1	6	30	30	15
Wacker	14	3	4	7	27	29	10
L. B. C.	14	2	1	11	20	44	5
Olympia	14	1	1	12	19	58	3

Die Tabelle der Saison 1916/17.

1918 Ein erneutes 6:0 gegen Wacker brachte dem VfB ein blendendes Torverhältnis ein, ehe es ins entscheidende Spitzentreffen gegen die Eintracht, den einzigen ernsthaften Verfolger, ging.

Und wieder ging Angstgegner Eintracht in Führung, doch diesmal hielten die VfBer dagegen und glichen aus. Schon glaubten alle an ein Unentschieden, als wenige Minuten vor Schluß der rechte Verteidiger der Eintracht einen Elfmeter verursachte, als ihm der Ball an die Hand sprang. Krug verwandelte, und der Sieg stand fest. Der Vorsprung an der Tabellenspitze war nun so groß, daß dem VfB die Meisterschaft kaum noch abzunehmen war. Die Entscheidung fiel im letzten Spiel gegen Fortuna. In einem spannenden Kampf bezwang der VfB Fortuna mit 1:0. Krugs Prachtschuß sicherte Sieg und Gaumeisterschaft. Nur elf Spiele (eines gegen die Spielvereinigung wurde am grünen Tisch entschieden) waren dazu notwendig, eine einzige Niederlage leistete sich der VfB. Und weiter ging's, diesmal im Kampf um die Mitteldeutsche Meisterschaft. Gegen Köthen 02 gelang trotz einiger Absagen wichtiger Spieler wie Völker, Lembke, Bauritell und Paulsen ein deutlicher 4:0-Sieg. Auch das 3:0 gegen den Dresdner SC schien leichtzufallen. Der schwerste Gegner wartete im Endspiel: Mit Halle 96 muß der VfB die damals wohl stärkste mitteldeutsche Mannschaft aus dem Wege räumen. In der Aufstellung Frick, Schmidt I, Völker, Ebert, Geißler, Horst Pflaume, Baurittel, Winkert, Paulsen, Krug und Lembke gewann der VfB schließlich nach Toren von Krug mit 2:0. Obwohl die Umstände nicht eben günstig waren, wie der Bericht aus den »VfB-Mitteilungen« zeigt: »VfB Mitteldeutscher Meister! Die Kämpfe um die mitteldeutsche Meisterschaft sind entschieden: zum achten Male ist es dem Altmeister VfB gelungen, den stolzen Titel eines Meisters des VMBV zu erringen – eine Leistung, die in der Geschichte des gesamten deutschen Fußballsportes einzig dasteht und in diesem, dem vierten Kriegsjahre, ganz besonders hoch zu bewerten ist. Nie ist uns zwar der Sieg leicht gemacht worden, denn stets haben unsere Gegner alles aus sich herausgegeben, wenn es galt, Meisterlorbeeren zu ernten. Ungleich schwerer aber als in früheren Jahren war es diesmal, stand doch mehr als einmal selbst wenige Stunden vor dem Spielbeginn die Aufstellung der Mannschaft noch nicht fest. So vor allem beim Schlußspiel. Naturgemäß waren beide Gegner bestrebt, ihre beste Mannschaft herauszubringen. Unsere Hoffnung war zum nicht geringen Teil auf Edy gestützt, der beim Zwischenrundenspiel in Dresden trotz langer Ruhepause glänzend gewesen sein soll. Und um so mehr waren wir auf ihn angewiesen, als unser bewährter Halbrechter Baurittel noch unter einer Knieverletzung zu leiden hatte, die ihn verhindert hätte, sein volles Können zu entfalten. Und nun gar der Trumpf: Frick wurde wenige Tage vor dem Spiel mobil und sollte ins Feld rücken! Die Stimmung des Spiel-Ausschusses, in erster Linie aber die des Spielführers, kann sich jeder wohl denken, noch dazu, wenn als Ersatz aufgestellte Spieler drei Tage vor dem Entscheidungsspiel (am Himmelfahrtstage) als ›Gäste‹ in der Zweiten spielen und geholzt werden oder infolge eines ›faustgroßen Furunkels‹ in der Ersten absagen müssen und in einer anderen Mannschaft spielen! Ein eigenartiger Beweis von Vereinsinteresse! Sonntagmorgen ! Ich pennte noch friedlich, es klingelt. Ein Telegramm von Edy, der Sonnabend vergeblich erwartet worden war. Ich öffne: ›Kommen unmöglich...‹ Also der erste Strich durch die Rechnung. Nun gleich hinaus zum Sportplatz und den zuständigen Stellen Mitteilung machen.

Draußen standen schon viele Mitglieder beisammen und besprachen eifrig unsere Aussichten:

›Werden wir's schaffen?‹

›Wenn Edy da ist, bestimmt!‹

›Hat denn Edy zugesagt?‹

›Ich weiß es nicht.‹

›Ich habe gehört, daß er gestern abend schon da war.‹

›Aber Paulsen hat abgesagt.‹

›Wer soll denn da spielen.‹

›Edy spielt bestimmt, sein Vater hat eine Zusage erhalten.‹

›Gott sei Dank!‹

›Na, ich glaube nicht, daß sich Halle mit dieser Elf schlagen läßt. Etwa wir?‹

›Wollen wir wetten?‹

›Auf wen?‹

›Auf Halles Sieg.‹

›Mensch, mach doch keen Quatsch nich! Wir gewinnen!‹

›Also dann wette doch, wenn du so sicher bist. Ich brauche Geld!‹

›Gut, soll mir nicht drauf ankommen: 100 Mark!‹

›Gut, abgemacht!‹

›Aber Bedingung, daß Edy kommt.‹

›Ach Kohl, mit oder ohne Edy, ganz Wurscht! Mensch, ich muß Dir doch meine 50 Märkchen wieder abknöpfen, die mich VfB's Sieg gegen Fortuna gekostet hat!‹

›Also gut, bleibt dabei!‹

Freunde kamen und erkundigten sich nach der Mannschaftsaufstellung.

Da traf auch schon die erste freudige Nachricht ein: ›Paulsen ist da! Na, nun noch Herr Edy, und dann haben wir's gewonnen‹, meinte ein kleiner Fußball-Philosoph!

›Hat sich was, Edy kommt nicht!‹

›Woher wissen Sie denn das?‹

›Hier, Otze hat eben ein Telegramm mit der Absage gebracht!‹

›Ist's wahr?‹

›Zeig her!‹

›Aber... belämmert.‹

Im Nu sind ein beträchtlicher Teil der Luftschlösser zusammengestürzt, ist manch ein Optimist zum Pessimist geworden.

›Wißt Ihr schon, daß Edy nicht kommt?‹

›Ach Quatsch!‹

›Da lest doch das Telegramm.‹

›Wo ist es denn?‹

›Wer hat das Telegramm von Edy?‹

›Bitte das Telegramm von Edy!‹

›Na, wer hat denn das Telegramm von Edy?‹

›Wo ist Edys Drahtmeldung?‹

›Verschwunden wie's Spielvereinigungsformular!!‹

›Kindersch, das ist ne gute Vorbedeutung!‹ meint eine alte ›Kanone‹.

›Ach Vorbedeutung. Und meine 100 Mark?‹

Schnell war die Nachricht von Edys Absage auf dem Sportplatz herum. Immer ruhiger wurde es in den Kreisen, wo noch vor wenigen Minuten Freude und – Siegesgewißheit geherrscht hatte!

Ja, einer hätte am liebsten schon ein Lokal zur Siegesfeier bestellt und ein anderer einen Kranz! Nicht etwa damit sich die erste Mannschaft begraben lassen sollte, sondern natürlich für den siegreichen VfB!

Sonntagnachmittag! In Scharen strömen die Menschen schon eine Stunde vor Spielbeginn nach dem großen Wettspielfeld, das beim Anpfiff des Schiedsrichters von Paquet gegen 5000 Personen umsäumen. Lebhaft werden die gegenseitigen Aussichten erörtert, beängstigend neigt sich die Waagschale zugunsten des Mitteldeutschen Meisters. Da kommt seine Mannschaft. ›Wer wird's schaffen?‹ fragt mich Förderer. Was soll ich antworten? Ich konnte doch ebensowenig Halle ermutigen wie unserer Elf ihren Mut nehmen; und so ließ ich die Frage offen. ›Passen's auf, wir gewinnen mit 3:1‹, meint er. ›Die bessere Elf soll siegen! Hoffentlich ist's VfB!‹ Dann trennen wir uns. Auf den Gesichtern unserer Mitglieder konnte man's deutlich lesen: Hoffnung hatten sie nur noch wenig, aber den Wunsch, ihren VfB als Meister des VMBV zu sehen, hatten alle. Doch wagten sie es nicht mehr laut auszusprechen, um sich nicht zu blamieren, falls der Wunsch sich nicht erfüllen sollte. Nur einige wenige waren anderer Ansicht. Und auf diese wenigen kam es an. Nicht etwa der Spielausschuß war's; der war schon längst aufgelöst! Nein, es war unsere brave Elf. ›Kinder‹, meint der dicke Schmidt (jetzt Train-Schmidt oder Sport-Schmidt geheißen!), ›Kinder, wir müssen's schaffen! Ich muß heute die siebente Mitteldeutsche für den VfB mitgewinnen!‹ ›Denkt an München‹, mahnt unser lieber Dr. Völker. ›Jeder mag ordentlich drangehen, da muß es klappen!‹ ›Unbesiegbar ist niemand, nur feste druff!‹ Die Mannschaft will zum Platz, da erscheint ihr Ehrenkapitän. ›Also Kinder, spielt so einfach wie möglich; spielt uneigennützig; haltet den Mund und macht Euch gegenseitig nicht nervös. Kämpft bis zur letzten Minute. Wahrt die alte VfB-Tradition: Der Wille zum Sieg bringt den Sieg! Und nun raus! Hals- und Beinbruch!‹ Der Sieg gelang; der VfB war zum achten Male Mitteldeutscher Meister geworden.«

Es dauerte nicht mehr lange, da hatte endlich der Krieg ein Ende gefunden. Die Soldaten kehrten von der Front heim. Glückliche Wiedersehensfeiern fanden allerorten statt. Die Überlebenden und die Übriggebliebenen sammelten sich. Beim VfB hatte das Gemetzel vielen Mitgliedern das Leben gekostet. Und trotzdem hielt schon das nächste Ereignis die Menschen in Atem: Die Revolution fegte über Deutschland hinweg. Alles war in Auflösung und in Veränderung begriffen.

Das hinterließ selbstverständlich auch bei den Fußballern Spuren. So sagte der VfB Leipzig beispielsweise sein 25jähriges Stiftungsfest »infolge der politischen Verhältnisse« ab. Maßgebliche Mitglieder aber gerade des VfB versuchten, die alten Ideale hochzuhalten, und riefen dazu auf, »den Sport von allen politischen Einflüssen reinzuhalten und unbekümmert aller politischer Strömungen die alten Ideale zu pflegen«. Auch bei der Arminia fand eine Wiedersehensfeier statt. Leider kehrten 38 treue Arminen nicht wieder zurück, darunter der ehemals erste Vorsitzende Walter Hoffmann.

Als nach dem Waffenstillstand 1918 die Vorkriegs-Mitglieder bei Fortuna nach und nach zurückkehrten und sich die sonntäglichen Spiele ansahen, waren sie nicht wenig erstaunt darüber, was ihre Mannschaft, die sie von früher nur als Punktlieferant und permanenter Abstiegskandidat kannten, für eine respektvolle Achtung bei Gegner und Sportpresse ge-

noß. Man war zunächst geneigt, dies für eine Kriegserscheinung zu halten, wurde aber bald eines Besseren belehrt, denn es zeigte sich, daß Fortuna keineswegs gewillt war, ihre ausschlaggebende Bedeutung im Leipziger Fußballsport aufzugeben. Zwar klappte das zunächst im ersten Spieljahre nach dem Friedensschluß noch nicht so ganz, denn sie konnte nach Schluß der Verbandsspiele mit 18:14 Punkten nur den vierten Platz einnehmen, da durch fortwährende Spielerwechsel und -abgänge die Leistungen der Mannschaft

8. Jahrgang   1918   Heft 12

V. f. B.-Mitteilungen

Offizielles Monatsblatt des „Vereins für Bewegungsspiele zu Leipzig" (E. V.), gegr. 1893

Für den V. f. B. (E. V.) als Manuskript gedruckt.
Auflage dieser Nummer 750 Stück.

Schriftleitung: Zahnarzt Kötteritzsch, Leipzig, Königsplatz Nr. 8. Fernruf 15205.
Versand: Max Rose, Leipzig-Schleußig, Jahnstraße 21.
Selbstverlag des Vereins. — Druck: Buchdruckerei „Merkur", Gautzsch-Leipzig.
Schluß der Schriftleitung dieser Nummer: 27. November 1918.

Willkommen!

Schneller, als wir gehofft — und doch schneller, als wir zuletzt befürchten mußten, seid Ihr in die Heimat zurückgekehrt, liebe Feldgraue! Aufrechten Hauptes zieht Ihr ein, ungeschlagen trotz einer ganzen Welt von Feinden, und erhobenen Hauptes wollen wir Euch, Freunde, begrüßen, trotz einer Welt, die unser Vaterland noch in Haß umstrickt! Wenn auch unser Willkommengruß in dieser Zeit nicht so jubelnd sein kann, als er wohl bei einem wahren Vergleichsfrieden geworden wäre, so ist er doch nicht minder warm und herzlich gemeint! Also: Seid uns willkommen, Kameraden, in der Heimat, im alten, lieben V. f. B.! Freut Euch, daß Ihr Euch das Leben gewonnen habt, und bringt neues Leben dem Vereine! Auf zu neuem, aber friedlichem Kampfe für die blau-weißen Farben. Helft dem Vereine, den wir mühsam durchgehalten haben, wieder neue Kraft zuzuführen! Allweg: hoch V. f. B.!

Johs. Scharfe, I. Vors.

V.f.Ber! Werbt Mitglieder!

Begrüßung der Vereinsmitglieder aus dem Felde.

zu unbeständig waren. Die Meisterschaft errang der VfB, dem die Fortunen mit 3:1 seine einzige Niederlage in beiden Serien beibringen konnten.

Gleich nach dem 1. Weltkrieg begannen auch die Arbeitersportler systematisch mit der Durchführung von Meisterschaftsspielen, die zunächst innerhalb der Bezirke, dann der Kreise und später sogar als Deutsche Meisterschaft ausgetragen wurden. Der »Bezirk Leipzig« spielte besonders in den ersten Jahren nach dem Krieg eine tonangebende Rolle, aber auch in der Folgezeit bis 1933 waren die Leipziger Arbeiterfußballer immer mit vorn dabei.

1919 Die Abänderungen der VMBV-Satzungen brachten Umstellungen bei der Einteilung der Spielklassen. Die bisherigen Gaue wurden zu sechs (später sieben) Kreisen zusammengefaßt, deren höchste Spielklasse die Kreisliga war. Der Gau Nordwestsachsen wurde mit dem Elbe-Elster-Gau zum Kreis Nordwestsachsen zusammengefaßt. Einige Mannschaften hatten, um die Zugehörigkeit zur I. Klasse zu erreichen, Befähigungsspiele auszutragen. Die Viktoria beispielsweise mußte fünf Spiele absolvieren, gewann viermal, spielte einmal unentschieden, erreichte ein Torresultat von 22:2 und rückte dadurch in die I. Klasse auf. Seit der Gründung des Vereins fanden die Wahlen für den jeweiligen Vorstand zweimal im Jahre statt, und zwar im Januar und Juli. Mit Annahme der neuen Satzungen erfolgten dieselben nunmehr für ein volles Jahr, erstmalig am 26. Januar. Unter Führung Karl Beutlers, Vorsitzender, Ernst Gericke, Schriftführer, Oskar Käser, Kassierer, ging es an den Wiederaufbau. Die ersten großen Ausgaben verursachten Kosten für Schäden der Umplankung des Spielfeldes. Man kam dann zu Verhandlungen betreffs einer Vereinigung mit der Germania, die aber genauso wie die später mit Pfeil eingeleiteten ergebnislos verliefen. Der Verein zählte am Ende des Jahres 234 Mitglieder, davon 70 Jugendliche, so daß ein Zugang von 126 zu verzeichnen war. Das Vereinslokal war wieder der »Weiße Falke«.

Das erste Nachkriegsjahr mit seinen Revolutionswirren brachte der Spielvereinigung einen großen Erfolg. Die Mannschaft erkämpfte die Gaumeisterschaft und nahm an den Mitteldeutschen Meisterschaften teil. Auch der VfB als Titelverteidiger war am Start. Doch die erste Runde brachte den Lindenauern schon das Aus. Gegen den Dresdner Fußballring setzte es eine deftige 2:5-Niederlage, der Traum vom Meistertitel und der Teilnahme an der Deutschen Meisterschaft war ausgeträumt. Der VfB hingegen fegte den Zwickauer SC mit 6:0 vom Platz und zog ins Viertelfinale ein. Dort kam es noch besser: Dem Magdeburger SC Preußen Wacker wurde mit 9:1 eine schwere Niederlage zugefügt. Das Schützenfest fand große Begeisterung bei den Zuschauern, fast alle Spieler beteiligten sich daran. Doch im Halbfinale setzte der Dresdner Fußballring auch für den VfB das Stoppzeichen. Nach einem harten Kampf unterlagen die Leipziger mit 1:2 und schieden somit aus. Die Dresdner unterlagen im Finale Halle mit 1:2. Dem VfB war es vorbehalten, als erste deutsche Mannschaft nach dem Kriege wieder einen internationalen Vergleich zu spielen. Auf Einladung der neutralen Schweiz fuhr der VfB im November 1919 zu Spielen nach Zürich und Bern.

1920 Der VfB gewann die Kreismeisterschaften mit sechs Punkten Vorsprung vor der Eintracht und der Spielvereinigung. Auch die Mitteldeutsche Meisterschaft wurde gewonnen – bereits zum neunten Male! Erstmals wurde nicht im K.o.-System, sondern nach dem Prinzip Jeder gegen Jeden gespielt. Gegen den Halleschen FC Wacker (0:0), den Sportverein 1906 Dresden (1:1), SC 1900 Magdeburg (5:0), Konkordia Plauen (2:0) und den SC Erfurt (2:1) setzten sich die Leipziger durch, verloren kein einziges Spiel. Im Kampf um die Deutsche Meisterschaft aber verlor der VfB gegen den späteren Titelträger 1. FC Nürnberg mit 0:2. Vor 12 000 Zuschauern am Halleschen Sportplatz am Zoo konnten die Leipziger mit den Franken nicht mithalten und schieden somit frühzeitig aus.

Bei der Spielvereinigung Lindenau (und nicht nur dort) wuchs die Mitgliederzahl rapide, und das immer mehr zunehmende Interesse des breiten Publikums prägte sich in den nach vielen Tausenden zählenden Zuschauermassen aus. Diesem Umstand mußte durch eine entsprechende Platzanlage Rechnung getragen werden, was einesteils durch Errichtung größerer Zuschauerdämme und anderenteils durch Geländeerwerb mit Schaffung weiterer drei Spielplätze geschah. Auch der Sportbetrieb verlangte weitere Ausdehnung auf noch andere Sportarten, und es machte sich die Schaffung von Stockball-, Handball- und Leichtathletik-Abteilungen notwendig; und insbesondere weitere Jugend- und Knaben-Abteilungen wurden gegründet und später auch Damen-Abteilungen. Das Spieljahr trug für die Spielvereinigung Lindenau vornehmlich internationalen Charakter. Aussig, Karlsbad, Hakoah Wien, FTC Budapest hielten Einkehr. Zwar gelang den Leipzigern nur ein Sieg, doch unbestritten stand ihnen beste internationale Klasse gegenüber.

In der Serie 1919/20 kam erstmalig die allgemeine Vereinsmeisterschaft zum Austrag. Der Gedanke ging dahin, nicht nur das Augenmerk auf eine spielstarke erste Mannschaft zu legen, sondern den Sportbetrieb auf eine möglichst breite Basis zu stellen, so daß sämtliche Mannschaften zur Erzielung der Punkte beitragen mußten. Die Viktoria gewann vor Arminia.

Die Spielvereinigung 1899 bei einem Pokalspiel gegen Viktoria Leipzig.

Kuriositäten gab es zu dieser Zeit noch immer – obwohl schon so manche damals für Kopfschütteln sorgte. So beispielsweise bei einem Kommentar des Schiedsrichters auf einem Spielberichtsbogen: »Ich mußte in der zweiten Hälfte 7 Gänse vom Platz weisen, deren Verein ist mir unbekannt!«

Am 11. Juli fand in Leipzig das erste Endspiel um die Deutsche Meisterschaft der Arbeitersportler statt. Zwar waren die Leipziger Mannschaften sehr stark, doch den Sprung ins erste Endspiel hatten sie verpaßt. Statt dessen gewann der Turn- und Sportverein Fürth mit 3:2 gegen Süden Forst. Gespielt wurde auf dem Platz der Spielvereinigung in Lindenau vor 4000 Zuschauern.

Die Spielvereinigung Leipzig nach dem Spiel gegen FTC Budapest. Die Platzanlage war kurz vorher erweitert worden.

Die Viktoria wurde 1920 durch einen großartigen Siegeszug Kreismeister der ersten Klasse und stieg endlich in die Liga auf. Die Meisterfeier fand am 12. Juni im »Goldenen Anker« statt.

BC Arminia im Juni 1920: Von links P. Richter, Martin, Eberwein, H. Berger, K. Pauckert, K. Pestner, Gadau, A. Berger II, W. Pestner, Schramm, Kießling.

1921 In diesem Jahr ging der VfB nach einer durchwachsenen Serie in der Meisterschaft, in der er manch unerwartete Niederlage einstecken mußte, auf eine Reise nach Süddeutschland. Dort traf man vor 3000 Zuschauern auf die Würzburger Kickers und trotzte dem Gegner ein 2:2 ab. Am 2. Januar kamen über 8000 Zuschauer zum Spiel in Fürth. Dort reichte es für den VfB allerdings nicht zu einem Unentschieden, zu stark waren die Fürther, die 2:0 gewannen. Die gute Form bestätigte sich im Spiel gegen die Spielvereinigung Leipzig. Vor über 10 000 Zuschauern konnte der VfB den Meisterschaftskandidaten Nummer eins mit 2:1 besiegen. Die Mannschaften standen sich in dieser Aufstellung auf dem Sportplatz gegenüber: VfB mit Rotter, Dr. Völker, Edy, Kunze, Ugi, O. Hofmann, H. Naumann, Strube, Paulsen, Hansi, Lederer. Spielvereinigung mit: Roßburg, Rokosch, Drese, Pranse, Büchner, Jakob, Mückenheim, Schmidt, Saemann, Dathe, Kühn. Die Tore schossen Jakob sowie Paulsen und Hansi. Trotzdem hatte der VfB mit dem Ausgang der Meisterschaft nun nichts mehr zu tun. In den Freundschaftsspielen, die folgten, wurde klar, daß die Mannschaft nur zu mittelmäßigen Leistungen in der Lage war. Zwar gewann sie in Dresden gegen den DSC mit 2:1, wobei Torwart Rotter gleich zwei Elfmeter hielt, aber Niederlagen gegen den Berliner Sportverein (0:2), Wacker München (0:5), Borussia Neunkirchen (1:3), den Kölner Club für Rasenspiele 99 (0:1) und nochmals den Berliner Sportverein 1892 (2:7) riefen Entsetzen hervor. Als Folge wurden wieder mehr Kameradschaft, Einsatzwillen und vor allem Training gefordert. Vor allem die Lobhudelei für einzelne Spieler wurde heftig kritisiert, auch die Disziplin lasse zu wünschen übrig. Kurz darauf erfolgte die erste Wiedergutmachung, als die Elf den Sportplatz-Jubiläums-Pokal im Wiederholungsspiel gegen den Ballspielclub Leipzig nach einem 5:0 gewann (das erste Spiel mußte nach zweimaliger Verlängerung beim Stand von 1:1 wegen Dunkelheit abgebrochen werden). Die große Wettspielreise, die folgte und den VfB nach Süddeutschland, Westdeutschland und in die Schweiz verschlug, brachte einige angenehme Resultate, so das 2:0 gegen den Turnverein Augsburg, das 0:0 beim VfB Stuttgart, das 10:0 gegen VfB Marburg sowie das 7:0 beim VfB Gießen. Lediglich bei 1860 München setzte es eine 0:2-Niederlage, die der junge Torwart Rotter zu verantworten hatte. Vor 8000 Besuchern konnte auch die vielgerühmte Meistermannschaft vom SC Rapid Wien mit 3:1 geschlagen werden. Hoffnungsvoll begann auch die Meisterschaft mit einem 1:1 gegen die Spielvereinigung. Doch dann wieder Enttäuschung. Gegen den VfB Stuttgart reichte es vor wenigen hundert Zuschauern (ein Proteststreik der Straßenbahner legte den Verkehr lahm) zwar noch zu einem 2:2-Remis, aber die folgenden Meisterschaftsspiele gegen Britannia 99, Eintracht und Fortuna verlor der VfB jeweils. Dafür standen Paulsen und Edy als Auswahlspieler im Spiel Mitteldeutschlands am 23.10. in Budapest gegen Ungarn (2:3) ihren Mann. Langsam, aber sicher zog sich der VfB am eigenen Schopf wieder aus dem Schlamassel.

Sogar beim späteren Mitteldeutschen Meister Spielvereinigung gelang nun ein 1:0-Sieg, den Treffer erzielte Paulsen. Zum Jahresende noch ein unerfreuliches Kapitel für die Leipziger Fußballszene, denn es kam zum gerichtlichen Streit zwischen Olympia und dem VfB. Anläßlich des 25jährigen Bestehens von Olympia war ein Gesellschaftsspiel zwischen beiden Vereinen ausgemacht worden, aufgrund eintretender Differenzen aber zog der VfB seine Zusage wieder zurück. Daraufhin klagte Olympia vor Gericht auf Schadenersatz.

Werbung für die »Mitteldeutsche Sportzeitung«, die damals führende Zeitung für die Sportler.

Der 18. Januar 1921 wurde für die Spielvereinigung zu einem weiteren Ruhmestage, dem nur das Schottenspiel von 1914 zur Seite gestellt werden kann. Der Mannschaft gelang es, den bisher unbesiegten ungarischen Meister MTK Budapest in Leipzig sensationell mit 2:1 niederzuringen. Anschließend wurde vom Verein der ungarische Trainer Ludwig Banyai verpflichtet, der ein Jahr in Leipzig tätig war. Ostern 1921 errangen die Lindenauer einen schönen Sieg gegen Boldklubben Kopenhagen in Leipzig. Es folgten Reisen nach Ungarn mit drei Spielen gegen MTK und FTC Budapest, Stein am Anger und nach Dänemark mit ebenfalls drei Spielen. Am 13.8. 1921 fand auch die Spielvereinigung Fürth in der Leipziger Spielvereinigung ihren Meister und verlor mit 0:1.

Die Kreismeisterschaft konnte erneut durch die Lindenauer errungen werden, in der Mitteldeutschen Meisterschaft fehlte nur ein einziger Punkt zum Sieg. So mußte die Spielvereinigung dem Halleschen FC Wacker den Vortritt lassen und zuschauen, wie dieser in der Deutschen Meisterschaft im Halbfinale dem 1. FC Nürnberg mit 1:5 unterlegen war.

Die Platzerweiterung an der Wettinbrücke, die schon seit Monaten für den Viktoria-Vorstand reichliche Arbeit gebracht hatte, nahm jetzt immer greifbarere Gestalt an. Das neugepachtete Gelände war zum größten Teil wild. Durch Pflichtarbeit der Mitglieder versuchte man Schritt für Schritt mit dem Planieren der Felder vorwärtszukommen. Dämme mit einem Fassungsvermögen von ca. 15 000 Personen wurden um das Hauptspielfeld aufgeworfen, die Einzäunung der Flutrinne entlang vorgenommen und der restliche Teil eingeplankt. Erst jetzt wurde ein jeder von der gewaltigen Fläche (52 000 qm) überzeugt, die die Viktoria zum Ausbau ihres Sportparkes zur Verfügung hatte. Der Gesamtvorstand, an der Spitze die Geschäftsführenden Paul Escher, Willi Seidel und Fritz Gericke, arbeitete unermüdlich, auch für andere Pläne. Am 1. November kam es zur nebenberuflichen Anstellung des englischen Trainers Andrae, vorerst auf 3 Monate. Wenn er auch im Fußball mit seinen Demonstrationen nicht alle befriedigte, so war aber wohl jeder mit seinen allgemeinen Trainingsmethoden zufrieden. Die sportliche Höhe der Mannschaften brachte dem Verein noch eine Stärke: die Einführung des Damensportes.

Die glänzenden Leistungen der unteren Mannschaften verschafften der Arminia die Führung in der Vereinsmeisterschaft mit einem Vorsprung von 130 Punkten. Dies war eine Leistung, die noch kein mitteldeutscher Verein bis dahin erzielte, denn von den 14 Verbandsmannschaften standen elf an der Spitze ihrer Abteilung. Dieses Jahr war ein großer Erfolg auf der ganzen Linie für den Verein. 223 Verbandsspiele wurden ausgetragen, und nur ein einziges Mal trat eine Mannschaft unvollständig an. Der Spielausschuß unter H. Berger arbeitete musterhaft, nicht einen Punktverlust erlitten die Mannschaften durch Teilnahme unberechtigter Leute usw. Die erste Elf belegte den zweiten, die zweite Elf den zweiten, die dritte und vierte je den ersten, die fünfte den vierten und die sechste den ersten Platz.

Für die Fortuna begann das Jahr mit einem schönen Erfolg, denn es gelang, mit 3:2 gegen Wacker den von einem Mitglied der Schönefelder Sportvereinigung gestifteten und nach ihm benannten Angelmi-Pokal zu gewinnen. In den Verbandsspielen spielte Fortuna ebenfalls eine ausgezeichnete Rolle und führte bis zum vorletzten Spiel die Tabelle an. Gegen Olympia ereilte die Mannschaft dann ein Rückschlag. Trotz Protestes wurde Fortuna gezwungen, das Spiel auf einem völlig morastigen Feld auszutragen, und verlor durch ein Selbsttor in der vorletzten Minute mit 0:1. Dadurch wurde Spielvereinigung Meister; Fortuna belegte zusammen mit dem VfB den zweiten Platz. Mannschaften wie DFC Aussig (5:1), UTE Budapest (1:1), Floridsdorf Wien (1:3) und Sparta

Die Jahre 1921 und 1922

12 000 Zuschauer verfolgten am 1.1.1921 in Paunsdorf das Spiel Fortuna gegen UTE Budapest, welches 1:1 endete.

Prag (1:5) wurden nach Leipzig geholt. Reisen nach Aussig (DFC 2:4), Teplitz (FC 1:7), Stettin (Preußen 4:2), Kaiserslautern (FV 1:0) und Pirmasens (FC 5:2) brachten der Mannschaft einen guten Ruf ein.

Im Arbeitersport übernahm eine Leipziger Mannschaft die absolute Führung in Deutschland: der VfL Südost. Die Stötteritzer gewannen das Finale um die Deutsche Meisterschaft, das erneut auf dem Spielvereinigungs-Platz stattfand, gegen Nordiska Berlin mit 3:0. 4500 Zuschauer waren begeistert von der Leistung der Leipziger.

Die Fortunen Höhne (ganz rechts) und Zietzschmann haben das Nachsehen gegen die Ungarn.

Der Bundespokal wurde nach dem 1. Weltkrieg als Nachfolger des Kronprinzenpokals ausgespielt. Mitteldeutschland spielte am 20. März im Finale gegen Westdeutschland. Auf dem Platz der Sportfreunde gelang vor 15 000 Zuschauern ein klarer 4:0-Sieg. Mitteldeutschland hatte gleich acht Spieler aus Leipzig in seinen Reihen und spielte mit: Dölling (Eintracht Leipzig), Denkewitz (Wacker Leipzig), Edy Pendorf (VfB), Schmöller (Fortuna Leipzig), Koch (Brandenburg Dresden), Jakob (Spielvereinigung Leipzig), Weißenborn (Fortuna Leipzig), Förderer (VfL 1896 Halle), Pötzel (Plauen), Lorenz (Olympia Leipzig), Kühn (Spielvereinigung Leipzig). Die Tore schossen Pötzel (19.), Förderer (26.) und Lorenz mit zwei Elfmetern (38. und 48.). Damit hatte Lorenz in drei Spielen sechs Treffer erzielt (drei gegen Südostdeutschland, einen gegen Brandenburg).

1922 Nach einer 0:1-Niederlage gegen die Spielvereinigung im Dezember des vergangenen Jahres war der Rückstand des VfB auf die »Turner« in der Gaumeisterschaft auf vier Punkte angewachsen. Daran änderten auch die beiden überzeugenden 5:2- und 5:1-Siege gegen TuB und Olympia nichts. Die Spielvereinigung holte sich den Titel. Viele Spiele fielen dem erneuten großen Straßenbahnerstreik sowie der schlechten Witterung zum Opfer, so daß sich die Mannschaften mit Freundschaftsspielen über die Zeit halfen. Der VfB zum Beispiel gewann bei Guts Muts Dresden mit 6:4, verlor aber gegen den 1. FC Pforzheim 1:3. Bei Hannover 96 verlor die Mannschaft 1:3, beim VfL Altona gelang ein 5:1-Erfolg. Das Freundschaftsspiel gegen Wacker auf dem Sportplatz wollten 7000 Zuschauer sehen, sie erlebten einen 3:1-Sieg des VfB. Und am 25. Mai kam es sogar zu einer Sternstunde, als der VfB den einstigen Deutschen Meister, den Karlsruher FV, mit sage und schreibe 7:1 nach Hause schickte. Das war auch das vorletzte Spiel auf dem Lindenauer Sportplatz, denn am 5. August 1922 weihte der VfB Leipzig seinen neuen Sportplatz ein.

Mit einer Festwoche, die vom 5. bis zum 13. August 1922 andauerte, feierte der VfB Leipzig die Einweihung des neuen Stadiongeländes in Probstheida.

Die Meisterschaft holte sich die Spielvereinigung. Mit einem Torverhältnis von 17:1 gegen sechs Kreismeister konnte die Spielvereinigung dann in den Spielen um die Mitteldeutsche Meisterschaft glänzen. Die Mannschaft war in seltenem Schwung, und nur, wie der »Fußball«, die süddeutsche Sportzeitschrift, schrieb, »durch riesiges Pech« unterlagen die Lindenauer dem 1. Fußballclub Nürnberg in der Vorrunde

1. Klasse 1921/22

Verein	Spiele	gew.	unentschied.	verl.	Punkte
Spielv.	18	13	2	3	28:8
V. f. B.	18	11	3	4	25:11
Fortuna	18	12	1	5	25:11
S.V. 1899	18	9	4	5	22:14
Wacker	18	9	3	6	21:15
Viktoria	18	7	3	8	17:19
Eintracht	18	6	4	8	16:20
Olympia	18	5	3	10	13:23
T. u. B.	18	3	2	13	8:28
L. B. C.	18	2	1	15	5:31

1b Klasse 1921/22

Verein	Spiele	gew.	unentschied.	verl.	Punkte
Germania	20	10	4	6	24:16
Corso	20	10	3	7	23:17
West	20	11	1	8	23:17
Tapfer	20	10	2	8	22:18
V. f. B.	20	9	2	9	20:20
Marktranst.	20	8	4	8	20:20
Pfeil	20	7	5	8	19:21
Arminia	20	8	2	10	18:22
Zwenkau	20	7	4	9	18:22
Schleußig	20	8	1	11	17:23
Helios	20	7	2	11	16:24

Sportfreunde gehörte als 12. Verein der 1b-Klasse an, nahm aber nur an der 1. Runde teil.

Die Abschlußtabelle der Saison 1921/22.

Die Spielvereinigung holte sich die Mitteldeutsche Meisterschaft ohne einen einzigen Punktverlust.

um die Deutsche Meisterschaft in Halle vor 16 000 Zuschauern 0:3. Das erste Tor fiel erst in der 65. Minute. Spielvereinigung trat an mit: Kummer, Drese, Rokosch, Namysloh I, Branse, Mückenheim, Dathe, Roßburg, Seemann, Schmidt, Namysloh II. Als weiterer recht erfreulicher sportlicher Erfolg des gesamten Vereins war zu verzeichnen, daß in diesem Jahre neun Mannschaften die Klassenmeisterschaft und damit der Verein im ganzen die Vereinsmeisterschaft im Kreis Nordwestsachsen gewann.

Die Fortuna erhielt eine Einladung, einige Spiele in Wien auszutragen. Dort traten die Leipziger auf dem schönsten Sportplatz Wiens, der Hohen Warte, Hakoah (1:5) und Vienna (1:3) gegenüber und machten auf der Rückreise noch einmal in Pilsen Station (gegen Viktoria 4:2).

In den Verbandsspielen waltete ein neckisches Spiel des Zufalls, denn die Paunsdorfer Fortuna stand erneut mit dem VfB zusammen auf dem zweiten Platz der Tabelle, während Spielvereinigung abermals Meister wurde. Dabei galten die Fortunaten wieder als aussichtsreichster Meisterschaftskandidat, leisteten sich aber, durch Spielerverletzungen und Krise innerhalb der Mannschaft hervorgerufen, im Monat Dezember den Lapsus, alle drei ausgetragenen Spiele zu verlieren. Von Gesellschaftsspielen ist weiter zu erwähnen Hakoah Wien (1:3), FC Teplitz (0:0) und Hertha Berlin (0:0) in Leipzig. Weitere erwähnenswerte Spiele wurden noch ausgetragen in Frankfurt (Germania 4:1), Würzburg (Kickers 2:3) und Berlin (Hertha 3:0).

Die neue Saison begann der VfB mit hohen Siegen: 9:0 gegen Germania, Tore: Paulsen (4), Rempel (3), Krug (2), und 4:1 gegen Sportverein 99. Am 27. August kam es im VfB-Stadion zum Spiel der Verbandself gegen Ungarn (0:3). Edy und Paulsen vom VfB waren dabei. In der Meisterschaft eilten die Blau-Weißen von Sieg zu Sieg. 5:0 gegen TuB und Viktoria, 7:2 gegen Pfeil, 2:0 gegen Wacker, 4:1 gegen Fortuna vor 9000 Zuschauern, Olympia verlor mit 0:6, die Sportfreunde mit 0:3.

Das Endspiel um die Deutsche Meisterschaft der Arbeitersportler fand in diesem Jahr während des Bundesfestes der Arbeitersportler in Leipzig am 24.7. statt. Und wieder holte sich der VfL Südost den Titel, diesmal gegen Kassel 06 mit einem klaren 4:1-Sieg – 60 000 Zuschauer waren bei diesem Spiel dabei.

Fortuna spielte 1921 auf dem Sportplatz Hohe Warte in Wien gegen Hakoah (sitzend) und unterlag klar mit 1:5.

1923

Mit einer 3:8-Niederlage auf eigenem Platz gegen den DFC Prag war der VfB ins neue Jahr gestartet, doch der Siegeszug in der Meisterschaft ging weiter. 6:2 gegen TuB, 3:2 gegen Sportfreunde, 2:0 gegen Eintracht – den VfB konnte niemand auf seinem Weg zum Titel stoppen. Nach dem 2:0 gegen die Spielvereinigung, immerhin amtierender Mitteldeutscher Meister, war es fast geschafft, nach dem 5:1 gegen die Sportfreunde endgültig: Der VfB war neuer Titelträger! Die Meisterschaft des Kreises Nordwestsachsen war beeindruckend errungen worden, nun standen die schweren Spiele um die Mitteldeutsche Meisterschaft bevor, die ab sofort wieder im K.o.-System stattfand. In Erfurt konnte Gotha mit 4:1 geschlagen werden, das nächste Spiel gegen die Sport- und Spielvereinigung Magdeburg fiel schon viel schwerer. Auf dem Platz der Spielvereinigung feuerten fast 6000 Zuschauer die Magdeburger an, die in den letzten zehn Minuten einen Dauersturmlauf auf das VfB-Tor wagten, jedoch nicht zum Erfolg kamen. Der Treffer von Weber mit dem Hinterkopf blieb das »Goldene Tor«.

Lob verdiente sich Edy, der trotz einer drei Tage vorher erfolgten Operation mitspielte. Nun stand der VfB im Endspiel. Doch obwohl die Bedingungen, den Titel zum zehnten Male zu erringen, äußerst günstig waren, schaffte der VfB nicht, Guts Muts Dresden im heimischen Stadion zu bezwingen. Zwar prallte das Leder dreimal von Pfosten oder Latte ab, aber das Tor gelang nicht. Statt dessen verletzte sich Edy so sehr, daß er vom Feld mußte. Das Tor der Dresdner konnte nicht mehr aufgeholt werden, so daß für den VfB nur der enttäuschende zweite Platz blieb.

Die Spielvereinigung belegte in der Meisterschaftstabelle den zweiten Platz. Als besonderes Ereignis dieses Jahres ist zu erwähnen das Spiel am 5. Mai 1923 gegen den 1. Fußballclub Nürnberg, welches 2:2 endete und von dem die Presse schrieb: »Nur die Unzufriedenen werden ohne das Gefühl, etwas Großes, Herrliches erlebt zu haben, geschieden sein.«

Die Viktoria beging die Feier ihres 20jährigen Bestehens und hatte trotz der enormen Kosten namhafte Gegner verpflichtet, so am 1. April Waldhof Mannheim – das Spiel endete 2:1. Das Jubiläumsspiel gegen den FV Frankfurt am 6. Mai konnte mit 1:0 gewonnen werden.

Inzwischen tobte die Inflation. Die Wirtschaftskrise hatte ihren Höhepunkt erreicht. Ein Dollar war 4,2 Billionen Mark wert, Millionen Arbeitslose suchten verzweifelt nach Lohn und Brot, 114 000 Deutsche wanderten nach Amerika aus. Die Entwertung des Geldes brachte im wirtschaftlichen Leben Kummer und Verdruß für jeden einzelnen, und die dann rapide eintretende Inflation war für die Vereinskassierer eine schwere, sorgenvolle Zeit. Der Mitgliedsbeitrag betrug z.B. bei der Fortuna im Oktober 1923 zehn Millionen Mark.

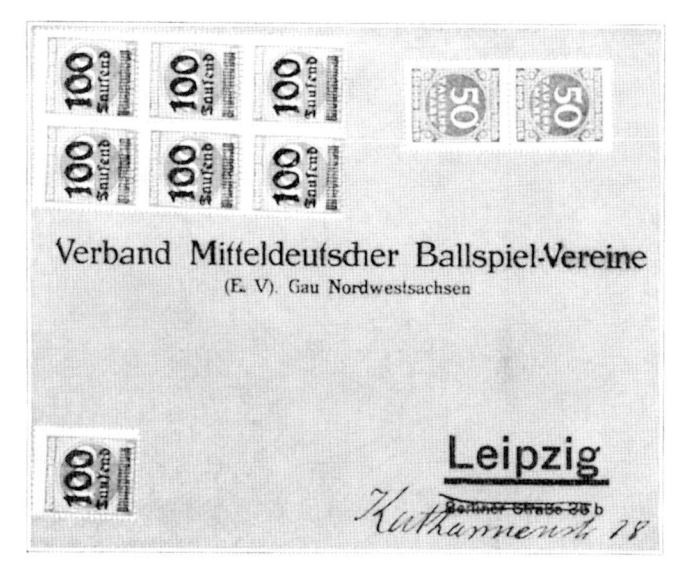

Die Inflation tobte, und ein Normalbrief kostete bereits gigantische 800 000 Mark.

Nach dem 2:0 des VfB gegen Spielvereinigung hatten die Probstheidaer den Titel des Gaues Nordwestsachsen fast in der Tasche. Kurz vor dem Tor wird der VfB-Sturm gestoppt.

Die Dispositionen des Vorstandes in der Finanzpolitik wurden von Tag zu Tag, von Stunde zu Stunde über den Haufen geworfen. Erst im November, bei Einführung der Goldmark, konnte auch wieder in die Vereinskassen eine gewisse Stabilität gebracht werden. Reichsnotopfer, Vergnügungs- und Umsatzsteuer belasteten die Vereinssäckel jedoch weiterhin nachhaltig.

1. Klasse 1922/23

Verein	Spiele	gew.	unentschieden	verl.	Punkte
V. f. B.	24	20	3	1	43:5
Fortuna	24	20	2	2	42:6
Spielv.	24	15	5	4	35:13
Wacker	24	12	4	8	28:20
T. u. B.	24	9	6	9	24:24
Pfeil	24	9	4	11	22:26
Eintracht	24	9	4	11	22:26
L. B. C.	24	7	6	11	20:28
Viktoria	24	5	9	10	19:29
Sportfr.	24	6	6	12	18:30
Germania	24	6	2	16	14:31
Olympia	24	4	6	14	14:34

Die Abschlußtabelle von Nordwestsachsen zeigt, wie knapp der VfB den Titel gewann. Fortuna folgt mit nur einem Zähler Rückstand.

Auch in diesem Jahre bewies die Fortuna, daß sie den Beinamen »ewiger Zweiter« zu Recht führte. Nicht weniger als dreimal lag die Mannschaft im Verlauf der beiden Serien an der Spitze und glaubte, die Meisterschaft schon an allen »vier Zipfeln« zu haben, als sie am 7. Januar vor 13 000 Zuschauern den VfB in einem großen Kampf mit 2:1 schlug. Leider passierte ihnen das Mißgeschick, daß der damals in Hochform befindliche Mittelstürmer Gadau in diesem Spiel verletzt wurde und infolgedessen am folgenden Spieltag gegen Spielvereinigung nicht mitwirken konnte. Die Folge davon war, daß dieses Spiel mit 0:1 und damit auch die Meisterschaft verloren wurde; denn obwohl die restlichen Spiele siegreich beendet wurden, wurde der VfB mit einem Punkt Vorsprung Meister. Allerdings wurden Mitglieder und Anhänger von Fortuna für die entgangene Meisterschaft entschädigt durch die glänzenden Erfolge, die die Mannschaft in den Gesellschaftsspielen erzielte.

Die Osterreise nach der Schweiz war zweifelsohne der Höhepunkt. Die Fortuna siegte gegen Blue Stars 1:0, FC Zürich 3:0 und spielte gegen Pfalz Ludwigshafen 0:0. Im Juni sicherten sich die Fortunen noch den Pokal der Interessengemeinschaft der Leipziger Ligavereine und blieben über Spielvereinigung, TuB und VfB erfolgreich. Im Finale schlug die Fortuna Olympia glatt 4:1. Der Juni 1923 ging als erfolgreichster Monat in die Fortuna-Vereinsgeschichte ein, denn sie trug sieben Spiele aus und erfocht sieben Siege, und zwar neben den vorerwähnten vier Pokalspielen noch gegen Sportverein Bremen 8:1, Altona 93 2:1 und gegen den neugebackenen Mitteldeutschen Meister Guts Muts Dresden mit 3:0. Aus diesem Spieljahr stammt auch der Fortuna-Rekordsieg von 14:0, der am zweiten Weihnachtsfeiertag gegen Brandenburg Dresden herausholt wurde.

Die neue Saison begann für den VfB enttäuschend, denn gleich zweimal verlor er ganz eindeutig: 2:4 bei Wacker und 3:5 auf eigenem Platz gegen TuB. Deshalb erschien es den Verantwortlichen wohl auch angebracht, in der Vereinszeitung alle aktiven Mitglieder aufzufordern, endlich regelmäßig zum Training zu erscheinen. Die Möglichkeit zum Hallentraining in der Halle der Nikolaischule werde zu wenig genutzt. Auch disziplinarisch wurde jetzt hart durchgegriffen. Wegen unentschuldigtem Fehlen bzw. Zuspätkommen bei Spielen wurde Fritz Abel, der sich zum dritten Male ein solches Delikt zuschulden kommen ließ, zu drei Goldmark Strafe und Streichung von der Spielerliste für zwei Monate verdonnert. Etliche andere Sünder wurden mit Verweisen bestraft. Ob es half? Jedenfalls raffte sich der VfB auf und siegte wieder: 7:0 gegen Germania, 4:1 gegen Sportfreunde, dann allerdings ein glückliches 2:2 gegen die Spielvereinigung. Beim 4:1-Sieg gegen den LBC mußte der Meister mit acht Spielern beginnen, weil Paulsen und Fröhlich von auswärts kamen und mit ihren Zügen den Anschluß verpaßten. Schlegel dagegen verpaßte die Straßenbahn und kam, als der Schiedsrichter gerade anpfiff. Doch die 1:2-Heimniederlage gegen Fortuna und das 1:1 in Probstheida gegen die Eintracht warfen die Mannschaft im Kampf um die Meisterschaft wieder zurück.

Erneut stand der VfL Südost im Endspiel um die Deutsche Meisterschaft der Arbeitersportler. Am 1. Juli holten sich die Stötteritzer zum dritten Mal in Folge den Titel. Gegen Alemannia Berlin wurde ein knapper 1:0-Sieg herausgeholt, den 6000 Zuschauer auf dem Platz des Turn- und Sportvereins in Leipzig-Eutritzsch miterlebten.

Die Mannschaft vom SV Pfeil, die in diesem Jahr in die erste Klasse aufgestiegen war und dort für Furore sorgte. Ein sechster Platz war der Lohn.

Treffpunkte der Sportsleute in Leipzig

Tanzpalast Albertgarten
Leipzig-Ost / Straßenbahn 13 und 20

Schönstes und sehenswertes
Ball- u. Gesellschaftshaus
in vollständig neuer Aufmachung
Jeden Sonntag und Freitag
die vornehmen Ballabende
Verkehrslokal der Sportler / „MSZ" liegt aus

Gastwirtschaft Z.R. III
Konradstraße 3
Angenehmes Familienlokal
Gutgepflegte Biere — Ia Speisen
Vereinszimmer, Kegelbahn
Besitzer: **Max Papsch**, Mitgl. d. Fortuna
„MSZ" liegt aus

Gasthof Ammelshain
Inh.: Albin Zeibig
Fernsprecher Naunhof Nr. 76
Großer moderner Tanzsaal / Bestes Familien- und Ausflugslokal / Schattiger Garten / Gesellschaftszimmer / Fremdenzimmer / Bestgepflegte Biere / Anerkannt gute Küche / Treffpunkt der Sportsleute / „MSZ" liegt aus

„Zum Mönchshof"
Leipzig, Münzgasse 16
Spezial-Ausschank Mönchshof
Diverse Weine, Liköre / Gute Küche
Inhaberin: Emma Mauf
// Gemütliche Gaststätte //
Fernruf: 28 397 // MSZ liegt aus

Das gute Riebeck-Bier
Spezialausschank Brauhaus Riebeck
Hainstraße 17/19 — Inhaber: Hugo Steingruber — Nähe Markt
Preiswerte gute Küche — Täglich große Konzerte

Schönefelds schönstes Restaurant u. Gartenlokal
BAD ROHRTEICH
Rohrteichstr. / Gut bürgerliches Familienlokal
Große Vereinszimmer und Saal stehen jedem Verein zur Verfügung
Bes.: Rud. Paul
Fernruf 19 639   „MSZ" liegt aus

Restaurant zur Sachsenburg
Leipzig-Sellerhausen, Eisenbahnstraße 147
Spezialausschank der Waldschlößchen-Brauerei
ff. Küche und Keller
Vereinszimmer 100 Personen fassend
Verkehrslokal des SV „Fortuna"
Ww. O. Lochmann

„Zur Wiesenschänke"
Angenehmes Familienlokal
Gutgepflegte Biere — Ia Speisen
Täglich Künstlerkonzert
L.-Schönefeld, Endstation der Straßenbahn 17
am Familienbad

Gasthaus Ammelshain
Inhaber: Arthur Sperling
Schöner schattiger Garten. Herrlicher Spaziergang durch den Wald von Naunhof und Beucha. Schönes Gesellschaftszimmer. Vorz. Küche. Gutgepflegte Biere
Treffpunkt der Sportsleute
„MSZ" liegt aus. Fernspr. Naunhof 122

Stimmung!   Humor!
„Klosterkeller"
Arthur Engelmann — Klosterg. 9, am Markt
Täglich Künstler-Konzert
Bestgepflegte Biere / Mittags- u. Abendtisch
in bekannter Güte
Guter Familienverkehr

Zum Wehrmann
Große Fleischergasse 15
Fernsprecher Nr. 29 734
Künstlerische Stimmungsmusik
ff. Biere, Weine und Liköre

Oberbayern
Berliner Straße 3 — Fernsprecher 15621.

Spezialausschank echt Münchner Biere
Stimmungsmusik   Urfideler Betrieb   „MSZ" liegt aus
Original Oberbayerischer Treffpunkt der Sportler vom Norden

„Lustige Witwe"
Inh.: W. Schatz
Restaurant und Café
LEIPZIG
Preußergäßchen
Fernsprecher Nr. 14 921

Das tonangebende Ballhaus
Veranstaltungen ohne Tanzgeld
Die Welt am Freitag
Reunion am Sonntag
Leipzig-Schö., Straßenb. 17
Fernruf 61 356

„Sternburgquelle"
Fernsprecher 28 478 * Eisenbahnstraße 25
/// Neue Bewirtschaftung ///
Inhaber: P. Stößer
Angenehmes Familienlokal
Gute Verpflegung aus Küche und Keller
Eigene Fleischerei
Treffpunkt aller Sportsleute
MSZ liegt im Lokal aus!

Ballhaus Alter Gasthof Paunsdorf
Bes. Otto Weißwange. Tel. 60313
jeden Sonntag vornehmer Ball im neurenovierten Saal
Treffpunkt der Sportler
ff. Riebeck-Biere :: Bürgerliche Küche
ff. Weine :: „MSZ" liegt aus

Park Meusdorf
Angenehmer Ausflugs- und Aufenthaltsort
Autoverbindung: Ab Endstation Linie 15, Probstheida — Fernsprecher 66 202

Sonnabends und Sonntags:
Der beliebte Haus-Ball!
Das gute Riebeck-Bier — Erstklassige Küche
— Weine erster Häuser —

Schon damals zeigten Freunde und Gönner der Vereine Flagge: eine Werbeseite der Gastronomen aus der »Mitteldeutschen Sportzeitung«.

1924

Das Jahr begann sehr gut für den Titelverteidiger, denn der VfB konnte seinen großen Widerpart, die Spielvereinigung, auf dessen Platz mit 1:0 schlagen. Der Sieg war verdient, die Chancen auf die erneute Erringung der Meisterschaft wieder sehr gut. Doch das 0:2 bei TuB und das 0:1 gegen Germania im heimischen Stadion setzten den Träumen ein jähes Stoppzeichen und kosteten den VfB die Meisterschaft, die schließlich die Spielvereinigung errang.

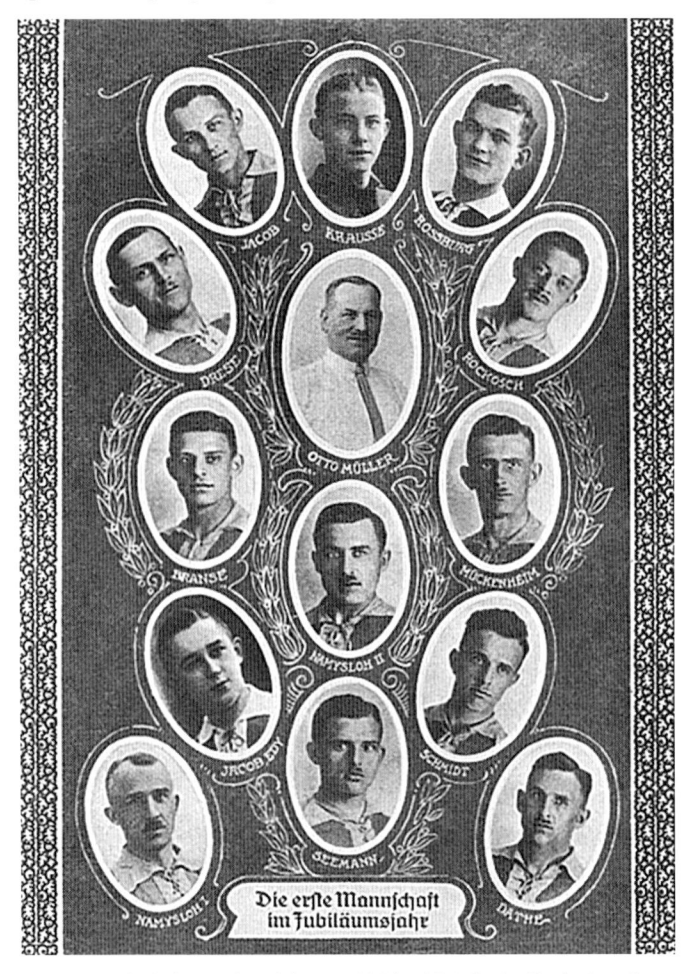

Die Mannschaft der Spielvereinigung 1899 im 25. Jahr des Vereinsbestehens.

Den Lindenauern gelang auch der Sieg in der Mitteldeutschen Meisterschaft. Es wurde nunmehr nicht mehr in einer Gruppe mit Spielen jeder gegen jeden gespielt, da auf dem Verbandstag des VMBV 1923 in Chemnitz beschlossen worden war, aus wirtschaftlichen Gründen kleinere Gaue zu bilden. An die Stelle der bisherigen Kreise Nordwestsachsen, Mittelsachsen, Westsachsen, Ostsachsen, Elbe, Saale und Thüringen traten jetzt nicht weniger als 27 Gaue, die ihren Meister in K.o.-Runden ermittelten. Es waren nun die Gaue Altmark, Anhalt, Eine-Bode, Elbe-Elster, Erzgebirge, Göltzschtal, Harz, Jeetze, Kyffhäuser, Mittelelbe, Mittelsachsen, Mulde, Nordsachsen, Nordthüringen, Nordwestsachsen, Obererzgebirge, Oberlausitz, Osterland, Ostsachsen, Ostthüringen, Saale, Saale-Elster, Südthüringen, Vogtland, Wartburg, Westsachsen und Westthüringen. In der Vorrunde hatten die Lindenauer ein Freilos erwischt, griffen so erst am 30.3.1924 ein, als es gegen den Zwickauer SC ging. Dafür hatte man es in diesem Achtelfinale doppelt schwer, denn nach dem 1:1 in Zwickau gab es ein Wiederholungsspiel, welches am 6.4. von der Spielvereinigung mit 7:2 gewonnen wurde. Mit einem weiteren Freilos im Viertelfinale gelangten die Lindenauer so relativ bequem ins Halbfinale, wo es dann keinerlei Schwierigkeiten gegen die Magdeburger SV Fortuna gab – 5:2-Sieg für die Leipziger auf fremdem Platz. Das 2:1 am 27.4.1924 im Finale gegen den Halleschen FC Wacker mußte man sich allerdings schwer erkämpfen. Nachdem auf dem Wege zur Deutschen Meisterschaft am 11. Mai 1924 vor 6000 Zuschauern auf dem Wacker-Platz auch der Baltenmeister VfB Königsberg mit 5:1 überfahren worden war (Tore: Roßburg 3x, Jacob I, Seemann, Schmidt), steuerte die Spielvereinigung mit den besten Hoffnungen der Zwischenrunde gegen den HSV in Hamburg zu. Leider mußte auch der vierte Ansturm auf die Deutsche Meisterschaft vorzeitig abgebrochen werden, da die Leipziger am 25. Mai durch ein unglückseliges Selbsttor von Drese in der 15. Minute dem HSV vor 10 000 Zuschauern mit 0:1 unterlagen. Das 25. Jubiläumsjahr sah die Spielvereinigung auch noch anderweitig sportlich erfolgreich: Fast alle Herren-, Jugend- und Knabenmannschaften hatten die Abteilungsmeisterschaft errungen. Den Fortschritten auf sportlichem Gebiete ging ein stetes Wachsen des Vereins einher. Bis zum Ausbruch des Krieges betrug die Mitgliederzahl 300, wuchs nach dem Kriege rapide bis zum Jahre 1922 auf 1000 und zählte später rund 1200 Mitglieder, so daß also auch in der Ausbreitung die Sportbewegung erfolgreich werden konnte. Für den immer größer werdenden Verein hatten sich die Unterkunfts- und Umkleideräume am Sportpark in Lindenau als unzulänglich erwiesen. Es wurde noch im Jubiläumsjahr

1924 wurden auch die Umkleidekabinen aus Holz errichtet, in denen sich Generationen von Sportlern sowie Schulkinder aus der 46. Schule umzogen.

der Unterkunftsraum vergrößert und ein Neubau mit zwölf Umkleideräumen und Waschgelegenheiten errichtet, somit den Anforderungen eines umfangreichen Sportbetriebes Rechnung tragend.

Mit der Meisterschaft hatte es beim VfB nicht geklappt, dafür gelang gegen einen renommierten Gegner aus Österreich ein tolles Spiel. 3:3 endete das Duell gegen Hakoah Wien, das vorher Westham United bezwungen hatte. 8000 Zuschauer waren in Probstheida dabei und erlebten ein auf hohem Niveau stehendes Spiel. Die Freundschaftsspiele gegen Makkabi Brünn (0:2), Slavia Prag (0:4) und Juventus Turin (1:2 auf dem Sportplatz Lindenau) endeten dafür nicht so günstig für den VfB. In der Vorbereitung auf die neue Saison ließ man es sich trotzdem nicht nehmen, einer Einladung der Spielvereinigung Folge zu leisten. Anläßlich ihrer 25jährigen Jubiläumsfeier trug man gleich zwei Spiele gegeneinander aus, das erste am 29. Juni verlor der VfB mit 2:3, das zweite endete einen Tag darauf unentschieden 2:2. Die Meisterschaft begann nicht gerade optimal für den VfB, denn er wurde für zwei Wochen disqualifiziert. Zwei Punkte wurden vom Spiel gegen TuB abgezogen. Aber das machte der Mannschaft nicht viel aus, überzeugende Siege waren die Antwort. 4:0 in Markranstädt, 5:1 gegen Eintracht, 4:0 gegen Wacker. Höhepunkt war zweifellos das 5:0 bei der Spielvereinigung. Einen Punkt hinter Tabellenführer Fortuna ging der VfB ins neue

Jahr. Zuvor aber sprach Leipzig mit Hochachtung von der Mannschaft von »Pfeil«, die den VfB Leipzig auf dessen eigenem Platz überraschend mit 1:0 geschlagen hatte. Dabei hatten die Probstheidaer denselben Gegner noch eine Woche zuvor in Wahren mit 4:0 abgebügelt. Die Schmach machte der VfB allerdings durch einen überzeugenden 3:0-Sieg gegen den Meister des Mainbezirkes, den FSV Frankfurt, vergessen. Das Spiel fand in Frankfurt am Main statt. Und vier Tage später hatte auch die Spielvereinigung keine Chance, die den VfB zu einem Herausforderungsspiel nach Lindenau geladen hatte. Ein 5:2 stellte die Fronten klar.

Die Viktoria bestritt ihre ersten Treffen gegen Fortuna und Sportfreunde – und kassierte mit 1:6 und 2:9 schwere Niederlagen. Dann wurde es besser: Gegen TuB gelang ein 0:0, gegen Spielvereinigung, VfB und Pfeil folgte jeweils ein 1:1-Unentschieden. Der erste Sieg der Spielserie wurde am 14. Dezember im Gesellschaftsspiel gegen Markranstädt mit 3:1 errungen. Vom »RC Sport« wurde der Platz an der Kiachta-Hütte erworben, dieses aber vom Amt für Leibesübungen nicht genehmigt. Der Herbst brachte dem Verein großen Schaden: Eine Hochwasserkatastrophe setzte die Anlage vollständig unter Wasser, sämtliche Plätze wurden verschlammt. Gesuche um Entschädigungen blieben beim Rat der Stadt Leipzig ungehört. Wieder mußten die Mitglieder und die schwache Vereinskasse herhalten, um baldigst die Plätze

Fortuna trennte sich von Sparta Prag am 30.3.1924 mit einem 1:1-Unentschieden. Hermsdorf und Vicum (am Boden) jubeln über das Führungstor.

Die Jahre 1924 und 1925

1. Klasse 1923/24						1b Klasse 1923/24					
Verein	Spiele	gew.	unentschied.	verl.	Punkte	Verein	Spiele	gew.	unentschied.	verl.	Punkte
Spielv.	24	17	4	3	38:10	Markranst.	18	12	2	4	26:10
V. f. B.	24	15	5	4	35:13	Corso	18	10	4	4	24:12
Fortuna	24	15	3	6	33:18	Mawe	18	10	4	4	24:12
T. u. B.	24	13	3	8	29:19	Arminia	18	9	5	4	23:13
Eintracht	24	12	3	9	27:21	Helios	18	6	6	6	18:18
Sportfr.	24	11	4	9	26:22	Delitzsch	18	7	3	8	17:19
Pfeil	24	11	2	10	26:22	SV. 1899	18	5	6	7	16:20
Viktoria	24	11	3	10	25:23	V. f. R.	18	5	6	7	16:20
Wacker	24	12	1	11	25:23	Zwenkau	18	3	3	12	9:27
L. B. C.	24	7	1	16	15:33	Lipsia	18	1	5	12	7:29
Olympia	24	6	3	15	15:33						
Tapfer	24	6	—	18	12:36						
Germania	24	4	—	20	8:40						

Die Abschlußtabellen der 1. und der 1b-Klasse des Gaues Nordwestsachsen.

wieder spielfähig zu machen. Für das Winterhalbjahr erhielt die Viktoria vom Amt für Leibesübungen auf Ansuchen hin die Turnhalle der Katholischen Schule Leipzig-Gohlis, Treitzschkestraße, für ihre Trainingsabende zur Verfügung gestellt.

Der Fortuna gelangen einige glänzende Spielabschlüsse mit renommiertesten ausländischen Mannschaften. Auf dem Leipziger Sportplatz, wohin die Fortuna infolge Platzbau ihr Domizil vorübergehend verlegt hatte, führte sie dem Leipziger Sportpublikum durch die Gastspiele von Kispesti Budapest (2:1), Bolton Wanderers (0:9) und Amateure Wien (0:2), ferner gegen Sparta Prag (1:1) in Paunsdorf, Fußballkunst in höchster Vollendung vor Augen. In den Verbandsspielen konnte man auch diesmal keine Lorbeeren ernten. Nach einem ausgezeichneten Start machte die Mannschaft eine schwere Krise (Germania 0:3) durch und endete hinter der Spielvereinigung und dem VfB auf dem dritten Platz.

1925

Viele Vereine der Stadt hatten ihre Heimstatt noch immer am Cottaweg beim »Verein Leipziger Sportplatz«. Gegen ein nicht eben geringes Entgelt, welches dem Verein auch immer wieder Kritik einbrachte, vermietete man die vorhandenen fünf Übungsfelder vor allem an den Leipziger Ballspielclub und an Marathon Westens. Auch Olympia Germania nutzte das große Wettspielfeld.

Im Jahr 1925 fanden auf der Anlage insgesamt 718 Spiele mit 15 796 Spielern statt, wobei die Spiele des Turnvereins Plagwitz unberücksichtigt blieben. Auch die alljährlich stattfindenden Turn- und Sportfeste des Arbeiter-Sportkartells und das Gewerkschaftsfest waren in dieser Zählung noch nicht berücksichtigt. Auf dem Lindenauer Sportplatz hatten also 37 Fußball-, 14 Handball-, 31 Hockey- und drei Rugby-Mannschaften, 800 Leichtathleten und 300 Tennisspieler, insgesamt rund 1600 Sportler, ihre sportliche Heimat gefunden.

Der VfB führte eine Neuerung ein, die bis dahin in Leipzig unbekannt war: die Tribünendauerkarte. Zum Preise von 15 Mark wurden 300 Stück ausgegeben. 12 000 Zuschauer erlebten in Paunsdorf das Spiel zwischen Fortuna und dem VfB. Ein 3:1-Sieg durch die Tore von Nieher (2), Graul und Colditz (Fortuna) sicherte dem VfB die Tabellenspitze in der Meisterschaft. Das Spiel der Probstheidaer gegen die »Sportfreunde Markranstädt« endete mit einem beispiellosen Eklat, als die Gäste nach dem sechsten Gegentreffer geschlossen das Spielfeld verließen und das Spiel abbrachen. Dafür wurden alle elf Spieler vom Gau für 14 Tage gesperrt. Souverän errang der VfB die Gaumeisterschaft, fertigte in den beiden letzten Spielen Wacker (6:1) und Viktoria (3:0) jeweils auswärts ab. Zum ersten Spiel um die Mitteldeutsche Meisterschaft nach Zeitz begleiteten die Mannschaft in einem Sonderzug 1100 Schlachtenbummler! Gegen SVgg. Naumburg 05 gelang ein klares 3:0. Das folgende Spiel geriet zu einer echten Posse, denn gegen die Spielvereinigung Falkenstein gewannen die Leipziger sage und schreibe mit 16:0. Dabei hatte Falkenstein eine Runde vorher den bekannten und gewiß nicht schwachen Plauener Sport- und Ballspiel-Club mit 2:0 geschlagen. Die Klingel, die ein Zuschauer nach jedem Tor des VfB unter ohrenbetäubendem Lärm schwang, klang den armen Gästen sicher noch lange in den Ohren.

Das nächste Spiel gegen Cricket Viktoria Magdeburg brachte mehr Schwierigkeiten mit sich. Zwar siegte der VfB mit 4:2, doch die Verteidiger und die Mittelläufer hatten große

Auch die Bundestagung des DFB fand anläßlich des Jubiläums in Leipzig statt. 9000 Jugendliche zogen mit einem Fackelzug durch die Stadt.

Eine große Gedenkfeier zu Ehren der im Krieg Gefallenen fand zum DFB-Jubiläum am Völkerschlachtdenkmal statt.

Schwierigkeiten, zu ihrem Spiel zu finden. Der Gegner berannte im Hurra-Stil das Leipziger Tor, konnte aber letztendlich gegen die sich noch steigernde VfB-Elf nichts ausrichten. Ebenfalls 4:2 hieß es in der Vorschlußrunde gegen Gotha 01. Nach zwei Toren von Graul und einem Treffer von Paulsen kamen die Thüringer plötzlich stark auf und schafften sogar durch zwei Tore das 2:3. Ein Teil der 12 000 Leipziger Zuschauer im Sportfreundepark schwenkte auf Gothaer Seite um und feuerte die Gäste an, da schoß erneut Graul aus 16 Metern flach und unhaltbar ein – die Entscheidung, der VfB stand im Endspiel! Am 19. April fand das Finale um die Mitteldeutsche Meisterschaft im Wacker-Stadion statt. Der VfB traf dabei auf den 1. Sportverein Jena. Die Thüringer wurden durch einen unglaublichen Schnitzer ihres Torwarts völlig aus der Bahn geworfen. Einen Fernschuß des aufgerückten Verteidigers Drechsel hatte der gute Mann schon sicher, warf ihn dann aber durch die eigenen Beine ins eigene Tor. Die VfBer konnten kaum glauben, solcherart in Führung gegangen zu sein. Wenig später nutzte Graul die Verwirrung und traf zum 2:0. In der zweiten Hälfte ein gänzlich anderes Bild. Jena griff nun an, drückte, was das Zeug hielt, aber die Verteidigung entschärfte alle brenzligen Situationen. Am Ende stand der Sieg und die erneute Meisterschaft. Leider wurden die Hoffnungen des VfB auf ein gutes Abschneiden in der Deutschen Meisterschaft schnell zerstört, denn gegen Breslau 08 gab es im Ostragehege von Dresden eine überraschende 1:2-Niederlage, die allerdings von merkwürdigen Schiedsrichter-Entscheidungen entscheidend beeinflußt wurde. Ein Ball, der gegen den Pfosten ging, wurde als Tor für Breslau gegeben, ein VfB-Treffer von Paulsen dagegen nicht anerkannt. Das hinterließ große Enttäuschung bei den Leipzigern, die sich bedeutend mehr ausgerechnet hatten. Deutlich wurde die gegenwärtige Stärke des VfB auch bei den folgenden Privatspielen, die das Image wieder aufpolieren sollten. Das gelang angesichts der Siege auch, denn die Gegner waren keine Geringeren als der Norddeutsche Meister Holstein Kiel (1:0) und der süddeutsche Sieger VfR Mannheim (3:1).

Das letzte Gesellschaftsspiel vor der Sommerpause fand gegen den alten Gegner Spielvereinigung statt, es gelang dem VfB ein 4:3-Sieg in Lindenau. VfB-Torwart Winter mußte bei fortgeschrittener Dunkelheit einen Elfmeterball passieren lassen, wozu die Vereinszeitung »VfB-Mitteilungen« feststellte: »Es sei besonders erwähnt, daß dies der erste Elfmeter war, den unser Torwart nicht meistern konnte.«

Die neue Saison begann der VfB souverän, hatte bald 7:1 Punkte auf dem Konto. Doch dann wechselten sich Licht und Schatten beständig ab. Negative Höhepunkte: das 0:4 gegen TuB in Probstheida sowie das 2:6 gegen Olympia Germania an selber Stelle.

Schon viele Jahre war von der Arminia nach einem geeigneten Gelände Umschau gehalten worden, und gerade am 20. Stiftungsfest fiel die Entscheidung in dieser Sache.

Mit Ablauf der Spielzeit nahmen die Mitglieder von Arminia sang- und klanglos Abschied vom »Rohrsee«, mit dem bis heute noch das größte Stück Arminiageschichte verknüpft ist. Die Fußballabteilung folgte eilig und freudig dem ergangenen Rufe zur Mithilfe und beteiligte sich eifrigst an den Arbeiten, die es für die neue Platzanlage zu verrichten gab. Die Mannschaft war wegen des Neubaues gezwungen, sämtliche Spiele auf des Gegners Platz auszutragen, lediglich der ersten Mannschaft stand für die zweite Serie der Rasen der Sportvereinigung zur Verfügung.

Wegen der Hochwassergefahr mußte das 35 000 qm große Gelände erst eineinhalb Meter aufgefüllt werden. Die Aufschüttung bot schon ungeheure Schwierigkeiten, die Planierung jedoch erforderte geradezu eine immense Arbeit und nahm alle Kräfte in Anspruch. Die sehr harte Arbeitsperiode fand mit dem 7. Juni 1925 ihren Abschluß, denn das erste Spielfeld wurde mit dem Spiel gegen Wacker, das 1:2 endete, eingeweiht. Am 19. August 1925 konnte die neu geschaffene Platzanlage, bestehend aus zwei Spielfeldern, Laufbahn und Sprunganlage, drei Tennisplätzen, Umkleidekabine mit Licht- und Wasseranlage, komplett dem Spielbetrieb übergeben werden.

Der Oktober brachte ganz besondere sportliche und festliche Veranstaltungen im Rahmen des Silberjubiläums des »Deutschen Fußballbundes«. Die Leipziger Vereine nahmen an allen Veranstaltungen teil, insbesondere beim Fackelzug zu Ehren des Bundesvorstandes. Am 3. und 4. Oktober fand im Rahmen der Feierlichkeiten der Bundestag des DFB in Leipzig statt. Zwar war die Inflation überstanden, doch die nachfolgende wirtschaftliche Depression zwang den DFB, seine Jubiläumsfeier in den Oktober zu verlegen. Die Kämpfe der Landesverbandsmannschaften wurden als Jubiläumspokal durchgeführt, von dem die beiden letzten Runden in Leipzig stattfanden. Süddeutschland schlug im Finale Mitteldeutschland mit 2:1.

Die Fortuna verblüffte durch einen glänzenden Start in die neue Spielzeit. Die schärfsten Konkurrenten, VfB und Spielvereinigung, wurden geschlagen, und somit führte die Mannschaft zu Beginn der zweiten Serie die Tabelle mit einem Punkt Vorsprung an. Das Rückspiel gegen den VfB vor 13 500 Zuschauern wurde verloren, und somit mußten die Fortunen diesem nun mit einem Punkt den Vortritt lassen. Mit einer 0:1-Niederlage gegen Sportfreunde trug Fortuna ihre Meisterschaftshoffnungen endgültig zu Grabe und landete wieder einmal auf ihrem fast schon traditionellen zweiten Platz. Durch einen Verbandsvorstandsbeschluß, wonach ein zweiter mitteldeutscher Vertreter durch Ausscheidungsspiele unter den Gauzweiten ermittelt werden sollte, wurde allerdings der Mannschaft noch einmal eine große Chance in die Hand gegeben, doch auch diese verstand sie nicht auszunutzen. Nachdem in der Vorrunde Konkordia Plauen mit Ach und Krach gerade noch mit 4:3 besiegt wurde, bekam die

Die Jahre 1925 und 1926

Fortuna in der Zwischenrunde den Erfurter Sportklub vorgesetzt und verlor trotz überlegenem Spiel (Eckenverhältnis 15:0) infolge jämmerlicher Stürmerleistungen mit 0:2. Die Gesellschaftsspiele dagegen brachten gute Verbindungen und teilweise ausgezeichnete Erfolge. Fortuna spielte gegen Sportklub Mährisch Ostrau (5:0), MTK Budapest (1:5), UTE Budapest (5:0), Union Sans Barcelona (4:4), Kamraterna Malmö (4:0 mit VfB kombiniert), DSC Dresden (4:1), 1. FC Nürnberg (2:2), München 1860 (4:2 mit Spielvereinigung kombiniert), Kickers Offenbach (4:2) und gastierte bei Sparta Prag (1:4) CBC Chemnitz (2:1), Hertha Berlin (1:1), Guts Muts Dresden (6:3), Kickers Offenbach (3:1) und Sportverein Darmstadt (3:4).

Der Arbeitersport blieb sehr aktiv und bestritt auch internationale Spiele. Walter Naumann spielte damals für Lindenau.

1926 Endlich, im Spieljahr 1925/26, sollte sich der jahrelange Traum von Fortuna, die Gaumeisterschaft, erfüllen. Nach einer äußerst unbeständigen ersten Serie, in der u. a. gegen Markranstädt 3:4 und gegen Olympia Germania mit 1:5 verloren wurde, nahm die Mannschaft mit 11:7 Punkten und 27:18 Toren den zweiten Platz ein. In der zweiten Serie wurde die Mannschaft bedeutend besser. Zwar verlor sie gleich das erste Spiel mit 0:2 gegen den VfB und dann nochmals gegen die Sportfreunde mit dem gleichen Resultat, doch dann gab es kein Halten mehr. Sieg auf Sieg wurde erfochten, und zwar teilweise mit eindrucksvollen Ergebnissen (Eintracht 11:0, Markranstädt 10:0). Mit einem 5:0-Sieg gegen den Tabellenzweiten Olympia Germania wurde schließlich die Gaumeisterschaft errungen – mit 25:11 Punkten und einem Torverhältnis von 71:27. Leider schien die Mannschaft ihr Pulver in den Verbandsspielen restlos verschossen zu haben; denn die bis zum Beginn der Meisterschaftsspiele absolvierten Gesellschaftsspiele zeigten sie nur in ganz mäßiger Form, so daß sich eine Sportzeitung in bezug auf den Ausgang der Mitteldeutschen Meisterschaft sogar die Bemerkung erlauben konnte: »An ein Endspiel Fortuna gegen DSC glaubt außer in Paunsdorf in ganz Mitteldeutschland kein Mensch.« Gegen den ostsächsischen Meister Guts Muts Dresden unterlag man in der Aufstellung Baum, Bergmann, Feustel, Wuttke, Schraps, Weißenborn, Richter, Mücke, Wede, Colditz, Teichgräber mit 2:5.

Um den zweiten Platz der Gaumeisterschaft gab es ein erbittertes Ringen zwischen VfB und Olympia Germania. Nach einem Punktegleichstand nach Beendigung der Spiele kam es deshalb zu einem Ausscheidungsspiel auf dem Platz der Spielvereinigung. Am 21.2. gewann Olympia Germania mit 2:1 gegen den VfB, der bereits nach sieben Minuten Hansi durch Verletzung verlor. Zwar fand die Schriftleitung der »VfB-Mitteilungen«, daß sie ein »genußreiches Spiel« ihrer Mannschaft gesehen hätte, doch vor der Niederlage schützte das nicht. Somit stand auch der zweite Teilnehmer an den Mitteldeutschen Meisterschaften fest.

Die Fortunen kamen wieder besser in Schwung und waren rechtzeitig zu den Spielen um die Mitteldeutsche Meisterschaft wieder voll da. Sie schlugen den VfL Bitterfeld 4:0, den Chemnitzer BC vor 10 000 Zuschauern mit 3:0 sowie den Sportverein Riesa mit 4:3. Das entscheidende Spiel führte die Fortuna gegen den Sportclub Oberlind. Das Ergebnis sorgte für Erstaunen: Mit 9:1 besiegten die Fortunen den Gegner vor

10 000 Zuschauern, sich damit für das Endspiel der Mitteldeutschen Meisterschaft qualifizierend. Trotzdem war man in Leipzig nicht rundum zufrieden mit dem Spiel, wie der Bericht aus der »MSZ« beweist: »Das 9:1 ist doch auch recht trügerisch. Dann vor allem, wenn man meint, daß Oberlind Qualitäten besitzt, die zur Teilnahme am Vorschlußrundenspiel berechtigen. Vielleicht sind wir in der Großstadt zu sehr verwöhnt und anspruchsvoll, vielleicht verlangten wir zuviel von diesem inoffiziellen Thüringer Meister, sicher ist, daß wir uns eine ganz andere Vorstellung von ihm gemacht hatten. Wir hätten in Rechnung stellen müssen, daß es diesen Leuten aus dem schönen Südthüringen, dieser Mannschaft aus dem Dorf Oberlind, das auf der Karte zu finden ich mich vergeblich bemühte, sehr merkwürdig zumute sein mußte, wenn sie erstmalig vor 10 000 Zuschauern in die Schranken treten.«

1. Klasse 1925/26

Verein	Spiele	gew.	unentschied.	verl.	Punkte
Fortuna	18	11	3	4	25:11
Oly.Germ.	18	10	2	6	22:14
V.f.B.	18	10	2	6	22:14
Sportfr.	18	10	1	7	21:15
T.u.B.	18	6	6	6	18:18
Spielv.	18	6	5	7	17:19
Eintracht	18	6	5	7	17:19
Viktoria	18	7	2	9	16:20
Wacker	18	5	4	9	14:22
Markranst.	18	3	4	11	14:26

Die Abschlußtabelle der Saison 1925/26.

Das große Finale fand am 25. April in Dresden-Reick statt. Es wurde zum Ereignis des Jahres, die »Mitteldeutsche Sportzeitung« hatte sogar einen Sonderzug auf Reisen geschickt, mit dem Tausende Leipziger mit nach Dresden fuhren. Dort allerdings wurden sie arg enttäuscht, denn die Fortuna hatte an diesem Tag keine Chance gegen den DSC. Nach beiderseits wenig überzeugenden Leistungen blieben die Gastgeber mit 3:0 vor nahezu 21 000 Zuschauern klarer Sieger.

Gemäß den Bestimmungen des VMBV hatte Fortuna nun gegen den Sieger aus den Spielen der Tabellenzweiten, Preußen Chemnitz, anzutreten. Die Chemnitzer hatten den BV Olympia-Germania mit 2:1 im Halbfinale ausgeschaltet. Bis dorthin hatte Olympia-Germania mit einigen hohen Siegen für Furore gesorgt. Unter anderem wurde der FC Roßwein mit 10:0 in Döbeln besiegt, Preußen Greppin mit 6:2 in Bitterfeld geschlagen, und auch Weißenfels hatte beim 0:6 keinerlei Chance. Erst gegen Chemnitz kam vor 5000 Zuschauern das Stoppzeichen. Diese aber hatten ihrerseits gegen Fortuna im Ausscheidungsspiel keine Chance. So hatten am 1. Mai vor 8000 Besuchern auf dem Leipziger Sportplatz die Leipziger keine Mühe und machten mit einem 8:0 alles klar.

Die Tore bei diesem Schützenfest erzielten Hermsdorf, Colditz (2) und Wede, der gleich fünfmal ins Gehäuse des bemitleidenswerten Chemnitzer Keepers traf. Somit war die Fortuna zweiter mitteldeutscher Vertreter in den Spielen um die Deutsche Meisterschaft.

Gegen den neuen Mitteldeutschen Meister gelang dem VfB Leipzig am 5. Mai in Dresden ein unglaublicher 5:2-Sieg, der beinahe noch zu niedrig ausfiel. Die Dresdner erzielten ihre beiden Tore durch Elfmeter und Eigentor; dem VfB wurde ein weiterer Treffer wegen Abseits aberkannt. Der nächste Paukenschlag gelang am 30.6. gegen den Deutschen Vize-Meister Hertha BSC Berlin, der mit einer Reservemannschaft in der Reichshauptstadt mit 4:3 bezwungen wurde. Auch zwei Tore von Sobeck nützten den Berlinern nichts.

Besonders erfreut war man in Leipzig-Paunsdorf nicht, als bei der Deutschen Meisterschaft der Fortuna sogleich der Süddeutsche Meister Bayern München vorgesetzt wurde. Das Spiel fand am 16. Mai im Wackerpark vor 18 700 zahlenden Zuschauern statt und bildete die größte Überraschung des Jahres 1926; denn es gelang der Fortuna, den Favoriten um den deutschen Meistertitel mit 2:0 aus dem Rennen zu werfen. Fortuna spielte mit Arno Baum, Otto Feustel, Walter Bergmann, Kurt Weißenborn, Kurt Wuttke, Alfred Strehl, Otto Teichgräber, Richard Colditz, Alfred »Wede« Haferkorn, Erich Hermsdorf und Otto Richter. Die Treffer erzielten Teichgräber und Richter.

Doch das nächste Spiel führte die Leipziger am 30. Mai nach Hamburg gegen den HSV, wo sich die Sachsen vor 20 000 Zuschauern eine dem Spielverlauf keineswegs entsprechende 2:6-Niederlage holten. In exakt der gleichen Aufstellung wie beim Sieg gegen die Bayern hätte es beinahe eine neue Sensation gegeben, denn in einer Periode schärfsten Drängens wurde ihnen beim Stande von 2:3 (beide Tore durch Hermsdorf) ein Treffer und damit der Ausgleich nicht anerkannt, fast in derselben Minute aber ein äußerst harter Elfmeter gegen Fortuna verhängt und verwandelt, was der Mannschaft den moralischen Halt nahm. Trotz alledem bleibt das Jahr 1926 das erfolgreichste der Vereinsgeschichte. An Gesellschaftsspielen seien hier erwähnt: gegen Hertha BSC Berlin 5:1, ASV Nürnberg 1:2, Sportklub Dresden 4:3, Guts Muts Dresden 0:0. Auswärtsspiele brachten unter anderem folgende Resultate: Sportklub Weimar 12:1, l. FC Nürnberg 0:6, Eintracht Braunschweig 3:1, Holstein Kiel 0:1.

Wie im vorhergehenden Jahre der »Deutsche Fußballbund«, so feierte auch der »Verband Mitteldeutscher Ballspielvereine« sein Silberjubiläum in Leipzig. Fritz Hesse von der Viktoria erhielt die silberne Nadel des VMBV, und der Augustverbandstag wählte ihn zum Vorsitzenden des Verbands-Fußballausschusses. Dem VMBV war es geglückt, mit Jimmy Hogan einen der populärsten Trainer des Kontinents zu verpflichten. Seine Aufgabe bestand darin, in den mitteldeutschen Vereinen Fußball praktisch und theoretisch zu demonstrieren. Das löste er glänzend. Der Viktoria stand er in den Tagen vom 13. bis 15. Dezember zur Verfügung und bestätigte seinen guten Ruf voll und ganz. Das Hauptspielfeld war inzwischen vollständig hergerichtet und mit einer neuen Barriere versehen worden. An auswärtigen Spielen der ersten Mannschaft der Viktoria ist der 4:2-Sieg am 28. März gegen VfB Braunschweig und die Osterreise nach Eichsfeld und Heiligenstadt zu erwähnen.

Weniger angenehm war Olympia wohl das erste Aufeinandertreffen mit dem VfB in der neuen Saison. Hatte man vorher zuletzt dreimal gegen die Probstheidaer gewonnen, kam man am 7.11. unter die Räder und unterlag sang- und klanglos mit 1:7.

In der ersten Halbzeit sah es gar nicht nach einem solchen Schützenfest aus, denn die Mannschaft vom Scherbelberg hielt das 0:0. Doch nach dem Wechsel brach das Unheil über sie herein: Fünf Tore von Meißner sowie zwei Treffer von Lederer und Köhler besiegelten das Fiasko.

Wovon sie alle träumen... So originell wurden damals vor dem Spiel die Wünsche und Träume der Finalteilnehmer gesehen und gezeichnet.

Das größte Frühjahrs-Ereignis im VMBV

ist das Schlußspiel um die Mitteldeutsche Meisterschaft zwischen

Dresdner Sportklub und Fortuna-Leipzig

Lassen Sie sich die sensationelle Begegnung nicht entgehen und fahren Sie nächsten Sonntag mit dem

Sonderzug der MSZ

nach Dresden. Die Fahrzeiten bleiben wie bereits bekanntgegeben bestehen:

Ab	Leipzig Hptbhf.	9:37	Ab Dresden Hptbhf.	7:48
„	Leipzig-Paunsdorf	9:47	„ Dresden-Neustadt	7:59
An	Dresd.-Neustadt	11:59	An Leipzig-Paunsdorf	10:22
„	Dresden Hptbhf.	12:10	„ Leipzig Hptbhf.	10:32

Hin- und Rückfahrt kosten 5.20 M.
(II. Klasse 11.80 M.)

Die Fortuna-Mannschaft fährt mit MSZ-Sonderzug!

Zeichnen Sie sich sofort ein, da alle Karten schnellstens verkauft sein müssen!

Einzeichnungslisten liegen aus:

1. **Geschäftsstelle SV Fortuna 02, Eisenbahnstr. 183**
2. **Rest. „Bayerischer Hof", Eisenbahnstr. 72**
3. **Verlag „MSZ", Stettiner Str. 70**
4. **Rest. „Donisl", Burgstr. 12**
5. **Geschäftsstelle „Leipziger Verein f. Luftfahrt", Neumarkt 40 II**
6. **Althoff, Sportkasse II. Stock, Eingang Petersstr. u. Neumarkt**

Eintrittskarten zum Spiel können gleichzeitig vorbestellt werden.

Zur Aufklärung: Wir haben Veranlassung, darauf hinzuweisen, daß nur für den MSZ-Sonderzug die oben angegebenen Fahrzeiten v. d. Eisenbahn-Generaldirektion Dresden genehmigt sind.

Die Begeisterung war so groß, daß die »Mitteldeutsche Sportzeitung« sogar einen Sonderzug nach Dresden schickte. Tausende fuhren mit.

Das Jahr 1926

Beim 5:0 der Fortunen gegen Olympia Germania sah »MSZ«-Zeichner Kießling besonders genau auf die Randgeschehnisse.

Fortuna Leipzig gegen Bayern München – der Knaller des Jahres 1926. Mit 2:0 blieben die Fortunen siegreich.

Eine »an olympische Verhältnisse erinnernde« Neuerung nannte das Fachblatt »MSZ« die neue Anzeigetafel auf dem Leipziger Sportplatz; das 6:0 ist übrigens nur der Halbzeitstand des Spieles Fortuna gegen Preußen Chemnitz, welches am Ende mit 8:0 von den Leipzigern gewonnen wurde.

Bayern-München am Grabe aller Hoffnungen
An Kranzspenden der lieben Nächsten hat es nicht gefehlt

Das Spiel der »Wanderers London« gegen »Olympia Germania Leipzig« fand allgemeine Beachtung bei den Fußballfreunden und der Fachpresse. Die »Mitteldeutsche Sportzeitung« brachte untenstehendes Foto auf die Titelseite und meinte: »An diesem Torschuß, an diesem Sprung und der rassigen Eleganz des englischen Mittelstürmers können alle unsere Stürmer vieles lernen.« Die Gäste von der Insel hatten innerhalb von vier Tagen ihr drittes Spiel in Sachsen ausgetragen. Gegen den VfL Zwickau unterlagen sie mit 5:6, gegen den Sportclub Erfurt gelang ein 4:2-Sieg. In Leipzig setzte es gegen Olympia Germania wieder eine Niederlage, die mit 1:2 allerdings sehr knapp ausfiel. Trotzdem bewertete man diesen Sieg auf seiten der Leipziger nicht besonders hoch, da die Engländer nicht gerade als Elite galten. Olympia »führte nicht einmal ihre stärkste Waffe, Schneid und unbeugsamen Willen, ins Feld. Ihr Spiel blieb bloßer Durchschnitt von der ersten bis zur letzten Minute, und lediglich vier Mann gebührt Anerkennung dafür, daß sich Leipzig nicht von Zwickau beschämen lassen mußte: Schnurkowsky, Genath, Krause I und Ohme erfüllten die Ansprüche, die an sie als Vertreter einer unserer kampftüchtigsten Mannschaften gestellt werden müssen. Die sonst so starke Einheit des Sturmes wies klaffende Lücken auf und zerfiel recht bald, nachdem die ersten Attacken erfolglos verlaufen waren, in seine fünf einzelnen Teile, deren jeder eine fast minimale Leistung zum besten gab. Ein Eigentor des Gegners mußte zu Hilfe kommen, um einen sehr glücklichen Sieg zustande zu bringen.«

Die Niederlage der Münchner Bayern bei Fortuna wurde auch mit Häme begleitet, wie nebenstehende Zeichnung aus der »MSZ« beweist.

Baum *(Fortuna-Leipzig)*
Mitteldeutschlands repräsentativer Tormann

Einen besonderen Anteil am sensationellen Siegeszug der Fortuna hatte deren Torhüter Arno Baum (Foto oben rechts gegen Bayern München). Als Lohn wurde er in die Auswahl Mitteldeutschlands berufen und absolvierte dort ein Spiel gegen Süddeutschland, welches allerdings mit 1:3 verlorenging. Danach stand dann wieder der Hallenser Kagemann im Gehäuse. Der gegen den HSV zur Schau getragene Optimismus ging leider nicht auf; gegen die Hamburger hatte die Fortuna nichts zu bestellen.

Bitte kommen Sie gleich herein, Sie Herr aus Hamburg!
Für Sie langt's gerade noch!

Die Spielvereinigung Leipzig nach dem Gesellschaftsspiel gegen Sportgesellschaft Dresden 93, welches mit 1:1 endete.

Fortuna Leipzig auf ihrer Reise durch Norddeutschland auf dem Linienschiff »Hessen«. Unter anderem gewann man gegen Eintracht Braunschweig mit 3:1, verlor aber gegen Holstein Kiel mit 0:1.

1927

Der VfB holte sich äußerst souverän mit 33:3 Punkten und 61:21 Toren die Gaumeisterschaft vor Fortuna und verlor in der gesamten Serie (18 Spiele) nur ein einziges Spiel – eben gegen Fortuna (0:2). Auch den Gaupokal holte sich der VfB mit einem Sieg gegen Viktoria nach überzeugenden Vorstellungen gegenüber der Konkurrenz.

In den Pokalspielen des Gaues Nordwestsachsen hatte sich die Viktoria bis zur Endrunde durchgerungen und stand am 27. Februar dem VfB auf dem 99er Platz in Lindenau gegenüber: Nach spannendem Spiel verlor Viktoria nach einer Spieldauer von zwei Stunden und neun Minuten mit 3:2, nachdem bei regulärer Spielzeit und zweimaliger Verlängerung der Spielstand 2:2 lautete. Die erste Mannschaft des VfR Fürth wurde von Viktoria für den 16. April verpflichtet und das Spiel auf dem Leipziger Sportplatz ausgetragen. Die ungemein schlechte Witterung brachte den Leipzigern eine größere finanzielle Einbuße, und auch sportlich litt das Spiel sehr unter den ungünstigen Bodenverhältnissen. Fürth siegte 3:1. In der Mitteldeutschen Meisterschaft machte der VfB kein großes Aufhebens mit seinen Gegnern und schlug Plauen vor 11 000 Zuschauern 3:2, Falkenstein in Plauen (vor 8 000) 5:2, SC Oberlind (vor 12 000) auf dem Sportplatz 5:1 und die Sportgesellschaft 93 Dresden auswärts mit 3:0. Die Entscheidung fiel in einer denkwürdigen Doppelschlacht gegen den Chemnitzer Ballspiel-Club, gegen den es sowohl im Pokalendspiel als auch im Finale um die Mitteldeutsche Meisterschaft ging. Am 14. April verloren die Leipziger vor 23 000 Zuschauern in Chemnitz das Pokalspiel mit 2:3. Auf tiefem, morastigem Boden behielten die Chemnitzer, die stürmisch kämpften, knapp die Oberhand. Nur eine Woche später kam es auf dem Wackerplatz in Leipzig erneut zum Aufeinandertreffen der beiden Mannschaften, diesmal ging es um die »Mitteldeutsche«. Vor der unglaublichen Zuschauerzahl von 32 000 – ein einsamer Rekord für Leipzig bis dahin – gelang dem VfB eine beeindruckende Revanche. Mit 4:0 fegten die Blau-Weißen den Gegner vom Platz, so daß die Massen immer wieder in begeisterte Rufe verfielen. Paulmann, Drechsel, Meißner und erneut Paulmann schossen die Tore für den neuen Mitteldeutschen Meister. Das 1000. Spiel der Vereinsgeschichte bestritt der VfB in Bremen gegen ABTS Bremen und gewann in der Aufstellung Schmidt, Drechsel, Günther, Schmöller, Lederer, Schneider III, Bödecker, K. Köhler, Meißner, Paulmann und Taubert mit 3:0. VfB-Trainer Ernst Atwood, ein Engländer, verließ den Verein nach dieser Spielreise in den Norden und trainierte künftig die Bremer. Atwood, der erst in der Reserve spielte und später das Training der »Ersten« übernahm, hatte viele Freunde in Leipzig gewonnen, stellte er sich doch ganz in den Dienst des Vereines und half auch der ersten Mannschaft zu manchem Sieg. Vor 12 000 Zuschauern auf dem Fortunaplatz konnte der neue Meister VfB zwar den Breslauer FV 06 mit 3:0 schlagen, aber das sollte der einzige Erfolg im Kampf um die Deutsche Meisterschaft bleiben. Denn vor 25 000 Besuchern verlor der VfB in München gegen den SV 1860 München mit 0:3. Enttäuschend vor allem deswegen, weil der VfB zu dieser Zeit auf der Höhe seines Könnens angelangt war und sich einiges ausgerechnet hatte, zudem sicher nicht schlechter spielte als die Bayern. Dafür besuchten 30 000 Zuschauer das Zwischenrundenspiel zwischen Hertha BSC und der Spielvereinigung Fürth, welches in Leipzig im VfB-Stadion ausgetragen wurde. Noch schlimmer war das 2:7 des VfB gegen Eintracht Frankfurt, das man auf einer Reise nach Süddeutschland ebenso besuchte wie den Freiburger FC, den man dann allerdings mit 5:3 schlagen konnte. Um so sensationeller wog da der 5:1-Erfolg gegen den 1. FC Nürnberg im VfB-Stadion, den niemand für möglich gehalten hatte. In der Meisterschaft dagegen setzte es für den Altmeister empfindliche und unerwartete Niederlagen gegen Viktoria, Sportfreunde, Arminia und Eintracht.

Festumzug zum 25jährigen Jubiläum von Viktoria Leipzig.

Die ersten Spiele in der 1. Klasse brachten dem Aufsteiger Arminia nicht die erwarteten Resultate; denn Unerfahrenheit, viel Pech, mangelnde Härte usw. kosteten sichere Siege. Eigenartig berührte es, daß im Spiel gegen die schwersten

Gegner (VfB, Fortuna) die erste Mannschaft sich selbst übertraf und die besten Spiele absolvierte, während gegen die spielschwächsten Gegner verloren wurde, so daß die Mannschaft gegen Ende der zweiten Runde der erklärte Abstiegskandidat war. Aber mit verbissener Energie und allen Unkereien zum Trotz schaffte Arminia gegen VfB, Wacker, Viktoria vier Punkte und brachte sich mit diesem Endspurt noch vor Olympia Germania und Spielvereinigung. Der Platz in der Liga wurde behauptet, aber es war ein hartes Lehrjahr.

Die Fortuna führte zu Beginn der zweiten Serie ohne Punktverlust, was seit langen Zeiten nicht in Leipzig dagewesen war. Im ersten Spiel der zweiten Serie gegen Viktoria mußte die Mannschaft auch den ersten Punkt abgeben. Dann kam das Rückspiel gegen den schärfsten Konkurrenten VfB,

Sächs. Arbeitersport

Wochenschrift des 4. Kreises (Freistaat Sachsen) im Arbeiter-Turn- u. Sport-Bund
Publikationsorgan der Sächsischen Spielvereinigung und der Kreisleitungen sämtlicher Sparten

Nr. 28 / 9. Jahrgang   Wöchentlich 1 Nr.: 30 Pf.   Dresden, 11. Juli 1927

Postbezug monatl. 130 Pfennig   Girokonto Dresden 9329   Postscheckkonto 14310   Adr.: Sächs Arbeiter-Sport, Dresden 1, Wettinerpl. 10

Warum sind uns die Russen überlegen?

Die ersten Treffen sind vorbei. Der Siegeszug der russischen Brüder aus dem Jahre 1926 erlebt seine zweite Auflage. Ja, es scheint, als ob die Differenz zahlenmäßig noch größer werden sollte. Vernichtende Niederlagen gibt es. Die Hegemonie Deutschlands ist hin. Die wir in großen Tagen wie 1922 und 1925 überlegen waren, sind jetzt gestürzt und müssen anerkennen, daß das durch einen Gegner geschah, der besser ist. Ehrlich soll das Geständnis fallen. — Die Hoffnung war trügerisch. Zu deren der Mitspieler vergrößerte. Was unseren Meister auszeichnet, beherrschten die russischen Gäste aus dem ff. Jeder war ein Teil des Ganzen und erfüllte die Pflicht restlos, diese Einheit nicht zu zerstören. Oft sah man, daß ein Russe durch blendendes Täuschen seinen Gegner abschüttelte. Aber sofort prägte sich wieder der eine Zug: ohne weitere Kraftvergeudung den Ball zum Freunde! Da hielt man auch nicht so streng auf flaches Zuspiel. Auch der hohe oder halbhohe Ball konnte vom Empfänger

Deutschland–Rußland 2:8. Der Durchbruch des Halbrechten Deutschlands ist gestoppt, spielend kann der stämmige Russe klären

Ausriß aus der Zeitung »Sächsischer Arbeitersport« – mit 2:8 kamen die Arbeitersportler gegen die »russischen Brüder« unter die Räder.

von dem nur ein Punkt trennte. Fortuna mußte ohne Strehl antreten, der in einem Städtespiel verletzt worden war, und verlor das wichtige Spiel mit 1:4. Dadurch kam der VfB einen Punkt vor, und die Fortunen verloren gleich das nächste Spiel auch noch – mit 1:3 gegen die Eintracht. Damit wurde der VfB einmal mehr Gaumeister, und Fortuna hatte wieder ihren zweiten Platz. Auch die zweite Chance, sich durch einen Sieg in der Pokalmeisterschaft als zweiter mitteldeutscher Vertreter zu qualifizieren, nutzte die Mannschaft nicht, denn sie erhielt schon in den Vorspielen, wieder durch die Eintracht, den K.o. Die nun zur Verfügung stehende freie Zeit wurde zu Gesellschaftsspielen und zur Heranholung guter Gegner benutzt. Fortuna verpflichtete Bayern München (6:3), Tennis Borussia Berlin (3:3), SC Oberlind (4:2), Wacker München (4:1), DSC Dresden (1:2), Eintracht Frankfurt (5:1), Sportverein Darmstadt (6:2), Kickers Stuttgart (4:2), Arminia Bielefeld (2:0) und war zu Gast bei Bayern München (4:7), Kickers Stuttgart (1:7), Tennis Borussia Berlin (0:1), Alemannia und Sportfreunde Breslau (2:1 und 1:0). Auch eine Einladung der Fortunen nach Paris folgte, wo Red Star Olympique mit 3:1 geschlagen wurde.

Am 2. Juli fand im VfL-Stadion in Stötteritz das Spiel zwischen einer Auswahl der Sowjetunion und der Nationalmannschaft des deutschen Arbeiter-Turn- und Sportbundes statt. Man sah lange, kaum zu überblickende Fahrradkarawanen auswärtiger Besucher in Richtung Südoststadion ziehen. Auch ein wolkenbruchartiger Regenguß eine Stunde vor Spielbeginn hinderte niemanden am Erscheinen. So drängten sich zu Spielbeginn 20 000 Zuschauer um das Spielfeld. In schwarz-gelber Spielkleidung begann die ATSB-Elf mit Treudinger, Dorn, Krahmer, Bogen, Naumann, Theuser, Grübner, Aschenbrenner, R. Schmidt, Krause und Behne. Der Halbzeitstand war 0:5; dafür hatten die deutschen Spieler zwei Selbsttore beigesteuert. Doch nach dem Wechsel begann sich das Blatt zu wenden. Kurz hintereinander trafen die Arbeitersportler zweimal, es stand nur noch 2:5. Doch die Russen waren einfach zu stark, das Spiel endete letztlich mit 8:2.

1928

Es kam das Jubiläumsjahr der Viktoria heran. Nach dem Punktgewinn gegen die Spielvereinigung waren ihre Chancen, zur Spitzengruppe aufzurücken, gestiegen, und der am 8. Januar errungene 3:0-Sieg über Fortuna brachte die Viktoria an die erste Stelle der Tabelle, und die Mannschaft wurde zugleich der »heißeste« Meisterschaftsfavorit der höchsten Klasse im Gau Groß-Leipzig. Es war nach achtjähriger Zugehörigkeit erstmalig gelungen, entscheidend in die Meisterschaftskämpfe einzugreifen.

Der VfB hatte schon zu viele Punkte eingebüßt, um noch eine Chance auf die Meisterschaft haben zu können. Die endgültige Abfuhr erhielten die Blau-Weißen im Spiel gegen Spitzenreiter Viktoria. Auf eigenem Platze spielend, hatte der VfB viel Pech und verlor mit 1:2. Viktoria stand nach diesem Kampf mit zwei Punkten vor Fortuna an der Spitze. Zwei Spiele hatten sie noch auszutragen, als der Spruch des Verbandsgerichtes das von Fortuna verlorene Spiel gegen Wacker annullierte. Wenn auch in der Öffentlichkeit auf Grund dieser Entscheidung andere Berechnungen aufgestellt wurden, war man sich bei der Viktoria einig, daß die Tabellenführung, die sie sich so schwer erkämpft hatte, durch dieses Urteil nicht verlorengehen sollte. Die Entscheidung fiel auf dem Rasen. Viktoria beendete ihre restlichen Spiele siegreich, während die Aussichten der Fortuna durch eine im drittletzten Spiele erlittene Niederlage wieder sanken. Dadurch war die Viktoria im Titelkampf Sieger geblieben. Von den achtzehn Spielen der Verbandsserie 1927/28 verlor das Team zwei, drei wurden unentschieden gespielt, jedoch

Die Meisterelf der Viktoria. Der Titel »Gaumeister 1928/29« irritiert. Der Verein nannte sich so, obwohl er den Titel 1927/28 errungen hatte. Richtig ist, daß Viktoria in diesem Jahr der Titelverteidiger war. Meister wurden 1928/29 die Sportfreunde.

diese Punktabgaben erfolgten alle in der ersten Runde. Mit 29 Plus- und sieben Minuspunkten sowie einem Torresultat von 44:25 wurde die Viktoria erstmalig Meister des Gaues Groß-Leipzig. Mit dieser Meisterschaft bezeugte Viktoria, daß sie mit Spielern, die ausnahmslos dem eigenen Nachwuchs entstammten, auch zu Würde und Ehre gelangen konnte.

Das Revanchespiel gegen den Club aus Nürnberg geriet für den VfB zu einem unerwarteten Debakel. Mit 2:5 verloren die Leipziger gegen die Franken, die im Hinspiel selber noch mit 1:5 unter die Räder gekommen waren.

Am 17. und 18.3. kam es in Paris zu zwei Spielen des VfB gegen Club Français (2:1) und Stade Français (2:1). Was die VfBer auf diese Reise alles erlebten, beschrieb Vereinsvorsitzender Georg Haase in den »VfB-Mitteilungen«:

»Zwei Fußballsiege im Ausland
Die Fahrt unserer Mannschaft nach Paris

Mitten im Trubel der Frühjahrsmesse, die mit ihrem vielen Drum und Dran mich vollauf beschäftigte, bat mich unser Sportwart Arno Stehmann zu einer Besprechung nach dem Kaffee Ziegler. Als vier Herren des Vorstandes hier zusammenwaren, erzählte uns Stehmann zunächst von diesem und jenem, um nach einer Viertelstunde in aller Seelenruhe eine Depesche aus der Tasche zu ziehen und uns in dem gleichem Tone, wie er beim Skat mit 18 zu reizen anfängt, die doch immerhin wichtige Mitteilung zu machen: Wir sollen Sonntag über acht Tage nach Paris kommen! Die Arbeit der Messe hatte mich so mürbe gemacht, daß ich all die vielen Wenn und Aber einer Reise nach Paris gar nicht sofort abwägen konnte. Mir kam daher zunächst nur der Gedanke, ob Spielvereinigung bereit sein würde, den Termin des Verbandsspieles zu verlegen, so daß ich nur im Falle der glatten Erledigung dieser Frage mein Einverständnis erklärte. Ich habe dann bestimmt einige Stunden weniger geschlafen als sonst, denn der Gedanke, ob unsere Mannschaft in einer sportlichen Verfassung wäre, daß sie Deutschlands Farben im Ausland würdig vertreten könne, hielt mich lange wach. Einzig und allein der feste Glaube an unsere alte Überlieferung, daß der VfB Großes leisten kann, wenn er im Brennpunkte sportlicher Ereignisse steht, hob mich dann über Zweifel hinweg, und so sah ich mit festem Vertrauen dem bevorstehenden Ereignis entgegen. Wenn es dann gelungen ist, innerhalb knapp einer Woche die riesigen Vorarbeiten für die Reise zu erledigen, so ist es der großen Arbeit Arno Stehmanns zu verdanken. Mit Unterstützung unseres Geschäftsführers überwand er alle Hindernisse, so daß wir uns am Donnerstag, dem 15. März, 1/2 16 Uhr, im Bahnhofsrestaurant zur Abfahrt einfinden konnten. Tränenden Auges standen junge Frauen und Bräute am Zuge, während länger verheiratete Frauen im Geiste die Lokomotive streichelten in der angenehmen Hoffnung, am Wirtschaftsgeld zu sparen. Nur im Zuge selbst begeisterte

Stimmung in Erwartung froh zu verlebender Tage. Bald ist Weißenfels erreicht. Paulsen mit seinem Manager Schlesing steigt ein, so daß die Reisegesellschaft nunmehr vollzählig ist. Paulsen hat für besondere Unterhaltung gesorgt: eine Reise-Elektrola läßt bald die schönsten Weisen erklingen, und diese Musik erhöht die Stimmung beträchtlich. Ohne große Ermüdung wird Frankfurt erreicht und hier Quartier bezogen. 6 Uhr wecken durch den Vorsitzenden mit dem Befehl: ›Raustreten zum Kaffee fassen!‹ Bald erklingen im Frühstückssaal 1/2 7 Uhr die Weisen der Elektrola, und im Takt der Musik werden Berge von Brötchen verdrückt. Wieder begleitet uns strahlender Sonnenschein auf der weiteren Reise. Ist es auch ein Wunder, wenn 22 Engel im Zuge sitzen? Nun wird geskatet, erzählt und geulkt, bis der Gong zum Mittagessen ruft. Musikmeister Paulsen läßt Tauber singen, und alle Gäste im Speisewagen sind erfreut, Tafelmusik genießen zu können. Unseres Köhlers Vater und Schwester fahren im gleichen Zuge nach Paris. ›Wenn Ihr Herr Sohn das Training ernster nehmen würde, wäre er mit bei der Partie‹, ist meine Antwort auf die Frage Herrn Köhlers, warum sein Sohn nicht mehr in der Liga spielt. Hier spricht ein Vater zu mir, der selbst im Sport aufgeht und begeistert den Segen des Sportes anerkennt. Ich wünschte, jeder Vater deutscher Jungens hätte eine solche Auffassung! Inzwischen ist Namhorn erreicht; Zoll- und Paßkontrolle! Alles geht glatt, selbst Drechsels und Schreppers unerschöpfliche Freßkörbe sind zollfrei. Die Zollbeamten scheinen zu empfinden, daß Paule aller 1 1/2 Stunden Nahrung zu sich nehmen muß, um in Form zu bleiben. Nach 16 Uhr kommen wir nach Nancy. Schmöller Fritze erbleicht: sein Ring liegt im Clo des anderen Zuges. Glücklicherweise aber nur für Stunden, denn eine telegrafische Anfrage bringt die freudige Nachricht: ›Gefunden!‹ Nun geht es durch eine typische französische Landschaft. Kilometerlange Kanäle ziehen sich längs der Bahngleise hin, zwei Pferde ersetzen die krafterzeugende Maschine, laufen gemächlich am Ufer des Kanals entlang und ziehen Frachtkräne größten Formates. Edy kommt mit seinem Gefolge aus dem französischen Speisewagen zurück. ›For 15 Francs mein lieber Schorsch, einfach wunderbares Essen, da muß ich bei meiner Nora mindestens fünf Mark bezahlen!‹ Aber geleimt ist er doch, denn die Zigarre kostet 2,50 Mark, die er bei Preßler für 20 Pfennige erhalten hätte. Bald wird es dunkel, Bäckermeister Ettel versucht, mir im Skat noch etwas abzunehmen, es gelingt ihm, aber leider vorbei. Lichterglanz zeigt die Vorstädte von Paris an. 9.30 Uhr französischer Zeit laufen wir in Paris ein, empfangen von unserem Mitglied Moritz Burawoy, einigen Herren vom Stade Français und von zwei deutschen Studenten. Mit Autos gelangen wir ins Hotel, wo uns Burawoy glänzend untergebracht hat. Paulsens Zimmer vor allen Dingen ist mit allem Komfort ausgerüstet, wie er es in Deutschland noch nicht gesehen hat. Nach kurzer Auffrischung im Hotel geht es dann zum Abendessen. War erst der Eindruck im und um den Bahnhof herum nicht ein allzu gewaltiger, so gibt der Verkehr auf dem Grand Boulevard das Bild der Weltstadt Paris wieder. Wenn 22 Gäste zugleich in ein Lokal kommen, gibt es auch bei uns Störung, kein Wunder, daß der Garçon in Paris etwas den Kopf verliert. Zumal wenn Hermann Hofmann Schweinsknochen mit Kloß bestellt und Drechsel nach einem ›Deutschen Käse kalt‹ ruft. Nix deutsch! Burawoys Feldherrnblick rettet die Situation. ›Wiener Schnitzel – escalope, wer will das?‹ Fast alle einverstanden. Paulmann hat falsch verstanden, er hat gehört, wir sollen im ›Galopp essen‹. Au! Ein Bummel auf dem Boulevard Grand bis zur Oper bringt größte Bettschwere, 1/2 1 Uhr schlafen alle, und manche träumen von den Herrlichkeiten, die uns in der Seinestadt bevorstehen. Der nächste Vormittag wird mit Kartenschreiben und kleinen Bummeln ausgefüllt, dann holt uns Punkt 2 Uhr ein großer Autobus zum Spiele ab. Über eine halbe Stunde Fahrt in die Vorstadt! Wie sind wir Leipziger da verwöhnt mit den Entfernungen nach den Sportplätzen. Der Platz selbst macht einen unfreundlichen Eindruck, nur die schöne Tribüne kann imponieren. Vor dem Spiel Austausch der Vereinswimpel, dann: Ball frei! Nach der ersten halben Stunde, in der wir ein großes Spiel lieferten, haben wir die Herzen der französischen Zuschauer gewonnen. Man hört Bemerkungen: Besser als Nürnberg. Doch lange dauert die Freude nicht, denn während des Schlusses der ersten Hälfte und nach der Pause zeigt unsere Elf ein wenig energisches Spiel. Der Gegner, Club Français, war nicht leicht zu schlagen, zumal er durch drei der Besten vom Stade Français verstärkt war. Gesiegt, 2:1 für uns, welch erhebendes Gefühl! Herren von der deutschen Botschaft gratulierten uns herzlichst. Edy, Schmidt 1 und Paulsen wurden besonders gut beurteilt. Zurück zum Hotel, nach dem Abendessen zur großen Revue im ›Folies Bergère‹. Auch hier zeigt sich Paris als Weltstadt. Technik und Mode verbinden sich, in raffinierten Lichteffekten wechseln bunte Bilder einer Revue. Hunderte von reizenden Tänzerinnen in märchenhaften Kostümen putzen die Revue zu einem Ausstattungsstück von besonderem Geschmack heraus. Ich hatte den Eindruck, daß selbst unser Alfred Schmidt endlich einmal Geschmack an den zappelnden süßen Beinchen fand, denn er schmunzelte über das ganze Gesicht. Der eiserne Wille der Mannschaft, auch noch einen zweiten Sieg herauszuholen, brachte es mit sich, daß die Spieler nach dem Besuche der Revue sehr zeitig geschlossen zur Ruhe gingen, ohne daß auch nur ein einziger murrte. Was die übrigen Reisebegleiter noch von Paris sahen, weiß ich nicht, jedoch wird unser Kofferwart Stroisch jederzeit gern bereit sein, Neugierigen über das Nachtleben von Paris Auskunft zu erteilen. Am nächsten Tag ging es zum zweiten Spiel. Diesmal brachte uns das große Mannschaftsauto zum Stade Buffalo. Dieser Platz ist die bekannte Radrennbahn, die einen unvergeßlichen Eindruck macht, weil sie in der ganzen Rundung mit riesigen gedeckten Tribünen umgeben ist. Ein äußerst fairer Kampf endete wieder mit 2:1 für uns, wir hatten also auch den Meister von Paris geschlagen!«

Anschließend reiste die Mannschaft noch zu drei Spielen nach Westdeutschland, besiegte dort Tura Kassel (7:2), Dortmund 95 im »Stadion Rote Erde« mit 6:3 und unterlag dem VfR Mannheim mit 3:5. Und am 17. Mai schlugen die Leipziger den eben gekürten Mitteldeutschen Meister Wacker Halle glatt mit 5:0. Und am 22. Juni gab es ganz exotischen Besuch in der Messestadt: Los Condores de Chile, die Olympiamannschaft aus dem Andenstaat, weilte zu Gast und wurde mit 3:2 geschlagen. 10 000 Zuschauer bejubelten nach verbissenem Kampf den Siegtreffer in allerletzter Minute durch Richter.

Der Platz des FC Corso wurde im Gaupokal-Spiel gegen den VfB vor 1200 Zuschauern eingeweiht. In der Meisterschaft gelang den Probstheidaern ein sehr überraschender 8:0-Erfolg über die Spielvereinigung. Gegen die Sportfreunde Markranstädt setzte es dagegen eine 1:2-Niederlage.

Das Arminia-Klubheim wurde 1928 neu errichtet und eingeweiht.

Fortuna und die Sportfreunde führten lange Zeit die Tabelle an. War das schon überraschend genug, gab es auch im Mitteldeutschen Pokal so einige nicht erwartete Resultate. Der VfB besiegte in der 1. Runde am 25. November 1928 Borussia Eisenach zwar 4:0, doch die Spielvereinigung (0:5 beim Dresdner SC) bekam eine richtige Packung. Fortuna ließ Preußen Magdeburg (6:0) keine Chance, und Wacker setzte beim 7:3 bei Viktoria Stendal sogar noch einen drauf.

Noch größer war die Überraschung bei Leipzigs Fußballfreunden, als am 16. Dezember Wacker auf den Tabellenzweiten Sportfreunde Markranstädt traf. Das Ergebnis von 8:2 wurde vielerorts zunächst angezweifelt, bis es dann schwarz auf weiß auch in den Zeitungen vermeldet wurde. Überhaupt barg dieser Spieltag jede Menge Zündstoff. Denn die Revanche der Fortuna gegen Gaumeister Viktoria stand auf dem Plan. Und sie gelang den Männern aus Paunsdorf überzeugend: Mit 5:0 fertigten sie den Rivalen gnadenlos ab. Noch schlimmer erwischte es die einstmals so stolze Spielvereinigung. Sie wurde beim 3:12 von den Sportfreunden regelrecht demontiert. Da wurde das 1:1 des VfB auf eigenem Platz gegen Arminia kaum noch beachtet.

1929

Die Fortuna baute ihren Vorsprung gleich am ersten Spieltag des neuen Jahres am 6. Januar auf fünf Punkte aus. Beim 2:0 gegen den VfB kamen 7000 Zuschauer, die auch die bittere Kälte nicht störte.

Während Fortuna sich einige Hoffnungen machte, endlich einmal den Gaumeistertitel zu holen, blieb für den VfB die Saison enttäuschend. Gegen Markranstädt wurde auch das Rückspiel verloren – 1:4! Der VfBer Drechsel wurde innerhalb von drei Tagen gleich zweimal vom Platz gestellt. Nach seinem Platzverweis gegen Markranstädt mußte er auch beim Gesellschaftsspiel bei Guts Muts Dresden vorzeitig vom Feld, der VfB verlor 0:2.

Dann erwischte es auch die Fortuna. Innerhalb weniger Tage wurde der komfortable Vorsprung verspielt, und die Chancen auf den Titel sanken rapide. Die Mannschaft war angeschlagen, das verspürte man bei überraschenden Niederlagen bei Olympia Germania (2:3) und bei den Sportfreunden (1:3).

Die Sportfreunde hatten sich durch diesen Sieg am 27. Januar eine gute Ausgangsbasis verschafft und blieben nun im Titelrennen hartnäckig auf den Spuren der Fortuna. Am 3. Februar übernahmen die Connewitzer nach dem 5:3 gegen TuB Leipzig und der gleichzeitigen dritten Niederlage in Folge von Fortuna (gegen Wacker 1:2) die Tabellenspitze.

Da am 17. Februar in Leipzig und Umgebung wegen langanhaltenden Schneefällen und Eiseskälte alle Spiele abgesagt wurden, fiel die Entscheidung über die Titelvergabe erst am 24. Februar. Gaumeister wurde völlig überraschend die Mannschaft von Sportfreunde Leipzig, die der Konkurrenz ein Schnippchen schlug und sich den begehrten Titel durch ein 1:0 gegen den VfB Leipzig holte. Zweiter wurden die unglücklichen Fortunen, denen auch ein 5:1 gegen die Spielvereinigung nicht mehr half. Den dritten Platz holte sich Wacker nach einem 7:3 gegen TuB.

Das 30. traditionelle Städtespiel gegen Dresden gewann Leipzig am 3. März mit 4:1. Trotz der niedrigen Temperaturen waren noch 8000 Zuschauer ins VfB-Stadion gekommen.

Am 17. März spielte der FC Sportfreunde 1900 zum ersten Male um die Mitteldeutsche Meisterschaft mit. Dabei gelang im ersten Spiel in Bischofswerda gegen Zittau gleich ein überzeugendes 5:0. Damit setzte sich der Weg der Sensationsmannschaft ohne Unterbrechung weiter fort.

Die Connewitzer, die an der Meusdorfer Straße eben einen modernen, fast 60 000 Quadratmeter großen Platz gebaut hatten, siegten weiter. Die Naumburger Sportvereinigung wurde ebenso abgefertigt (4:0 am 24. März in Möckern auf dem Viktoria-Platz) wie der SC Apolda, gegen den die Leipziger mit 4:2 in Weimar die Oberhand behielten.

Erst im Halbfinale am 28. April kam das Stoppzeichen – und das recht deutlich: Gegen den Chemnitzer BC setzte es eine herbe 1:7-Niederlage auf eigenem Platz. Die Chemnitzer standen somit im Finale, welches sie übrigens gegen den Dresdner SC mit 2:3 verloren. Doch in Connewitz war niemand traurig; im Gegenteil: Mit diesem Siegeszug hatte man die Aufmerksamkeit ganz Fußball-Deutschlands auf sich gezogen. Den Namen »Sportfreunde« kannte nun fast jeder Anhänger im Reich.

Dafür gelang einer anderen Leipziger Mannschaft noch ein aufsehenerregender Erfolg, denn Wacker konnte in der Höhle des Löwen, auf dem Platz des Dresdner SC, das Endspiel um den Mitteldeutschen Pokal mit 2:1 für sich entscheiden.

Auf dem Lindenauer Sportplatz fand das Städtespiel Leipzig – Paris statt. Das Ergebnis lautete 5:3 für Leipzig. Beim Repräsentativspiel des VMBV gegen Huddersfield Town, welches Mitteldeutschland ebenfalls 5:3 gewann, wirkten Edy und Paulsen vom VfB mit. Der ATSB spielte u.a. in London und gewann dort gegen eine Auswahl mit 7:0. Der 1. FC Nürnberg gastierte in der Messestadt und siegte ungefährdet mit 5:1 gegen den VfB.

Die neue Saison begann am 18. August. Gleich im ersten Spiel merkten die Kicker von den Sportfreunden, daß sie ab nun die Gejagten sein würden. Ausgerechnet im Vergleich gegen Fortuna unterlagen sie mit 0:1. Der VfB startete mit einem 2:0 gegen Viktoria vielversprechend.

Nach dem Abschluß der Herbstserie lag der VfB klar in Führung und hatte die Kontrahenten sämtlich hinter sich gelassen. Das 3:0 gegen Eintracht hätte auch viel höher ausfallen können, doch deren Torwart Dölling hatte einen großen Tag erwischt. Die Markranstädter wurden diesmal mit 1:0 besiegt, und auch Wacker mußte sich beugen (3:2).

Im Verbandsspiel gegen die Viktoria gelang ein 5:0-Sieg, bei dem Rempel mit drei Treffern brillierte. Das Spieljahr schloß mit einem beachtlichen 3:3 beim Dresdner SC im Gesellschaftsspiel, wieder traf Rempel zweimal, sowie den beiden Siegen bei der Spielvereinigung (3:1) und in Markranstädt (3:2). Beim letzten Spiel erlitt Schmidt (VfB) einen Schienbeinbruch und mußte lange pausieren. Ein herber Schlag für den VfB, denn er gehörte zu den Besten.

TuB. Leipzig E.V.

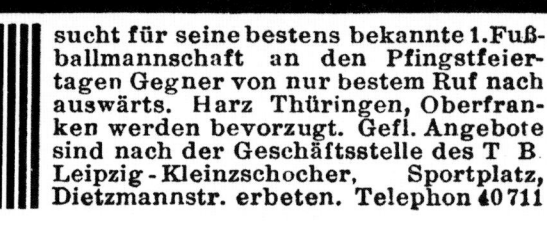

sucht für seine bestens bekannte 1. Fußballmannschaft an den Pfingstfeiertagen Gegner von nur bestem Ruf nach auswärts. Harz Thüringen, Oberfranken werden bevorzugt. Gefl. Angebote sind nach der Geschäftsstelle des T B. Leipzig - Kleinzschocher, Sportplatz, Dietzmannstr. erbeten. Telephon 40711

PROGRAMME
INTERNATIONAL FOOTBALL MATCH
AT THE
WEST HAM STADIUM
(By Kind Permission of The Directors)

SATURDAY MARCH 30TH 1929

LONDON WORKERS v **WORKERS OF GERMANY**
(LONDON LABOUR PARTY FOOTBALL ASSOCIATION) (ARBEITER TURN-UND-SPORTBUND)

LONDON
Red & White Stripes   White Knickers

SUCKLING
MARYLEBONE

FISHLOCK — WEBB
BERMONDSEY — NATSOPA

LEWIS — WILSON — PERRY
N. E. HAM — PUTNEY — E. FULHAM

MILLER — COGSWELL — ALMOND — IVES — BUCKLER
E. FULHAM — NORLAMBIANS — BERMONDSEY — PUTNEY — ELLPAC

Reserves - JONES GREENWICH
BROMLEY BERMONDSEY

KICK OFF 3-15 p.m.
By His Worship The Mayor of West Ham
Alderman T. BELL, J.P.

Reserves — SCHNEIRLE STUTTGART
POHLE STUTTGART

BEHNE — HENSEL — SCHMIDT — STIER — POSTLER
MAGDEBERG — FRANKFURT — LIEPZIG — DRESDEN — HAMBURG

HARTMANN — NAUMANN — LANGE
DRESDEN — LIEPZIG — OFFENBACH

NEISE — DORN
DRESDEN — NURNBERG

KRAUSE
LIEPZIG

Black Shirts Red Stockings
GERMANY

Referee :- M. J. BUNYAN R.C.A.
Linesman ;- Messrs R. A. BROWN & F. BENNETT (Clarion)
Secretary ;- G. BENNETT, 21 Bedford Terrace, N. 7.

L. L. P. S. A.
SPORTS
HERNE HILL TRACK
Sat. August 3rd. 1929

The German Rules will be observed,
(a) That injured players may be replaced by new players during the progress of the game
(b) That Goalkeepers in possession of the Ball must not be charged.

Printed by The Waterloo Press (T.U.) 32. Wadeson Street E.2.

Zum internationalen Vergleich der Arbeitersportler fuhren auch drei Leipziger mit.

1930

Das Jahr begann mit einer gehörigen Überraschung: Fortuna gewann in Paunsdorf mit 1:0 gegen den VfB, der zuvor in zwölf Meisterschaftsspielen ungeschlagen geblieben war und für den die »13« tatsächlich eine Unglückszahl war. Der Favorit aus Probstheida konnte nur einen Pfostenschuß von Schrepper und einen guten Schuß von Rempel verbuchen.

Doch schon eine Woche später wurde diese Scharte vom VfB wieder ausgewetzt, und gegen TuB gab es einen überzeugenden 6:1-Erfolg. Große (3), Jähnig (2) und Paulsen erzielten die Treffer. Doch wer gedacht hatte, der VfB würde nun in der Meisterschaft wie erwartet durchmarschieren, sah sich getäuscht. Denn nur eine weitere Woche später unterlagen die »Lilien« daheim gegen die Sportfreunde mit 3:5. Nach der Niederlage stellte der Berichterstatter in den »VfB-Mitteilungen« fest: »... die beiden Halbstürmer hingen viel zu weit hinten. Nur eifriges Lauftraining kann Wandel schaffen, damit wir dem Gegner das Tempo diktieren können.« Auch das 0:0 gegen Olympia Germania am Scherbelberg paßte in dieses Bild. Verfolger Wacker, der sich noch theoretische Chancen auf den Titel ausrechnen konnte, siegte gegen Viktoria mit 2:1. Fortuna dagegen unterlag TuB und konnte die Meisterschaft endgültig abschreiben.

Dafür hielten sich die Probstheidaer im Verbandspokal schadlos. Das 10:1 gegen Wacker Halle ließ endlich wieder einmal eine spielfreudige, überlegene VfB-Elf auf den Plan treten. Nun schien der Bann gebrochen, und auch gegen die Eintracht gelang im Punktspiel ein klarer Erfolg. Nach klar überlegenem Spiel siegte der VfB mit 4:0. Wacker blieb mit einem 6:0 gegen die Viktoria den Probstheidaern auf den Fersen.

Riesige Spannung also vor dem nächsten Spieltag, denn da standen sich die beiden Meisteranwärter im direkten Kampf gegenüber. Zunächst aber wurden die vielen Anhänger beider Mannschaften enttäuscht, denn aufgrund von Witterungsunbilden wurde das Spiel am 14.2. abgesagt.

Und so kam es, daß die Meisterschaft doch anders entschieden wurde. Eine Woche darauf nämlich trat Wacker bei Fortuna an. Dort unterlagen die Gohliser mit 0:2, und somit war der Titelkampf entschieden. Wacker hätte alle noch ausstehenden Spiele gewinnen müssen, um den VfB noch zu überflügeln. Damit hatten die Mannen aus Probstheida sich bereits zum 13. Mal den Gaumeistertitel gesichert und standen nunmehr in der Endrunde um die Mitteldeutsche Meisterschaft.

So manche Kapriole wurde vor dem Sportgericht ausgetragen. Da kam die Eintracht zum VfB und hatte zur Anstoßzeit nur sechs Spieler zur Verfügung. Der Schiedsrichter pfiff an und sogleich wieder ab – regelgerecht, weil mit sechs Spielern nicht begonnen werden durfte. Der VfB hatte eigentlich gewonnen, wegen des Nichtantretens des Gegners völlig zu Recht. Weil aber alle Anwesenden »fußballhungrig« waren, wurde ein Gesellschaftsspiel vereinbart. Auch der Schiedsrichter wollte mitmischen. Doch wenige Minuten darauf war Eintracht plötzlich vollzählig versammelt, und es wurde doch noch zum Punktspiel angepfiffen. Der VfB verlor, protestierte natürlich und – wurde vom Gericht abgewiesen. Ein zweiter Einspruch wurde behandelt, und es kam heraus, daß das Spiel wiederholt werden mußte.

Auch im Verbandspokal war der VfB am Ende siegreich. Nach Spielen gegen Spielvereinigung Erfurt (3:0), den Vogtländischen Fußballclub (2:2 und 2:0 im Wiederholungsspiel) sowie im Endspiel gegen Wacker (2:1) wurde der Pott nach Probstheida geholt.

Pokalfieber beherrschte die Stadt in den Tagen vor dem Spiel. Die »MSZ« schrieb dazu: »Prächtiges Sommerwetter war dem Treffen beschieden. Man konnte, nein, man mußte daher mit einem Massenbesuch rechnen. Und doch kann die Besucherzahl – gut 10 000 sind bestimmt dagewesen – nicht als übermäßig hoch bezeichnet werden. Lag es vielleicht daran, daß das Endspiel rein lokalen Charakter trug und daher der Zuzug von auswärts, die Schlachtenbummler, fehlten? Oder war das Wetter zu schön, um dem Fußballsport treu zu bleiben? Oder muß man doch immer wieder registrieren, daß Leipzig nicht mehr die Massen auf die Beine zu bringen vermag wie ehedem? Doch immerhin, wenn man gegen halb drei auf dem Augustusplatz stand, lag doch so etwas wie Pokalfieber in der Luft. Ein Sonderwagen nach dem anderen rollte gen Paunsdorf. Danebenher Autos und Motorräder. Man spürte doch den großen Tag. Spürte ihn besonders am Straßenbahndepot, wo man diesmal noch länger als sonst geduldig warten mußte, bis man endlich für sein Fünferl Zuschlag bis zum Fortuna-Platz gebracht wurde. Die beiden Längsseiten des Platzes waren dicht gefüllt. Ganz vorn der Verbandsvorstand mit Hädicke an der Spitze. Das Dreigestirn des Verbands-Fußball-Ausschusses und sonst noch mancher, der zur Prominenz gehört.« Mit dieser Aufstellung standen sich die beiden Teams gegenüber: VfB mit Riemke, Drechsel, Schrepper, Schmöller, Edy, Lederer, Schuster, Rempel, Große, Boedecker, Richter. Wacker: Menzel, Ebert, Stiebritz, Band, Sela, Branse, Gröbner, Emmrich, Krauß, Zillmer, Prieser. Alle Akteure kämpften gegen den unebenen Boden, und nach einem Zusammenprall zwischen Emmrich und VfB-Keeper Riemke uferte das Spiel aus. Hartes Einsteigen gegen den Gegenspieler brachte Hektik auf. Der Wackeraner Sela mußte das Feld nach einem brutalen Foul vorzeitig verlassen, später standen nur noch neun Spieler für Wacker auf dem Platz. Der VfB ging durch zwei Treffer von Rempel in Führung; das Anschlußtor von Zillmer brachte keine Gefahr mehr für den Sieg. Damit waren die VfBer nun auch erstmals Pokalsieger.

In der Mitteldeutschen Meisterschaft schickte sich das Team aus Probstheida an, das Dutzend an Meistertiteln vollzumachen. 1:0 in Meerane, 3:1 gegen den SC Apolda, 4:3 nach Verlängerung bei Sturm Chemnitz – und die Mannschaft stand erneut im Endspiel. Doch dort erwies sich der Dresdner Sportclub am 4. Mai als zu schwerer Gegner. Und das, obwohl er nicht auf seinen Besten, den Internationalen Richard Hofmann, zurückgreifen konnte. Der DFB hatte ihn für das am selben Tag stattfindende Länderspiel gegen die Schweiz in Zürich angefordert, um seine Form nach einer Verletzung zu überprüfen. Hintergrund war wohl das acht Tage später in Berlin stattfindende Spiel gegen England. Trotz Protestes des DSC ließ sich der DFB nicht erweichen, und Hofmann mußte zum Länderspiel. Trotz einer leichten Überlegenheit vermochten es die Leipziger nicht, das Endspiel auf dem Leipziger Wackerplatz für sich zu entscheiden.

Von den 18 000 Zuschauern drückten viele dem VfB die Daumen, doch jubeln konnten nur die Schlachtenbummler aus Dresden, als der DSC innerhalb von vier Minuten durch Hallmann und Selchow zweimal ins Tor traf. Der Elfmeter, den Rempel zwei Minuten vor dem Ende verwandeln konnte, kam zu spät.

Richard Hofmann spielte in der Schweiz für Deutschland und erzielte zwei der fünf Tore beim 5:0 gegen die Eidgenossen...

Das gab einen Elfmeter! Im Spiel Wacker gegen Fortuna (0:2) wurde Carolin (vorn) von den Fortunen Haferkorn (links) und Bergmann zu Fall gebracht. Allerdings jagte Krauß den fälligen Strafstoß an den Pfosten.

Im Endspiel um den VMBV-Pokal blieb der VfB Leipzig mit 2:1 über Wacker Leipzig erfolgreich. Der VfB errang damit zum ersten Mal den Titel eines mitteldeutschen Pokalmeisters. Sela (Wacker) köpfte einen Flankenball ins Feld zurück; links von ihm bemühten sich Rempel (VfB) und Ebert (Wacker) ergebnislos um den Ball. Ganz rechts Große (VfB).

Der neue Pokalsieger VfB Leipzig: von links Mannschaftsleiter Bähr, Drechsel, Schmöller, Schmidt (in Zivil), Schuster, Rempel, Edy, Riemke, Große, Richter, Schrepper, Lederer, Boedecker, Trainer Mißlbeck.

1930. Nr. 3.

VfB
Mitteilungen

Offizielles Monatsblatt des Vereins
für Bewegungsspiele zu Leipzig
(Gegründet 11. Nov. 1893)
Eingetr. Verein

Der neue **Goliath** „Superior"

Auch dieser IV. Typ eine Sensation!
1½ To. 4 Zylinder, kompl. ab Fabrik M. 4300.—
Verlangen Sie Angebot!
Generalvertretung: H. Bender jr., Leipzig C1, Ranstädter Steinweg 2, Tel. 19528

Noch zwei Schnappschüsse aus dem Pokalfinale (rechts). Oben: Menzel (Wacker) faustet trotz Behinderung durch Große (VfB) ins Feld zurück. Darunter: Dicke Luft am Wackertor! Menzel (Wacker) ist gestürzt, Ebert (Wacker) stolpert, und Richter setzt zum Schuß an.
Foto oben: Werbung gab es reichlich in den Mitteilungsheften der Leipziger Vereine. Auch die Autoindustrie wußte den Nutzen zu schätzen.
Im Endspiel um die Mitteldeutsche Meisterschaft unterlag der VfB dem Dresdner SC mit 1:2. Gloxin (DSC) spurtet zum Klären, Schüßler (VfB) will an den Ball (unten).

Der 1. FC Nürnberg spielte am Pfingstmontag in Leipzig und wurde von der Fortuna mit 3:1 besiegt. Baum hascht dem Nürnberger Oehm den Ball vom Kopf, im Tor ist Bergmann auf der Hut.

Das 25jährige Jubiläum des Vereins für Turnen und Bewegungsspiele (TuB) Leipzig wurde mit einem großen Festzug in Richtung TuB-Platz eingeleitet. Das Foto zeigt den Festzug auf der Antonienstraße kurz vor der Bahnbrücke.

Ebenso vom Glück verlassen waren die Männer um Eduard Pendorf in der Endrunde um die Deutsche Meisterschaft, an der sie als Zweiter der Mitteldeutschen Meisterschaften und als Pokalsieger teilnehmen durften. Schon im Achtelfinale schied der VfB gegen Holstein Kiel aus. Das 3:4 auf dem Eimsbütteler Platz in Hamburg hatte dramatische Momente zu verzeichnen. Schon führte Kiel mit 3:0, da kam der VfB noch einmal auf. Edy, der plötzlich Mittelstürmer spielte, erzielte den Anschluß. Die Stimmung begann sich langsam zu drehen, die Zuschauer feuerten den VfB an. Schusters 2:3 versetzte das Publikum in Entzücken – nun begann ein Sturmlauf der Leipziger. Dann – ein Elfmeter! Lederer feuerte das Leder zum Ausgleich in die Maschen des Kieler Tores. Unbeschreiblicher Jubel! Doch drei Minuten vor dem Ende machte sich Entsetzen breit, als die Kieler doch noch einmal die Kraft zum Gegenschlag aufbrachten und ihrerseits ins Tor trafen. 4:3, und nur noch kurz zu spielen! Es reichte nicht mehr, der VfB war geschlagen und schied aus der Deutschen Meisterschaft aus.

Gute Ideen mußten die Vereine aufbringen, um Mitgliederwerbung zu betreiben. So stellten sich die Leipziger Sportfreunde zur Zeit der Schulentlassungen ganz auf die Werbung von Jungmitgliedern ein. Walter Tippmann, der neue Schriftleiter der Vereinsnachrichten, gewann Hans Hädicke für einen großangelegten Werbeartikel. Der 1. Vorsitzende des VMBV richtete das Wort an die Eltern der schulentlassenen Jugend. Von diesem Artikel ließ der Verein Sonderabzüge herstellen und brachte sie in den Schulen zur Verteilung.

Ganz andere Sorgen plagten TuB Leipzig. In seiner Vereinszeitschrift klagte Schriftleiter Fritz Eißner, daß die Tabor-Kirchengemeinde einen unverhältnismäßig hohen Pachtzins festgesetzt habe. Es seien Rückstände aufgelaufen, die nur schwer auszugleichen seien. TuB ging mit dem Gedanken um, die Platzanlage eventuell zu verkleinern.

Wacker Leipzig spielte gegen Viktoria Berlin, den zweiten der Berliner Meisterschaften. Kultiviert im Feldspiel, enttäuschten die Gäste jedoch im Abschluß und trennten sich lediglich 1:1 von den Wackeranern. Gegen Westsachsenmeister Meerane 07 unterlag die Spielvereinigung mit 2:3.

In einem Osterturnier schlug die Fortuna den DFC Prag mit 2:1 und trat im Endspiel gegen den alten Widersacher aus Probstheida an. In einem tollen Spiel unterlagen die Paunsdorfer dem VfB mit 3:6.

Der VfB bestritt auch einige internationale und nationale Freundschaftsspiele von bedeutendem Charakter. Gegen den FC Basel setzte es auf dem Lindenauer Sportplatz eine 2:4-Niederlage, bei Viktoria Berlin gelang dagegen ein 4:3-Sieg. Gegen die Stuttgarter Kickers mußten die Leipziger während ihrer Fahrt nach Stuttgart eine 1:2-Niederlage einstecken. Dann gastierte der SV 1860 München in Leipzig. Eine Kombination aus Fortuna und VfB unterlag den bayerischen Gästen mit 2:3. Nur VfB-Torwart Riemke war es zu verdanken, daß die Niederlage nicht höher ausfiel. Gegen den Süddeutschen Meister Eintracht Frankfurt dagegen gelang dem VfB ein 3:2-Sieg. Durch Verletzungen waren die Gastgeber gezwungen, das Spiel zu zehnt zu beenden, doch den Sieg ließen sie sich nicht mehr entreißen.

Zu Pfingsten gab es gleich zweimal hochkarätigen Fußball in der Messestadt: Der Deutsche Meister Spielvereinigung Fürth trat gegen Olympia Germania an, und Fortuna spielte gegen den 1. FC Nürnberg, den Halbfinalisten der laufenden Deutschen Meisterschaft. Wochenlange Diskussionen, man solle doch beide Treffen auf einen Platz verlegen, fruchteten nicht. Während Fürth seiner Favoritenrolle gerecht wurde und Olympia Germania mit 2:0 schlug, waren die Nürnberger angesichts des bereits eine Woche später in Leipzig stattfindenden Halbfinalspiels gegen Hertha BSC nur mit der zweiten Garnitur gekommen. Ohne Stuhlfauth, Kalb, Hornauer, Popp und Schmitt unterlagen sie der Fortuna mit 1:3.

Eine Woche darauf hatte der »Club« auch mit seinen Assen keine Chance, das Endspiel um die Deutsche Meisterschaft zu erreichen. Gegen Hertha BSC setzte es im VfB-Stadion vor 30 000 Zuschauern eine deftige 3:6-Niederlage, obwohl die Franken schon 2:0 führten. Die Deutsche Meisterschaft holte sich Hertha im Endspiel später mit einem 5:4 gegen Kiel.

Zu seinem 35jährigen Jubiläum lud sich Wacker den Hamburger SV ein. Das 3:3 stand den Leipzigern gut zu Gesicht, denn man konnte überraschend gut mithalten und kaufte den Norddeutschen den Schneid ab. Auch TuB feierte Jubiläum, wenn auch erst sein 25jähriges. Ein großer Festumzug sorgte für viel Aufmerksamkeit bei den Leipzigern, die vielfach mitfeierten. Zwei Fußballspiele aus Anlaß des Feiertages gingen 1:5 gegen den VfB und 3:1 gegen die Eintracht aus.

Das erste Verbandsspiel des neuen Spieljahres begann der VfB sehr souverän: Überraschend mit 7:1 wurden die Sportfreunde auf ihrem eigenen Platz in Connewitz deklassiert. Große traf allein dreimal.

Am 21.9. weilte der Deutsche Meister Hertha BSC in Leipzig, um gegen den VfB anzutreten. Die Herthaner hatten nicht ihren besten Tag erwischt, doch der VfB unterlag durch einige individuelle Fehler mit 2:3 im eigenen Stadion. Mit drei aufeinanderfolgenden Siegen mit jeweils nur einem einzigen Treffer Unterschied gelang es den Blau-Weißen, sich in der Meisterschaft von den Verfolgern abzusetzen.

Im November nahmen Vertreter des VfB an einer Sitzung der 17 Großvereine Deutschlands in Eisenach teil. Teilnehmer waren unter anderem der 1. FC Nürnberg, Bayern und 1860 München, Spielvereinigung Fürth, Eintracht Frankfurt, Wormatia Worms, Schalke 04, Hertha BSC, Sportklub und Guts Muts Dresden sowie Kickers Offenbach. Die Diskussion drehte sich vor allem um Fragen des Profitums, das von fast allen Vereinen abgelehnt wurde. Durch die örtlichen Bedingungen stellten sich allerdings recht bald unterschiedliche

Verhältnisse heraus. Bis zum frühen Morgen um vier Uhr saßen die Vertreter und diskutierten diese Frage, einigten sich dann jedoch darauf, beim Deutschen Fußball-Bund dafür einzutreten, eine Höchstgrenze von 25 Reichsmark für Spesen festzusetzen. VfB-Vorsitzender Georg Haase wurde in den fünfköpfigen Vorstand gewählt, der den Auftrag bekam, mit dem DFB in dieser Angelegenheit zu verhandeln.

Zum Jahresende verlor die Mannschaft des VfB, bis dahin souveräner Tabellenführer, den Faden völlig und kassierte gleich mehrere Niederlagen nacheinander. Auf eigenem Platz unterlagen die »Lilien« gegen die Spielvereinigung mit 1:2 sowie gegen die Sportfreunde mit 1:3. Ein 0:1 bei Wacker folgte, wodurch das Team in der Tabelle wieder abrutschte und durch die Sportfreunde überholt wurde.

Der HSV in Leipzig! Die Hamburger waren zu Gast beim SC Wacker Leipzig, der gegen die Gäste ein ehrenvolles 3:3 herausholte. Krauß (Wacker) versucht einzuköpfen, doch Blunck faustet den Ball noch weg. Hinter Krauß der Hamburger Beier.

1931 Mit einem Paukenschlag ging es gleich am ersten Tag des neuen Jahres weiter. Die Eintracht fegte Titelverteidiger VfB vom Platz und fügte ihm eine schmerzliche 4:1-Niederlage zu. Der Sieg für die Eintracht hätte sogar noch höher ausfallen können, so schwach präsentierte sich der VfB an diesem Neujahrstag. Torreich 4:4 trennten sich Sportfreunde und Wacker. Immer besser in Szene setzte sich die Elf der Sportfreunde, die immer stärker wurde und Sieg auf Sieg landete.

Drei Tage darauf strömten die Zuschauer in Massen ins VfB-Stadion, wo eine Kombination aus der Fortuna und dem VfB gegen die ungarische Spitzenmannschaft Hungaria Budapest antrat. Gegen die ungarischen Berufsspieler hatten die Leipziger jedoch keinerlei Chance und unterlagen in einem schönen Spiel mit 1:5.

Trotz ihres Endspurts konnten die Probstheidaer die Sportfreunde nicht mehr erreichen. Zwei Jahre nach ihrem Sensationserfolg holten sich die Connewitzer erneut die Gaumeisterschaft. Allerdings schieden sie bereits im ersten Spiel um die Mitteldeutsche Meisterschaft gegen den FC Thüringen Weida aus. Sie unterlagen in Gera nach Verlängerung mit 2:3. Auch im Endspiel um den Mitteldeutschen Pokal erging es den Sportfreunden nicht viel besser, denn gegen die Spielvereinigung unterlagen sie vor nur 5000 Zuschauern nach tapferem Kampf mit 1:3.

Viel Aufsehen erregten kurze Zeit darauf auch die beiden Spiele der Kombination Fortuna/VfB gegen die argentinische Mannschaft Esgrima de la Plata, die mit 0:0 und 1:3 im VfB-Stadion endeten. Ärger gab es mit dem Berichterstatter der »Neuen Leipziger Zeitung«, Herrn Kiemeyer, der unter der Überschrift »Überflüssige Fußballgäste« die harte Spielweise der Südamerikaner kritisierte, die allerdings auch zwei Spieler durch Herausstellungen verloren. Die Leipziger Mannschaft trat folgendermaßen an: Baum, Bergmann, Dobermann, Schmöller, Strehl, Schmidt, Schuster, Kern, Thiele, Schrepper und Richter.

Das große Osterturnier fand ohne die erwarteten Gäste aus England statt. Die »Casuals London« hatten kurz vorher abgesagt, dafür hatte sich der VfB den Gaumeister Sportfreunde eingeladen. Das direkte Aufeinandertreffen endete mit 1:0 für den Gastgeber, der sich damit wenigstens für die entgangene Meisterschaft revanchieren konnte. Der DFC Prag schlug im anderen Gruppenspiel die Fortuna mit 3:1, so daß der VfB im Endspiel auf Prag traf. Das 3:0 für die Gäste war ungefährdet, im Spiel um den dritten Platz trennten sich Sportfreunde und Fortuna mit 2:2.

Gegen Austria Wien hatte der zusammengewürfelte Haufen aus Fortuna- und VfB-Spielern ebenfalls keine Chance und verlor am 17. Mai mit 0:3. 7000 Zuschauer erlebten am 7. Juni in Leipzig das zweite von insgesamt drei Lehrspielen der ungarischen Nationalelf gegen die Auswahl Mitteldeutschlands. Am 3:0 für die Gäste gab es nichts zu deuteln, genausowenig wie am 1:4 zwei Tage vorher in Bitterfeld. Wenigstens gelang in Chemnitz ein 3:3-Unentschieden. Edy, Paulsen und Hansi wurden nach jeweils über 500 Spielen für den VfB aus dem Verein verabschiedet. Eine stolze und beachtliche Leistung, wenn man bedenkt, daß gerade beide ersteren zu den Fußballpionieren gehörten, die 1913 noch die dritte Meisterschaft für den VfB miterrangen!

Das neue Spieljahr 1931/32 begann für den VfB so, wie das alte auch begonnen hatte – mit einem Mißerfolg. Fortuna erwies sich als zu stark und gewann gegen die Probstheidaer in Engelsdorf mit 2:0. Zu dieser Zeit befand sich der Verein in einer Finanzkrise. Die schweren Zeiten schlugen sich auch auf die Zahlungsmoral der Mitglieder nieder, die entweder nicht bezahlen konnten oder wollten. 8000 Reichsmark betrugen die Zahlungsrückstände im Juni! Eine strenge Mahnung an alle Mitglieder im Vereinsblatt war die Folge.

Das Duell gegen den amtierenden Meister Sportfreunde verlor der einstige Renommierklub VfB erneut; diesmal gewann der Titelverteidiger in Connewitz mit 4:2. An der Tabellenspitze aber etablierte sich ganz unauffällig die Mannschaft von Wacker. Zwar wurde Verfolger Sportfreunde nicht müde, um den Platz an der Spitze zu kämpfen, doch die Mannschaft um Mittelstürmer Krauß hielt hartnäckig mit.

Viel Interesse fand der Freundschaftskampf gegen die Stadtmannschaft von Madrid mit dem berühmten Zamora im Tor. Mit vier Spielern des SC Wacker verstärkt, gewann der VfB am Ende knapp mit 3:2. Ein anderes Gesellschaftsspiel gegen Tennis Borussia Berlin mit den beiden Internationalen Emmerich und Brunke ging mit 0:7 in Probstheida jämmerlich verloren. Nach dem Spiel gab es viel Aufregung um die beiden Verteidiger von der Eintracht, die in diesem Spiel für den VfB zum Einsatz kamen und das Team eigentlich verstärken sollten. Die Schuld für die hohe Niederlage wurde allein bei ihnen gesucht.

Hansi (VfB) versucht dem Torwart den Ball abzunehmen.

1932

Am 17. Januar lieferten sich die Widersacher Wacker und Sportfreunde einen Kampf auf Biegen und Brechen. Beim 3:3 schenkte man sich nichts, eine Vorentscheidung um den ersten Platz gab es durch dieses Remis noch nicht. Krauß (3; Wacker) und Laesig (2) und Klepsch schossen die Tore.

Spektakulär war zweifellos das 6:2 der Sportfreunde gegen den alten Rivalen Fortuna. Da Wacker zur gleichen Zeit gegen TuB auf eigenem Platz patzte (1:1), übernahmen die Connewitzer die Tabellenspitze.

Doch genau an dieser Mannschaft von TuB Leipzig scheiterten wenig später alle Titelambitionen der Sportfreunde. Am 21. Februar kam der Favorit auf dem TuB-Platz ins Straucheln und unterlag mit 1:2. Wacker nutzte seine Chance, besiegte Markranstädt mit 4:2 und holte sich so am letzten Spieltag doch noch die Meisterschaft. 24 Jahre nach dem letzten Titelgewinn gewannen die Gohliser wieder einmal den begehrten Gaumeister-Titel.

Am 6. März 1932 fand im VfB-Stadion in Probstheida das Länderspiel Deutschland – Schweiz statt. Über 50 000 Zuschauer fanden im umgebauten Stadion Platz, in dem noch Stunden vor dem Spiel gewerkelt wurde, um die letzten Spuren der Bautätigkeit verschwinden zu lassen. Neben der neuen, gewaltigen Tribünenerweiterung hatte man auch die Dämme verbreitert und somit das Fassungsvermögen gesteigert. Die 50 000 sahen ein schönes Spiel, aus dem die deutsche Mannschaft durch zwei Tore des Dresdners Richard Hofmann als 2:0-Sieger hervorging.

Eine kombinierte Auswahl von Spielern der Sportfreunde, vom VfB und von Wacker spielte am 21. Mai gegen Chelsea London. Die Profis von der Insel siegten mit 7:3.

Der VfB, in der Meisterschaft nur auf dem sechsten Platz gelandet, verpflichtete einen ungarischen Trainer. Julius Kertecz spielte einst bei MTK (Hungaria) Budapest und trainierte bereits Mannschaften wie Nemzeti Budapest, Union Altona, Victoria Hamburg und den Hamburger SV, ehe er nach Leipzig kam. Der 44jährige sollte die andauernde Misere im VfB-Spiel beheben, die Mitglieder setzten riesige Hoffnungen in den herumgekommenen Fußball-Lehrer.

Der SC Wacker bestritt seine Spiele um die Mitteldeutschen Meisterschaften mit ähnlichem Erfolg wie der VfB zwei Jahre zuvor. Über die Stationen Turnverein Guts Muts Dresden (6:1), Wacker Nordhausen (9:1) und SC Apolda (3:2) gelangten die Gohliser bis ins Halbfinale. In einem dramatischen, bewegten Spiel gegen den Dresdner SC schieden die Wackeraner dann nach einem 0:1 aus. Das Endspiel zwischen dem DSC und dem Chemnitzer PSV (3:2 nach Verlängerung für Chemnitz) fand in Leipzig im VfB-Stadion statt. Sogar ohne Leipziger Beteiligung waren 30 000 Zuschauer gekommen... Ebenso viele waren es, als die Chemnitzer am 22. Mai im Wacker-Stadion in der Zwischenrunde der Deutschen Meisterschaft auf den späteren Deutschen Meister FC Bayern München trafen und nur knapp mit 2:3 unterlagen. Das neue Spieljahr ging der VfB mit der Devise an, selber wieder an die Spitze zu gelangen. Einige Siege in Folge, ein 4:4 gegen die Fortuna sowie das 2:1 gegen Meister Wacker im eigenen Stadion ließen Hoffnungen keimen. Doch trotz der Niederlage stellte sich recht schnell heraus, daß Wacker auch in diesem Jahr wieder der Favorit sein würde, weil die Gohliser einfach eine sehr gute Mannschaft zusammenhatten.

Interessant war auch der Übungsplan, den der VfB für den kommenden Winter aufgestellt hatte. Trainiert wurde dienstags in verschiedenen Hallen, beispielsweise in der Nikolaischule (alle Abteilungen), in der Turnhalle des ATV in der Leplaystraße (Tennis), im Stadion (Fußball) sowie am VMBV-Heim in der Brandvorwerkstraße (Waldläufe). Freitags wurde im Ratskeller Stötteritz Sport- und Gesellschaftskegeln gepflegt.

VfB.-Mitteilungen

22. Jahrgang   April 1932.   Nummer 4

Diese Sondernummer wurde von Rudolf Bähr und Otto Roterberg bearbeitet und zusammengestellt. Das Kunstdruckpapier zu dieser Nummer wurde durch Vermittlung unseres Mitgliedes, Herrn Alfred Protzmann, vom Papierhaus F. A. Wölbling G. m. b H., Leipzig C 1, Egelstr. 10; der Karton für den Umschlag vom Papierhaus H. H. Ullstein, Leipzig C 1, Dörrienstr. 15; die Klischees von Herrn Karl Schönwetter, Leipzig C 1, Liebigstraße 8, in liebenswürdiger Weise gestiftet. Das Bild der Gesamtansicht der Tribüne stellte uns die „Neue Leipziger Zeitung" freundlichst zur Verfügung.

Ehrenplakette des Deutschen Fußball-Bundes.

„Dem mehrmaligen Deutschen Meister VfB. Leipzig in Anerkennung seiner Verdienste um den Fußballsport."
Deutscher Fußball-Bund.
6. März 1932.

Der VfB Leipzig erhielt in Anerkennung seiner Verdienste am 6. März 1932 die Ehrenplakette des Deutschen Fußball-Bundes.

Ordnung und Disziplin waren immer wichtige Tugenden in den Fußballvereinen, und schon damals war es üblich, bei den Arbeitgebern Freistellungen zu beantragen bzw. die Abwesenheit zum Zwecke des Fußballspiels zu bestätigen.

1933 Nach der 0:2-Niederlage gegen Wacker am 5. Februar landete der VfB nach einem dramatischen Endspurt in der Gaumeisterschaft nur auf dem zweiten Platz. Dabei hatten die Blau-Weißen im allesentscheidenden Spiel den Sieg schon in der Hand. Doch die schlechten Stürmerleistungen, die schon während der gesamten Saison zu beklagen waren, verbauten dem VfB auch diesmal wieder den Weg nach oben. Wacker indes befand sich auf dem Höhepunkt seiner Vereinsgeschichte und hatte eine glänzende Zukunft vor sich. Die Mannschaft war jung, wie folgende Aufstellung beweist: Menzel (24 Jahre) - Stiebritz (23), Kauroff (23) - Carolin I (26), Carolin II (22), Band (31) - Stohl (25), Seyfahrt (20), Krauß (27), Schwarzwalder (21), Neustadt (26).

In der Mitteldeutschen Meisterschaft wiederholte Wacker seinen Vorjahreserfolg und kam erneut bis ins Halbfinale. Vor dem knappen Aus nach Verlängerung gegen Titelverteidiger Chemnitzer PSV (3:4) wurden Sportlust Zittau (3:2) und der SV Steinach 08 (3:1) aus dem Weg geräumt. Leider scheiterten die Leipziger schon zum zweiten Male hintereinander so knapp.

In diese Zeit fiel die Machtübernahme der Nationalsozialisten. Adolf Hitler wurde vom Reichspräsidenten von Hindenburg zum Reichskanzler ernannt und beherrschte von nun an alle Lebensbereiche im Land. Die in der Weimarer Verfassung zugestandenen politischen Rechte wie Rede-, Presse-, Versammlungs- und Demonstrationsfreiheit wurden abgeschafft und verboten. Toleranz und Weltläufigkeit hatten ein jähes Ende gefunden. Ende Juni/Anfang Juli erklärten sich die bürgerlichen Parteien für aufgelöst. Nun kam die große Gleichschaltung im Sport. Sie beinhaltete die Unterstellung der bürgerlichen Sportbewegung unter die nun herrschende einzige legale Partei, die NSDAP. Die Einführung des »Führer- und Gefolgschaftsprinzips« im Sport wurde zum Hauptinhalt der »Gleichschaltung«. Die Verbände unterstanden fortan der Verfügungsgewalt eines Reichssportkommissars. Das Reichsinnenministerium setzte am 28. April 1933 den Oberlausitzer Junker und SA-Gruppenführer Hans von Tschammer und Osten als Reichssportkommissar ein, der später durch einen Erlaß von Hitler zum Reichssportführer ernannt wurde. Der faschistischen Verwaltungsneugliederung entsprechend, setzte der Reichssportführer in den Gauen und Bezirken Mitglieder der NSDAP als »politische Beauftragte« ein. Sie waren verantwortlich für die Überwachung und Kontrolle der neugebildeten und in 16 Sportgaue unterteilten 15 Fachverbände. Einer dieser Fachverbände war der Fußball. Ab sofort wurde auch hier umstrukturiert. Damit fiel die so traditionsreiche Mitteldeutsche Meisterschaft dieser Neubildung zum Opfer, denn es gab nun eine Sächsische Gaumeisterschaft, deren Gewinner direkt für die Endrundenspiele der Deutschen Meisterschaft qualifiziert war. Die Leipziger Mannschaften spielten jetzt im Gau V des Freistaates Sachsen. Was allerdings noch schlimmer war: Zur »Reinhaltung« der Turn- und Sportverbände wurde es untersagt, »marxistische Turn- und Sportorganisationen geschlossen oder in Gruppen aufzunehmen oder sich mit ihnen zu vereinigen, den Mitgliederbestand beliebig zu vergrößern, ehemaligen Mitgliedern marxistischer Turn- und Sportorganisationen Stimmrecht einzuräumen.« Alle neuen Mitglieder mußten seit dem 1. März 1933 gemeldet werden.

Auch beim VfB waren erste Ausläufer der sich ändernden Gegebenheiten zu verspüren. Am 12. Mai wurde der bisherige Vorstand abgesetzt und Dr. Fricke zum neuen Vorsitzenden gewählt. Im April wurde eine Wehrsport-Abteilung gegründet. Zur Begründung hieß es: »Zweck unseres VfB ist die Erziehung der deutschen Jugend beiderlei Geschlechts zu vaterländischer Gesinnung und Hebung der Volksgesundheit durch Pflege und Förderung der Leibesübungen. Begeistert und entflammt von den erhebenden Geschehnissen in der jüngsten Geschichte unseres deutschen Volkes, haben wir es uns zur Pflicht gemacht, diesen ersten und einzigen Grundsatz unseres VfB erneut und gründlicher als bisher in unseren Reihen zu betonen und zu vertiefen.« Der Bundestag des DFB, der für den 28./29. Mai vorgesehen war, wurde abgesagt.

Die letzten Spiele der Mitteldeutschen Auswahl bestritten gleich sechs VfBer, als die Auswahl ins Baltikum fuhr, um zum Jubiläum des dortigen Verbandes zwei Spiele auszutragen. Es waren Riemke, Dobermann, Schrepper, Breidenbach, Thiele und Lindemann, beide Spiele wurden jeweils mit 5:1 gewonnen. Am 22. Juli fand in Jena der Schluß-Verbandstag des VMBV statt. Es wurde verkündet, daß die Umwandlung des Verbandsgebietes in die Gaue Freistaat Sachsen und Mitte vorgenommen werden müssen. Führer des Gaues Sachsen wurde der Leipziger Nazi Walter Hoffmann. Der Verband Mitteldeutscher Ballspiel-Vereine löste sich mit dem Verbandstag auf. Sein letztes Spiel bestritt er als Vergleich der beiden neuen Gaue gegeneinander, welcher mit 4:4 endete.

Im neuen Martin-Mutschmann-Pokal, der nur im Gau Sachsen ausgetragen wurde, gab es schon in der ersten Runde eine Überraschung, denn Bezirksklassen-Vertreter Spielvereinigung schlug den Gauligisten Wacker mit 4:3. Der VfB besiegte Limbach mit 4:0, mußte aber in der Zwischenrunde gegen Sportfreunde Dresden eine 0:2-Heimniederlage hinnehmen. Spielvereinigung unterlag bei Polizei Chemnitz mit 4:7. Aus »finanziellen Gründen« entließ der Vorstand des VfB am 15.5.1933 den Trainer, Herrn Kertesz. An seine Stelle trat der ehemalige Liga-Spieler Georg Richter.

Am 3. September begann die erste Sachsenmeisterschaft des Gaues V. Teilnehmer waren der Chemnitzer BC, Guts Muts Dresden, VfC Plauen, PSV Chemnitz, Wacker Leipzig, SuBC Plauen, VfB Glauchau, Falkenstein, Planitzer SC, VfB Leipzig und Dresdner SC. Gleich das erste Spiel brachte für den VfB den schwersten aller Gegner, den letzten Mitteldeutschen Meister Dresdner SC. Alles schien klar, die Dresdener Zeitungen rätselten nur noch über die Höhe des DSC-Sieges. Doch es kam wieder einmal ganz anders. Denn nicht die hochgelobten Dresdner, sondern die belächelten Leipziger errangen den Sieg, Richter und Lindemann erzielten die Tore zum 2:1-Auswärtstriumph.

Anfang Oktober wurde vom Reichssportbund der Spielerpaß eingeführt. Jeder Spieler hatte den Paß mitzubringen. Bei Nichtbeachtung drohte ein Bußgeld von 50 Pfennigen. Anstelle der Spiele der Verbandsauswahlen trat nun für ein Jahr der Hitlerpokal. 16 Mannschaften aus sieben Landesverbänden spielten während der angeordneten Sperrzeit vom 1. Juli bis 12. August gegeneinander. Am 2. Juli spielten für Sachsen in Leipzig gegen das Team von Westfalen beim 1:1 n.V.: Riemke (VfB) – Kreisch (Dresdner SC), Schrepper (VfB) – Grollmuß (SpVgg. Leipzig), Carolin (Wacker), Bergmann (DSC) – Breidenbach (VfB), Helmchen (Chemnitz), Krauß (Wacker), Hofmann, Sackenheim (DSC). Tor: Hofmann.

Am 17. September herrschte absolute Spielsperre im Bezirk I in Leipzig, da die Nationalsozialisten den Geländesport zur Pflichtveranstaltung erklärt hatten und alle Vereine daran teilnehmen mußten. Der deutsche Sportler hatte sich ab diesem Tag jeden Monat einmal der deutschen Wehrerziehung zu widmen. Beginn war jeweils Sonntag um 8 Uhr.

Das 40jährige Stiftungsfest beging der VfB Leipzig am 15. November im großen Saal des Palmengartens. Wegen der Reichstagswahl, die ein Ergebnis von 92 Prozent für die Einheitsliste der NSDAP brachte, wurde die Feier um drei Tage verschoben. Eine Festschrift wurde herausgebracht, in der der bisherige Weg des Vereins beschrieben wurde.

Der Vorstand mußte sich parallel mit den Festvorbereitungen auch mit Beschwerden von Mitgliedern beschäftigen, die monierten, daß wiederholt Bälle und Geräte abhanden gekommen wären.

Der Fußball-Stürmer

Leipzig ladet ein zum 3. Europameisterschaftsspiel Deutschland—Polen.
Sehenswerte Bauwerke: 1 Hauptbahnhof, 2 Opernhaus, 3 Universität, 4 Bildermuseum. Im Mittelpunkt des Bildes der Augustusplatz. Die Arbeiter-Turn- und -Sportschule, das Volkshaus und weitere schöne Bauwerke laden auch zum Besuch ein.

Nr. 50 1. Jahrgang	Preis 25 Pfennige	**Leipzig, 12. Dezember 1932**

Der »Fußball-Stürmer«, die Zeitung der Arbeitersportler, wurde nach der Machtergreifung der Nazis verboten. Hier eine der letzten Nummern.

1934

Am 7. Januar schlug der VfB den Dresdner SC im Rückspiel vor 15 000 Zuschauern mit 2:0. Das absolute Spitzenspiel lockte deshalb so viele Zuschauer, weil sich beide Teams einen langen Zweikampf um die Spitze geliefert hatten und nun auf eine Vorentscheidung drängten. Doch der Sieg des VfB bedeutete noch nicht, daß die Gaumeisterschaft gesichert war, denn es warteten noch schwere Spiele auf die Probstheidaer.

Das 1:3 beim Polizeisportverein Chemnitz dämpfte die Hoffnungen der Blau-Weißen erheblich. Zudem schlug der DSC zur gleichen Zeit die Elf von Wacker Leipzig klar mit 4:0 und zog somit wieder an den Leipzigern vorbei. Dafür gewannen ihrerseits die Probstheidaer gegen die Wackeraner knapp mit 3:2.

Der neue Mutschmann-Pokal sah die Leipziger Vereine erfolgreich – an diesem 4. März gewann Wacker gegen Hartha mit 4:0, VfB gegen TuB 3:2, und Fortuna fertigte Guts Muts Dresden gar mit 6:1 ab. Während in der Zwischenrunde im Mai bzw. Anfang Juni Wacker (0:6 bei Sportfreunde Dresden) und VfB (0:5 bei SuBC Plauen) herbe Niederlagen einstecken mußten, gelang Fortuna ein vielbeachteter 3:1-Sieg gegen den Dresdner SC. Erst Polizei Chemnitz setzte das Stoppzeichen für die Paunsdorfer und gewann im Halbfinale mit 6:0 gegen die Leipziger.

In den VfB-Mitteilungen vom März 1934 war folgender Aufruf zu finden: »An die aktiven Spieler des Bezirks 1! Es wird mit sofortiger Wirkung angeordnet, daß einmal im Monat eine Spielerversammlung für alle aktiven Fußballspieler der Herren- und Jugendmannschaften abzuhalten ist, wobei alle amtlichen Mitteilungen zu verlesen und durchzusprechen sind. Der für den betreffenden Verein bestätigte Schiedsrichterobmann muß die deutschen Fußballregeln mit ihren Änderungen an diesen Abenden erläutern. Die Vereinsführer haben darüber von Monat zu Monat an den Bezirk 1 einen Bericht einzuschicken. Nichtbeachtung dieser Anordnung zieht Bestrafung nach sich. gez. Julius Krieger, Bezirksführer.«

In dieser Zeit starb Ehrenmitglied Georg Haase, der große Vereinsführer, dem der VfB unter anderem den Erwerb seines Geländes in Probstheida zu verdanken hat. Über dreißig Jahre, fast zwei Drittel seines Lebens, hatte Georg Haase beim VfB gewirkt. Als erster Vorsitzender des VfB und Vorstandsmitglied der damaligen Leipziger Rasensportgesellschaft »Sportplatz« führte er den Verein zu dessen dritter Meisterschaft und richtete das 25. DFB-Länderspiel Deutschland – Holland am 17. 2. 1913 auf dem Lindenauer Sportplatz aus.

Große Aufregung herrschte am 18. März beim Gauligaspiel des VfB in Glauchau. In einem Spiel auf Biegen und Brechen stand es lange Zeit 1:1 unentschieden, ehe die Leipziger sich nach einem Elfmeter und einem weiteren Tor doch noch durchsetzten. Teile des Publikums konnten das jedoch nicht verkraften, bedrohten und belästigten den Schiedsrichter, so daß dieser nur unter SA-Geleitschutz das Sportplatz-Gelände verlassen konnte.

Erneut traf Altmeister VfB ein schwerer Schicksalsschlag. »Paulsen tot« – diese Nachricht durcheilte am Morgen des 17. Mai die Stadt und wurde im Laufe der folgenden Stunden durch den Rundfunk und die Mittagsausgabe der Leipziger Abendpost sowie ein Extrablatt der Neuen Leipziger Zeitung bestätigt. Ein Autounfall hatte den bekannten Stürmer das Leben gekostet. Paulsen, der mit dem VfB 1913 Deutscher Meister wurde, sechs Länderspiele bestritten und zwanzig Jahre für die Blau-Weißen spielte, zog die Massen in Scharen auf die Fußballplätze. Es gab Tausende, die nur wegen ihm kamen. Er war einfach einer der ihren, das bewiesen seine oftmals nicht druckreifen Kraftausdrücke und sein offener und ehrlicher Charakter. Dazu war er einer der besten Stürmer seiner Zeit und begeisterte die Zuschauer mit seinem kraftvollen Spiel.

Die Gaumeisterschaft ging in die entscheidende Phase. Das 9:0 der Leipziger gegen die Spielvereinigung Falkenstein nutzte nichts mehr, weil der Dresdner SC zur selben Zeit gegen den Chemnitzer BC mit 3:1 gegenhielt. Trotz der Punktgleichheit blieben die Leipziger nur zweiter Sieger, denn das 8:0 am letzten Spieltag gegen Glauchau brachte den Dresdnern den Titel. Lange Nasen beim VfB, dem 13 Tore an der Meisterschaft fehlten.

1.	Dresdner SC	20	17	–	3	76:21	34: 6
2.	VfB Leipzig	20	17	–	3	65:23	34: 6
3.	PSV Chemnitz	20	15	–	5	87:31	30:10
4.	Guts Muts Dresden	20	13	1	6	47:43	27:13
5.	SC Wacker Leipzig	20	9	1	10	50:39	19:21
6.	VfB Glauchau	20	9	1	10	44:56	19:21
7.	Plauener Sp. u. BC	20	7	1	12	50:73	15:25
8.	SC Planitz	20	6	2	12	43:73	14:26
9.	Chemnitzer BC	20	5	3	12	35:53	13:27
10.	Vogtl. FC Plauen	20	4	2	14	29:57	10:30
11.	SpVgg. Falkenstein	20	2	1	17	29:86	5:35

Die Tabelle der Gauliga Sachsen von 1933/34.

Gegen Hertha BSC bestritt der VfB nach der Saison zwei Gesellschaftsspiele, unterlag 2:6 in Berlin, revanchierte sich dafür aber mit einem 5:3 in Probstheida. Auch die Stuttgarter Kickers wurden mit 3:1 geschlagen.

In der neuen Gauliga-Serie bewegte ein Fall die Gemüter, der sich am 16. Dezember ereignete. Der Dresdner SC trat nicht zum Punktspiel beim VfB an, weil ein wichtiger Spieler fehlte. Der Fall rief Riesen-Empörung hervor. Weshalb, steht in den »VfB-Mitteilungen« vom Januar 1935: »Warum hat der DSC nicht in Leipzig gespielt? Nach unserer Auffassung nur, weil der Torwart Kreß unbedingt in Dresden den Eid als Olympia-Anwärter leisten sollte! Das aber konnte für uns nie und nimmer Grund genug sein, in die Absetzung oder in eine Umsetzung der Spiele einzuwilligen. Der Gau hat uns eine Umsetzung erst am Dienstag vor dem Spiel angeboten. Das haben wir abgelehnt, weil nicht ausreichend Gründe vorhanden waren. Wir haben dem Gauführer vorgeschlagen, Kreß in Leipzig vereidigen zu lassen oder den Spielbeginn um eine halbe Stunde hinauszuschieben. Wir haben uns mit dem DFB in Verbindung gesetzt und dort erfahren, daß gegen eine Vereidigung des Spielers Kreß in Leipzig nichts einzuwenden sei, denn der Wille des Reichssportführers sei der, den Spielbetrieb nicht irgendwie aufzuhalten. Das haben wir dem Gauführer auch sofort unterbreitet! Der Gau hat sich nicht dazu bewegen lassen, die Vereidigung von Kreß in Leipzig anzuordnen, und ein nochmaliger Antrag auf Durchführung des Spiels beim DFB mußte erfolglos bleiben, weil das Spiel vom Gau als spielleitender Behörde bereits abgesetzt war und am Donnerstag vor dem Spiel eine Umsetzung nicht mehr durchführbar war. Der Gau wählte den komplizierteren Weg der Umsetzung von drei Spielen, er wollte nicht den einfachen Weg der Vereidigung von Kreß in Leipzig, obwohl Kreß in Leipzig ansässig ist und obwohl in Leipzig für ganz Sachsen die offizielle Feier der Vereidigung stattfand! Das mußte scheitern. Alle unsere Gründe zählten nichts, die sportlichen und finanziellen Nachteile, die wir hatten, wurden nicht beachtet. Wir aber mußten auf der Austragung bestehen, weil der DSC am 16. Dezember mit geschwächter Mannschaft antreten mußte und wir auf diese Chance bei unserem Tabellenstand nicht verzichten konnten.«

Foto unten: Die Tura wurde Kreismeister 1933/34. Von links: Schwarz, Neugebauer, W. Schmidt, Müller, Darnstädt, Schindler, Drobig, Hartmann, Joachim, Weidner, Lemmnitz, Rühlemann, H. Schmidt, Emonts.

Verein für Bewegungsspiele
Gegr. 11. November 1893
Deutscher Fußballmeister 1903/04, 1905/06, 1913/14.

Eigenes, 80 000 qm großes Stadion in Leipzig-Probstheida. Hauptkampfbahn für 50 000 Zuschauer. Tribüne m. 2600 Sitzplätzen. 6 Spielplätze. 9 Tennisplätze. Laufbahn. Klubheim m. Umkleide-, Dusch-, Gesellschafts-, Sitzungs- u. Verwaltungsräumen.

Berg- und Wintersport — Eishockey — Faustball — Fußball — Handball — Landhockey — Kegeln — Leichtathletik — Tennis

Anschrift: VfB. zu Leipzig, Leipzig O 39, Connewitzer Str. 13, Ruf 626 15. Postscheckkonto: Leipzig 252 17. Bankverbindung: Stadt- und Girobank, Leipzig.

Paulsen †

„Paulsen tot". Diese Nachricht durcheilte am Donnerstagmorgen, den 17. 5., unsere Heimatstadt und war mir, wie sicherlich auch allen anderen, zunächst unfaßbar. Näheres erfuhr man mittags durch die Leipziger Abendpost, durch ein Extrablatt der Neuen Leipziger Zeitung und durch den Rundfunk. Ein Autounfall hatte seinem Leben ein Ende gemacht. Dieses Ende ist um so tragischer, als Paulsen im Weltkriege zwei schwere Lungenschußverletzungen gut überstanden hatte.
Es ist wohl angebracht, in den VfB.-Mitteilungen, die so oft über seine hervorragenden sportlichen Leistungen berichten konnten, noch einmal in kurzen Umrissen unseren Paulsen so, wie er war, aufzuzeichnen, um seine Bedeutung für spätere Geschlechter zu erhalten.
Paulsen war von Natur aus für den Sport selten befähigt. Nicht nur für den Fußball, sondern auch für jede andere Sportart. Wenn seine Leistungen im Fußball und in der Leichtathletik ganz besondere waren, so doch nur deshalb, weil er sich diesen beiden Sportarten mit ganz besonderer Liebe hingab. Er spielte ohne großes Training auch sehr gut Tennis und Hockey, und ich bin überzeugt, daß er es auch hier zu außergewöhnlichen Leistungen

Die Nachricht vom Tode Paulsens erschütterte alle Vereine.

1935

Am 6. Januar des Jahres begannen 62 Mannschaften des Kreises Leipzig, um den neu geschaffenen Vereinspokal zu spielen. Reichssportführer von Tschammer und Osten hatte ihn gestiftet und ihm seinen Namen verliehen.

Die DFB-Gauauswahlmannschaften spielten untereinander den Reichsbund-Pokal aus. Beim 3:0 von Sachsen gegen Schlesien spielten Schrepper und Thiele vom VfB Leipzig mit.

In der Nacht vom 16. auf den 17. Februar 1935 zerstörte ein Unwetter Teile der Tribüne auf dem VfB-Platz und richtete schwere Zerstörungen auf dem gesamten Areal an. Das südliche Tor wurde völlig zerstört. Die entstehenden Kosten konnte der Verein nur durch ein Notopfer aufbringen. Er bat um drei Reichsmark pro Mitglied. Wer fünf Reichsmark entbehren konnte, dem wurden eine Opferkarte und drei »topografische« Aufnahmen von der beschädigten Tribüne und dem verwüsteten Platz zur Verfügung gestellt.

In der Gauliga befanden sich die Leipziger VfB-Spieler allerdings schnell in Abstiegsnot. Nach dem zweiten Platz des Vorjahres konnten die Leistungen nicht stabilisiert werden. Das 0:4 beim PSV Chemnitz sagte eigentlich alles aus über die zwischenzeitliche desolate Verfassung des ehemaligen Deutschen Meisters.

Dagegen konnte sich Fortuna Leipzig mit seinem Scharfschützen Körner sehr gut behaupten und spielte sogar lange Zeit um die Spitze mit. Gute Ergebnisse wie das 4:1 gegen den SC Planitz und das 4:1 in Glauchau bewiesen das. Das Ortsderby zwischen Wacker und Fortuna konnten die Paunsdorfer ebenfalls mit 2:1 für sich entscheiden – und das sogar auf des Gegners Platz! Der VfB aber fing sich langsam wieder. 4:1 gegen die schwachen Planitzer, 4:0 gegen Wacker und das 2:0 gegen Guts Muts Dresden brachten wieder Luft und nahmen die größten Sorgen.

Das Ortsderby Fortuna gegen den VfB elektrisierte die Massen. Mehr als 10 000 Zuschauer kamen nach Paunsdorf und erlebten ein mitreißendes Spiel. Die Fortuna, in Höchstform und glänzender Spiellaune, fertigte die Probstheidaer mit 4:1 ab. Langanhaltender Beifall verabschiedete beide Mannschaften nach dem Spiel.

Am letzten Spieltag der Gauliga unterlag die Fortuna dem Dresdner SC mit 0:1 auf eigenem Platz. Damit standen sie in der Abschlußtabelle auf einem sensationell guten dritten Platz – nur vier Punkte hinter dem Gaumeister Chemnitz. Der VfB mußte sich mit dem sechsten Rang begnügen, und Wacker kam auf Platz sieben ein.

Bezirksklassenverein Tura Leipzig spielte am 21. April gegen den FC Schalke 04 und schlug die Königsblauen aus dem Revier mit 2:1. 18 000 Zuschauer in Lindenau erlebten den glanzvollen Sieg mit, der eine erfolgreiche Zeit für den noch jungen Verein einläutete. Auch das 8:2 gegen Vorwärts Breslau deutete an, welche Potenzen in der Mannschaft steckten.

Am 2. Juni kam es zur zweiten Hauptrunde im DFB-Vereinspokal. Souverän siegte die Spielvereinigung Leipzig in Meißen mit 4:0. Der VfB schlug überraschend Tennis Borussia Berlin mit 2:1 auf fremdem Platz, und SV 99 unterlag mit 2:3 dem BC Hartha. In der nächsten Runde allerdings kam das Aus für die Spielvereinigung, die bei Breslau 06 mit 1:3 den Kürzeren zog. Der VfB siegte gegen den VfB Breslau mit 5:0.

Der VfB bestritt zu Pfingsten ein Freundschaftsspiel beim Frankfurter FSV und unterlag trotz einer 2:0-Führung noch mit 4:5. Am 16. Juni spielte die Sachsen-Auswahl gegen Polen und gewann mit 5:1. Ein Zeichen, wie stark Sachsens Fußball damals war! Mit den Turanern Brembach, Schmidt und Lindner, Rose von Spielvereinigung, Erwin Braunert (Fortuna) und Breidenbach vom VfB spielten sechs Leipziger in dieser Elf. Und auch beim 11:0 Sachsens gegen Island waren Brembach und Rose dabei, der Dresdner Schön erzielte sechs Treffer.

Die neue Gauliga-Serie begann mit drei Spielen von Leipziger gegen Dresdner Mannschaften. Die beiden

Wenn die Tura spielte, kamen meist viele Zuschauer. Damals fanden die Fotografen auch noch interessante Stellplätze, wie dieses Foto vom Spiel gegen Hartha beweist.

Hochburgen des sächsischen Fußballs hatten allein sieben Mannschaften unter den zehn Teilnehmern an der Gaumeisterschaft! Das große Aufeinandertreffen des ersten Spieltages entschieden die Leipziger klar für sich. Der VfB fertigte Neuling Dresdensia Dresden mit 6:1 ab, Fortuna gewann gegen die Sportfreunde sogar haushoch mit 8:1. Nur Wacker kassierte bei Guts Muts eine 0:2-Niederlage.

Das erste Leipziger Ortsderby entschied der VfB Leipzig gegen Fortuna klar mit 5:1 für sich. Eine Woche darauf setzte sich Fortuna gegen Wacker mit 3:2 durch. Wacker schlug seinerseits den VfB mit 3:2 – wieder eine Woche später.

Einige wichtige Neuerungen im Fußballsport wurden bekanntgemacht. Sie betrafen u.a. den Sportruf: »Nach dem Spiele wird der Sportgruß nicht mehr in der bisherigen Form ausgebracht, sondern die Mannschaften treten sich gegenüber und bringen – auf ein Zeichen des Schiedsrichters – ein gemeinsames dreifaches ›Sieg Heil‹ aus.«

In der Bezirksklasse Leipzig trafen Tura und Spielvereinigung aufeinander. Der aufstrebende Werksverein Tura schlug in einem begeisternden Spiel die Lindenauer mit 6:3. Wer sollte diese Mannschaft aufhalten, die von Sieg zu Sieg eilte und dem Aufstieg in die Gauliga entgegenstrebte?

Eine lange Sperre für Wacker-Funktionäre und -spieler bewegte die Leipziger Fußballgemeinde. Wegen »des Versuchs, den Spieler Respondek von den Markranstädter Sportfreunden zum Übertritt in den SC Wacker zu bewegen, und weil der Wechsel von Zander von Saxonia auf Anregung eines Gönners von Wacker erfolgt sein soll«, wurden die Vorstandsmitglieder Alex und Kersten für ein Jahr aus dem sportlichen Verkehr gezogen, der Spieler Zander wurde fünf Monate und der gesamte Verein mit allen seinen Mannschaften (außer der Jugend) drei Wochen gesperrt. Eine ungewöhnlich harte Strafe, die abschreckend auf die Wechselsucht einiger Spieler wirken sollte.

Walter Rose (ganz rechts) spielte noch für die Spielvereinigung, als er für die Nationalmannschaft interessant wurde. 1935 war er dabei, als die Nationalelf gegen den FC Everton testete.

Die Mannschaft des SV Lipsia im Jahr 1935. Zu dieser Zeit war der erste organisierte Fußballverein Leipzigs sportlich schon in der Bedeutungslosigkeit versunken.

1936

Das neue Jahr hielt mit dem Derby zwischen dem VfB und Wacker sogleich einen Höhepunkt bereit. Das 0:3 auf eigenem Platz schmerzte die Probstheidaer sehr, denn sie hatten gehofft, mit einem Sieg wieder den Anschluß an die Spitze zu schaffen. Doch gegen die Wackeraner, die sich zu dieser Zeit in Hochform befanden, war einfach kein Kraut gewachsen.

Das zeigten auch die kommenden Wochen, in denen Wacker seine Siegesserie fortsetzte. Der hohe 8:1-Sieg gegen Dresdensia Dresden, das 2:1 gegen den BC Hartha sowie das 1:1 gegen Sportfreunde Dresden bewiesen das. Das Ende der stolzen Erfolgskette kam allerdings schneller als erwartet, denn gegen den SC Planitz setzte es eine empfindliche 1:5-Niederlage.

Die vielen Jugendlichen, die Fußball spielten, waren stolz auf ihren Verein und trugen die Mitgliedsausweise immer bei sich.

Dafür sorgte nun die Leipziger Fortuna für Aufsehen. 4:1 gegen Planitz, 2:2 gegen Guts Muts Dresden – der dritte Platz in der Gauliga war greifbar nahe.

Nur – das letzte Spiel bestritten die Leipziger ausgerechnet beim Dresdner SC, einer der stärksten sächsischen Mannschaften überhaupt. Zwar hatten die Dresdner in diesem Jahr den Titel an den PSV Chemnitz abgeben müssen, doch daß sich die Fortuna ausgerechnet in der Höhle des Löwen den noch erforderlichen Punkt würde holen können – damit rechnete keiner. Doch das Wunder geschah. Fortuna zeigte am 15. März 1936 noch einmal eine glänzende Leistung, kämpfte verbissen und hatte Erfolg. Das 1:1 beim DSC reichte – Fortuna belegte den dritten Platz, der DSC wurde Zweiter.

Der VfB belegte den 5. Rang, Wacker war mit dem siebenten Platz nicht zufrieden.

Doch damit war die Saison noch nicht am Ende. Denn der »Tschammer-Pokal« hielt die deutschen Fußballanhänger noch in Atem.

Und niemand ahnte zu diesem Zeitpunkt, als der VfB Leipzig in der dritten Zwischenrunde in Meerane klar mit 5:1 gewann, daß der diesjährige Pokal, der erst zum zweiten Mal in dieser Form ausgetragen wurde, einen Sensationssieger finden würde. Der VfB bezwang in den weiteren Spielen den Leipziger Bezirksligisten Olympia (ein schweres Spiel, in dem der Siegtreffer erst in der vorletzten Minute fiel), den Meister des Gaues Mitte, den 1. SV Jena, mit 5:0, den Schlesischen Meister Vorwärts Rasensport Gleiwitz nach einem 2:2 erst im Wiederholungsspiel mit 3:0 und den Berliner Meister Berliner SV 1892 mit 2:0. Nun standen die Blau-Weißen sogar im Halbfinale!

Der »Reichsbund-Pokal«, um den die Ländermannschaften kämpften.

Der VfB gab am 1. Mai bekannt, daß er einen neuen Trainer verpflichtet habe. Im Vereinsheft hieß es: »Am 1. Mai hat unser neuer Trainer, Dipl.-Fußball-Lehrer Heinz Pfaff, seine Tätigkeit aufgenommen. Wir begrüßen ihn auch hierdurch herzlich. Herr Pfaff hat sich bereit erklärt, zunächst auf die Dauer von acht Wochen probeweise tätig zu sein und in dieser Zeit uns das zu beweisen, was er kann. Diese Möglichkeit soll

Herr Pfaff haben, und wir alle, so glaube ich, wären froh, wenn wir in ihm den Mann finden, der das A und O des Vereins, die Ligamannschaft, vorwärtsbringt, der sie wieder zu einem ernsthaften Faktor im Leipziger und sächsischen Sportlerleben macht. Die Arbeit eines Trainers ist in unserem Verein besonders schwer, und ebenso ernsthaft und sorgfältig wir unsere Wahl getroffen haben, werde ich Gelegenheit nehmen, den Trainer über seine umfangreiche Tätigkeit aufzuklären. Ich möchte gerade auf den Gebieten, die uns schon so manche Enttäuschung bereitet haben, keine neue Enttäuschung erleben. Dazu können auch die Mitglieder wesentlich beitragen erstens dadurch, daß sie sich nicht schon wieder darüber aufregen, daß Herr Pfaff nicht einer von denen ist, deren Namen ganz Fußball-Deutschland als Spieler oder Trainer kennt. Der Name allein – das sollte jeder wissen – tut es nicht; zweitens dadurch, daß die Arbeit des Trainers nicht schon nach kurzer Zeit an Hand von äußeren Dingen, die naturgemäß nur wenige zu beurteilen vermögen, kritisiert und er selbst ›zerredet‹ wird. Jedes Mitglied soll den Trainer arbeiten lassen, und an den Früchten wird man die Arbeit erkennen. Früchte, die wir reifen sehen wollen, reifen aber nicht in vier Wochen! Dr. Fricke, Vereinsleitung«

Aber auch in den unteren Regionen herrschte weiter Spannung: Viele Augen richteten sich in diesen Tagen auf eine Mannschaft, die sich anschickte, eine unglaubliche Siegesserie mit dem Aufstieg in die Gauliga zu krönen: Tura Leipzig. Erst vier Jahre zuvor vom Automatenfabrikanten Karl Schwarz gegründet, hatte das Team alle Spielklassen im Eilmarsch durchschritten und war von Jahr zu Jahr höhergeklettert. Unaufhaltsam stieg das Worksteam auf und näherte sich dem Traumziel des Fabrikanten Schwarz – der Gauliga. Riesigen Anteil daran hatte der englische Manager Jack Emonts, der mit dem Geld seines Chefs hervorragende Spieler nach Leipzig holte. Mit den drei Schmidt-Brüdern aus Bielefeld und Torwart Croy waren vier namhafte Spieler verpflichtet worden. Dabei profitierte der gewitzte Emonts auch von der Auflösung der Arbeitersportvereine durch die Nationalsozialisten. Zwei der Schmidts hatten zuvor beim VfL Leipzig-Stötteritz gespielt und waren auch zu Auswahlehren für die Mannschaft des Deutschen Arbeitersport-Verbandes gekommen, Croy spielte einige Male für Sachsens Nachwuchsauswahl. Schwarz beschäftigte die Spieler ausnahmslos in seiner Automatenfabrik und bot ihnen guten Lohn und eine gesicherte Existenz. Damit hatte er natürlich verlockende Gaben in der Hand, die in der Zeit von Massenarbeitslosigkeit und politischen Umwälzungen doppelt schwer wogen und so manchen Fußballer veranlaßten, dem unterklassigen Verein beizutreten. Nach einem halben Tag Arbeit in der Schwarzschen Fabrik ging es dann auf das Trainingsgelände, welches sich zu Anfang am Cottaweg befand. Diese Bedingungen hatten nicht einmal die etablierten Mannschaften, die in der Gauliga spielten. Kein Wunder, daß der Traum vom Aufstieg kein Hirngespinst blieb.

Karl Schwarz, der Vordenker der Tura. Mit seiner Werksmannschaft setzte er Maßstäbe im professionellen Bereich, mit den Automaten aus seiner Fabrik bezahlte er die teilweise spektakulären Neuzugänge wie die Schmidt-Brüder aus Bielefeld.

TURA-AUTOMATEN
dürfen in keinem Vereinsheim fehlen
Unbedingte Bezwinger jeder Langeweile sind

TURA-AUTOMATEN
Sie erhalten unter Sportsfreunden die Kameradschaft
Verlangen Sie aber bei Vertreterbesuch ausdrücklich

TURA-AUTOMATEN
Tura-Automatenfabrik G.m.b.H.
Leipzig W 33, Luppenstr. 1, Ruf 43090 und 43093

Nach zweijährigem Aufenthalt in der Bezirksklasse Leipzig standen nun die Aufstiegsspiele zur Gauliga auf dem Programm. Vor 6000 Zuschauern war der Riesaer SV am 3. Mai 1936 in Leutzsch zu Gast, wo Tura seit Auflösung der »Roten Sporteinheit« spielte. Doch dieses Spiel zeigte der »Wunder-

Auf dem Tura-Platz in Leutzsch waren stets viele Zuschauer zu finden, wenn die großen Gegner aus Dresden, Probstheida oder anderswo kamen.

mannschaft« ihre Grenzen auf: Mit 1:3 unterlag sie den Gästen aus Riesa, die ein großes Spiel hinlegten und als verdienter Sieger den Platz verließen.

Doch die Spieler um Walter Brembach rissen sich zusammen und das Steuer noch herum. Vor 16 000 Zuschauern gelang am darauffolgenden Spieltag gegen den Chemnitzer BC ein 3:2-Sieg, gegen Konkordia Plauen ein 2:2 und ein 3:2. Das Rückspiel gegen die Chemnitzer wurde mit 2:3 verloren, so daß der allerletzte Spieltag der Aufstiegsrunde entscheiden mußte, wer den Riesaer SV in die Gauliga begleiten würde. Und ausgerechnet gegen den schon feststehenden Aufsteiger mußten die Turaner antreten, um den großen Traum zu verwirklichen. Zur gleichen Zeit mußten die punktgleichen Plauener (5:5 Zähler) in Chemnitz (2:8 Punkte) antreten. Ein Millimetereinlauf stand also bevor. 15 000 Leipziger wollten sich die dramatische Entscheidung nicht entgehen lassen und strömten nach Leutzsch auf den Tura-Platz. Dichtgedrängt standen sie auf den Wällen und harrten der Dinge, die da kommen würden. Das Spiel hielt, was es versprach, und am Ende lagen sich die Anhänger der Tura in den Armen: Die Spieler auf dem Rasen hatten dem Favoriten ein 1:1-Unentschieden abgetrotzt! Und als die telefonische Nachricht aus Chemnitz kam, daß Plauen eine 1:3-Abfuhr erhalten hatte, fand der Jubel keine Grenzen. Es war geschafft!

1. Riesaer SV	6	4	1	1	12:10	9:3
2. Tura Leipzig	6	2	2	2	12:13	6:6
3. Konkordia Plauen	6	2	1	3	13:12	5:7
4. Chemnitzer BC	6	2	-	4	14:16	4:8

Die Abschlußtabelle der Saison 1935/36.

Doch es sollte immer noch nicht Schluß sein mit Fußball. Denn eine weitere Sensation bahnte sich nach dem 2:2 im Finale des Reichsbundpokals zwischen dem Gau Sachsen und dem Gau Südwest an. Nach dem 2:2 nach Verlängerung im ersten Spiel fand die Wiederholung des Endspiels am 24. Mai 1936 im VfB-Stadion in Probstheida statt. Vor 20 000 ungläubigen Zuschauern gelang den Sachsen die Sensation: Mit sage und schreibe 9:0 wurde Südwest vom Platz gefegt! Der Chemnitzer Helmchen erzielte allein vier Treffer, Hänel aus Hartha stand ihm kaum nach und traf dreimal. Auch Walter Rose von der Spielvereinigung schoß ein Tor und bejubelte es gemeinsam mit seinem Tura-Kollegen Brembach, der ebenfalls im Aufgebot stand.

In die neue Saison starteten die Leipziger Vertreter mit höchst unterschiedlichen Ergebnissen; ein Sieg jedoch gelang keiner der drei Mannschaften. Während Wacker (3:3 bei Sachsenmeister PSV Chemnitz) und Fortuna (1:1 bei Vizemeister Dresdner SC) höchst achtbare Unentschieden erreichten, trafen der VfB und Aufsteiger Tura im Ortsderby aufeinander. Dabei mußten die Überflieger aus Leutzsch sofort registrieren, daß in der höchsten Spielklasse ein anderer Wind weht als in den Gefilden, in denen sie bisher spielten. Mit einer deftigen 0:4-Packung verließen sie nach den 90 Minuten Probstheida und fanden sich nach diesem ersten Spieltag am Tabellenende wieder.

Auch im zweiten Derby am dritten Gauliga-Spieltag zog Tura gegen Fortuna den kürzeren. Vor 4000 Zuschauern unterlagen die Männer um Croy und Brembach mit 0:2.

Doch schon eine Woche darauf Riesenjubel bei 9000 Zuschauern: Tura gewann sein erstes Spiel in der Gauliga gegen den Dresdner SC mit 1:0. Von nun ab lief vieles besser, und auch Meister PSV Chemnitz wurde mit 2:1 geschlagen. 12 000 Zuschauer freuten sich mit der Mannschaft.

Dagegen tat sich Wacker unwahrscheinlich schwer. 3:4 bei Neuling Riesa, nur 2:2 daheim gegen Guts Muts Dresden, 0:4 beim BC Hartha, und sogar 3:6 bei SC Planitz – urplötzlich fanden sich die Gohliser am Tabellenende wieder.

Am 22. November spielte der VfB, der in der Meisterschaft bis dahin nicht gerade geglänzt hatte, im Pokal-Halbfinale gegen Wormatia Worms. Was keiner geglaubt hatte, trat ein: Mit 5:1 wurde der Südwest-Meister aus dem Wege geräumt – der VfB Leipzig stand im Finale! Tausende feierten bis in die Nacht hinein in den Wirtshäusern der Stadt und diskutierten über die Unmöglichkeit des Pokalsieges angesichts des dort wartenden Gegners: Denn kein Geringerer als der FC Schalke 04, die absolut dominierende Mannschaft in Deutschland, wartete im Berliner Olympiastadion auf die Leipziger.

Doch im Gauliga-Alltag vermochte der unerwartete Finaleinzug nicht zu beflügeln, und schon eine Woche nach diesem Triumph setzte es beim SC Planitz eine 0:2-Niederlage. Dafür wurde eine weitere Woche darauf Wacker im Derby mit 4:2 abgefertigt. Dabei hatten die Wackeraner kurz zuvor Tura geschlagen. Eine dominierende Mannschaft gab es zu jener Zeit nicht in der Stadt, jeder konnte jeden besiegen.

1937

Das neue Jahr begann mit einer riesigen Sensation, die für den Leipziger Fußball viel Ehre mit sich brachte: Der VfB Leipzig bezwang im Berliner Olympiastadion den schier übermächtig erscheinenden FC Schalke im Endspiel um den Tschammer-Pokal mit 2:1! 70 000 Zuschauer waren dabei und rieben sich nach wenigen Minuten verwundert die Augen, denn nicht die Szepan, Kuzorra und Tibulski bestimmten das Spiel, sondern die weitgehend unbekannten Leipziger, die mit Wöllner, Dobermann, Große, Richter, Thiele, Jähnig, Breidenbach, Schön, May, Reichmann und Gabriel antraten.

Was sich genau abspielte, beschrieb ein Chronist genaustens in einer Sonderausgabe der »VfB-Mitteilungen«: »Sonntag, den 3. Januar 1937. Wer hatte in dieser Nacht ruhig geschlafen? Der Wecker brauchte jedenfalls nicht in Tätigkeit zu treten! Sonst ist es am Sonntagmorgen in den Straßen Leipzigs recht einsam, aber am 3. Januar strömten Tausende zum Hauptbahnhof; denn vier Sonderzüge fuhren nach Berlin. Und sonderbar, in allen Zügen herrschte eine freudige, zuversichtliche Stimmung, die nichts wissen wollte von dem, was die meisten Fachzeitungen über die Aussicht des VfB geschrieben hatten. Auch in der Reichshauptstadt wurden die blau-weißen Fähnchen nicht etwa ehrfurchtsvoll in die Tasche gesteckt, nein, Berlin merkte etwas von den Schlachtenbummlern aus Leipzig: Überall sah man zwischen Anhalter Bahnhof und Potsdamer Platz, in der Friedrich- und Leipziger Straße kleinere und größere Gruppen erwartungsfroher und festlich gestimmter Sportkameraden mit den VfB-Farben. Sie alle ließen den Zauber der schönen, lebensbejahenden Weltstadt auf sich wirken. Aber es gab auch einige, die sich erst die beruhigende Gewißheit über den Zustand der Mannschaft verschaffen wollten und deshalb dem ›Russischen Hof‹ einen Besuch abstatteten. Mühelos sorgten dann die ausgezeichneten Berliner Verkehrsverhältnisse für einen störungsfreien Anmarsch der 70 000 Zuschauer! Und bald betrat man das Reichssportfeld. Immer wieder erweckt diese ideale, überwältigende Sportstätte Ehrfurcht und Staunen! Flotte SS-Musik vertreibt stimmungmachend die kurze Wartezeit. Noch einen Blick zur Ehrenloge: Reichssportführer von Tschammer und Osten, Staatssekretär Ohnesorge, General Daluege, SA-Obergruppenführer von Jagow, Polizeipräsident Graf Helldorf, Reichsfachamtsleiter Oberregierungsrat Linnemann und viele andere wohnen dem Spiele als Ehrengäste bei. Wenige Minuten vor 14 Uhr betreten beide Mannschaften das

Das 2:0 durch den Leipziger Angreifer Gabriel, der sich durch den Schalker Schlußmann Mellage nicht aufhalten ließ und sicher verwandelte.

Getümmel vor dem VfB-Tor; Keeper Wöllner wehrt einen Eckball der Schalker gemeinsam mit seinen Verteidigern ab.

Spielfeld. Die Spannung ist auf das Höchste gestiegen. Wenige Formalitäten noch, und ein gigantischer, dramatischer, echter Pokalkampf beginnt! Noch haben wir den Spielverlauf frisch im Gedächtnis, noch ist uns alles so gegenwärtig, als wär es erst gestern geschehen, wie Jähnig in der ersten Minute Szepan vom Balle trennt, Kalwitzki gleich danach eine tadellose Ecke tritt, Mellage in der vierten Minute Breidenbach mit dem Ellenbogen regelwidrig wegstößt und darum ›Elfmeter‹ auch nicht falsch entschieden gewesen wäre, wie Schalke in Angriff und Abwehr nervös wird, unsere Mannschaft besonnen, verständig spielt, wie Gabriel mit einem saftigen Pfostenschuß sich meldete, wie Reichmanns Schuß, heimtückisch aus dem Hintergrund, zischend über die Latte faucht, wie wiederum Reichmann in der 20. Minute aus zehn Meter Entfernung schießt, Mellage zurückfaustet und May mit Bombenschuß zum 1:0 einsendet, wie Wöllner in der 27. Minute einen herrlichen 30-m-Schuß Szepans im Hechtsprung meisterhaft zur Ecke lenkt, wie, der Höhepunkt des ganzen Spieles, Gabriel den gegnerischen Hüter schalkhaft umspielt und das Siegtor erzielt, wie nach klassischem Zuspiel Kalwitzki davonläuft und mit unhaltbarem Schuß das Ehrentor erringt, wie die Schalker die zweite Halbzeit mit Generalangriff eröffnen, wie es in der 47. Minute nach einem Ausgleichstreffer durch Pörtgen aussah, wie in der 57. Minute nach einem Eckball ein garstiges Gewühl vor unserem Tore entsteht, wie durch die unerschütterliche Abwehr unserer Deckung die stärkste Zeit der Schalker ergebnislos verstrich, wie durch die unschätzbaren Anfeuerungsrufe der treuen Leipziger Kolonie unsere Mannschaft immer wieder aufgerichtet wird, wie unsere Angriffe wohl etwas seltener, aber dafür immer gefährlich sind, wie Schalke um das Ausgleichstor, aber auch um ein drittes Minustor zittert, wie Thiele auf der Torlinie rettet, wie drei Minuten vor Schluß der unglückselige Schuß an den Arm eines unserer Verteidiger den Ruf nach ›Elfmeter‹ ertönen ließ, wie nach dem Schlußpfiff unsere tapfere, glückstrahlende Mannschaft die Arme emporreißt und wie sie verdient gefeiert wird, wie noch keine Mannschaft im Olympiastadion... Das alles ist in uns noch lebendig in Erinnerung. 5000 selige Leipziger Schlachtenbummler beherrschten in den späten Nachmittagsstunden die Innenstadt Berlins bis zur Abfahrt ihrer Sonderzüge. Und ohne zu übertreiben kann man sagen, ganz Berlin freute sich mit. Hochbetrieb herrschte im Pschorrbräu, dem Treffpunkt der Leipziger. Das war begeistertes Kommen und Gehen! Seid umschlungen Millionen!! Was verkündet dort nicht alles der Lautsprecher des Hauses! ›Achtung – Achtung! Wir machen darauf aufmerksam, daß in den oberen Räumen noch Plätze frei sind!‹ ›Achtung – Achtung! Eben sind einige Spieler der siegreichen Pokalmannschaft des VfB Leipzig ins Lokal getreten!‹ ›Achtung – Achtung! Eine Dame aus Leipzig hat die Ärmel ihres Kleides verloren; der ehrliche Finder wird gebeten usw.!‹ ›Achtung – Achtung! 19.45 Uhr wird der Vereinsführer des Pokalsiegers VfB Leipzig, Herr Dr. Fricke, im Deutschlandsender über das heutige Pokalendspiel sprechen...‹ Wo gibt es ein Radio? Hier im Pschorrbräu nicht, also auf, ein Lokal gesucht, das müssen wir natürlich hören! Einfach war es nicht, obwohl Fachleute dabei waren. Aber es gelang doch, und bald hörten wir, eine Molle Helles genießend, die bekannte Stimme unseres Vereinsführers. Dann wurde Abendbrot gegessen, im Excelsiorkeller, dem bekannten Speiselokal. Dort sollen zur Olympiade an einem Tag 2000 Brathühner verzehrt worden sein, und einer von uns wollte jetzt nur eine Portion Bratkartoffeln haben und bekam sie nicht, trotzdem er sie fünfmal bestellte! Das ist eben nicht excelsior! Auf dem Anhalter Bahnhof war es lebensgefährlich. Es gab nur Leipziger Sonderzügler dort! Es hatte auch niemand weiter etwas zu sagen als diese Herren! Es sprachen (oder tranken Kognak!) nur diese Herren! Berlin ist eine höfliche, taktvolle Stadt! Im Zug wurde es nach und nach stiller! – Aber auf dem Hauptbahnhofe in Leipzig wurden die Geister wieder lebendig! Auch ein Polizist konnte daran nichts ändern! Die Tageszeitungen meldeten in ihrer Montagsausgabe die Ankunft der Sieger. Wer nur irgendwie die Möglichkeit hatte, sich für diese Stunde freizumachen, hat es getan; denn Tausende von begeisterten Leipzigern harrten des Augenblickes, die mit einem Schlage berühmt gewordenen Schalke-Bezwinger in der Heimatstadt empfangen zu können. Das war ein Jubel, ein Freuen ohne Ende! Die Ehrlichkeit, das Aufrichtige daran spürte man! Aus dem Herzen – in die Herzen! Es war den harten Kämpfern von gestern anzusehen, daß das Willkommen der Heimat zutiefst ins Innere drang. Bürgermeister Haake entbot namens der Stadt der siegreichen Mannschaft seinen Gruß und beglückwünschte sie herzlich. Worte höchster Anerkennung fand Sportdirektor Otto. Die Jugend des Vereins überreichte Blumen, und ihr Sprecher Dr. Weber gelobte, den großen Vorbildern getreu nachzufolgen. Auf den Schultern wurden die Sieger aus der Halle getragen!« Soweit aus den »VfB-Mitteilungen«. Ein großer Tag für den Leipziger Fußball!

Der Wimpel, der dem Sieger nach dem Finale überreicht wurde.

Pokalfinale in Berlin vor vollbesetztem Haus: 70 000 Zuschauer waren beim 2:1-Sieg des VfB gegen Schalke 04 dabei.

Das Jahr 1937

Die Ehrenloge im Berliner Olympiastadion mit dem Reichssportführer von Tschammer und Osten (Mitte).

Der Pokal, der dem Sieger ausgehändigt wurde.

Der VfB Leipzig vor dem Spiel. Für die Mannschaften war selbstverständlich der »deutsche Gruß« Pflicht.

Das Jahr 1937

Das erste Tor für den VfB Leipzig erzielte Stürmer May – da ahnte keiner der Zuschauer und am wenigsten die Schalker selbst die Sensation. Daß die Sachsen ernst machten, spürten die Kicker aus dem Ruhrpott erst nach dem zweiten Treffer – doch da war es bereits zu spät. Zu mehr als dem Anschlußtreffer von Kalwitzki reichte es nicht. Die Schalker, die in den Vorrunden den VfB Stuttgart (0:0 und 6:0), Werder Bremen (5:2) und Schweinfurt (3:2) ausgeschaltet hatten, waren bereits im Jahr zuvor im Finale gegen Nürnberg unterlegen. Erst 1938 klappte es mit dem Sieg; im dritten Finale hintereinander gewann Schalke zum ersten Mal den Pott gegen Düsseldorf.

Leipziger Jubel im Berliner Olympiastadion – die Sensation war geschafft, der Außenseiter Pokalsieger. (Foto links).

Eine Spieleransammlung vor dem Leipziger Tor. Wöllner faustet den Ball vor den Schalker Stürmern weg.

Am vorletzten Spieltag des Gaues Sachsen kam es noch einmal zum Aufeinandertreffen der Tura gegen den VfB – und diesmal revanchierten sich die Leutzscher für die empfindliche Hinspielniederlage mit einem 2:1-Sieg. Wakker nützte das 1:1 gegen Planitz nichts mehr, der Abstieg war längst besiegelt. Der VfB war mit dem fünften Platz beste Leipziger Mannschaft geworden, mit einem Punkt Rückstand folgte die Tura. Noch einen Platz dahinter lief die Fortuna ein, lediglich Wacker hatte das Klassenziel nicht geschafft. Fünf Punkte betrug der Rückstand zum Aufsteiger Riesa.

Doch daß der Alltag nicht leichter geworden war, mußten die Leipziger Pokalhelden schon eine Woche darauf erfahren, als sie im Derby gegen Fortuna eine bittere 0:3-Niederlage kassieren mußten.

Dagegen konnte die Tura aufatmen, denn nach ihrem 3:2-Auswärtssieg bei Meister PSV Chemnitz war sie schon frühzeitig aller Abstiegssorgen ledig. Auch Wacker glänzte und holte ein verdientes 1:1 bei Vizemeister DSC.

Doch für die Mannschaft aus Gohlis war dies nur eine Ausnahme. Die schlechteren Spiele überwogen, und man befand sich permanent im Abstiegskampf. Gegen den späteren Gaumeister BC Hartha setzte es eine Woche nach dem Punktgewinn in Dresden eine herbe 2:7-Heimniederlage, und der Abstieg war nicht mehr abzuwenden.

Am 14. Februar veranstalteten Leipzigs Vertreter in der Gauliga ein Torefestival. Tura schlug Guts Muts Dresden mit 6:0, der VfB deklassierte Wacker mit 6:1. Die Fortuna beteiligte sich allerdings nicht am munteren Toreschießen und unterlag mit 0:2 in Planitz.

Im Reichsbund-Pokal schlugen die Sachsen mit Rose (Spielvereinigung), Brembach (Tura), Breidenbach und Thiele (VfB) die Auswahl von Baden mit 4:3.

Das Endspiel um den Pokal verlor Sachsen allerdings; gegen den starken Niederrhein war kein Kraut gewachsen. Zwar fiel die Niederlage mit 1:2 glimpflich aus, doch vor 45 000 Zuschauern im Poststadion Berlin war nichts zu machen. Erneut standen die vier Leipziger, die schon gegen Baden dabei waren, im Aufgebot. Mit May (VfB) war sogar noch ein fünfter Messestädter hinzugekommen.

1. BC Hartha	18	8	8	2	45:24	24:12
2. PSV Chemnitz	18	9	3	6	41:34	21:15
3. SC Planitz	18	9	3	6	42:35	21:15
4. Dresdner SC	18	8	4	6	31:27	20:16
5. VfB Leipzig	18	8	3	7	42:29	19:17
6. Tura Leipzig	18	7	4	7	34:34	18:18
7. Fortuna Leipzig	18	6	4	8	24:28	16:20
8. Guts Muts Dresden	18	6	4	8	30:42	16:20
9. Riesaer SV	18	6	3	9	32:43	15:21
10. Wacker Leipzig	18	1	8	9	28:53	10:26

Die Abschlußtabelle der Saison 1936/37.

In der Aufstiegsrunde zur Gauliga rechnete sich die Lindenauer Spielvereinigung einiges aus. Man wollte nach oben, genauso, wie es ein Jahr zuvor die Tura vorgemacht hatte. Mit seinem Auswahlspieler Walter Rose war die Mannschaft stark genug, um auch gegen namhafte Gegner zu bestehen. Im ersten Spiel gegen die Sportfreunde Dresden gelang den »Turnern«, wie die Lindenauer noch immer genannt wurden, ein klarer 4:2-Erfolg. Die Euphorie stieg. Doch schon eine Woche danach die Ernüchterung: Mit dem Ergebnis der Vorwoche – nur umgedreht – unterlagen die Leipziger beim SV Grüna. Mit geknickter Stimmung trat man zum vorentscheidenden Spiel gegen die Dresdner Sportfreunde an. War ein Jahr mühevolle Arbeit und der Sieg in der Bezirksklasse umsonst gewesen? Sollte man im nächsten Jahr wieder von vorn beginnen müssen? Topfit auf die Minute erwischte

Übungsplan Sommer 1937.

Montag ist spielfrei und darf nicht besetzt werden.

Tag	Ort	Zeit	Abteilung	Leitung bzw. Aufsicht
Dienstag	Stadion	7—20 Uhr	Tennis	Herr Nitzsche
	Stadion	Ab 16 Uhr	Faustball	Herr Adler
	Stadion	Ab 16 Uhr	Leichtathletik männl. und weibl. Jugend	Herr Fehrmann
	Stadion	Ab 18 Uhr	Leichtathletik Frauen und Männer	Herr Fehrmann
	Stadion	Ab 16 Uhr	Hockey Jugend, Frauen und Männer	Herr Pfaff
	Stadion	Ab 19 Uhr	Fußball: Liga, Res. Jugend	Herr Pfaff
	Keglerheim Elsterstraße	Ab 19 Uhr	Sport- und Gesellschaftskegeln	Herr Sack
Mittwoch	Stadion	Ab 15 Uhr	Fußballjugend u. untere Mannsch.	Herr Pfaff
	Stadion	Ab 17 Uhr	Handball-Jugend	Herr Pfaff
	Stadion	Ab ½19 Uhr	Handball-Damen	Herr Pfaff
	Stadion	Ab ½20 Uhr	Handball-Herren	Herr Pfaff
Donnerstag	Stadion	7—20 Uhr	Tennis	Herr Nitzsche
	Stadion	Ab 15 Uhr	Fußball-Jugend	Herr Pfaff
	Stadion	Ab 17 Uhr	Leichtathletik-Frauen u. Männer	Herr Fehrmann
	Stadion	Ab 19 Uhr	Fußball: Liga, Res., Jugend	Herr Pfaff
Freitag	Stadion	Ab 15 Uhr	Fußball-Jugend	Herr Pfaff
	Stadion	Ab 17 Uhr	Hockey-Herren	Herr Pfaff
Sonnabend	Stadion	7—20 Uhr	Tennis	Herr Nitzsche
	Stadion	Ab 17 Uhr	Alte Herren	Herr Pfaff
Sonntag	Stadion	14—20 Uhr	Tennis	Herr Nitzsche
	Stadion	10—12 Uhr	Leichtathletik	Herr Fehrmann

Berichtsannahmeschluß für das Septemberheft 1937: 19. August 1937.

Vereinsverlag — Bearbeiter R. Schneider, N 22, Lothringer Str. 82, Ruf 511 37.
Druck: Arno Walther, Leipzig W 33, Henriettenstr. 1, Ruf 415 61
Für den VfB. zu Leipzig e. V. als Manuskript gedruckt.

Preis —.20 RM. DA. 930. Den Umschlagkarton stiftete die Firma H. H. Ullstein, Leipzig.

Genauestens organisiert: das Training beim VfB. Man beachte die Vielfalt der angebotenen Sportarten.

die Spielvereinigung einen tollen Start, und schon nach einer Viertelstunde stand es 3:0. Die Dresdner wußten nicht, wie ihnen geschah, und am Ende fuhren sie mit einer deftigen 2:8-Packung nach Hause zurück. Das hervorragende Torverhältnis gab den Ausschlag zugunsten der Leipziger, so daß sogar die Niederlage am letzten Spieltag der Aufstiegsrunde (2:3 bei Konkordia Plauen) die Spielvereinigung nicht mehr vom Aufstiegsplatz verdrängen konnte. Geschafft!

In der zweiten Hauptrunde des Tschammer-Pokals kam es gleich zu drei Ortsderbys. Eine Überraschung gelang den unterklassigen Mannschaften dabei nicht, denn Viktoria verlor bei Fortuna 1:6, Markranstädt bei Tura 0:1 und Eintracht beim VfB mit 2:5.

Am 13. Juni trafen in Dresden Sachsen und die deutsche Nationalelf aufeinander. Das beachtliche 1:1-Unentschieden erkämpften auch die Leipziger Rose (Spielvereinigung), Brembach und Riedel (Tura), die an der Seite von Richard Hofmann in der Sächsischen Auswahl spielten.

Anläßlich der Nationalsozialistischen Kampfspiele in Nürnberg spielte der VfB gegen Schalke 04. Nach dem gigantischen Aufmarsch von Zehntausenden Uniformierten kamen die Fußballer an die Reihe. Die Leipziger unterlagen mit 0:4, kamen aber »stolz und in dem Bewußtsein zurück, etwas Großartiges erlebt zu haben, von dem die Nachwelt noch in tausend Jahren sprechen wird«.

1938

Spitzenspiel gleich zu Jahresbeginn: Fortuna Leipzig mußte zum Dresdner SC. Beide Mannschaften standen nur einen Punkt hinter Titelverteidiger und Tabellenführer BC Hartha. Überraschend waren die Leipziger an den beiden Spitzenteams drangeblieben und hatten hervorragende Spiele hingelegt. Auch beim DSC ließen sich die Paunsdorfer nicht vorführen und nahmen beim 2:2 verdient einen Punkt mit.

Am 9. Januar kam es zum Leutzsch-Lindenauer Derby: Tura spielte gegen Spielvereinigung. Vor 8000 Zuschauern gingen die Gäste aus Lindenau zwar in Führung, doch »dem Kampfgeist der ›Löwen‹ setzte die Tura einen energischen Siegeswillen entgegen, brach damit den Widerstand der Spielvereinigung und siegte mit 2:1«, wie es in der Presse zu lesen war. Die Fortuna übernahm nach dem 3:0 gegen Planitz dank des um ein Tor besseren Torverhältnisses die Tabellenspitze vor Hartha. Richter (2) und Braunert erzielten die Treffer

Trotz Führung unterlag die Spielvereinigung der Tura noch mit 1:2. Der Schuß von Respondek blieb in der vielbeinigen Abwehr der Leutzscher hängen.

vor 3000 begeisterten Zuschauern in Paunsdorf. Das nächste Derby folgte schon eine Woche später. Die Spielvereinigung empfing den neuen Spitzenreiter vor 6000 Zuschauern an der Demmeringstraße. Die Rot-Weißen griffen sofort ungestüm an und bedrohten das Fortuna-Tor. Doch die Gäste konterten clever und gingen durch ihren Linksaußen Steinmetz in Führung. Der Lindenauer Beiler aber schaffte noch vor der Pause den Ausgleich. Doch innerhalb von 12 Minuten verwandelte die Fortuna nach dem Wechsel den 1:1-Halbzeitstand in eine 4:1-Führung. Die ersten Zuschauer wanderten schon ab, als noch einmal Hoffnung bei den 6000 Anhängern aufkeimte, denn Beiler und Pfützner I verkürzten auf 3:4. Dann schien sogar noch die Wende möglich zu sein, als Schiedsrichter Pohl aus Plauen noch einen Elfmeter gegen die Gäste verhängte. Doch der Lindenauer Sack schoß zu unplaziert, so daß Fortuna-Keeper Bär halten konnte. Auch im zweiten Derby dieses Spieltages in Probstheida sahen die Zuschauer ein großartiges Spiel. 13 000 waren gekommen, um das für die Tabelle absolut bedeutungslose Spiel gegen die Tura mitzuerleben. Reichmann und Breidenbach erzielten schließlich nach einem gutklassigen Spiel die Treffer für den VfB, der mit 2:0 gewann.

In den »VfB-Mitteilungen« mokierte sich Schriftleiter Schneider über den Andrang an den Kassen: »Theorie und Praxis. Das Fußballspiel gegen Tura gab Schwätzern wieder einmal Gelegenheit, sich zu ergehen über die Abfertigung der Zuschauer. 35 Minuten vor Spielbeginn waren ungefähr 600 Personen auf den Stehplätzen und zehn auf der Tribüne anwesend. Dem Spiele wohnten aber 13 000 Besucher bei. Es mußten also 12 000 Leute in reichlich 30 Minuten an den 16 geöffneten Kassen abgefertigt werden. Es mache sich jeder sachlich denkende Mensch ein Bild über die Arbeit der Kassierer! Drängelei, Fragerei, Zwanzigmarkscheine, 5-Mark und 3-Mark-Stücke, falsches Geld! Schimpfen usw., usw. Und warum? Zu unseren Spielen kommen eben die meisten Leute fünf Minuten vor Beginn, weil sie wissen, daß sie von allen Plätzen aus gut sehen können. Ich war in Leutzsch beim Spiel Tura – DSC. Da war 35 Minuten vor Spielbeginn bei gleicher Besucherzahl der Platz vollkommen gefüllt!! Dort setzt der Ansturm der Massen früher ein, um einen Platz zu erhalten, von dem man aus etwas sehen kann. Reibungslos muß sich natürlich die Abfertigung an den Kassen vollziehen. Wo liegt die Schuld? Ist unserer Kassenverwaltung ein Vorwurf zu machen? Kann man nicht auch zu uns einige Minuten früher kommen? Es ist beabsichtigt, um Dienst am Kunden zu üben, neue günstigere Kassenschalter zu errichten.«

Ortsderby im Jahr 1938: die Tura trennte sich vom VfB mit einem 1:1. Auch Thiele (VfB; gestreiftes Jersey) traf nicht ins Tor des Gegners.

Nicht nur die Fußballjugend wirkte an der Pyramide anläßlich der VfB-Jubiläumsfeier mit, sondern auch die erste Männermannschaft (im Hintergrund).

Mit einer großen Feier beging der VfB in diesen Tagen auch sein 45jähriges Stiftungsfest. Zum Jubiläum waren viele Vertreter Leipziger und auswärtiger Vereine sowie die gesamte mitteldeutsche Prominenz anwesend; gefeiert wurde im »CT«. Das Spiel gegen Admira Wien ging allerdings 1:5 verloren, aber das störte an diesem Tag nicht weiter.

Im Reichsbundpokal schlug die Auswahl Sachsens die Elf aus Schlesien mit 4:1, wobei in Breslau mit Croy und Brembach (Tura), Rose von der Spielvereinigung und Breidenbach und Thiele vom VfB fünf Leipziger in der Auswahl standen.

Mit einem Derby ging es weiter. In Engelsdorf empfing die Fortuna die Mannschaft aus Leutzsch, Tura Leipzig. Die Begeisterung bei den 10 000 Zuschauern war groß, wie einem zeitgenössischen Bericht zu entnehmen war: »Ganz gewiß wäre das Rückspiel zwischen Fortuna und Tura in Engelsdorf einer der schönsten und packendsten Ortskämpfe geworden, wenn das Kräfteverhältnis nicht nach zehn Minuten durch Verletzung Brembachs eine irreguläre Verschiebung zu Fortunas Gunsten erfahren hätte. Bis zu diesem Zeitpunkt gaben sich die Gegner in nichts nach, ritten wechselweise schnittige Attacken und schufen dadurch die rechte ›Großkampfstimmung‹, die noch erhöht wurde, als die Leutzscher bei einem geschickten Vorstoß ihrer rechten Seite gar 1:0 in Führung gingen und damit den Spitzenreiter zum Einsatz seines ganzen Könnens zwangen. Dann aber, nachdem der bewährte Verteidiger ausgeschieden war und Tura zur Umgruppierung gezwungen war, ließ die Elf erheblich nach. Fortuna kam mächtig auf, erzielte die zum Sieg nötigen Treffer und schaltete für die letzten 20 Minuten im Gefühl des sicheren Sieges einen Gang zurück, wodurch Tura – bei der Brembach nun als Linksaußen stürmte – offenes Feldspiel erzwang und die Differenz um ein Tor verringerte. Bedauerlich war dieser Verlauf vor allem deshalb, weil Fortuna sich ebenso wie Tura offenbar in ganz vorzüglicher Verfassung befand.« Das 5:2 für die Platzherren fiel deutlich aus, sicherte den Fortunen einen Drei-Punkte-Vorsprung in der Gauliga-Tabelle vor Verfolger Hartha. Am gleichen Tag schlug der VfB den Dresdner SC mit 1:0, hatte einen Punkt mehr als die Elbestädter und belegte damit den vierten Platz. Die Spielvereinigung verschaffte sich mit dem 2:1 gegen den Tabellenletzten Grüna etwas Luft im Abstiegskampf und rangierte nun drei Punkte vor dem Abstiegsplatz.

Nun überschlugen sich die Ereignisse. Der 6. Februar ging als schwarzer Tag in die Leipziger Fußballgeschichte ein. Bis auf die spielfreien Fortunen unterlagen alle Teams aus der Messestadt. Die Spielvereinigung verlor in Planitz mit 1:5, Tura kassierte auf eigenem Platz eine 0:5-Packung gegen Hartha, und der VfB wurde beim PSV Chemnitz gar mit 1:7 abgefertigt! Insgesamt 17 Gegentore – eine wahre Schmach.

Aber auch den Spitzenreiter Fortuna erwischte es noch. Eine Woche später verlor die Truppe daheim gegen den Tabellenvorletzten Guts Muts Dresden mit 0:1 und gab somit die Spitze wieder an Hartha ab. Dafür erlebten die 4000 Zuschauer in Lindenau bei grimmiger Kälte ein tolles und spannendes Ortsderby, als die Spielvereinigung auf den VfB traf. Mit 5:4 behielten die Gastgeber schließlich die Oberhand. Der VfB allerdings legte Protest ein, weil bei einem Lindenauer Angriff der Schiedsrichter nach einem Foul auf Freistoß entschieden hatte, der Stürmer Schneider von der Spielvereinigung aber weiterlief und den Ball ins Netz setzte. Und der Treffer zählte! Der Protest wurde abgelehnt.

Eine Woche darauf fielen sämtliche Spiele aus, weil der »Führer« Adolf Hitler im Reichstag eine Rede hielt. Soweit ging das Hineinreden der neuen Machthaber in den Sport. Während die Menge das »Führer befiehl, wir folgen dir!« skandierte, durften die Fußballer ihre Spiele nicht austragen.

In der Meisterschaft wurde es noch äußerst spannend, da der VfB dem Tabellenführer aus Hartha einen Punkt beim 1:1 in Probstheida abknöpfte und Verfolger Fortuna zur selben Zeit bei Absteiger SV Grüna ungefährdet mit 4:1 gewann. So mußte sich nun alles am letzten Spieltag entscheiden, an dem beide Mannschaften direkt aufeinandertrafen.

Verein für Bewegungsspiele
zu Leipzig e.V.
gegr. 11. November 1893

Anschrift: VfB. zu Leipzig, Leipzig O 39, Connewitzer Str. 13. Ruf: 626 15.
Postscheckkonto: Leipzig 252 17. Bankverbindung: Stadt- und Girobank, Leipzig.

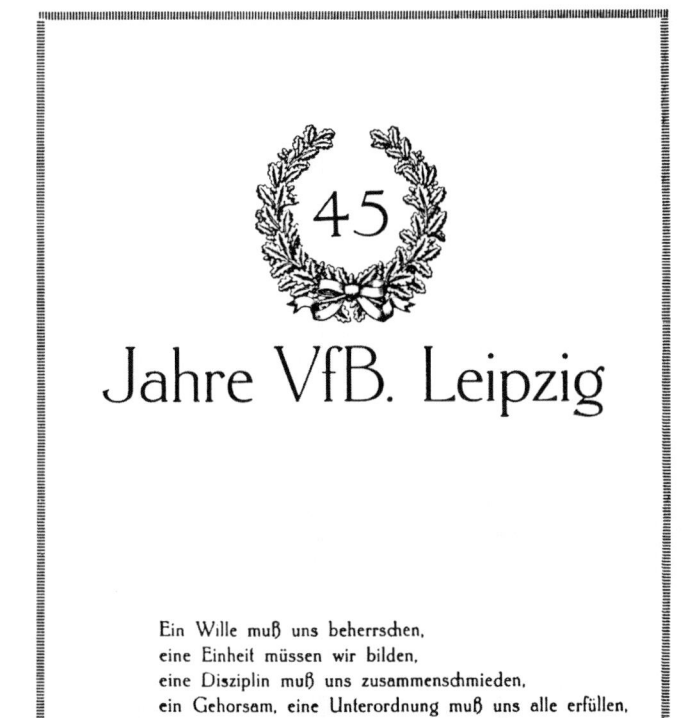

45 Jahre VfB. Leipzig

Ein Wille muß uns beherrschen,
eine Einheit müssen wir bilden,
eine Disziplin muß uns zusammenschmieden,
ein Gehorsam, eine Unterordnung muß uns alle erfüllen,
denn über uns steht die Nation!

Adolf Hitler

Jubiläumsschrift zur 45-Jahr-Feier. Das Deckblatt ziert ein Ausspruch des »Führers« – das Dritte Reich war allgegenwärtig, die Propagandamaschine hatte auch den Fußball voll im Griff.

Einen Tag nach dem Einmarsch deutscher Truppen in Österreich am 12. März kam es in Hartha zur Entscheidung zwischen dem Gastgeber und der Leipziger Fortuna, die allerdings wegen des schlechteren Torverhältnisses unbedingt einen Sieg benötigte, um Sachsenmeister zu werden. Die Gäste gingen durch Braunert I sogar schnell in Führung und waren fast schon am Ziel. Doch ein Doppelschlag brachte Hartha nach vorn, und obwohl Obst noch den Ausgleich erzielte, reichte es nicht zum Titel. Die Tordifferenz war bei beiden Mannschaften sogar absolut gleich, nämlich 22 Plustore! So mußte das Torverhältnis entscheiden. Es betrug 1,786 zu 1,733 – die Differenz von 0,053 gab also den Ausschlag. Unvorstellbar knapp waren die Leipziger gescheitert.

Nach heutiger Lesart wären sie damals Meister geworden. Diese umstrittene wie merkwürdige Methode konnte sich auf Dauer nicht durchsetzen.

Niedergeschlagenheit herrschte auch in Lindenau, wo die Spielvereinigung den Abstieg aus der Gauliga nicht verhindern konnte. Auch hier ging es hauchdünn zu. Punktgleich mit Guts Muts Dresden entschied ebenfalls die Tordifferenz, und da hatten die Leipziger das Nachsehen: Zwei Tore weniger hatten sie geschossen als die Dresdner, die damit in der Gauliga verblieben.

1.	BC Hartha	18	11	4	3	50:28	26:10
2.	Fortuna Leipzig	18	11	4	3	52:30	26:10
3.	PSV Chemnitz	18	11	2	5	54:36	24:12
4.	Dresdner SC	18	9	5	4	46:26	23:13
5.	VfB Leipzig	18	7	6	5	43:41	20:16
6.	SC Planitz	18	7	2	9	34:32	16:20
7.	Tura Leipzig	18	5	6	7	30:39	16:20
8.	Guts Muts Dresden	18	5	2	11	33:45	12:24
9.	SpVgg. Leipzig	18	5	2	11	35:49	12:24
10.	SV Grüna	18	0	5	13	25:76	5:31

Die Abschlußtabelle der Saison 1937/38.

Die Fortuna war so geschockt, daß sie sich lange Zeit nicht von diesem Schlag erholte. Im Pokalwettbewerb schied die Mannschaft nach einem überraschenden 1:3 in Riesa gleich in der ersten Hauptrunde aus. Bezirksklassen-Vertreter Eintracht Leipzig konnte gegen die Spielvereinigung ein 3:3 nach Verlängerung und somit ein Wiederholungsspiel erzwingen. Dort allerdings kamen die wackeren Eintracht-Mannen mit 3:8 unter die Räder.

In der zweiten Hauptrunde aber konnten einige der Favoriten sich nicht mehr behaupten. So schied beispielsweise die Tura gegen Hohenstein-Ernstthal nach einem 2:3 aus dem Wettbewerb aus, der VfB unterlag in Probstheida der Spielvereinigung hoch mit 1:6.

Pokalschreck Riesa sorgte in der dritten Runde für eine echte Sensation. Niemand anderes als die Spielvereinigung Leipzig kam mit sage und schreibe 1:7 unter die Räder. Die sächsische Fußballwelt staunte, in Lindenau verkrochen sich die Spieler vor Scham.

Die Sportvereinigung Leipzig und Viktoria 03 stiegen in die Bezirksklasse Leipzig auf.

Das neue Spieljahr begann wechselhaft für die Leipziger Vereine. Während die Fortuna noch immer gegen die Nachwehen der knappen Niederlage im Kampf um die Mitteldeutsche Meisterschaft zu kämpfen hatte, kamen die Tura und der VfB zu unterschiedlichen Ergebnissen. Doch während bei den Probstheidaern die Erfolge überwogen, kam die Tura einfach nicht richtig in Schwung. Das 5:3 gegen die Fortuna am dritten Spieltag blieb für lange Zeit das einzige Erfolgserlebnis. 0:5 beim PSV Chemnitz, die 2:7-Heimniederlage gegen Konkordia Plauen, das 0:7 beim Dresdner SC waren schon deprimierende Niederlagen, die bei den Männern aus Leutzsch nicht gerade

Das Jahr 1938

Zwei Mannschaften, die es kurz nach dieser Aufnahme in dieser Form nicht mehr geben sollte: der SV 1899 Leipzig und die Tura. Ein letztes Freundschaftstreffen fand kurz vor der Vereinigung beider Vereine zu Tura 1899 auf dem »99er« an der Merseburger Landstraße statt.

Zukunftsoptimismus auslösten. Auch der Zusammenschluß mit dem SV 1899 Leipzig, der im November stattfand, brachte kaum Besserung.

Mit Bossenz, Trisch, Carolin, Pfau und Gödicke kamen zwar neue und brauchbare Spieler zur Tura, doch die Niederlagenserie konnten auch sie nicht stoppen. Das erste Spiel unter dem neuen Namen Tura 1899 Leipzig wurde in Leutzsch gegen den Planitzer SC mit 3:4 verloren. Der letzte Tabellenplatz in der Gauliga zum Ende der Herbstserie mit nur drei kümmerlichen Punkten auf der Habenseite und bereits fünf Zählern Rückstand zum rettenden 8. Platz ließen die Gedanken an den Abstieg aus der höchsten Spielklasse schon sehr real erscheinen. Die hochfliegenden Träume der ehrgeizigen Turaner schienen schon nach kurzer Zeit wieder zu zerplatzen.

Viel besser lief es für den Altmeister aus Probstheida, den VfB Leipzig. Endlich zog mehr Konstanz ein, und nach dem 3:0 gegen den amtierenden Gaumeister BC Hartha am 6. November machte sich Optimismus breit. Nach dem sicheren 3:1 im Ortsderby gegen Tura standen die Blau-Weißen sogar erstmals nach langer Zeit wieder auf dem ersten Tabellenplatz und genossen die Zeit als Herbstmeister. Auch das 4:7 am ersten Weihnachtsfeiertag gegen den Vorzeigeklub Rapid Wien, der zwei Wochen darauf Groß-Deutscher Pokalsieger wurde, zerstörte das neue Gefühl in keiner Weise. In Probstheida war man sich sicher: Wir sind wieder wer!

Eindrucksvoll: die Trophäen-Sammlung des VfB Leipzig. Die meisten Stücke verschwanden nach dem Krieg auf bisher ungeklärte Weise.

1939

Meisterlich begannen die VfBer auch das neue Jahr. Beim 5:0 in Dresden ließen sie den Sportfreunden keine Chance und bauten ihre Führung weiter aus, weil die Verfolger Planitz und Hartha (1:3 bei der Fortuna) ihrerseits Federn ließen. Doch ein nicht eingeplantes und völlig überraschendes 0:3 daheim gegen den PSV Chemnitz machte der Euphorie in Probstheida ein schnelles Ende. Die Spieler zeigten Nerven, und als es zwei Wochen darauf zum großen Favoriten Dresdner SC ging, war man vor 30 000 Zuschauern Atmosphäre und Gegner nicht gewachsen und unterlag mit 0:2.

Überraschend verloren danach auch alle anderen Mitkandidaten um den Meistertitel, und somit stand der VfB Leipzig nach dem 15. Spieltag mit zwei Punkten Vorsprung erneut auf dem ersten Tabellenplatz. Im Ortsderby bei Tura hatten die Probstheidaer keine Probleme und gewannen mit 2:0.

Eine Vorentscheidung schien der 16. Spieltag bereitzuhalten. Im direkten Aufeinandertreffen unterlagen die Leipziger in Hartha mit 0:2, und zwei Spieltage darauf überholte Hartha den VfB sogar, weil der spielfrei hatte. Ein Punkt betrug nun der Vorsprung.

Dramatisch spitzte sich das Geschehen zu, als sich die Konkurrenz gegenseitig die Zähler abnahm. Der DSC schlug Hartha 4:0, der VfB besiegte Planitz mit demselben Resultat und war wieder Tabellenführer! Allerdings mit dem Nachteil, daß die Leipziger am letzten Spieltag spielfrei waren und tatenlos dem Geschehen zuschauen mußten. Der Dresdner SC mußte beim Ortsrivalen Tura antreten, der längst als Absteiger feststand...

Die komplette Mannschaft des VfB war in Leutzsch erschienen und fieberte mit den Turanern um den Sieg oder wenigstens ein Unentschieden. Denn das hätte aufgrund der besseren Tordifferenz für die Leipziger gereicht. Wieder ein Millimetereinlauf wie schon im letzten Jahr!

Doch auch diese Spielserie endete für Leipzigs Fußball mit einer bitteren Enttäuschung. Denn die Tura hatte einfach nicht die Kraft, den Dresdnern, die mit einigen tausend Schlachtenbummlern angereist waren, Paroli zu bieten. 0:3 unterlagen die Leutzscher dem DSC in einem einseitigen Spiel. Nach dem Schlußpfiff aber waren die Spieler und Anhänger aus Probstheida die traurigsten Menschen im Stadion, denn nicht sie, sondern die Dresdner waren durch diesen Sieg Sachsen-Meister geworden. Schade!

1. Dresdner SC	18	12	2	4	41:19	26:10
2. VfB Leipzig	18	12	1	5	46:20	25:11
3. BC Hartha	18	12	0	6	63:38	24:12
4. SC Planitz	18	10	3	5	48:37	23:13
5. PSV Chemnitz	18	10	1	7	50:41	21:15
6. Fortuna Leipzig	18	8	1	9	39:43	17:19
7. Sportfr. Dresden	18	5	6	7	29:49	16:20
8. Guts Muts Dresden	18	6	2	10	23:35	14:22
9. Konkordia Plauen	18	3	2	13	30:44	8:28
10. Tura 1899 Leipzig	18	2	2	14	27:70	6:30

Die Abschlußtabelle der Gauliga 1938/39.

5.2.39: Fortuna gewann gegen Tura mit 4:1. M. Braunert, 2. von rechts, schoß an Torwart Bossenz vorbei, aber Obst (ganz vorn) verpaßte. Ganz links Zander, rechts Trisch.

Tura gegen PSV Chemnitz – Massenandrang in Leutzsch.

Wacker Leipzig kämpfte nach dem Abstieg zwei Jahre zuvor wieder um den Aufstieg in die Gauliga. Der Auftakt ging jedoch voll daneben: Mit 2:5 unterlag man auf eigenem Platz dem VfB Glauchau. Dafür konnte man sich gegen Riesa mit einem 3:1 rehabilitieren, und auch in Riesa gelang ein Sieg (2:1). Endgültig verabschiedeten sich die Wackeraner nach dem 1:7 in Glauchau. Mit der Gauliga hatten sie auch in der kommenden Saison nichts zu tun.

Tura feierte sein 40jähriges Bestehen, obwohl der Verein erst im Jahr 1932 aus der Taufe gehoben worden war. Vorläufer Britannia 1899 war es, der hier eigentlich geehrt wurde.

In der Schlußrunde des Tschammer-Pokals unterlag die Spielvereinigung in Gleiwitz mit 1:2. Der VfB gewann gegen den Deutschen Meister Hannover 96 auf dessen Platz mit 6:4 und bewies damit einmal mehr seine Klasse.

Tura gegen TuB am 12.11.39. Die Leutzscher gewannen mit 3:1; Carolin köpfte das 1:0.

Die neue Spielzeit begann mit einigen gravierenden Änderungen und einigermaßen verwirrend. Die Gauligaspiele fielen wegen des eben begonnenen Krieges gegen Polen aus, statt dessen ordnete der Reichssportführer zunächst Bezirksmeisterschaftsspiele an. Dort sollten Gauligavereine mit der Bezirksklasse gepaart und eine Art Stadtmeisterschaft ausgetragen werden.

Diese Spiele begannen auch, und es kamen teilweise die tollsten Ergebnisse heraus. Die Verhältnisse standen manchmal förmlich kopf, und so manches Spiel endete mit einer Sensation. So stand beispielsweise nach vier Spieltagen mit TuB Leipzig ein Bezirksklassevertreter an der Spitze. Geschuldet waren die Resultate dem Krieg. Viele Sportler und natürlich auch Fußballer wurden eingezogen und mußten an die Front. Beim VfB beispielsweise wurden nicht weniger als 15 Spieler der ersten Mannschaft zur Wehrmacht eingezogen, acht von ihnen sofort in den ersten Kriegstagen. So hatten die Probstheidaer auf einen Schlag eine komplette Mannschaft mit Reservespielern verloren. Anderen Mannschaften ging es ähnlich, und so spiegelten jene verrückten Resultate nur den wahren Zustand im Sport wider. Bei der Spielvereinigung wie auch bei anderen Vereinen durfte man zum Teil auch ausländische Gastspieler einsetzen, die jedoch nichts anderes waren als Zwangsarbeiter.

Ihnen ging es vergleichsweise gut im Gegensatz zu anderen zur Fronarbeit gezwungenen Menschen. So lief beispielsweise der Tscheche Hadlicka in den rot-weißen Farben der Lindenauer auf, der Belgier Möller kämpfte um Punkte für die deutsche Mannschaft. Arbeiten mußten sie im Flugzeugwerk Erla in Portitz. Zu den Spielen kamen die »Zwangsfußballer« unter Bewachung von deutschen Offizieren, die sich für Fußball interessierten und dann auch die Spiele anschauten.

Im Herbst wurde beschlossen, die Gauliga doch noch spielen zu lassen, und es wurden zwei Staffeln eingeteilt. Die Liga hieß nun »Kriegsmeisterschaft« und wurde auf zwölf Mannschaften aufgestockt sowie in zwei Staffeln ausgespielt. Das rettete die eigentlich schon abgestiegenen Turaner, die dadurch weiter in der Gauliga verblieben und ein weiteres Jahr in der höchsten Spielklasse spielen konnten. Die Leipziger Teams von Fortuna, VfB und Tura sollten in einer Staffel mit dem Dresdner SC, Glauchau und Plauen spielen, Planitz, der Chemnitzer BC, PSV Chemnitz, Hartha, die Sportfreunde und Guts Muts Dresden in der anderen. Doch mehrere Male wurde die Einteilung noch geändert, am Ende tauschten aber nur der DSC und Planitz die Plätze.

Nach drei Spielen standen die drei Leipziger Mannschaften auf den ersten drei Plätzen. Die Saison hatte sich gut angelassen. Am ersten Kriegsweihnachtsfeiertag schlug der VfB die Tura in einer überzeugenden Vorstellung mit 4:0. Fortuna dagegen unterlag Planitz in Engelsdorf mit 1:3. Damit stand der VfB als seinerzeit stärkste Leipziger Mannschaft ungeschlagen auf dem ersten Platz – verfolgt von Planitz.

VEREIN FÜR BEWEGUNGSSPIELE ZU LEIPZIG E. V.

DEUTSCHER FUSSBALLMEISTER: 1903, 1906, 1913
AKADEMISCHER FUSSBALLMEISTER: 1913
MITTELDEUTSCHER FUSSBALLMEISTER: 1903, 1904, 1906, 1907, 1910, 1911, 1913, 1918, [1920, 1925, 1927
MITTELDEUTSCHER POKALMEISTER: 1930
DEUTSCHER POKALMEISTER: 1936

EIGENE PLATZANLAGE: 80000 qm m. Klubheim u. Tribüne
VEREINSLOKAL: HOTEL SEDAN (Hauptbahnhof)
POSTSCHECKKONTO: LEIPZIG 25217

LEIPZIG, DEN 19. August 1939.
GESCHÄFTSSTELLE: STADION O 39
FERNSPRECHER: 6 26 15

VORSTAND:

An den
Turn- und Rasensportverein von 1899 e.V.
L e i p z i g   W.35
======================
Böhlitz Ehrenberger Weg 1.

Eingegangen am 19. AUG. 1939
Beantwortet am

Liebe Sportkameraden !

Zu Ihrem

40 jährigen Jubiläum

übermitteln wir Ihnen unsere herzlichsten Glückwünsche.

Wir haben die feste Zuversicht, dass es Ihrer rührigen Vereinsführung und der im Verein herrschenden guten Kameradschaft gelingen wird, die 1. Mannschaft schon im kommenden Spieljahr wieder in die Gauliga zu bringen, wo sie nach ihren Leistungen auch hingehört.

Wir wünschen Ihnen weiter auch auf den übrigen von Ihnen betriebenen Sportzweigen gute und beachtliche Erfolge, wie Sie diese ja schon vielfach in dem 40 jährigen Bestehen des Vereins erzielt haben.

Unser besonderer Wunsch zu Ihrem Jubiläum ist der, dass die gute Kameradschaft und Freundschaft die unsere beiden Vereine verbindet, auch weiterhin erhalten bleibt und noch vertieft wird. Für die von Ihnen geplanten Veranstaltungen wünschen wir Ihnen guten und erfolgreichen Verlauf.

Heil Hitler !

Verein für Bewegungsspiele zu Leipzig E.V.

Vereinsführer

Das Glückwunschschreiben belegt, daß Tura eigentlich schon abgestiegen war. Nur der Einführung der »Kriegsmeisterschaften« verdankten die Leutzscher ihre weitere Zugehörigkeit zur Gauliga.

Das Jahr 1939

Oben: TuB-Torwart Frötschner streckte sich vergeblich und konnte das Gegentor durch Elfmeter durch Tura-Spieler Carolin nicht verhindern.

Rechts: Scharf in die linke Torecke erzielte Zander den zweiten Treffer für die Tura. Müller vom VfB am Boden ohne Chance. Aus: Tura – VfB 3:3 vom 22.10.39.

1940 Spannend ging es auch im neuen Jahr zu. Im Ortsderby bezwang Fortuna die Tura klar mit 4:0, der VfB siegte in Plauen mit 4:1. Überhaupt, der VfB: Von Sieg zu Sieg eilten die Blau-Weißen und bewiesen, daß sie wirklich so stark waren, wie es die Resultate glauben machten. Und das, obwohl so viele Stammspieler fehlten. Doch den anderen ging es ja fast genauso, und dadurch relativierte sich alles wieder ein wenig. Wie sehr die Leistungen der zweiten Reihe doch noch schwanken können, zeigte das Spiel des VfB in Planitz. Die Westsachsen mußten im entscheidenden Spiel gewinnen, um Staffelsieger der Gruppe 1 zu werden. Sie schafften es auch, und wie! Sage und schreibe acht Treffer setzten sie dem VfB ins Netz, und wie begossene Pudel schlichen die Leipziger vom Platz. Ähnliches hatte eine Woche zuvor auch die stolze Fortuna erleben müssen – ebenfalls in Planitz. Für die Engelsdorfer setzte es sogar eine 3:9-Niederlage. Erst der Dresdner SC konnte die torhungrigen Planitzer stoppen – im zweiten Versuch. Nach dem 3:3 im ersten Endspiel siegten die Dresdner im Rückspiel mit 3:0. Derweil befand sich ganz Deutschland im Freudentaumel, denn die Wehrmacht war eben in Paris einmarschiert. Der VfB mußte allein auf über 250 Mitglieder verzichten, die unter Waffen standen.

Die Tura als Tabellenvorletzter hatte sich wieder nur hauchdünn durch einen knappen Vorsprung gegenüber Konkordia Plauen gerettet und verblieb in der Gauliga.

Meister der Bezirksklasse wurde Wacker, und damit konnten

Einladung zum Tura-Spiel; die Karten waren ein beliebtes Sammelobjekt für die teilnehmenden Spieler.

die Gohliser an der Aufstiegsrunde zur Gauliga teilnehmen, die sie drei Jahre zuvor hatten verlassen müssen. Die Wackeraner schafften es auch und hatten es dabei gar nicht einmal so schwer, wie Resultate wie das 4:0 gegen NSTG Lauter, das 6:2 beim Döbelner SC, das 3:1 im Rückspiel und das 2:1 in Lauter bewiesen. Lediglich in Riesa setzte es eine 0:2-Niederlage, und zu Hause im Wackerstadion reichte es nur zu einem 2:2. Doch damit waren beide Mannschaften zufrieden, Wacker und Riesa stiegen in die Gauliga auf.

Das neue Spieljahr hielt für die Mannschaften erneut einen neuen Namen für ihre höchste Spielklasse bereit: Jetzt wurde in der Sächsischen Bereichsklasse anstelle der Gauliga gespielt. Die Gegner waren dieselben, und so konnte es wieder losgehen. Es wurde auf die beiden Staffeln verzichtet, so daß wieder mehr und interessantere Spiele stattfanden. Schon der erste Spieltag war an Überraschungen reich. Neuling Riesa besiegte Glauchau mit einem unglaublichen 10:2, der VfB gewann in Hartha 2:0, und Tura fertigte den anderen Neuling, Wacker Leipzig, im Ortskampf gleich mit 6:0 ab.

Darauf folgte der Pokal, in dem Tura die Spielvereinigung Fürth empfing. Diesmal mußten sich allerdings die Leutzscher einem anderen, stärkeren Gegner stellen als eine Woche zuvor gegen Wacker und verloren prompt mit 1:2. Während das nun noch nicht gleich für Weltuntergangsstimmung sorgte, herrschte nur eine Woche später lähmendes Entsetzen bei

Staffel 1
1. Planitzer SC	10	7	1	2	47:6	15:5
2. Fortuna Leipzig	10	6	1	3	23:23	13:7
3. VfB Leipzig	10	5	2	3	27:21	12:8
4. VfB Glauchau	10	2	4	4	18:30	8:12
5. Tura 1899 Leipzig	10	2	2	6	12:23	6:14
6. Konkordia Plauen	10	2	2	6	9:33	5:14

Staffel 2
1. Dresdner SC	10	8	2	-	39:8	18:2
2. Chemnitzer BC	10	6	1	3	24:20	13:7
3. PSV Chemnitz	10	4	4	2	26:20	12:8
4. BC Hartha	10	3	2	5	21:29	8:12
5. Sportfreunde Dresden	10	3	1	8	25:28	7:13
6. Guts Muts Dresden	10	1	-	9	13:42	2:18

Entscheidungsspiele
1. Dresdner SC	2	1	1	-	8:3	3:1
2. Planitzer SC	2	-	1	1	3:6	1:3

Die Abschlußtabelle der Saison 1939/40.

den Turanern: mit 1:9 waren sie beim Dresdner SC, dem Finalisten in der vorhergehenden Deutschen Meisterschaft (0:1 gegen Schalke 04), unter die Räder gekommen. Leipzigs Fußballwelt war skeptisch: Würde die Tura in diesem Jahr noch einmal soviel Glück haben wie in den beiden Jahren zuvor? Die Leutzscher stemmten sich dagegen und wollten das unbedingt verhindern. Das 0:0 beim VfB, das 3:1 gegen Glauchau und vor allem das 2:0 bei der Fortuna weckten neue Hoffnungen. Am 1. September 1940 fand endlich wieder einmal ein Länderspiel in Leipzig statt. Der Gegner hieß Finnland und stellte keine Hürde dar, denn Deutschland siegte mit 13:0!

Während sich die Tura gefangen hatte, bezog Aufsteiger Wacker ordentlich Prügel. Negativer Höhepunkt war sicherlich das 2:11 beim PSV Chemnitz. Schon frühzeitig stand die Mannschaft mit dem Rücken zur Wand und wehrte sich verzweifelt. Doch weitere schwere Schlappen wie beispielsweise das 0:7 beim SC Planitz oder das 1:5 daheim gegen den Chemnitzer BC ließen den Kampf aussichtslos werden. Zur Winterpause betrug der Rückstand auf den rettenden achten Platz schon sechs Punkte.

Von den niederschmetternden hohen Niederlagen war allerdings auch die Fortuna nicht verschont geblieben. Beim frischgebackenen Deutschen Pokalsieger Dresdner SC (2:1 gegen den 1. FC Nürnberg nach Verlängerung) bekamen die Engelsdorfer gleich zehn muntere Dinger eingeschenkt.

Doch das war noch nicht alles, was die Dresdner zu bieten hatten, denn sieben Tage darauf mußte Planitz auf eigenem Platz (!) dran glauben und unterlag 3:12.

Tura belegte nach einem sensationellen 5:1 gegen den PSV Chemnitz mittlerweile sogar Rang 5 der Tabelle und schielte mit einem Auge sogar noch weiter nach oben. Denn alle DSC-Verfolger lagen nur eng beieinander.

Ein Weihnachtsturnier bestritt Tura gemeinsam mit den TuB-Urlaubern aus dem Felde, doch gegen die Teplitzer Soldatenelf von Teplitz-Schönau hatte die zusammengewürfelte Truppe keine Chance – 1:6 unterlag man den Gästen.

Deutschland – Finnland in Leipzig im VfB-Stadion.

Tura Leipzig im Jahr 1939. Stehend von links: Carolin, Respondek, Gödicke, Zander, Neustadt, Groß, Pfau. Hockend: Koder, Sommer, Kießling, Weidner, Pönert.

Das Jahr 1941

Kriegsweihnacht 1940: Tura-Spieler mit Funktionären beim Verteilen kleiner Geschenke unter dem Weihnachtsbaum.

1941

Am Neujahrstag empfing die Tura die slowakische Spitzenmannschaft von Bratislava. Gleich zehn Nationalspieler standen in den Reihen der Gäste, die zwei Tage zuvor gegen Hertha BSC mit 7:1 gewonnen hatten. Zwar unterlagen auch die Leutzscher, aber das 1:2 fiel doch sehr knapp aus und war vermeidbar. Das 1:0 für die Slowaken fiel durch einen 40-Meter-Schuß, den Tura-Keeper Kießling ins Tor fallen ließ. Dann verschoß Gödicke einen Strafstoß, dafür fiel in der 74. Minute das 0:2. Wenzel schaffte in der 84. Minute den Anschlußtreffer, doch in der Schlußminute vergab die Tura erneut die Riesenchance für den Ausgleich. Wieder Elfmeter, wieder kein Glück: Knauth, der gefoult wurde, schoß selbst, aber der slowakische Torwart hielt. 4000 Zuschauer waren trotzdem begeistert.

Der VfB hatte das Pech, gleich zu Beginn des neuen Jahres auf die übermächtigen Dresdner zu treffen. Sie wurden ebensowenig verschont wie die anderen auch und kassierten sechs Gegentore. Wenigstens schafften sie den Ehrentreffer durch Bleser, der einen Strafstoß verwandelte.

Tura besiegte am gleichen Tage im Ortsderby die Fortuna mit 5:2 und nährte damit seine Hoffnungen auf einen Spitzenplatz in der Sachsenmeisterschaft weiter. Erst recht das 2:1 beim PSV Chemnitz sorgte für Aufsehen. Spieler wie Torjäger Knauth und Wenzel, Carolin und Brembach waren die Garanten für das abgeklärte und starke Spiel der Tura.

Die armen Wackeraner stolperten weiter von Blamage zu Blamage. 0:9 beim Chemnitzer BC, einer wahrlich nicht so übermächtigen Mannschaft, 2:4 gegen Fortuna im Derby sowie das wirklich beschämende 1:14 beim Dresdner SC – das alles ließ die Spieler resignieren und sich ihrem Schicksal überlassen. Allerdings war der DSC auch wirklich von keiner Mannschaft zu stoppen. Ungeschlagen steuerte der Klub auf den Gewinn der nächsten Meisterschaft zu und fieberte den Bundesspielen entgegen, um die »Viktoria« endlich für sich zu gewinnen.

Obwohl sich auch die Tura nicht lumpen ließ und neun Treffer gegen Glauchau erzielte, wurde die Mannschaft den selbstgestellten Ansprüchen gegen Ende der Saison doch nicht mehr gerecht. Zu schwankend waren die Leistungen, um auf einem der vorderen Tabellenplätze landen zu können. Unter anderem ein 1:6 auf eigenem Platz gegen Ortsrivalen VfB machten dies unmöglich. Auch die Leutzscher wußten sich keinen Rat gegen den DSC mit seinem Traumfußball und kassierten eine 2:5-Heimniederlage. Fast war dieses Ergebnis noch verträglich zu nennen angesichts der Debakel, die die Elbestädter anderen Vereinen angetan hatten!

Mit dem Rekordergebnis von 126:22 Toren und 42:2 Punkten wurden die Dresdner auch Sachsenmeister und distanzierten den Zweitplazierten aus Planitz um elf Punkte!

Die Leipziger Vereine konnten bis auf Wacker zufrieden sein, denn der VfB wurde noch Fünfter, die Tura Siebenter, und Fortuna als Achter hatte gerade noch das rettende Ufer erreicht. Denn in diesem Jahr stiegen vier Mannschaften ab, um eine Reduzierung der Liga zu erreichen.

1. Dresdner SC	22	20	2	-	126 : 22	42 : 2
2. Planitzer SC	22	13	5	4	71 : 41	31 : 13
3. PSV Chemnitz	22	13	1	8	98 : 63	27 : 17
4. Riesaer SV	22	11	4	7	57 : 49	28 : 18
5. VfB Leipzig	22	10	3	9	55 : 44	23 : 21
6. Chemnitzer BC	22	10	3	9	47 : 49	23 : 21
7. Tura Leipzig	22	9	4	9	60 : 54	22 : 22
8. Fortuna Leipzig	22	10	2	10	52 : 56	22 : 22
9. BC Hartha	22	10	-	12	62 : 57	20 : 24
10. Sportfr. 01 Dresden	22	7	3	12	59 : 81	17 : 27
11. Wacker Leipzig	22	3	2	17	32 : 97	8 : 36
12. VfB Glauchau	22	-	3	19	20 :126	3 : 41

Die Abschlußtabelle der Saison 1940/41.

Paukenschlag gleich am ersten Spieltag der neuen Sachsenmeisterschaft: Tura und der VfB gewannen ihre Auswärtsspiele bei Aufsteiger Döbelner SC mit 5:4 und beim Chemnitzer BC mit 3:2. Nur Fortuna fiel aus dem Rahmen und verlor daheim mit 3:4.

Doch besonders bei den Leutzschern war dieser Auftaktsieg nur ein Strohfeuer. In dieser Serie ereilte sie ihr Schicksal – der Abstieg. Die von den Spielern gezeigten Leistungen reichten einfach nicht mehr aus, um in der höchsten Klasse mithalten zu können. Schon am zweiten Spieltag setzte es eine deftige 1:6-Packung in Planitz. Doch damit nicht genug: Die Mannschaft fiel förmlich auseinander und ließ ihre guten Tugenden aus dem Vorjahr samt und sonders vermissen. 2:3 daheim gegen den Chemnitzer BC, ein katastrophales 1:8 beim VfB Leipzig, 2:3 gegen die Fortuna – dann brachen alle Dämme. Die Mannschaft war einfach nicht wiederzuerkennen. Das 0:9 beim PSV Chemnitz und das 2:7 daheim gegen den Dresdner SC bewiesen: der Wille der Leutzscher war gebrochen. Jedenfalls für die Zeit der Winterpause. Ob es danach noch einmal anzupacken wäre? Damit zu rechnen, blieb ausschließlich den optimistischsten Vereinsmitgliedern vorbehalten. Doch so richtig glaubte niemand mehr an eine Rettung.

Da auch die Fortuna mehr Schatten als Licht zeigte, blieb es dem VfB vorbehalten, in dieser Saison die Ehre der Leipziger zu wahren. Zwar wechselten auch bei den Probstheidaern gute und schlechte Leistungen konstant ab, aber was überwog, war doch das Erfreulichere.

1942

Und dieser VfB war es auch, der am 11. Januar für einen schönen und unerwarteten Erfolg sorgte: Niemand geringeres als der Dresdner SC wurde mit 4:2 bezwungen! Für die Fortuna (0:6 bei Tabellenführer Planitz) und Tura (1:7 beim Chemnitzer BC) begann dieses neue Jahr allerdings genauso traurig, wie das alte endete.

Unglaubliches war eine Woche später dann aus Leutzsch zu hören, wo Tura auf Guts Muts Dresden traf. Mit 12:0 fegten die Gastgeber die Elbestädter vom Rasen. Da hatten die gebeutelten Turaner ihren ganzen Frust hinweggeschossen. Das beflügelte offenbar. Nach dem 6:3 gegen die Fortunen aus Engelsdorf stand Tura auf einem nie erwarteten 6. Platz! Wieder einmal schienen die Leutzscher ihrem Schicksal von der Schippe zu springen...

Doch zu früh gefreut. Im Mittelfeld lagen alle Mannschaften derart eng beieinander, daß eine einzige Niederlage schon wieder das gesamte Tabellenbild durcheinanderwirbeln konnte. Die Tura leistete sich im Endspurt sogar deren zwei und fand sich ganz schnell auf dem 9. Platz wieder. Das 0:4 bei Neuling Döbeln und das 2:3 beim PSV Chemnitz besiegelten nun doch noch den Abstieg. Oder doch nicht? Denn erneut ging es haarscharf zu. Da die Tura einen Einspruch gegen das 0:4 von Döbeln am 15. März eingelegt hatte und diesem stattgegeben wurde, mußte das Wiederholungsspiel am 12. Juli über den Abstieg entscheiden. Dort stellte sich allerdings endgültig heraus, daß die Leipziger doch zu schwach waren. Mit 1:5 gingen sie unter und stiegen somit nach sechsjähriger Zugehörigkeit zur Gauliga ab. Der VfB belegte wieder den fünften Platz, Fortuna wurde Siebenter.

1. Planitzer SC	18	15	1	2	62 : 35	31 : 5
2. Dresdner SC	18	14	-	4	78 : 33	28 : 8
3. Chemnitzer BC	18	12	2	4	59 : 28	26 : 10
4. PSV Chemnitz	18	11	2	5	69 : 49	24 : 12
5. VfB Leipzig	18	8	1	9	53 : 46	17 : 19
6. Riesaer SV	18	6	2	10	26 : 37	14 : 22
7. Fortuna Leipzig	18	5	3	10	42 : 62	13 : 23
8. Döbelner SC	18	6	-	12	40 : 69	12 : 24
9. Tura Leipzig	18	5	-	13	51 : 74	10 : 26
10. Guts Muts Dresden	18	2	1	15	18 : 75	5 : 31

Die Abschlußtabelle der Saison 1941/42.

Wacker hatte in der 1. Klasse die Meisterschaft gewonnen und nahm erneut Anlauf für den Aufstieg in die Sachsenliga, doch es klappte wieder nicht. Hinter Sportlust Zittau und dem BC Hartha belegte Wacker nur Rang drei der Aufstiegsrunde.

In der Sommerpause fand in Dresden, Zwickau und Chemnitz ein Kriegsturnier statt, an dem sämtliche namhaften Mannschaften Sachsens teilnahmen. Beim Spiel der Sachsenauswahl gegen die Auswahl Mitte stand mit Gödicke

Der Oberbürgermeister der Reichsmessestadt Leipzig

Fernsprecher: Ortsverkehr 70521, 71621, 72311 — Fernverkehr 19511, 19512, 19513 — Hausanschluß 191
Bankkonten der Stadtkasse Leipzig: Stadt- und Girobank Leipzig — Reichsbankgirokonto Leipzig Konto Nr. 7/163
Sächsische Bank, Filiale Leipzig — Allgemeine Deutsche Credit-Anstalt Leipzig — Bank der Deutschen Arbeit A.-G., Niederlassung Leipzig — Commerzbank A.-G. in Leipzig — Deutsche Bank, Filiale Leipzig — Dresdner Bank in Leipzig
Leipziger Handels- u. Verkehrsbank A.-G. — Postscheckkonto der Stadtkasse Leipzig: Postscheckamt Leipzig Nr. 4995

Postanschrift: Der Oberbürgermeister der Reichsmessestadt Leipzig
—Grundstücksamt II—

An
den Turn- und Rasensportverein
von 1899 Leipzig e.V. zu Händen
des Vereinsleiters Herrn
S c h w a r z

L e i p z i g - Leutzsch
Böhlitz-Ehrenberger-Weg 1

Ihr Zeichen   Ihre Nachricht vom   Mein Zeichen   Tag 10. Juli 1942
                                       GrA.III.

Betrifft: **Sportplatz an der Merseburger Landstraße.**

    Von den Zuschauern und den Mitgliedern Ihres Untermieters, dem Leipziger Ballspielklub e.V., wird der Zugang zum Sportplatz über die Böschung genommen. Dadurch wird nicht nur die Böschung, sondern auch die Pflanzung beschädigt. Dieser Zustand ist nur darauf zurückzuführen, daß das alte Tor offen gehalten wird und das neue Tor geschlossen bleibt.

    Ich bitte Sie deshalb, dafür Sorge zu tragen, daß in Zukunft diese Mängel abgestellt werden.

    Sollte ich jedoch auch künftig feststellen, daß die Böschung und die Anpflanzungen beschädigt werden, werde ich von meinem Widerrufsrecht hinsichtlich der im Trennungszaun am Vereinsheim genehmigten Tür Gebrauch machen und die Beseitigung verlangen, sowie die endgültige Schließung des alten Tores fordern. Dann kann nur noch der Zutritt zum Platz und Vereinshaus durch das neue Tor genommen werden.

    Einen Durchschlag dieses Schreibens habe ich beigefügt. Diesen bitte ich den Leipziger Ballspielklub e.V. zu übermitteln und ihn zur Änderung dieses unerwünschten Zustandes anzuhalten.

    Im Auftrage:

Hierzu:
1 Anlage.   Stadtverw.-Inspektor.

von Tura nach langer Zeit erstmals wieder ein Leipziger in dieser Mannschaft.

In der neuen Saison startete besonders die Fortuna mit Elan. Das Auftakt-2:1 gegen den Chemnitzer BC tat gut, denn endlich einmal hatte man nicht mit einem Fehlstart begonnen. Arg erwischte es dagegen den VfB, der gegen beide Neulinge hintereinander hoch verlor. Zum Auftakt das blamable 1:4 gegen Hartha in Probstheida, eine Woche darauf das 3:6 in Zittau! Und noch einmal sieben Tage später setzte es erneut eine Heimniederlage, diesmal gegen den Chemnitzer BC (0:1). Doch in Leipzig sprach man an diesem Tag trotz der dritten Niederlage im dritten Spiel nicht über den VfB. Nein, die Fortuna war das Thema. Besser gesagt, ihr Gegner. Oder noch besser gesagt, der Torjäger des Gegners. Denn der hieß Helmut Schön, spielte beim Dresdner SC und erzielte in diesem Spiel sagenhafte, unglaubliche und nie wieder erreichte neun Treffer! Allein diese Zahl ist kaum zu fassen, aber eben doch wahr. Nur zweimal ließ Helmut Schön seinen Kollegen den Vortritt und erlaubte denen, auch einmal ein Tor zu schießen. 0:11, das war zwar fürchterlich, aber die Mannen aus Engelsdorf warf das nicht um. Eine Woche nach dem Debakel schlugen sie Neuling Zittau 5:3, und schon sah alles wieder ein wenig freundlicher aus. Übrigens gewann der DSC zwei Wochen danach gegen Riesa sogar noch höher, nämlich 13:1, und machte auch mit Döbeln und Zittau (jeweils 12:0) kurzen Prozeß! Und das Rückspiel gegen Riesa wurde gar mit 14:1 gewonnen. Im Ortsderby trennten sich der VfB und Fortuna schiedlich-friedlich mit 1:1. Für die Blau-Weißen aus Probstheida war dies allerdings erst der zweite Punktgewinn, so daß der vorletzte Tabellenplatz nach diesem Spiel nicht verwunderte.

Der VfB fing sich allerdings wieder und fertigte sogar SGOP Chemnitz (vorher PSV) mit 8:1 ab. Erklärlich wurden solche Ergebnisse nach genauem Studium der Mannschaftsaufstellungen. Wer einen guten Stürmer auf Heimaturlaub von der Front zur Verfügung hatte, konnte gewiß sein, daß es besser lief als eine Woche vorher, als sich vielleicht beim Gegner eine solche Gelegenheit bot. Bester Beweis: Das 14:0 des VfB gegen Neuling Sportlust Zittau. Den armen Gästen war es ganz gewiß keine Lust mehr, so abgefertigt zu werden.

Nationalsozialistischer Reichsbund für Leibesübungen
Reichsführung

Fachamt Fußball
Tagebuch-Nr. Kp./Mi.
(Bei der Antwort anzugeben)

Berlin-Reichssportfeld, den 11.4.1942

Turn- und Rasensportverein 1899
L e i p z i g W 35

Betrifft: Spielberechtigung von Ausländern.

Die Sport-Abteilung des NSRL hat Ihrem Antrag auf Spielerlaubnis für Meisterschaftsspiele im Fussball für den Spieler

Elisa Hendrik B a k h u y s

entsprochen. Die Spielgenehmigung wird mit der Einschränkung erteilt, dass in einer Mannschaft höchstens zwei Ausländer mitwirken dürfen.

Heil Hitler!

i.A.

Durchschlag Bereichsamt Sachsen

Anschrift: Berlin - Charlottenburg 9, Haus des Deutschen Sports · Fernsprecher: 99 62 11 · Postscheckkonto: Berlin 1034 05 · Telegrammanschrift: Reichsfußball Berlin

Während in den KZ hunderttausende Menschen umkamen, erlaubte der NSRL den Einsatz von Ausländern in den Fußballvereinen.

Die Daheimgebliebenen durften nur mit der ausdrücklichen Genehmigung ihres Vereins bei anderen Klubs spielen, wenn sie an anderen Orten Deutschlands ihren »Dienst am Vaterland« leisten mußten.

1943

Am 10. Januar begannen die Spiele der Sachsenliga gleich mit dem Ortsderby für die Leipziger Mannschaften. Diesmal behielt der VfB gegen Fortuna das bessere Ende für sich und siegte mit 3:1.

Fortuna empfing den DSC und war froh, als die Elbestädter wieder aus dem Stadion hinaus waren. 0:8 hieß es am Ende, wieder hatte Helmut Schön dreimal hingelangt und hatte nach diesem Spiel bereits 43 Treffer auf seinem Torekonto – in dieser einen Saison, versteht sich!

Gleich eine Woche darauf mußte der VfB zum Dresdner SC. Und auch er konnte es nicht verhindern: Trotz Doppel- und Sonderbewachung schoß Schön erneut drei Treffer! Einziger Trost: Mit 2:5 fiel die Niederlage verhältnismäßig glimpflich aus.

Am Ende der Saison landete diesmal die Fortuna vor dem VfB, nämlich auf dem 5. Platz. Der VfB mußte sich mit dem siebenten Rang begnügen. Eindrucksvoller Meister ohne auch nur einen einzigen Verlustpunkt (36:0) wurde der Dresdner SC, der zudem ein neues Rekordtorverhältnis von 136:14 aufstellte.

1. Dresdner SC	18	18	–	–	136 : 14	36 : 0
2. Planitzer SC	18	10	5	3	84 : 20	25 :11
3. BC Hartha	18	10	3	5	45 : 36	23 :13
4. Chemnitzer BC	18	9	3	6	42 : 44	21 :15
5. Fortuna Leipzig	18	8	5	7	40 : 59	17 :19
6. Riesaer SV	18	7	3	8	38 : 71	17 :19
7. VfB Leipzig	18	5	5	8	53 : 44	15 :21
8. Döbelner SC	18	5	4	9	35 : 56	14 :22
9. PSV Chemnitz	18	4	2	12	39 : 66	10 :26
10. Sportlust Zittau	18	1	–	17	21 :123	2 :34

Die Abschlußtabelle der Saison 1942/43.

Schlimm wurde es für die beiden Gauligavertreter im Tschammer-Pokal. Nicht nur das Ausscheiden, sondern das Wie und die Höhe wurden noch Wochen danach erregt von den Fußballfreunden der Stadt diskutiert. Der VfB ging bei den Sportfreunden Markranstädt mit 1:6 ein, und die Fortuna wurde von LSV Brandis gar mit 1:7 deklassiert! Entsetzen und Schadenfreude hielten sich die Waage.

Die Tura ging Anfang Mai in die Aufstiegsspiele zur Gauklasse. Die Leutzscher wollten natürlich sofort wieder nach oben. Das erste Aufstiegsspiel gewannen sie auch gegen Guts Muts Dresden mit 4:1. Das schürte die Zuversicht, wieder in der Eliteklasse spielen zu können. Es gelang auch tatsächlich, und die Zuschauer waren's zufrieden, daß sie ihre Tura wieder »oben« hatten.

Wie es der Zufall wollte, führte das erste Spiel in der Gauklasse der neuen Saison den Aufsteiger mit dem Widersacher aus Probstheida zusammen. Die Leutzscher schlugen gleich richtig zu und gewannen mit 4:1. Wer gemeint hatte, dies wäre lediglich ein einmaliger Kraftakt gewesen, irrte.

Und das gewaltig, denn eine Woche später langte Tura erneut kräftig zu und hielt beim 5:1 gegen den Planitzer SC reiche Ernte. Doch noch weiter ging es, eine ungeheure Begeisterungsfähigkeit und Kampfkraft ließ die Mannschaft weiter sensationelle Erfolge feiern. 7:2 gegen den BC Hartha und 4:3 gegen die Fortuna – und trotz des bitteren 2:11 beim Dresdner SC standen die Turaner plötzlich auf dem zweiten Tabellenplatz!

Fortuna und der VfB dagegen belegten die beiden Abstiegsplätze. Aber auch die Tura siegte nun nicht mehr nach Belieben und steckte immer öfter herbe Niederlagen ein. Das 2:6 beim Chemnitzer BC war eine solche, ebenso das 1:6 gegen den anderen Neuling Zwickauer SG.

Fortuna blamierte sich beim 0:10 in Planitz, der VfB beim 0:6 gegen den gleichen Gegner. Kein gutes Jahr, obwohl der

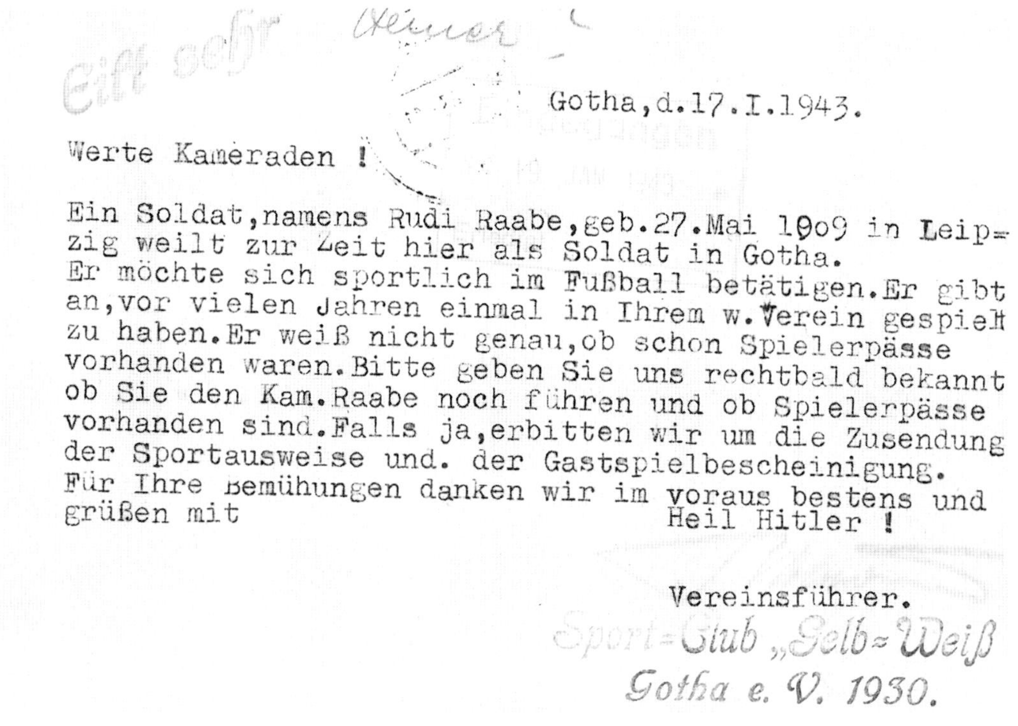

VfB ja eine Festlichkeit ersten Ranges zu begehen hatte: das 50jährige Stiftungsfest. Ein stolzes Jubiläum, das trotz Bombenangriffen auf Leipzig und großer Not gebührend gefeiert wurde. Die Vereinsleitung brachte es sogar fertig, eine Feldpostausgabe der Jubiläumszeitung herauszugeben und an die Front zu verschicken.

Westfalen spielte vor 5000 Zuschauern gegen Groß-Leipzig und gewann mit 6:0. Leipzig trat mit Buchhold (Wacker), Schön (VfB), Burckhardt (Spvgg.), Theilig (VfB), Lademann (Wacker), Boch (Tura), Pocher (TuB), Respondek (Markranstädt), Rasch (Borna), Herz (TuB), Löwe (Markranstädt) an.

Zu Weihnachten stiftete der MSV Borna 500,- Reichsmark für die Leipziger Vereine, deren Sportstätten durch den letzten Bombenangriff beschädigt wurden. Er erbot sich ebenfalls, in Borna gegen eine Leipziger Stadtelf einen Fußballkampf auszutragen, dessen Gesamteinnahmen den Leipziger bombengeschädigten Sportvereinen zukommen sollten.

Die Bürokratie war auch in bittersten Notzeiten nicht auszuschalten.

In der Reihe der VfB-Präsidenten befanden sich berühmte Persönlichkeiten wie zum Beispiel Kirmse, Schöffler und Raydt.

Nationalsozialistischer Reichsbund für Leibesübungen
Reichsführung

Auslands-Abteilung

Berlin-Reichssportfeld, den 12.2.1943.

Nur für den Vereinsführer bestimmt

An den

Gemeinschaftsführer des

Turn - und Rasensportverein von 1899 EV. Leipzig

Leipzig W 35

Böhlitz-Ehrenberger Weg 1

Vertraulich!

Ihr Antrag vom 2. Februar 1943 wegen Aufnahme von Eduardus De Vries

in Ihre Gemeinschaft wurde genehmigt. Sie erhalten anbei den NSRL-Paß mit der Bitte um Aushändigung. Zu seiner Gültigkeit bedarf der Paß des Einklebens der fälligen Beitragsmarken, die in der üblichen Weise von der Beitragsbuchhaltung der NSRL-Reichsführung zu beziehen sind.

Ausländer dürfen an deutschen Meisterschaften nicht teilnehmen. Sie sind wohl bei Vereinsmeisterschaften und international ausgeschriebenen Wettkämpfen zugelassen, dagegen bedarf die Teilnahme an reihenmäßig durchgeführten Mannschaftskämpfen einer besonderen Genehmigung der Reichsführung des NSRL (Sportabteilung). Diese Genehmigung ist auf dem Dienstwege zu beantragen. Für Fußball ist die Ausstellung eines besonderen Zusatzausweises erforderlich, der auf einem vom Bereichsamt erhältlichen Vordruck zu beantragen ist.

Wir machen ausdrücklich darauf aufmerksam, daß auch die Aufnahme von Ausländern ausschließlich der Entscheidung des Gemeinschaftsführers unterliegt. Dieser ist auch berechtigt, die Mitgliedschaft bei Vorliegen entsprechender Gründe wieder aufzuheben. Bei Beendigung der Mitgliedschaft des Ausländers ist der Paß innerhalb 10 Tagen an die Auslands-Abteilung der Reichsführung zurückzugeben. Die Gründe des Ausscheidens sind mitzuteilen.

Volksdeutsche nehmen selbstverständlich an der Dietarbeit wie am Gemeinschaftsleben des Vereins teil, Ausländern ist die Teilnahme freigestellt.

Für die Dauer des Krieges ist die Bestimmung, daß zur Gültigkeit des Passes die fälligen Beitragsmarken eingeklebt sein müssen, ebenso aufgehoben, wie die Vorschrift, daß für Fußball ein besonderer Zusatzausweis erforderlich ist.

Anlage: 1 NSRL.-Paß Nr.: 2423

D.: an das Bereichsamt (mit Durchschrift für den Sportbezirksführer) Sachsen

Heil Hitler!
I. A.
gez: Schneemann

Sogar Ausländer durften während des Krieges in deutschen Vereinen Fußball spielen – allerdings nur mit der Genehmigung des Gemeinschaftsführers. Die Deutschen Meisterschaften waren dagegen tabu.

Absender: Martin Hutschenreuter
Wilkau-Haßlau/Sa.
Hindenburg-Str. 49

Postkarte

An die

Geschäftsstelle der TURA

Leipzig W 35

Pöhlitz-Ehrenberger Weg 1

Faßt Kohlenklau!
Verderbt dem Kohlenklau den Spaß
und spart mit Kohle, Strom und Gas

den 7. Mai 1943

Wie aus der Presse ersichtlich, spielt Ihre I. Mannschaft am Sonntag den 16.dies.Mts. das fällige Aufstiegsspiel in Zwickau. Wir gestatten uns die Anfrage, ob Sie evtl. gewillt sind, auch eine II. Mannschaft nach hier zu bringen. Dieselbe könnte in den Vormittagsstunden in Wilkau gegen unsere I. Elf antreten und in den Nachmittagsstunden das Hauptspiel besuchen. Guter Mittagstisch, selbstverständlich gegen Markenabgabe ist vorhanden. Die Anstoßzeit müßte noch vereinbart werden. Wilkau liegt 5 km östlich von Zwickau und ist mit der Straßenbahn in 15 Minuten erreichbar. Wir würden uns freuen, wenn Sie uns eine Zusage geben könnten und wir bleiben Ihrem Rückbescheid erwartend.

Heil Hitler!
NOTSPIELGEMEIN-
SCHAFT.

Bombenangriffe und Notstand hatten keinen übermäßigen Einfluß auf die Ausübung von Fußballspielen. Im Gegenteil: Wann immer es sich anbot, versuchten die Vereine, Spiele zu organisieren.

1944

Der VfB konnte sich mit einem klaren 3:0 im Derby gegen Tura für die Hinspielniederlage revanchieren. Fortuna gewann an diesem 9. Januar gegen Riesa mit 5:1.

Doch damit war es schon vorbei mit der Herrlichkeit. Weiter gingen die Demütigungen, die Leipzigs Fußballer über sich ergehen lassen mußten. Das 1:8 des VfB beim Dresdner SC, sein 0:3 in Riesa und auch das 5:7 (!) in Hartha ließen nicht viel Freude aufkommen.

Bei Tura waren die Probleme ganz anders gelagert. Durch den Krieg bekamen die Leutzscher allmählich keine komplette Mannschaft mehr zusammen, so daß ein Spiel gegen Riesa sogar kampflos abgegeben werden mußte. Da die Lage nicht besser wurde, ja, ganz im Gegenteil noch mehr junge Fußballer an die Front mußten, wurde auch das Spiel gegen Planitz wegen Nichtantretens verloren. Daraufhin überlegte man in Leutzsch, ob man sich nicht ganz aus dem Spielbetrieb zurückziehen sollte. Doch da kamen Signale aus Lindenau, wo die Spielvereinigung mit ganz ähnlichen Problemen zu kämpfen hatte. So entschloß man sich relativ schnell und unkompliziert, beide Mannschaften zusammenzuschließen und als Kriegsspielgemeinschaft Tura/Spielvereinigung spielen zu lassen. Die Genehmigung wurde vom Gauvorstand erteilt, und fortan gingen die Lindenauer und Leutzscher gemeinsam auf Torejagd. Das erste Spiel unter dem neuen Namen und der neuen Zusammensetzung verloren die Leipziger allerdings am 23. Januar in Zwickau mit 1:3. Fortuna schlug den Tabellenletzten VfB mit 2:1. Am 8.2.1944 fand man eine Schlagzeile in einer Leipziger Zeitung: »VfB kaum noch zu retten«. Der Abstieg rückte immer näher.

Die Bemühungen der Nazis, den Anschein des »Normalen« aufrechtzuerhalten, erforderten immer mehr Vorschriften und Papier. Denn von einem ließen die Herrschenden nicht einmal in dieser nationalen Notlage ab: von der Ordnung und der gewissenhaften Befolgung der Vorschriften. Und so mußte jeder Einsatz eines Gastspielers, Soldaten oder Gastarbeiters pedantisch genau beantragt werden. Bevor nicht die Genehmigung eintraf, durfte der entsprechende Spieler auch nicht eingesetzt werden. Die Kontrolle wollten die Herrschenden auch auf diesem Gebiet nicht verlieren, weshalb die Genehmigungen auch erst genauestens bearbeitet werden mußten. Den Vereinen war das natürlich nicht so besonders recht, denn sie hatten sowieso schon große Not, ihre Mannschaften vollzubekommen und zu den Spielen anzutreten. Deshalb versuchte man, jeden Strohhalm zu ergreifen, und war mit jedem zufrieden, der halbwegs gegen einen Ball treten konnte – egal, ob es sich um Zwangsverpflichtete aus den besetzten Gebieten handelte oder um Soldaten, die nur kurz in Leipzig stationiert waren.

Das Fusionskind Tura/Spielvereinigung mußte im ersten Ortskampf gegen Fortuna beweisen, ob die alte Spielstärke der Tura gewahrt blieb. Schließlich hatten die Lindenauer ja nur Bezirksklasse-Erfahrung! Doch es lief bestens, und nach 90 Minuten war der erste Doppelpunktgewinn eingefahren – und das auch noch auf des Gegners Platz. Die größte Sensation jedoch gelang dem zusammengewürfelten Haufen, als er den amtierenden Deutschen Meister Dresdner SC schlug. Das 4:2 rief in ganz Deutschland Erstaunen, Respekt und Bewunderung hervor.

Die Fußballer mußten wie alle Sportler und die gesamte Bevölkerung mit erheblichen Einschränkungen leben. Wegen der britischen und amerikanischen Bombenangriffe wurden beispielsweise am 21.2.1944 sämtliche Sportveranstaltungen in der Stadt abgesagt.

Am Ende dieser Kriegsmeisterschaft stand trotzdem der DSC wieder vorn, diesmal mit 99:17 Toren und 32:4 Punkten. Tura/Spielvereinigung und Fortuna hatten jeweils 14:22 Zähler, der VfB nur acht. Das bedeutete, daß der zweite Absteiger zwischen den punktgleichen Teams mit gleicher Tordifferenz ermittelt werden mußte. Vor 8000 Zuschauern gewann die Fortuna am 9.7.1944 dieses Entscheidungsspiel mit 3:0 gegen Tura/Spielvereinigung und verblieb somit in der Gauklasse.

1. Dresdner SC	18	16	-	2	102 : 17	32 : 4
2. Zwickauer SG	18	12	-	6	55 : 37	24 : 12
3. BC Hartha	18	10	1	7	52 : 64	21 : 15
4. Chemnitzer BC	18	9	1	8	52 : 47	19 : 17
5. Döbelner SC	18	8	1	9	40 : 58	17 : 19
6. Riesaer SV	18	8	-	10	40 : 44	16 : 20
7. Planitzer SC	18	7	1	10	40 : 46	15 : 21
8. Tura 99 Leipzig	18	7	-	11	43 : 61	14 : 22
9. Fortuna Leipzig	18	6	2	10	39 : 57	14 : 22
10. VfB Leipzig	18	4	-	14	30 : 62	8 : 28

Entscheidungsspiel gegen den Abstieg (9.7.44): Fortuna - Tura 3:0

Die Abschlußtabelle der Saison 1943/44.

In ihrer gemeinsamen Kriegsausgabe vom 20.6.1944 schrieb der »Kicker/Fußball« anläßlich des Endspiels um die Deutsche Meisterschaft: »Das Endspiel ist das Fest des Fußballs auch 1944 geblieben. Gedämpft zwar in seiner Freude vom gewaltigen Drama dieses Weltkrieges und natürlich nicht mehr das absolute Ereignis von einst. Unter den Fakkeln des Krieges empfinden wir die Glut unserer Zeit und spüren den Ascheregen, der auch auf die hellen Sporttage herniederfällt. Wir alle stehen, angespannt bis zur letzten Kraft, im Dienste des Vaterlandes, zur Verteidigung von Volk und Reich.« Der Dresdner SC gewann zum zweiten Male hintereinander die Deutsche Meisterschaft gegen den Luftwaffensportverein Hamburg mit einem klaren 4:0 vor 65 000 Zuschauern im Berliner Olympiastadion – am 18. Juni 1944.

In einem Städtespiel besiegte Leipzig die Mannschaft aus Posen mit 10:1. Der VfB zog im Tschammer-Pokal gegen den Döbelner SC mit 2:4 den kürzeren.

Und dann die Botschaft, die von vielen insgeheim schon befürchtet worden war und das Ende des Fußballs bedeutete: Meldung 180, Donnerstag, den 3. August 1944: »Alle Reichs-

Im Weltkriege 1914–1918
starben für das Vaterland
von 443 eingerückten Vereinskameraden
106 den Heldentod

Mahnung
Nun schweige ein jeder von seinem Leid und noch so großer Not!
Sind wir nicht alle zum Opfer bereit und zu dem Tod?
Eines steht groß in den Himmel gebrannt: Alles darf untergehn!
Deutschland, unser Kinder- und Vaterland, Deutschland muß bestehn!
Will Vesper

Im jetzigen großen Weltbrand
gaben von 550 eingerückten VfB'ern
bisher 30 Kameraden
ihr Leben für das deutsche Volk

Sinnloser Tod... In den »VfB-Mitteilungen« gedachte man der Opfer des Krieges.

meisterschaften werden sofort eingestellt.« Darunter befanden sich auch die Ausscheidungsspiele für den Tschammer-Pokal. Wenige Tage später war es dann präziser nachzulesen. Im »Kicker/Fußball« vom 15.8.1944 stand: »Im Zuge der weiteren Anpassung des deutschen Sports an die Erfordernisse der totalen Kriegsführung werden die Reichsmeisterschaften und Reichsveranstaltungen eingestellt. Die körperliche Ertüchtigung des Volkes durch den Sport geht weiter« (aus Verfügung der Reichssportführung). Ein Titelblatttext findet sich neben Fotos von sporttreibenden Kriegsversehrten: »Der Kriegsversehrte findet im Sport neue Kraft, neue Fähigkeit, neuen Lebensmut und neues Selbstvertrauen. Der Sport ist der unersetzliche Jungborn unserer Kriegsversehrten.«

Einige Freundschaftsspiele sorgten für Abwechslung, so zum Beispiel im August VfB – SV Böhlen 5:1 und VfB – Halle 96 7:4. Die Spielvereinigung wußte sich anders zu helfen und organisierte die sogenannten »Kartoffelspiele«. Für zwei Sack Kartoffeln zog man über Land und trat gegen die Dorfmannschaften in Luppa, Oschatz und anderswo an.

Unerwartet erfolgte eine Kehrtwendung, es wurde doch wieder gespielt. Dafür wurde eine neue Staffeleinteilung bekanntgegeben. Zehn Mannschaften aus der Gauklasse und 32 Teams aus den ersten Klassen bildeten in vier Staffeln die neue Sächsische Kriegsklasse. Leipzig spielte in zwei Staffeln und sah folgende Starter: 1. Abteilung: VfB, Tura/Spielvereinigung, TuB Leipzig, LSV Brandis, SV Groitzsch, VfB Zwenkau. 2. Abteilung: Fortuna, Wacker, Sportvereinigung/Arminia, MSV Borna, Neukieritzsch, Markranstädt.

Am Sonntag, dem 10. September 1944, gingen in den meisten deutschen Gauen die Meisterschaftsspiele los. In Leipzig begannen sie mit einer dicken Überraschung, denn die Fortuna kassierte auf eigenem Platz eine 1:3-Niederlage gegen Neukieritzsch.

Ansonsten beherrschte in der ersten Abteilung der VfB das Geschehen, während die zweite Abteilung ausgeglichener war. Im Derby schlugen die Probstheidaer die Tura/Spielvereinigung mit 3:1 und hatten damit schon eine kleine Vorentscheidung geschafft. Turbulenzen blieben natürlich auch in dieser Zeit nicht aus. Die täglichen Bombenangriffe bestimmten das Leben und beherrschten den Tagesablauf. Fußball war nicht mehr nur Nebensache, sondern eigentlich völlig nebensächlich. Und doch kamen Tausende von Zuschauern zu den Spielen, um einen letzten kleinen Rest Normalität mitzunehmen in ihre Bunker und Kellerräume. Mitten in der Saison schied Brandis aus, dafür rückte die Viktoria nach. Sie gewann auch gleich gegen Tura/Spielvereinigung auf deren Platz in Leutzsch mit 5:3. Eben diese Viktoria sorgte wenig später für Schlagzeilen, unterlag sie doch in Groitzsch mit dem Handballresultat von 7:9. Daß diese letzte Meisterschaft nur mehr eine Farce war, spiegelten die letzten Ergebnisse wider. Das 0:24 der Viktoria gegen den VfB spottete jeder Beschreibung. Das machte selbst den Zuschauern keinen Spaß mehr. Kurios: Viktoria rehabilitierte sich zwei Wochen darauf mit einem 7:1 gegen Zwenkau. Auch Borna nahm später nicht mehr an den Spielen teil.

Luftangriffe der Alliierten gehörten inzwischen zum Alltag.

1945

Am 7. Januar spielte Groitzsch gegen den VfB 1:1, Zwenkau unterlag Tura/Spielvereinigung mit 3:5, TuB schlug Viktoria mit 6:2, und Fortuna unterlag Wacker mit 0:6.

Staffel 1

1. VfB	9	45 : 8	14 : 4
2. TuB	7	17 : 20	7 : 7
3. Tura/SpVgg	8	19 : 21	7 : 9
4. Groitzsch	7	24 : 24	6 : 8
5. Viktoria	7	25 : 47	6 : 8
6. VfB Zwenkau	8	19 : 29	6 : 10

Staffel 2

1. Markranstädt	5	14 : 8	8 : 2
2. Fortuna	6	12 : 14	6 : 6
3. Sportverein/Arminia	6	12 : 15	6 : 6
4. Wacker	5	15 : 16	2 : 8

Die Endstände der Leipziger Kriegsklasse im Februar 1945.

Das Finale hieß Sportfreunde Markranstädt – VfB Leipzig und fand am 18.2.1945 statt. Es endete torreich und unentschieden mit 3:3 (1:2). Das Wiederholungsspiel wurde dann nach mehreren Verlegungen am 26.3.1945 ausgetragen und endete mit einem 3:2 (2:1) für den VfB Leipzig. Die beiden Mannschaften spielten dabei vor sage und schreibe 4000 Zuschauern – eineinhalb Monate vor Kriegsende! In den beiden Spielen erzielte dabei Franke für den VfB vier Treffer. Dieses denkwürdige Ereignis war das letzte größere Fußballspiel bis zum Kriegsende.

Am 2.4.1945 gab es noch das Endspiel im »Westturnier« in Leutzsch. Die Sportfreunde Markranstädt besiegten dabei Wacker mit 3:0. Auch der VfB richtete noch ein Turnier aus – am gleichen Tag. Hasag besiegte KSG Fortuna/Tapfer 3:1, das Spiel um Platz 3 gewann der VfB gegen Phönix mit 7:0. Hier ist die Zuschauerzahl nicht überliefert. Immerhin war der Fußball auch zu dieser Zeit noch immer so wichtig, daß die beiden Turniere und ihr Ausgang in der Zeitung »Nachrichten für die Truppe« zwischen Meldungen von Eichenlaub-Verleihungen und der Befreiung des Konzentrationslagers Buchenwald Erwähnung fanden.

Dafür hielten die andauernden Bombardements der amerikanischen und britischen Luftverbände die Leipziger in Atem. Waren die Trümmer des letzten Luftangriffes gerade beiseite geräumt, gab es schon wieder Fliegeralarm, und alle mußten sich in die Luftschutzbunker flüchten. Die letzten Angriffe auf Leipzig erfolgten am 6. und am 10. April des Jahres. Darüber schrieb Zeitzeuge Arno Kapp in seinem Tagebuch: »Die beim Angriff am 6. April gesammelten Leichen wurden ohne Sargumhüllung auf den VfB-Sportplatz gelegt, da auf dem Südfriedhof kein Platz mehr war, sie unterzubrin-

Die Amerikaner kommen! Am 18. April fuhren in der Frankfurter/ Ecke Funkenburgstraße die Panzer auf. Der Krieg war zu Ende.

gen. Hier lagen sie viele Tage bei Regen und Sonnenschein. Ein fürchterlicher Leichengeruch verpestete die Gegend...«

Alle Fußballspiele am 8.4.1945 fielen aus. Des weiteren vermeldeten die Zeitungen, daß »ungenutzte Fahrräder zur Deckung des dringendsten Bedarfs der Wehrmacht, der Wirtschaft und des Arbeitsberufsverkehrs beschlagnahmt werden«.

Am 13. April war in Leipzig zum ersten Mal Geschützdonner der herannahenden Front zu hören. Am Tag darauf forderte Oberbürgermeister Freytag über den Stadtfunk die Bevölkerung auf, besonnen zu bleiben und ihren täglichen Pflichten weiter nachzugehen.

Das angesetzte Spiel zwischen HASAG – Sportfreunde Markranstädt am 15.4.1945 um 16 Uhr in Leutzsch fiel ebenfalls aus. Die »Neue Leipziger Tageszeitung« vermeldete die Verdunklungszeiten des Tages: »Freitag von 21.01 Uhr bis Sonnabend 5.51 Uhr, Sonnabend von 21.02 Uhr bis Sonntag 5.49 Uhr.«

17.4.1945: Panzer standen vor Leipzig.

Die Gründung des Deutschen Fußball-Bundes

In der Zeitschrift »Spiel und Sport« Nr. 144 vom 3.2.1900 findet sich folgender Bericht:
Über den ersten allgemeinen deutschen Fußballtag am 28. Januar 1900 zu Leipzig

Um 10 Uhr 40 Min. eröffnete Herr Kirmse, der Vorsitzende des Verbandes Leipziger Ballspielvereine, die zahlreich besuchte Versammlung mit der folgenden Ansprache: ›Meine hochzuverehrenden Vertreter der deutschen Fußball-Verbände und -Vereine! Als am 30. Juli v. J. auf dem Leipziger Sportplatz aus Anlaß der deutschen nationalen Wettkämpfe zum Besten des deutschen Patriotenbundes die Wogen der Begeisterung für unser geliebtes deutsches Vaterland, für unseren schönen deutschen Fußballsport, für unsere deutsche Athletik höher und höher schlugen, fanden sich auf Anregung des Herrn Prof. von Langenfeld, Deutscher Fußball Club Prag, die meisten der auswärtigen Gäste und die Vertreter des hiesigen Verbandes zu einer kurzen Besprechung zusammen, deren Ergebnis war: Leipzig übernimmt die Einberufung eines ersten allgemeinen deutschen Fußballtages. Mit Freuden übernahm Leipzig den ehrenvollen Auftrag, und die aus allen Gauen Deutschlands vorliegenden Kundgebungen zugunsten des Fußballtages und die heute so zahlreich anwesenden Vertreter der deutschen Fußballwelt beweisen wohl, daß es Leipzig gelungen ist, mit seinen wenn auch schwachen, doch auch wiederum opferfreudigen Kräften die Sympathien der deutschen Fußballspieler durch Einberufung eines ersten allgemeinen deutschen Fußballtages zu erringen.

Meine Herren! Die Zeit ist gekommen, die Notwendigkeit liegt vor, einen wohlorganisierten und achtunggebietenden ›Deutschen Fußball-Bund‹ ins Leben zu rufen. Überall empfindet man das Fehlen eines solchen. In Laienkreisen stößt man leider immer noch auf die Fragen: 1. Was ist ein Fußballspiel? 2. Was sind das für Leute? 3. Auf welchen Regeln baut sich das Fußballspiel auf? u. a. m. Das alles soll und muß anders werden! Analog den Turnern, Radfahrern, Schwimmern usw. wollen wir durch einheitliches Zusammenstreben, durch Schaffung eines Deutschen Fußball-Bundes unserem Fußballsport das Ansehen und die Achtung verschaffen, die ihm in so hohem Maße gebührt. Das Streben unserer Fußballvereine, deren Entstehen anfangs arg bespöttelt wurde, geht darauf aus, unserer deutschen Jugend das schönste aller Rasenspiele, das Fußballspiel, zugänglich zu machen, um so in reichem Maße an der körperlichen Erziehung, an der sittlichen Entfaltung unserer deutschen Jugend, gegründet auf ein echt deutschnationales Empfinden, teilzunehmen, so daß wir heute mit Freuden konstatieren können, daß in allen Orten Deutschlands Fußballvereine blühen und daß allerorts neue gegründet werden. Möge nie der Eifer für unsere große Sache erlahmen. In welcher Art und Weise die Frage, die auf der Tagesordnung steht: ›Ob und wie ist eine Einigung sämtlicher deutscher Fußball-Verbände und -Vereine möglich?‹ zu lösen ist, kommt nun den hier heute anwesenden Vertretern zu. Ich habe nur noch mit Freuden als Vorsitzender des Ausschusses zu konstatieren, daß ungefähr 75 Vereine vertreten sind, und eröffne unter Zustimmung der hier anwesenden Vertreter und namens des Verbandes Leipziger Ballspiel-Vereine, des Einberufers des Fußballtages, den ersten allgemeinen deutschen Fußballtag. Möge diese Organisation, wenn auch nicht heute, so doch später das heißersehnte Ziel, den Deutschen Fußball-Bund, zum Sieg unserer deutschen Fußballwelt bringen. Wir wollen aber unseren Dank dem zollen, dem wir den mächtigen Aufschwung unseres deutschen Sportes in erster Linie zu verdanken haben: Seine Majestät lebe hoch!‹ Die hierauf erfolgte Feststellung der Präsenzliste hatte folgendes Resultat. Es waren vertreten: Verband süddeutscher Fußballvereine: Frankfurter FC Germania Hanauer FC 90, Mannheimer FG 96, Karlsruher FV, Pforzheimer FC Frankonia, FC Pforzheim, Straßburger TV: Herr Dr. Manning. Verband deutscher Ballspiel-Vereine: Akademischer BC Britannia, Akademischer SC Concordia, Phönix, Rapide, Stern, Tasmania, Union, Viktoria, Burgund: Herr Boxhammer. Deutscher Fußball- und Kricket-Bund : Vorwärts, Hertha, BFC von 1893, Alemannia: Herr Müller. Verband Bremer Fußballvereine: Herr Sommermeyer. Mannheimer Fußballbund: Herr Bensemann. Hamburg-Altonaer Fußballbund: Herr Sommermeyer. Berlin: Kolumbia: Herr Knappe, Frankfurt: Herr Markhardt, Komet: Herr Förster, Deutschland: Herr Aßmus, Favorit 96: Herr Herder, Toskana: Herr Schröder, Fortuna 94: Herr Perls, Preußen: Herr Werkmüller, Friedenau Sport, Exzelsior: Herr Dörrey, FC Germania: Herr Demmler. Frankfurt a. M.: TC Frankfurt, Viktoria, FC Viktoria 1899, Bockenheimer FC, Hanauer FC Viktoria, Hanauer FC 99: Herr Wamser. Prag: DFC: Prof. Dr. Hueppe, Germania: Herr Nonner. Erfurt: SC Erfurt: Herr Beyer. Magdeburg: Viktoria 96: Herr Eberl, FuSC Viktoria: Herr Müller. Mittweida: Mittweidaer BC: Herr Steinberg. Hannover: Deutscher FV: Herr Raydt. Karlsruhe: Phönix, Südstadt: Herr Bensemann. Dresden: Dresdner FC 1893: Herr Thomas, Dresdner SC: Herr Kühnel. Leipzig: Lipsia: Herr Schröter, Leipziger BC: Herr Büttner, Wacker: Herr Schacht, Olympia: Herr Oehmichen, Sportbrüder: Herr Kirmse. Pankow: VfB: Herr Fred Manning. Braunschweig: Eintracht, Germania, Brunsviga: Herr Stansch. München: FC München, Nordstern, Bavaria: Herr Büttner. Naumburg: SC Naumburg: Herr Beyer. Mühlhausen: Germania: Herr Beyer.

Freiburg: Freiburger FC: Herr Schottelius. Breslau: SV Blitz: Herr Aßmus. Aschersleben: Aschersleber SC: Herr Oehmichen. Diemnitz: Britannia: Herr Steinberg. Zusammen 86 Vereine.« Nach der Darstellung der Diskussion, ob nur reichsdeutsche Fußballvereine und -verbände stimmberechtigt und Mitglieder des zu gründenden Bundes werden sollen, fährt der Bericht fort: »Der Vorsitzende teilt mit, der einzige Punkt auf der Tagesordnung sei bekanntlich die Frage, ›ob und wie ist eine Einigung der deutschen Fußballvereine möglich‹. Er glaubt, es würde zur Vereinfachung und schnelleren Abwicklung der Sitzung gut sein, wenn aus jedem maßgebenden Verband oder jeder maßgebenden Stadt ein Vertreter redet. Herr Dr. Manning tritt dieser Ansicht entgegen und wünscht Redefreiheit für jeden Anwesenden. Herr Kirmse zieht ohne weiteres seinen Vorschlag zurück. Herr Prof. Dr. Hueppe fordert einen Leipziger Herrn auf, zu erklären, wie sie sich die Lösung der Frage denken. Herr Kirmse teilt in Beantwortung mit, die Leipziger Vereine wären der Meinung, daß:

1. Die Gründung eines allgemeinen Bundes auf diesem Fußballtage noch nicht stattfinden solle, sondern
2. die Einsetzung einer neun- bis elfgliedrigen Kommission aus unparteiischen Sportsleuten, die die Vorarbeiten zu einer eventl. Gründung vorzunehmen habe;
3. die Festsetzung allgemeiner deutscher Fußballregeln;
4. die Ausmerzung englischer Spielausdrücke;
5. die Ausarbeitung einer Organisation für den nächsten Fußballtag;
6. ein oberstes Schiedsgericht zu ernennen, dem auf Antrag Streitfragen zur endgültigen Entscheidung zu unterbreiten sind;
7. die Wahl eines Datums und Ortes für den nächsten Fußballtag.

Herr Kirmse bemerkte zum Punkt 7, es würde ratsam sein, den nächsten Fußballtag mit der Sitzung der DSBfA zu gleicher Zeit abzuhalten, da hierdurch auf stärkere Teilnahme gerechnet werden könne. Herr Wamser möchte den Verband noch in dieser Sitzung gegründet sehen. Herr Bensemann hält die Einberufung des Fußballtages für sehr glücklich, aber sei auch der Meinung, es wäre zu früh, die sofortige Gründung vorzunehmen. Die erste Pflicht eines eventl. Bundes müsse sein die Stärkung der Vereine nach innen und außen, die Ausmerzung des rohen Spiels, die unbedingte Anerkennung des Schiedsrichters durch alle Clubs und jeden Fußballer, wodurch sich die noch geringe sportliche Stellung der Fußballer besser gestalten würde. Der Hauptzweck wäre, die Lokalverbände durch gegenseitige Spiele zu stärken, die Einführung absolut übereinstimmender Regeln und eine Prüfung der Schiedsrichter, aber vor allen Dingen müßten sich die führenden Vereine und Personen erst über sachliche Angelegenheiten einig sein. Er unterstütze daher die Vorschläge Herrn Kirmses in jeder Weise. Ferner hält er die Einführung der englischen Winke für Schiedsrichter für sehr angebracht, nicht aber vorläufig die Einsetzung einer obersten Instanz, sondern betrachtet die Wahl einer rein technischen Kommission für vorteilhafter. Herr Sommermeyer erklärte, die Hamburger Vereine wären über die Einberufung des Fußballtages hocherfreut und hielten den richtigen Augenblick der Gründung für gekommen. Warum sollte hier über Fragen zweiter Ordnung beraten werden? Erst den Bund gründen, nachher würden die anderen Punkte leichter zu bewältigen sein. Herr Steinberg hält auch einen alldeutschen Verband für sehr erwünscht, und sollte die Organisation sich der des Deutschen Radfahrer-Bundes anlehnen. Er schlägt vor, eine Elferkommission zur Ausarbeitung der Regeln einzusetzen, und zur Vertretersitzung solle nach Gründung gleichzeitig ein Turnier stattfinden, in welchem die Meisterschaft entschieden würde. Herr Boxhammer erklärt nochmals, sein Verband halte die Gründung für verfrüht, und er erwarte nur als positives Resultat die Festsetzung einheitlicher Fußballregeln. Er ist der Ansicht, daß eine sofortige Gründung eher schaden als nutzen würde, auch sei die Idee einer obersten Behörde nicht gut, denn die Vertreter wohnten in so großen Entfernungen, daß es schwer fallen würde, eine Vollzählige Sitzung abzuhalten, das Meisterschaftsturnier dürfte noch schwerer durchzuführen sein. Dagegen wäre eine vollständige Bundesmannschaft viel leichter ins Leben zu rufen. Wenn sofort gegründet wird, schließt der Redner, so bauen wir zuerst das Dach, dann das Fundament; als Fundament betrachtet er die Fußballregeln. Er hält daher auch Herrn Kirmses Vorschläge für die annehmbarsten. Herr Dr. Manning sagt, sein Verband sei für nichts Halbes, der neue Bund soll im Prinzip festgelegt werden. Er plädiert für die Aufnahme von Verbänden und auch einzelnen Vereinen, wie es in England geschehe. Herr Dr. Brandeis (Prag) hält es für seltsam, darüber zu diskutieren, ob es möglich wäre, die Gründung gleich vorzunehmen. Eine Kommission würde nicht so Ersprießliches leisten, und könnten die Anwesenden über die verschiedenen Fragen viel leichter urteilen, da ja doch die Hauptverbände und -vereine vertreten wären. In sportlicher Hinsicht sei alles geklärt, aber in nationaler bei weitem nicht, so daß er der heutigen Festlegung eines Deutschen Fußball-Bundes im Prinzip ganz beistimme. Herr Sommermeyer glaubt kaum, daß die Kommission in einem Jahre die vielen Arbeiten bewältigen kann, es tauchen womöglich beim nächsten Fußballtage die alten Fragen wieder auf; auch würde vielleicht die feurige Begeisterung nicht mehr so vorherrschen. Erst sollen die internen Angelegenheiten geregelt werden, dann soll man sich internen Fragen und Matchen zuwenden. Er tritt für sofortige einheitliche Regeln ein. Herr Fred Manning betont, daß sich gerade in den letzten Monaten, besonders gelegentlich der internationalen Spiele, das Fehlen einer obersten Behörde sehr bemerkbar gemacht habe. Er schließe sich den Herren Wamser, Dr. Brandeis und den anderen für sofortige Gründung sprechenden Rednern an. Herr Boxhammer sagt, es sei überhaupt nichts geklärt, denn dieses hätten wohl die vergangenen Monate gezeigt. Er ist der Ansicht, die Verbände sollen erst untereinander näher bekannt werden, und plädiert nochmals für die Wahl einer Elferkommission zur Ausarbeitung einheitlicher Regeln. Herr Dr. Meyer glaubt, die verworrenen Verhältnisse können einzig und allein durch sofortiges frisches Eingreifen geregelt werden, und wenn eine Kommission gewählt wird, ist die Sache so gut wie begraben. Vor allen Dingen müssen wir einen Anhaltspunkt haben, denn wenn einmal alles geklärt ist, brauchen wir kaum noch einen Bund. Herr Bensemann meint, wenn wir sogleich die Gründung vornehmen, und es entstehen, was vorauszusehen ist, größere Schwierigkeiten, so ist der Karren auf Jahre hinaus verfahren, während die Kommission alle Hindernisse aus dem Wege räumen und eine absolute Verständigung vor der Gründung herbeiführen könnte. Er tritt der Idee des Herrn Sommermeyer, die Regeln sofort in Angriff zu nehmen, bei und hält es für gut, wenn die Kommission im Sommer die Regeln ausarbeiten würde, um dann an die Clubs heranzutreten und betreffs der Annahme mit ihnen Verhandlungen anzuknüpfen. Wenn sich die Leitung des neuen Bundes, was nur einzig und allein richtig wäre, nach dem englischen Bunde richten wolle, so würde sich der Vorstand bei der Verschiedenheit der herrschenden Verhältnisse wohl kaum zurechtfinden können. Die Hauptbedingungen sind die Spiel- und Schiedsrichterregeln, und diese müßten zuerst existieren. Herr Büttner glaubt, die Leipziger Vereine sind auch sehr für die Gründung. Herr Steinberg führt an, daß alle Vertreter wohl kaum die Ermächtigung hätten, dem eventl. zu gründenden Bunde sogleich beizutreten. Er schlägt vor und beantragt, daß vor Pfingsten 1900 kein Fußball-Bund ins Leben gerufen werden möge, daß aber zu dieser Zeit ein Fußballtag stattfinden solle. Herr Dr. Manning führt aus, daß die Anwesenden hierher gekommen seien, um endgültig zu handeln, er will durch Antrag wissen, ob heute ein deutscher offizieller Bund, der vor Anfang der nächsten Saison einheitliche Spielregeln einführt, gegründet wird oder nicht. Herr Sommermeyer kommt wieder auf die Reden der Herren Bensemann, Boxhammer und Steinberg zurück und erinnert an das große historische Beispiel, die Gründung des Deutschen Reiches im Jahre 1870/71, wo die Begeisterung die untergeordneten Fragen überlief. Herr Prof. Dr. Hueppe ist der Meinung, daß die technischen Fragen nicht die großen Schwierigkeiten bilden, diese liegen in organisatorischer Hinsicht, denn ein kleiner Verein kann natürlich im Vergleich zu einem großen nur sehr wenig ausrichten, und wenn wir jetzt nicht kräftig vorwärts schreiten, bleiben wir ganz stehen, daher soll nur mutig der Bund gegründet werden, denn die Zuversicht wird weit größer sein, wenn der Bund schon hinter den Komitees zu ihrer Unterstützung steht, und dieser Umstand wird auch eine ganz andere Entwicklung der Unterglieder herbeiführen. Herr Wamser bemerkt, daß bei den Turnern, Radlern und anderen Sportsleuten auch sofortige Gründung stattfand. Herr Kirmse wollte wissen, wo der eigentliche Unterschied wäre, wenn die eine Idee durchdringt, haben wir eine elfgliedrige Kommission, während die andere Partei die Gründung – also den Namen – und dann die Elferkommission haben wird. Herr Schottelius: Die drei Hauptvorschläge sind wie folgt zusammenzufassen:

1. die Einberufung, der Berliner Verband, Herr Bensemann beantragen die Einsetzung einer Kommission;
2. die Herren Wamser, Prof. Dr. Hueppe, Dr. Manning, Dr. Brandeis, Dr. Meyer, Sommermeyer u. a. beantragen sofortige Gründung;
3. Herr Steinberg beantragt, die Gründung erst zu Pfingsten vorzunehmen.

Er ist der Ansicht, daß zu Pfingsten wohl kaum die gleiche große Vertreterzahl anwesend sein würde, und ob das Interesse an der Sache dann gleich groß wäre, als wenn die Gründung sofort vollzogen würde, sei eine schwer zu beantwortende Frage. Herr Steinberg zieht hiermit seinen Antrag zurück und stimmt Herrn Prof. Dr. Hueppe zu. Herr Dr. Meyer glaubt, es gehe schließlich das Vertrauen verloren, wenn die Sache zu lange auf Lösung warte. Der Vorsitzende bringt dann verschiedene Glückwunschdepeschen zur Verlesung, die lauten Beifall hervorriefen. Herr Boxhammer führt aus, daß Herr Sommermeyer den Vergleich mit 1870/71 sehr glücklich gewählt habe, denn die Kriege von 1864 und 1866 und die süddeutschen Abkommen haben hauptsächlich zu der Entstehung des geeinten Deutschen Reiches geführt. Er wisse die Ziele des neuen Verbandes noch nicht, welche Statuten soll er haben, und warum sollte man die Katze im Sack kaufen? Wenn nun die Statuten ausgearbeitet werden, paßt es dem einen oder anderen Verbande oder Verein nicht, und die alte Geschichte fängt von neuem an. Er kann nur nochmals reifliche Überlegung vorschlagen. Ein Dringlichkeitsantrag von Herrn Dr. Doerry, nur noch zwei Redner für und zwei gegen zuzulassen, wurde, bevor der Antrag zur Abstimmung kam, vom Antragsteller zurückgezogen, dagegen wurde Herrn Wamsers Antrag auf Schluß der Debatte einstimmig angenommen. Ein Antrag, ob man den Herrn Bensemann und Kirmse nochmals das Wort in dieser Angelegenheit erteilen wolle, wurde abgelehnt. Herr H. Herder brachte folgenden Dringlichkeitsantrag ein: »Beantrage, eine Kommission zu wählen, die bis zum nächsten Fußballtage, Pfingsten 1900, Statuten eines allgemeinen deutschen Fußballverbandes auszuarbeiten und dem Fußballtage vorzulegen hat. Vor diesem Tage soll kein Verband für Alldeutschland konstituiert werden. Die Verbände und Vereine haben sich bis dahin über den Anschluß zu entscheiden und Anträge für die Statuten an die Kommission einzureichen, die auf dem Fußballtage zu Pfingsten zur Abstimmung durch die fest angemeldeten Vereine gebracht werden sollen.« Die Dringlichkeit wird abgelehnt und der Antrag somit abgewiesen. Der folgende Antrag wird dann vom Vorsitzenden zur Verlesung gebracht: »Unterzeichnete beantragen die Gründung eines allgemeinen deutschen Fußballverbandes durch die heutige Versammlung. Fred Manning, Sommermeyer, Hueppe, Wamser.« Die Abstimmung ergibt die Annahme des Antrages mit 64 zu 22 Stimmen. Herr Kirmse teilt unter donnerndem Beifall mit, daß sich der Deutsche Fußballverband konstituiert habe. Die Sitzung wurde auf 1 1/2 Stunden unterbrochen, welche Zeit von dem gemeinschaftlichen Mittagessen vollauf eingenommen wurde.

Herr Kirmse verlas an der Tafel noch weitere Glückwunschtelegramme, und verschiedene Herren hielten vorzügliche, humorvolle Reden. Gleich bei Wiedereröffnung der Sitzung wird ein Antrag von Herrn Dr. Manning verlesen, der die Wahl eines provisorischen Vorstandes vorschlug, welcher bis zum zweiten Bundestag amtieren und für den zweiten Bundestag die Spielregeln und Statuten ausarbeiten sollte. Da Herr Manning nicht anwesend ist, wird sein Antrag bis zu seinem Wiedererscheinen vertagt. Herr Bensemann dringt auf Wahl eines Vorstandes und glaubt, daß es am vorteilhaftesten wäre, wenn für die Spielregeln eine technische Kommission eingesetzt würde. Ferner müsse vorerst dem Bund ein Name gegeben werden. Es sprechen hierzu verschiedene Herren, und wünscht Herr Demmler u. a. auch das Kricketspiel bei der Namengebung berücksichtigt zu sehen. Hiergegen sind aber die Herren Bensemann und Raydt. Herr Dr. Brandeis schlägt den Namen »Allgemeiner Deutscher Fußball-Bund« vor. Herr Bensemann wünscht den Fortfall des Wortes »Allgemeiner«, welchem Ersuchen Herr Dr. Brandeis auch sofort nachkommt, und wird hierauf der Name »Deutscher Fußball-Bund« angenommen. Herr Werkmüller will wissen, warum der Verband einer solchen großen patriotischen Sache Hindernisse in den Weg legt und auf die Clubs Druck ausübt. Sein Verein werde dem Bunde sofort beitreten. Herr Boxhammer teilt mit, er vertrete nur diejenigen Vereine, welche keinen Delegierten entsandt hätten. Er verwahrt sich ferner ganz energisch gegen die Worte seines Vorredners und erklärt, der Verband handele nur nach reiflicher, kühler Überlegung der ganzen Sachlage, auch wolle der Verband keineswegs einen Druck auf die ihm angehörenden Vereine ausüben. Herr Dr. Meyer wundert sich über das Fehlen der nötigen Instruktionen und Vollmachten bei den verschiedenen Delegierten. Herr Wamser teilt mit, daß auch er keine Vollmacht besitze, die Zugehörigkeit der Frankfurter Clubs sogleich zu erklären. Herr Dr. Meyer und Herr Prof. Hueppe drücken wieder ihr Erstaunen aus, daß so viele Herren ohne Eventualinstruktionen und Vollmachten erschienen wären. Herr Kirmse meint, die Vertreter könnten doch nur nach ihren Instruktionen handeln. Herr Boxhammer verlangt, die Frage an die Delegierten zu richten, ob sie ihre Zugehörigkeit erklären oder nicht. Wenn ja, so sei es ein Bundestag, und er und die anderen Vertreter, die keine bestimmte Zusage machen könnten, wären sodann nur als Zuhörer anwesend. Herr Doerry will wissen, wer eine Sitzung abhält, der Deutsche Fußball-Bund oder der deutsche Fußballtag. Ein Dringlichkeitsantrag des Herrn Steinberg: »Beantrage die Vertreter zu fragen, welche Vereine sich dem Bunde anschließen« wurde zur Debatte zugelassen. Herr Sommermeyer führt aus, die einen wollen erst die Vorarbeiten, die anderen sofort den Verband. Die Bündler wären in der Majorität, also sollte sich die andere Partei fügen. Er stimmte dem Vorschlage Steinbergs bei. Herr Boxhammer betont nochmals, er habe nur Vollmacht, für die Einsetzung einer Kommission zu stimmen, aber nicht für sofortige Gründung des Bundes. Hierfür müsse er erst die nächste Sitzung des Verbandes abwarten. Durch die Abstimmung über den Dringlichkeitsantrag Steinberg wird festgestellt, daß 60 Vereine ihre Zugehörigkeit zum »Deutschen Fußball-Bund« erklären. Herr Dr. Meyer fragt an, weshalb Frankfurt und Bremen nicht aufgeführt wären. Die Vertreter beider Städte geben bekannt, nur unter Vorbehalt beitreten zu können. Die Berliner Verbandsvereine FC Preußen und Friedenau Sport-Excelsior erklären ihren sofortigen Beitritt, während Herr Demmler (FC Germania) für seinen Verein keine bestimmte Zusage abgeben konnte. Der Vorsitzende wirft die Frage auf, ob ein Bundestag abgehalten oder der Fußballtag fortgesetzt werden soll. Herr Dr. Meyer beantragt Schließung dieses Fußballtages, Beginn der Bundessitzung. Herr Kirmse schließt um 5 Uhr 5 Minuten den Fußballtag, dankt den Erschienenen herzlich für das an den Tag gelegte Interesse und tritt von der Leitung der Versammlung zurück. Das Alterspräsidium wird von Herrn Prof. Dr. Hueppe übernommen, der sogleich zur Wahl des Bureaus schreitet. Herr Raydt bittet erst um Feststellung der verschiedenen Ämter. Herr Sommermeyer wünscht die Wahl eines provisorischen Vorstandes für einen gewissen Zeitraum. Der oben erwähnte Antrag des Herrn Dr. Manning wird jetzt wieder zur Verlesung gebracht. Bevor man zur Debatte schreitet, bittet Herr Dr. Meyer, einen Protokollführer zu ernennen, und Herr Prof. Dr. Hueppe wünschte das Alterspräsidium an einen Herrn abzugeben, der in allen Sachen mehr auf dem laufenden sei. Die Wahl des provisorischen Vorsitzenden für die Sitzung fiel auf Herrn Büttner, die des Schriftführers auf Herrn Udo Steinberg. Beide Herren erklären sich dankend zur Annahme bereit. Den Antrag Dr. Mannings hält Prof. Dr. Hueppe für gut, während Herr Steinberg auf die Festsetzung von Pfingsten, 3. und 4. Juni des Jahres, besteht. Herr Dr. Manning sieht von seinem Datum ab und bittet hierfür um Einsetzung des von Herrn Steinberg gewünschten Termins. Die Abstimmung ergab die einstimmige Annahme des Antrages. Im Anschluß hieran ersucht Herr Schacht die Berliner Verbandsvertreter um Angabe eines Termins, bis zu welchem eine definitive Antwort betreffs der Zugehörigkeit zum Bunde gemacht werden könnte. Herr Boxhammer hofft, dieses bis zum 15. Februar tun zu können. Herr Prof. Dr. Hueppe möchte einen

Berliner Herrn gleich mit in den Vorstand hinein gewählt sehen. Herr Kirmse schlägt vor, einen Elferausschuß zu ernennen, der sich selbst konstituiert.

Es sind zwei Ansichten vertreten: 1. Elferausschuß, welcher sich an die großen Verbände anlehnt; 2. Elferausschuß, unabhängig gewählt. Herr Wamser schlägt vor: Berlin: Werkmüller, 1 Vakant. Hamburg: Behr. Süddeutschland: Dr. Manning. Frankfurt a. M.: Stasny, Roth. Leipzig: Kirmse, Büttner. Prag: Prof. Dr. Hueppe. Braunschweig: Stansch. Dresden: Dr. Meyer. Herr Steinberg findet die Aufstellung ungerecht, da viele wichtige Städte nicht aufgeführt sind. Herr Stansch bittet, von ihm abzusehen, und Magdeburg und Mittweida zu berücksichtigen. Herr Raydt bittet, aus Rugbykreisen noch einen Herrn zu wählen, und schlägt Herrn F. W. Fricke (Hannover) vor. Herr Prof. Dr. Hueppe ist der Ansicht, daß die Städte augenblicklich Nebensache wären. Die Hauptsache sei, elf Herren zu wählen, welche sich für die Arbeiten besonders gut eignen. Herr Kirmse bittet festzulegen, daß die elf Herren, welche gewählt werden, bis Pfingsten die Geschäfte des Bundes übernehmen. Die Festsetzung des Ausschusses vereinigte folgende Namen: Die Herren Prof. Dr. Hueppe, Fricke, Dr. Manning, Stasny (Frankfurt a. M.), Behr, Albrecht, Werkmüller, Büttner, Schottelius, Thomas und eine Vakanz für den Berliner Verband. Herr Thomas verzichtete zugunsten des Herrn Dr. Meyer. Herr Sommermeyer bittet Herrn Thomas, die Wahl beizubehalten. Herr Dr. Meyer tritt zurück.

Es werden gewählt die Herren: Prof. Dr. Hueppe, Behr, Fricke, Albrecht einstimmig, Thomas alle gegen zwei, Kirmse alle gegen eine Stimmenthaltung, Dr. Manning, Stasny, Werkmüller, Büttner einstimmig. Vakant für den Verband deutscher Ballspielvereine.

Es nehmen die Wahl dankend an die im Saale anwesenden Herren Prof. Dr. Hueppe, Thomas, Dr. Manning, Werkmüller und Büttner, während Herr Kirmse zuerst ablehnt, aber schließlich nach einigem Zureden annimmt.

Der letzte Punkt war die Festsetzung des Ortes für den Fußballtag zu Pfingsten. Herr Bensemann möchte sehen, daß die Sitzungen abwechselnd einmal in Norddeutschland, einmal in Süddeutschland abgehalten werden. Herrn Dr. Mannings Vorschlag, dem provisorischen Leitungsausschuß die Festsetzung zu überlassen, wurde beigestimmt. Herr Wamser beantragt Schluß der Versammlung. Herr Dr. Brandeis dankt den Herren Kirmse und Büttner sowie den anderen Herren der Bureaus für ihre Tätigkeit.

Herr Büttner erklärt hierauf um 6.30 Uhr die Sitzung für geschlossen. Der provisorische Vorstand hielt dann sogleich eine Sitzung ab, um sich selbst zu konstituieren, und wurde Herr Prof. Dr. Hueppe zum Vorsitzenden, Herr Dr. Manning zum Schriftführer gewählt.

Ein großer Kommers, auf dem es recht froh und heiter zuging, schloß den ersten »Deutschen Fußballtag«.

Aus der weiteren Entwicklung des Deutschen Fußball-Bundes:

Zwei Umstände hatten das Verlangen der Vereine nach einer gesamtdeutschen Fußballorganisation geboren: die Uneinheitlichkeit in den Spielregeln, die den Spielverkehr über die lokalen Grenzen hinweg stark hemmte, und das Sehnen nach einer Deutschen Meisterschaft. Die erste Forderung wurde schnell erfüllt. Schon auf dem zweiten Bundestag, wenige Monate nach dem ersten, lag der Bericht der Regelkommission vor. Die Deutsche Meisterschaft wurde zwei Jahre nach dem Gründungstag des DFB auf dem Münchner Bundestag ins Leben gerufen. Der Kampf des DFB gegen die Behörden war ein besonderes Kapitel. Wer nahm nicht alles immer noch Anstoß am Fußballspiel! Schule, Kirche, Polizei, Steuer, kurz: die hohe Obrigkeit in allen Sparten. Der eine führte den Kampf gegen die Entheiligung der Sonntage durch die mit so »großem Lärm verbundenen« Ballspiele. Der andere empfand ein Nachlassen der Lernbegierde, weil »das zudem in seinen Auswirkungen auf den Körper so schädliche Fußballspiel« die Jugend zu stark begeisterte. Die dritte sah eine »gute Möglichkeit, die behördlichen Finanzen durch Erhebung von Umsatz-, Einkommens-, Lustbarkeits-, Körperschafts- und sonstigen Steuern zu stärken«. Der vierte wandte sich gegen die »Verletzung der Sittlichkeit« durch die zu leichte Kleidung und die nur bis zu den Knien reichenden Hosen. Die einzigen, die den Fußball in seinem Wert für die Bildung und Stärkung von Körper und Geist erkannten, waren die Militärbehörden. Sie stellten Exerzierplätze zu Spielzwecken zur Verfügung und führten frühzeitig Spielrunden und Meisterschaft für alle drei Wehrmachtsteile ein. Der DFB stellte in seinem Kampf um die Durchsetzung des Fußballsportes immer wieder die erzieherischen und körperbildenden Werte des Fußballs heraus. Er ließ Gutachten hoher Persönlichkeiten vervielfältigen, führte Prozesse gegen Steuerbehörden, verfaßte Denkschriften für die Parlamente, sammelte statistische Unterlagen über alle Unfälle und widerlegte damit die Behauptungen von der Gefährlichkeit und Roheit des immer mehr aufkommenden Fußballspiels, verhandelte mit den Behörden der Kirchen, um eine Abgrenzung gegenüber den religiösen Bedürfnissen der Sportler zu erreichen, kurz: der DFB lag in einem einzigen, sich über mehr als zehn Jahre währenden Kampf gegen alle Unverständnis erkennen lassende Behördenstellen. Aus den Stößen von Dokumenten jener Zeit, die in den Archiven des Bundes, seiner Verbände und deren Vereine liegen, seien zwei herausgehoben, die einen guten Einblick in jene Zeit bieten, die des Fußballsportes schwerste war. Am 26. März 1907, einem Karfreitag, hatte Hanau 93 mit der englischen Mannschaft »Civil Services« ein Wettspiel abgeschlossen.

Nach langen Verhandlungen genehmigten Landrat und Polizeidirektion das Spiel unter den nachstehenden Bedingungen, daß: 1. ein Wirtschaftsbetrieb auf dem Sportplatz nicht stattfinden darf, 2. Musikaufführungen unterbleiben, 3. der Charakter einer internen Vereinsveranstaltung durch Einstellung der Reklame gewahrt wird. »Die letztere Einschränkung ist erforderlich, da sonst die Veranstaltung als Schaustellung im Sinne der Polizeiverordnung vom 31. Dezember 1896 gelten muß und daher polizeilich verhindert werden wird«, hieß es in der beigefügten Erläuterung der Polizeistellen. Und weiter hieß es: »Mit Rücksicht darauf, daß die Presbyterien der Gemeinden der Johanniskirche und der Marienkirche ausdrücklich Einsprache gegen die Veranstaltung erhoben haben, empfehle ich dringend, die Öffentlichkeit, soweit es noch angängig, zu beschränken und deshalb auch die farbigen Plakate zurückzuziehen.« Das Spiel fand statt. 1200 Zuschauer waren für Hanau ein neuer Rekord. Der Verein hatte die Plakate nicht mehr zurückziehen können. Dafür erhielten sechs Wochen später der Spielführer und die übrigen Vorstandsmitglieder, soweit sie direkt an der Veranstaltung beteiligt waren, einen Strafbefehl über je drei Mark vom Amtsgericht zugestellt. Auf Einspruch bestätigte das Schöffengericht den Strafbefehl. Anderswo war es ähnlich. Die Spieler des 1. Schweriner FC von 1903 erhielten nach dem Spiel gegen die Hamburger Alemannia am 16. Oktober 1904 jeder eine Strafverfügung über zwei Mark von dem Polizeiamt wegen Übertretung der Verordnung betreffend Heiligung von Sonn- und Festtagen, denn das Spiel hatte um 3.30 Uhr begonnen, während es erst eine Stunde nach Beendigung des Sonntagsgottesdienstes, also um 4 Uhr, hätte begonnen werden dürfen. Aber es gab auch damals schon sportverständige Richter, wie ein Urteil zeigt, das einige Jahre später, 1909, von der Ferienstrafkammer des Königlichen Amtsgerichtes Berlin gefällt wurde und das, allerdings in der Berufungsinstanz, den Freispruch des Vereinsvorsitzenden brachte, dem vorgeworfen wurde, gegen die Sonntagsruhe verstoßen zu haben. In der Begründung hieß es u. a.: »In dem Fußballspiel ist auch eine Lustbarkeit zu erblicken, da dieses Spiel außer der Leibesübung insbesondere noch der Ergötzung und Unterhaltung dient. Aber trotzdem konnte der Gerichtshof nicht zur Verurteilung des Angeklagten gelangen. Das Fußballspiel hat nicht an einem öffentlichen Ort, sondern in einem Privatraum stattgefunden, da der Platz ausschließlich von dem Fußballklub W. und für den Fußballspielverband zum Zwecke des Spieles gemietet worden war und mit einer hohen Einfriedigung versehen ist. Daß am 12. April 1909 besonders laute Schreie und Zurufe seitens der Schüler stattgefunden haben, ist durch Beweisaufnahme nicht festgestellt worden. Allerdings entstehen durch das dumpfe Aufschlagen der Bälle und das zeitweise Zurufen der Spieler gewisse Geräusche. Diese sind aber nicht geeignet, die Sonntagsruhe zu stören.«

Ein für die Entwicklung des deutschen Fußballsportes wichtiger Schritt wurde auf dem am 2. und 3. Juni 1906 in Leipzig durchgeführten 10. DFB-Bundestag getan. Dieser begann am Sonnabendvormittag um 9.50 Uhr und endete am Sonntagabend um 7.40 Uhr. Damit hatte er, abzüglich der vier Pausen, rund 13 Stunden gedauert. Er beschloß, das Bundesgebiet in jene sieben Landesverbände – Süddeutschland, Westdeutschland, Norddeutschland, Mitteldeutschland, Mark Brandenburg, Südostdeutschland und Nordostdeutschland – einzuteilen, die bis zu seiner 1934 erfolgten Überführung in den Reichsbund für Leibesübungen bestehen blieben. Den Einzelvereinen, die Mitglieder des Bundes waren, wurde aufgegeben, sich den Verbänden anzuschließen. Aber auch andere Beschlüsse wurden Grundlage für die Entwicklung in den nächsten drei Jahrzehnten. Sie verdienen deshalb eine kurze Betrachtung. Als Zweck des Bundes wurde festgelegt:
1. Verbreitung und Hebung des deutschen Fußballsportes nach einheitlichen Regeln,
2. Vertretung des deutschen Fußballs im In- und Ausland,
3. Regelung aller Streitigkeiten im deutschen Fußballsport,
4. Erledigung aller technischen Fragen, Veranstaltungen von Wettspielen um die Deutsche Meisterschaft und von internationalen Spielen repräsentativer Mannschaften,
5. Erteilung von Auskünften in Rechtsfragen, die mit dem Fußballsport im Zusammenhang stehen,
6. Einwirkung auf die öffentliche Meinung, um das Verständnis für den Wert der körperlichen Übungen, besonders bei Schulbehörden und in Militärkreisen, zu wecken und zu heben.

Der Aufgabenkreis des erst ein halbes Jahrzehnt alten Bundes wurde also recht weit gesteckt. Manches von dem konnte erst viel später verwirklicht werden. Für je 100 Mitglieder hatten die Verbände auf dem Bundestag eine Stimme. Die Bundessatzung umfaßte 46 Paragraphen.

Selbst für die Möglichkeit des Berufsspielertums hatte man satzungsgemäße Festlegungen geschaffen, obwohl zu dieser Zeit, wo selbst die Endspiele um den Titel eines Deutschen Fußballmeisters ein Defizit brachten, eine solche Gefahr nicht bestand. Der Bundestag betonte in einer Entschließung ausdrücklich, daß der Deutsche Fußball-Bund nicht nur eine Organisation für die Ausrichtung der Deutschen Meisterschaft sei, vorerst aber die Gesamtverfassung und der Mangel an geldlichen Mitteln einer weitgehenden Aufgabenerfüllung im Wege stünden. In erster Linie deswegen mußte auch auf die Entsendung einer deutschen Fußballvertretung zu den Olympischen Zwischenspielen 1906 in Athen verzichtet werden. Der Bundesvorstand war der Überzeugung, daß auf dem Kontinent dem DFB im Fußballsport die führende Stellung zustehe.

Mit dem Rugbyverband gab es einen Streit wegen des aus Reichsmitteln beschafften Wanderpreises für die Deutsche Meisterschaft, »Viktoria« genannt, der bis 1944 dem jeweiligen Sieger im Endspiel zufiel. Der Bund stellte fest, daß nach der Stiftungsurkunde der Wanderpreis »ein für allemal« dem Deutschen Fußball-Bund gehöre.

Die Entwicklung der Platzanlagen der Leipziger Vereine

Aus dem 1927 von Kurt Pauckert herausgegebenen Jubiläumsbuch »30 Jahre Gau Nordwestsachsen im Verband Mitteldeutscher Ballspielvereine« stammen die nachfolgenden Angaben zu den Leipziger Sportplätzen. Um den authentischen Charakter der Quellen zu wahren, wurden die Texte vom Autor unverändert im Wortlaut übernommen und gegebenenfalls gekürzt. Dem Buch liegt ein Reprint eines Stadtplans aus dem Jahr 1925 bei, der anläßlich des 25jährigen Jubiläums des DFB erschien und auf dem die einzelnen Vereine den Sportanlagen zugeordnet sind.

Der Betrieb unserer Sportvereine, der sich (abgesehen von der Hallengymnastik) durchweg im Freien abwickelt, bedingt die Bereitstellung von ausreichenden Sportplatzanlagen. Der jüngeren Sport-Generation ist es eine Selbstverständlichkeit, zum Spiel anzutreten, ohne sich um den Aufbau des Platzes einschließlich der Tore zu kümmern. Sie weiß nichts von den Nöten unserer älteren Vereine, von denen so mancher wieder einging, als er vor der Notwendigkeit stand, die zum Sportbetrieb notwendigen Plätze zu schaffen. Ein Vergleich der in den Gründungsjahren geschaffenen Anlagen mit den heutigen zeigt so recht die gewaltige Entwicklung des Sportes in den letzten 30 Jahren. Zunächst spielte man auf gut Glück auf brachliegendem oder nicht benutztem Gelände. Da jedoch beim Auftauchen des Besitzers die Spieler den Platz jedesmal fluchtartig wieder verlassen mußten, um nicht ihres so sauer erworbenen Fußballs verlustig zu gehen, ging man schließlich dazu über, das notwendige Gelände pachtweise zu erwerben. Von diesem Zeitpunkt an (kurz nach 1900) beginnt nunmehr planmäßig die Anlage von Vereinsplätzen. Begnügte man sich zunächst auch nur mit der Einzäunung der Anlage, so folgte Schritt für Schritt der weitere Ausbau. Jeder Verein hatte irgendeinen neuen Gedanken, der, angesichts der damaligen Verhältnisse, mutig und opferwillig in die Tat umgesetzt wurde. Alle in Frage kommenden Vereine profitierten so voneinander, fügten gemeinsam Stein auf Stein, bis die heutigen Spitzen-Anlagen entstanden. Einrichtungen, die für uns heute Selbstverständlichkeiten sind, riefen bei ihrem ersten Auftauchen das größte Aufsehen hervor. Barrieren, der von der Leipziger Eintracht zuerst eingeführte Zuschauerdamm sowie Waschräume sind einige Marksteine auf dem Wege der stetigen Entwicklung unserer Platzanlagen.

Mit der kurz nach dem Weltkriege einsetzenden gewaltigen und sprunghaften Entwicklung und Verbreitung des Sportbetriebes mußten unsere Vereine darangehen, ihre Platzanlagen zu vergrößern, zu vervollkommnen oder sie auf anderem ausbaufähigeren Gelände neu zu errichten. Gleichzeitig aber sahen auch andere Vereine den Vorteil der eigenen Platzanlage ein, und so entstanden fortgesetzt neue Sportplätze, den eigenen Mitgliedern und gegnerischen Mannschaften einwandfreie Spielmöglichkeiten bietend. Die Städte und Ortschaften im Gaugebiet setzten mit der Beschaffung von öffentlichen Sportplätzen ziemlich spät ein.

Der turnerische Gedanke saß bei den maßgebenden Männern und Körperschaften doch viel zu fest, als daß die sportliche Idee irgendwelche ernste Beachtung gefunden hätte. Roheit und Rekordsucht waren die beiden Schlagworte, die immer und immer wieder herhalten mußten, um den Fußballsport an seiner Ausbreitung zu hindern. Aber die dem Sport Gewonnenen ließen nicht locker, und Märtyrern gleich kämpften sie für ihre Sache, bis endlich hie und da ein Stück Gelände zur Verfügung gestellt wurde. Als dann endlich erkannt wurde, daß am Sport doch irgend etwas Gutes sein müsse, was die Ausübenden so in den Bann nehmen konnte, und Militär und Schule ihn entweder obligatorisch einführten oder zumindest unterstützten, trat eine grundlegende Wandlung ein. Die Stadt Leipzig tat sehr viel, um den Wünschen der Vereine gerecht zu werden. Entweder gab sie Gelände an einzelne Vereine pachtweise ab oder schuf öffentliche Spielplätze, auf denen dann mehrere Vereine ihre Zuflucht finden konnten. Auch die Städte und Ortschaften im übrigen Gaubezirk wollten nicht zurückstehen und wetteiferten in der Errichtung sportgerechter Anlagen, die freilich meist erst in allerjüngster Zeit entstanden, weil in der Provinz der Kampf um die Wertgeltung des Sports ein weit mühseligerer war und mitunter einem Kampf mit Windmühlen glich.

Die ersten 10 Vereine, die sich eigene Platzanlagen schufen:
1902: Wacker 1. Anlage am Debrahof
1907: Olympia 1. Anlage am Scherbelberg
1908: Arminia 1. Anlage am Rohrteich
1910: Eintracht Leipzig in Raschwitz
1910: Lipsia in Eutritzsch
1911: TuB 1. Anlage in Kleinzschocher
1911: Spielvereinigung in Lindenau
1911: Viktoria in Möckern
1912: Sportfreunde in Connewitz
1913: Fortuna in Paunsdorf

Sportplatz Leipzig auf dem Gelände am Cottaweg in Lindenau

Anfang des Jahres 1892 kam es zum Abschluß eines Pachtvertrages zwischen der Stadt Leipzig und dem »Verein Sportplatz« für das Gelände an der damaligen Frankfurter Straße zwischen dem neuen Schützenhaus und dem Kuhturm. Nach Erbauung einer Radrennbahn, einer Tribüne und der Anlage einiger Spielplätze erfolgte die Eröffnung des »Sportplatzes Leipzig« bereits im September des gleichen Jahres.

Die in Deutschland einzigartige Anlage wurde sehr bald zum Mittelpunkt der Leipziger Sportbewegung. Auf der Radrennbahn fanden jährlich bis zu zwölf offizielle Rad- und Motorradrennen mit einer Gesamtzahl von etwa 150 000 Besuchern statt sowie rund 20 lokale Veranstaltungen von Verbänden und Vereinen. Die Anlagen für die Leichtathletik mit einer Rund- und einer 100-Meter-Bahn und einigen Sprunggruben wurden in den Innenraum der Radrennbahn eingebunden. Sie war die erste und viele Jahre auch die einzige Anlage in Leipzig, auf der alle bedeutenden leichtathletischen Veranstaltungen und Turnfeste zur Durchführung kamen und die den jeweils beheimateten Vereinen wie zum Beispiel der Universität (Akademischer Turn- und Sportabend) zu Übungszwecken zur Verfügung stand. Ein Makel, der später zur Aufgabe der Anlage führte, war der Umstand, daß sich hier zwei völlig wesensfremde Sportarten begegneten, was von den Zuschauern nicht immer angenommen wurde. Trotzdem nahmen in den ersten Jahren vor allem der Leipziger Ballspiel-Club, Marathon Westens, der Turnverein Plagwitz und der Akademische Sportclub gern von der Anlage Besitz. Der LBC spielte auch Hockey auf den angelegten fünf Feldern. Bald folgten andere Vereine wie der Akademische Sportclub. Im Innenraum der Radrennbahn entstand auch ein Tennisplatz, der dann später in den Norden des Geländes längs der Frankfurter Straße verlegt wurde. Gleichzeitig erfolgte ein Ausbau der Plätze, so daß insgesamt 16 Anlagen zur Verfügung standen, von denen einer vom Leipziger Skiclub benutzt wurde. Allerdings wurden die Plätze von den Vereinen so gut ausgenutzt, daß interessierte Bürger nicht die Gelegenheit zur stundenweisen Nutzung bekamen. Auch die Boxer fanden ihr Domizil auf dem Sportplatz. Während im Sommer der Boxring und alle erforderlichen Geräte ebenfalls im Innenraum der Radrennbahn untergebracht wurden, zog man im Winter in einen 10x11 Meter großen Raum um, in dem sich auch ein kleines Bad befand. Im Winter wurde innerhalb der Radrennbahn eine öffentliche Eislauffläche hergerichtet, die sich besonders bei den Kindern großer Beliebtheit erfreute. Die »Rudergesellschaft Wiking« und der »Verein Eissport« spielten auch Eishockey. Als besondere Attraktion aber bestaunten die Bürger der Stadt die Luftfahrtaktivitäten auf dem Sportplatz. Schon 1893 fanden unter Benutzung der dafür besonders geschaffenen Füllungs-

Der Leipziger Sportplatz, Heimstatt vieler Leipziger Vereine in deren Gründerjahren.

anlage die ersten Ballonaufstiege statt. Vor allem in den Jahren vor dem Krieg brachte der »Verein für Luftfahrt« seine Veranstaltungen im Innenraum der Radrennbahn zur Durchführung. Dagegen mußte das Luftbad an der Front der Frankfurter Straße im Jahre 1915 wieder aufgegeben werden, da sich die Stadt zur Aufkündigung des Pachtvertrages gezwungen sah. Eine besondere Bedeutung fiel dem Sportplatz jedoch bei der Entwicklung des Fußballsports zu. Viele Vereine erhielten hier in den ersten Jahren Heimatrecht. Der Sportverein Viktoria, der Leipziger Ballspiel-Club, Olympia, Sportfreunde, Wacker, Spielvereinigung, Lipsia und der VfB trugen hier ihre Spiele aus, bis sie sich eigene Anlagen schufen. Das Anwachsen der einzelnen Vereine und die stetig fortschreitende Entwicklung des Fußballsports erforderten sehr bald die Schaffung weiterer Übungsfelder, so daß bereits im Jahre 1900 und erneut 1908 weiteres Gelände benötigt und von der Stadt zur Verfügung gestellt wurde. Der sich immer mehr zum Volkssport entwickelnde Fußball und das damit verbundene ständige Anwachsen der Zuschauerzahlen erforderte einen immer weiteren Ausbau der Zuschauerplätze des sogenannten Wettspielfeldes, das zuletzt rund 20 000 Besuchern Platz bot. Die gesamte Anlage war beispielgebend für Deutschlands Sport. Hinter dem »Verein Sportplatz Leipzig« steckte allerdings kein Sportverein, sondern vielmehr eine Gesellschaft, die sich zum Ziel gemacht hatte, Spiel- und Sportanlagen zu schaffen, diese zu verwalten und im sportlich-wirtschaftlichen Sinne auszuwerten. Damit sollte der Gedanke verwirklicht werden, das Unternehmertum im Berufssport auszuschalten und den Berufssport mit Unterstützung von Kommune und Stadt zu fördern. Ein kühner Plan, der auch aufging. Ein Darlehen der Stadt Leipzig, welches nach einem Brand der ersten Tribüne 1893 bewilligt wurde, wurde schon nach wenigen Jahren in voller Höhe von 30 000 Reichsmark zurückgezahlt. Die Stadtväter förderten den Verein zunächst auch großzügig und stellten die Anlage bis 1924 pachtfrei zur Verfügung. Die anfallenden Überschüsse fanden restlos im weiteren Ausbau der Anlage Verwendung, die Verwaltung geschah ehrenamtlich. Die rund 600 Mitglieder, die jeweils mindestens einen Anteilsschein im Wert von 100 Reichsmark besitzen mußten, zahlten einen jährliche Beitrag von 20 RM und hatten dafür kostenlosen Zutritt zu den Radrennen. 1925 stellte der »Verein Leipziger Sportplatz« seinen Platz noch immer für etliche Vereine zur Verfügung.

Der Gohliser Exerzierplatz. Im Hintergrund sind die Baracken, die den Soldaten als Unterkünfte dienten, zu erkennen.

Der Sportplatz um 1897. Im Hintergrund ist die 90 Meter lange Tribüne der Radsportbahn zu sehen, auf der 1500 Zuschauer Platz fanden. Gebaut wurde sie bereits 1892.

Die vorhandenen fünf Übungsfelder wurden vor allem an den Leipziger Ballspielclub und Marathon Westens vermietet. Das große Wettspielfeld nutzten auch andere Vereine wie Olympia Germania. Insgesamt fanden 1925 auf der Anlage 718 Spiele mit 15 796 Spielern statt, wobei die Spiele des Turnvereins Plagwitz unberücksichtigt blieben. Nicht inbegriffen waren auch die alljährlich stattfindenden Turn- und Sportfeste des Arbeiter-Sportkartells und das Gewerkschaftsfest. 37 Fußball-, 14 Handball-, 31 Hockey- und drei Rugby-Mannschaften, 800 Leichtathleten und 300 Tennisspieler, also insgesamt rund 1600 Sportler, hatten auf dem Lindenauer Sportplatz ihre sportliche Heimat gefunden. Dazu kamen die 42. und 44. Volksschule, denen die Felder täglich in den Vormittags- und zum Teil auch in den Nachmittagsstunden überlassen wurden, sowie das König-Albert-Gymnasium.

Exerzierplatz in Gohlis

Die Jugend der inneren Stadt spielte 1893 auf dem Exerzierplatz, das heute bebaute Gelände Nordkirche-Chausseehaus-Hallesche Straße-Ehrensteinstraße-Gohliser Straße in Gohlis. Auf dieser Anlage spielten unter anderem die Lipsia, der Schöfflerclub, der Leipziger Ballspielverein, Germania, Concordia und Saxonia. Erst nach langem Hin und Her willigten die Militärbehörden und der Rat der Stadt ein, daß das ehemalige Truppenübungsgelände für die Fußballspiele genutzt werden durften. Das Gelände wurde später mit Wohnanlagen bebaut.

Lipsia-Platz

Aufgrund von Bebauungsarbeiten auf dem Exerzierplatz wurde die Suche nach einem neuen Spielplatz notwendig. Da beim Rat der Stadt über die Erfordernisse eines Fußballplatzes nicht die allereinfachsten Kenntnisse bestanden, erhielt Lipsia nach langen Mühen endlich einen Bauplatz in Eutritzsch zugewiesen, begrenzt von der Wittenberger, Theresien- und Schiebestraße. Dieser, voller Löcher und Unebenheiten, wurde mit viel Arbeit und Kosten zu einem einigermaßen bespielbaren Feld hergerichtet. Trotz der Mängel wurden alle Verbandsspiele dort ausgetragen, bis sich endlich 1903 die Gelegenheit bot, einen der neuangelegten Plätze auf dem Sportplatz in Lindenau nördlich des großen Wettspielfeldes zu pachten.

Spielvereinigung Leipzig

Von der Spielvereinigung wurde als Spielplatz die sogenannte Schildwiese benutzt, die zwischen der Turnhalle des ATV und dem Charlottenhof lag. Leider ging dieser bequeme und billige Spielplatz, den man einfach für sich in Anspruch genommen hatte ohne jegliche Erlaubnis und noch viel weniger Bezahlung, bald wieder verloren, da der Schulbau der 42. Volksschule begann. Die Spielvereinigung wandte sich deshalb an die Leipziger Westend-Baugesellschaft um Überlassung des Geländes gegenüber der Schildwiese – zwischen der Rietschel- und jetzigen Ottostraße gelegen – zur Fortsetzung ihres Spielbetriebes. Gegen eine jährliche Entschädigung von 60 Mark wurde die Erlaubnis zur Benutzung dieses

Geländes als Spielplatz erwirkt. Der Platz war zwar nicht besonders geeignet, und es bedurfte großer Vorrichtungsarbeiten, um ihn nur einigermaßen zu einem Fußballspielfeld brauchbar zu machen. Dieser Platz nun war die grundlegende Vorraussetzung für die Entwicklung der jetzigen Spielvereinigung. Auf dem neuen Platz begann der Verkehr mit den Spielabteilungen zunächst der anderen Leipziger Turnvereine, wie Volkswohl, Turnspielverein und ATV Leipzig, dem dann auch Wettspiele mit Leipziger Fußballvereinen folgten, und zwar mit FC Lipsia, FC Vorwärts, Leipziger Ballspiel-Club, FC Sportfreunde und anderen.

Das Jahr 1911 war für die Spielvereinigung in wirtschaftlicher Beziehung von ganz besonderer Bedeutung. Die sportlichen Erfolge brachten es mit sich, daß die Einnahmen bei den Spielen der ersten Mannschaft eine sichere und gute Geldquelle wurden, die dem Sportplatz zuflossen. Diese Einnahmen im Interesse eines weiteren Aufwärtsstrebens dem eigenen Verein nutzbar zu machen, bewog die Leitung, sich mit dem Gedanken vertraut zu machen, eine eigene Platzanlage zu errichten. Schon im Spätherbst 1911 war nach fieberhafter Arbeit im vorangegangenen Sommer der eigene Sportpark der Spielvereinigung an der Demmeringstraße in Lindenau fertiggestellt, und am 21. Oktober 1911 fand die Platzweihe durch den Verbandsvorsitzenden Dr. Albrecht statt. Als Eröffnungs- und Einweihungsspiel wurde das Verbandsspiel gegen den schärfsten sportlichen Rivalen, den VfB Leipzig, ausgetragen. Das Spiel endete mit 1:1 vor etwa 2000 Zuschauern.

Fortuna Leipzig

Infolge der unmittelbaren Nähe des Spielfeldes an der Dresdener Bahnlinie kamen die Fortunen im Jahr 1903 mit der Bahnverwaltung in Konflikt, weil sehr oft ein Ball auf den Bahnkörper gestoßen wurde. Eines schönen Sonntags erschienen einige Polizeibeamte und untersagten ihnen das Weiterspielen auf dem kaum vor einem Jahr zuvor erworbenen Gelände. Das war das Ende, Fortuna hatte nun keinen Platz. Das Training wurde auf dem Festplatz des Schützenhauses Sellerhausen links von der Bautzmannstraße zwischen Eisenbahn- und Bülowstraße gestattet. Ein Wettspiel dort auszutragen war jedoch nicht möglich.

Dieser Umstand war wohl für den FC Hohenzollern ausschlaggebend, den Bestrebungen einer Vereinigung mit der Thonberger Fortuna zuzustimmen, weil diese ein Spielfeld in der Nähe der Meyerschen Häuser (verlängerte Oststraße in Reudnitz) besaß. Durch die freundschaftlichen Beziehungen zwischen verschiedenen Mitgliedern dieser beiden Vereine faßte der Gedanke immer festeren Fuß. Nur einige der Hohenzollern kehrten dem neuen Verein nach der Vereinigung den Rücken. Der Fortuna gelang es 1913 nach jahrelangen erfolglosen Bemühungen um ein Areal endlich, einen eigenen Sportplatz (11 000 qm) zu schaffen. Anteil an dem Zustandekommen der Anlage hatte ein früheres Mitglied, Max Bröse, der dem Gelingen die finanzielle Stärkung gab. Auch in Berücksichtigung dessen, daß andere weitaus größere und ältere Vereine, wie VfB und LBC, nicht über eigene Plätze verfügten, kennzeichnet die Platzanlage als Erfolg. Das Spielfeld wurde seitens der Mitglieder selbst fertiggestellt. Umplankung, Fahnenstange, Barriere und zwei schmucke Kabinen wurden günstig aus dem Abbruch des Deutschen Turnfestes erstanden, und so konnte am 2. November 1913 der Platz eingeweiht werden. Das erste Spiel verlor Fortuna knapp mit 0:1 gegen den LBC.

Viktoria Leipzig

Auch bei der Viktoria galten alle Sorgen der Fertigstellung der Platzanlage. Schnell gelang die Finanzierung des Projektes. Anteilscheine im Wert von 2 Mark und höher wurden ausgegeben und ein größeres Darlehen aufgenommen. Die Kosten für Einplankung und Barriere des Spielfeldes betrugen 2 500 Mark, das war für die kleine und arme Viktoria eine starke Belastung. Die Firma Reibandt & Co. wurde mit den Arbeiten beauftragt, und am 20. August 1911 fand dann die Weihe des eingeplankten Spielfeldes statt, zu der alle prominenten Persönlichkeiten von Möckern eingeladen wurden. Die Weiherede übertrug man dem damaligen großen Führer A. Perls (LBC). Das Einweihungsspiel gegen Eintracht ging 5:2 verloren. 1921 nahm die Platzerweiterung, die schon seit Monaten für den Vorstand der Viktoria und besonders Paul Escher reichliche Arbeit gebracht hatte, immer greifbarere Gestalt an. Das neugepachtete Gelände war zum größten Teil wild.

Ende 1928 wurde das Vereinsheim von Viktoria 03 eingeweiht. Es galt lange Zeit als eines der schönsten in Leipzig.

Durch Pflichtarbeit der Mitglieder versuchte man Schritt für Schritt mit dem Planieren der Felder vorwärtszukommen. Dämme mit einem Fassungsvermögen von ca. 15 000 Personen wurden um das Hauptspielfeld aufgeworfen, die Einzäunung der Flutrinne entlang vorgenommen und der restliche Teil eingeplankt. Erst jetzt wurde ein jeder von der gewaltigen

Fläche (52 000 qm) überzeugt, die die Viktoria zum Ausbau ihres Sportparkes zur Verfügung hatte. Der Herbst 1924 brachte dem Verein großen Schaden: Eine Hochwasserkatastrophe setzte die Anlage vollständig unter Wasser: Sämtliche Plätze wurden verschlammt. Gesuche um Entschädigungen blieben beim Rat der Stadt Leipzig ungehört. Wieder mußten die Mitglieder und die schwache Vereinskasse herhalten, um baldigst die Plätze wieder spielfähig zu machen. Für das Winterhalbjahr erhielt die Viktoria vom Amt für Leibesübungen auf Ansuchen hin die Turnhalle der Katholischen Schule Leipzig-Gohlis, Treitzschkestraße, für Trainingsabende zur Verfügung gestellt.

Arminia Leipzig

Um den Arminiaplatz vor einer Vergabe als Kartoffelfeld zu retten, wurde er 1917 dem Militär zu Übungen sowie dem ATV Neuschönefeld mit zur Verfügung gestellt. Natürlich ging, da es an den entsprechenden Materialien mangelte, nach und nach die Einzäunung des Platzes verloren, Holzbarrieren wurden als Feuerholz gestohlen usw. So legte denn der Klub im Dezember 1917 eine Sportplatzkasse an, um den Platz wieder ausbauen bzw. einen neuen schaffen zu können. Durch Opferfreudigkeit der Mitglieder in Form von Skat- und Kegelgeldern sowie Spenden aus dem Felde waren nach vier Wochen schon 200 Mark beisammen.

Schon viele Jahre war von der Arminia nach einem geeigneten Gelände Umschau gehalten worden, und gerade am 20. Stiftungsfest fiel die Entscheidung in dieser Sache. So nahmen die Mitglieder von Arminia sang- und klanglos Abschied vom »Rohrsee«, mit dem das größte Stück Arminiageschichte verknüpft ist.

Die Fußballabteilung folgte eilig und freudig dem ergangenen Rufe zur Platzarbeit und beteiligte sich eifrigst an den Arbeiten, die es für die neue Sportanlage zu verrichten gab. Die Mannschaft war wegen des Platzbaus gezwungen, sämtliche Spiele auf des Gegners Gelände auszutragen, lediglich der ersten Mannschaft stand für die zweite Serie der Platz der Sportvereinigung zur Verfügung.

Wegen der Hochwassergefahr mußte das 35 000 qm große Gelände erst eineinhalb Meter hoch aufgefüllt werden. Die Aufschüttung bot schon ungeheure Schwierigkeiten, die Planierung jedoch erforderte geradezu eine immense Arbeit und nahm alle Kräfte in Anspruch.

Am 19. August 1925 konnte die neu geschaffene Platzanlage, bestehend aus zwei Spielfeldern, Laufbahn und Sprunganlage, drei Tennisplätzen, Umkleidekabine mit Licht- und Wasseranlage dem Spielbetrieb offiziell übergeben werden. Die sehr harte Arbeitsperiode fand mit dem 7. Juni 1925 ihren Abschluß, denn die Platzanlage wurde mit dem Spiele gegen Wacker, das 1:2 endete, eingeweiht.

VfB Leipzig

Die seit Jahren im Gange befindlichen Bemühungen des VfB um eine eigene Sportanlage waren 1922 endlich von Erfolg gekrönt. Mit einer Festwoche, die vom 5. bis zum 13. August 1922 andauerte, feierte man die Einweihung des Geländes. Und Deutschland staunte, nachdem die Gegnerschaft jahrelang über den ohne eigene Anlage dastehenden dreifachen Deutschen Meister nur geringschätzig gelächelt hatte. Da war die große Holztribüne, die 500 Zuschauern Platz bot. In ihrem Inneren waren Dusch- und Waschräume (für Damen und Herren!), Umkleideräume, Wirtschaftskeller, Gaststätte, Wohnung und Kleintierställe (!) untergebracht. Da waren die 3200 Sitzplätze gegenüber der Tribüne, und der Rest der Zuschauer konnte sich auf den 40 000 Stehplätzen tummeln. Eine gigantische Anlage zur damaligen Zeit. Dazu die erstklassige Laufbahn im Stadion, die Hoch- und Weitsprunganlagen, acht Tennisplätze, vier Fußball-, zwei Handball- und zwei Hockeyplätze sowie die »Licht- und Sonnenbad-Anlage« für Herren und Damen – getrennt natürlich, wie sich das gehörte. Das war endlich der rechte Rahmen für den Großverein, der acht Herren-, zwei Altherren-, elf Jugend- und fünf Knabenmannschaften betrieb, also insgesamt 26 Fußball-Teams! Dazu kamen im Hockey vier Herren-, zwei Jugend- und eine Damenmannschaft sowie zwei Wasserballmannschaften. Ferner trieben über 100 Leichtathleten, 100 Tennisspieler und 150 Schwimmer im VfB Sport. 1600 Mitglieder hatte der Verein zu dieser Zeit – eine überaus stattliche Anzahl.

Große Verdienste um den Ausbau des Stadions erwarben sich die beiden VfB-Vorsitzenden Georg Haase und Erich Chemnitz. Haase, der 1912 als 27jähriger Vorsitzender des VfB wurde und somit die Nachfolge von Dr. Raydt übernahm, hatte den Platz in Probstheida gefunden. Später schilderte er die Szene: »Ich kroch, mit einem Bandmaß bewaffnet, durch die Kornähren auf diesem Feld, welches sich damals noch anstelle unseres Stadions befand. Nach ersten Verhandlungen mit dem Besitzer, die erfreulich verliefen, trat ich mit dem fertigen Plan an die Mitglieder heran, um das Areal käuflich erwerben zu können.« Haase legte sein Amt 1921 nieder. Sein Nachfolger Erich Chemnitz, ein ehemaliger Fußballer und Leichtathlet, der im Krieg eine schwere Verwundung erlitten hatte, führte die Verhandlungen zum Abschluß: Am 23. März 1921 wurde der VfB glücklicher Besitzer des 80 000 Quadratmeter großen Areals am Rande Probstheidas. Schon während der Gespräche trat die Platzkommission unter Vorsitz von Oskar Hönnicke in Aktion, um nicht noch mehr Zeit zu verschenken. Sie untersuchte die Möglichkeiten, wie der Platz am günstigsten zu nutzen sei. Architekt Alfred Stehmann, ein Mitglied des Vereins, entwarf die Pläne, die Finanzkommission sann darüber nach, wie die erforderlichen Gelder aufzubringen seien. Zuerst wollte der VfB sein Stadion ausschließlich mit eigenen Mitteln bauen, was sich jedoch schnell als unhaltbar erwies. Die Inflation machte das Geld schneller und schneller wertlos, Lohnerhöhungen und die Erhöhung der Materialpreise warfen alle Kalkulationen schnell wieder über den Haufen. Also mußten Anleihen genommen werden. Die Landesversicherungsanstalt Sachsen in Dresden und die Landesversicherungsanstalt für Angestellte in Berlin liehen dem VfB eine Summe von 1,5 Millionen Reichsmark. Die Stadtverordneten und der Rat der Stadt übernahmen die Bürgschaft. Nachdem die Finanzierung gesichert war, konnte man sogar noch 20 000 Quadratmeter Land mehr kaufen als ursprünglich geplant. Der erste Spatenstich erfolgte am 29. Mai 1921. Anfangs gingen die Arbeiten nicht so rasch vorwärts wie gewünscht. Kein Wunder, da man aus Ersparnisgründen die eigenen Mitglieder heranzog, auf Fachleute verzichtete. Als es aber gar nicht voranging, übergab man im Dezember 1921 die Weiterführung der Arbeiten an die Firma C. Kaule, die später auch die Dämme, die restlichen Felder, die Zugangsstraßen und die Tennisplätze baute. Den Bau der Tribüne übernahm die Markranstädter Firma Paul Heerde. Schwierigkeiten ergaben sich auch aus dem geologisch ungünstigen Bodenverhältnissen. Da sich der Platz ziemlich neigte, mußte an der höchsten Stelle das Erdreich 1,20 Meter abgetragen werden. Dabei stieß man unter der Humusschicht auf wasserundurchlässige Lettichmassen. Deshalb wurden zehn Bohrlöcher angebracht, die bis zu fünf Meter tief reichten. Dazu wurden ausgedehnte Sickergräben und -gruben gebaut, so daß dieses Problem vom Tisch war. Eine positive Seite hatte der Untergrund des Stadiongeländes doch zu bieten: Da es von mächtigen Kies- und Sandadern durchzogen wurde, errichtete der VfB auf seinem Gelände eine Kiesgrube. Mit den dort geförderten Mengen erwirtschaftete man sich einen schönen Nebenverdienst bzw. sparte sich den Kauf von Füllstoffen.

Das Werk war im Sommer 1922 vollendet. Zur Einweihung des Platzes fand eine Festwoche statt, in deren Verlauf Bankette (»Festbankett mit Damen am 5.8. im Zoologischen Garten, Terrassensaal, Gedeckkarten 100 Mk.-, Gesellschaftsanzug, möglichst Frack«), Empfänge, Wanderungen, Gesangsvorträge, eine Zusammenkunft aller Leipziger Vereine und natürlich Spiele stattfanden. Einziger Wermutstropfen war der an diesem Tage stattfindende Kellnerstreik, so daß zahlreiche Mitglieder damit beschäftigt waren, den etwa 1000 anwesenden Ehrengästen beim Festbankett im kleinen Saal des Leipziger Zoos die Speisenfolge zu servieren. Absoluter Höhepunkt aber war das im neuen Stadion stattfindende Endspiel um die Deutsche Meisterschaft zwischen dem Hamburger Sportverein und dem 1. FC Nürnberg. Vor 50 000 Zuschauern gewann der HSV und sicherte sich so den Titel. Das Einweihungsspiel bestritt einen Tag vorher die VfB-Ligamannschaft gegen die Hamburger Victoria, die den Sieg mit 3:2 entführte. Wenigstens schoß der VfB das erste Tor auf dem neuen Platz – durch einen 20-Meter-Prachtschuß von Krug. Noch zwei Spiele bestritt der VfB anläßlich der Stadionweihe: 6:2 gegen Phönix-Ludwigshafen und 9:1 gegen den LBC. Letzteres war ein Punktspiel, Paulsen erzielte allein fünf Treffer. Das 2:1 gegen den Dresdner SC beschloß den sportlichen Teil der Festwoche. Der Bau des neuen Stadions fand jedoch nicht nur Freunde. Die Bildung einer Interessengemeinschaft einer ganzen Reihe von Ligavereinen sollte den Einfluß des VfB, der mit 1498 Mitgliedern auch der größte mitteldeutsche Verein geworden war, eindämmen. Mit einem eigenen modernen Stadion, das auf dem Lindenauer Sportplatz entstehen sollte, wollte man das erreichen. Von den eingeladenen 12 Ligavereinen wohnten nur Wacker und Eintracht den Feierlichkeiten um das VfB-Stadion bei.

Vereinsführer Georg Haase beschrieb die Suche nach einem Gelände und Geldgebern für das Stadion später einmal so: »Als ich im Jahre 1912 in der Januarversammlung als Nachfolger unseres verstorbenen Dr. Raydt zum Vorsitzenden des Vereins gewählt wurde, spielte sich unser gesamter Sportbetrieb auf dem Gelände des heute noch bestehenden Sportplatzes ab. Drei Vereine, der Verein Sportplatz, der Leipziger Ballspiel-Club und der VfB, bildeten die sogenannte Rasensportgesellschaft, eine Art Interessengemeinschaft. Bald zeigte sich aber, daß unser Verein, der infolge seiner sportlichen Leistungen bei allen Veranstaltungen die meisten Zuschauer hatte, bei der Verteilung der Einnahmen sehr schlecht wegkam, so daß mein sehnlichster Wunsch war, dem Verein bald seinen eigenen Sportplatz zu schaffen. Schon im Jahr 1914 habe ich in meinem Jahresbericht erwähnt, daß die Zeiten günstig seien, ein eigenes Heim zu gründen. Da kam der Krieg und zerstörte jede Aussicht, die Projekte weiter zu verfolgen, die uns vorschwebten. Nachdem im Jahre 1919/20 wiederholt dies und jenes Platzprojekt bearbeitet worden war, machten wir bei dem Verein Sportplatz den letzten Versuch, auf dessen Gelände unsere eigene Heimstätte gründen zu dürfen. In einer sehr erregten und besonders stürmischen Sitzung mit dem Vorstand des genannten Vereins erklärte ich schließlich den Herren, daß nach erfolgter Ablehnung unseres Wunsches der Verein nunmehr an andere Stelle sein eigenes Stadion gründen werde: Ein mitleidiges Lächeln des Verhandlungsleiters war die Antwort auf meine Drohung. Mit einem trotzigen ›Dennoch‹ verließen wir Vertreter des VfB den Verhandlungsraum. Und dieses ›Dennoch‹ hat mir damals die Kraft gegeben, alles zu versuchen, die eigene Scholle zu finden. Tagelang trieb ich mich nun auf dem Rathaus herum. Alle Instanzen, die helfen konnten, wurden mobil gemacht. Da fand ich in dem damaligen Grundstücksdirektor Krumbiegel den richtigen Berater. Auf dem Bebauungsplan von Leipzig wurde stundenlang gesucht, bis schließlich eines Tages obengenannter Herr auf Probstheidaer Flur ein als geeignet befundenes Gelände entdeckte. Den nächsten Tag schon sprach ich beim Besitzer,

Herrn Gutsbesitzer Robert Müller, Zuckelhausen, vor. Mutterseelenallein stand ich vor dem Herrn und stammelte: ›Mein Name ist Haase, ich möchte 100 000 qm Land von Ihnen kaufen, zwecks Errichtung eines Sportplatzes.‹ War der Herr schon beim Nennen meines Namens erschrocken, so hielt er meine Bitte zunächst für einen Aprilscherz. Kurze, aber höfliche Ablehnung meines Antrags war die Antwort. Wochenlang hielt ich meine Entdeckung geheim, bis ich die zweite Attacke ritt. Diesmal begleitete mich unser Georg Pflaume auf meinem Bittgang, und siehe, bei meinem zweiten Besuch war der Besitzer des Grundstücks schon zugänglicher. Nun kamen Wochen langer Verhandlungen. Nehmt den Jahrgang 1920 unserer VfB-Zeitung zur Hand. Ein Aufruf zur Zeichnung von Anteilsscheinen folgte dem anderen. 400 000 Mark waren aufzubringen. Am 10. September 1920 erfolgte die Beschlußfassung in der Versammlung, das Gelände zu kaufen, und schon waren 120 000 Mark gezeichnet. Sonntag für Sonntag warf ich mich in Schwarz, bei Prominenten Zeichnungsscheine unterzubringen. Unendlich viele Sitzungen waren nötig, die Riesenarbeit zu bewältigen. Im Dezember 1920 unterschrieben wir den Kaufvertrag. Ewald Trummlitz, Kurt Wachsmut, Georg Haase zeichneten in Vollmacht für den Verein für Bewegungspiele. Meinen Jahresbericht über 1920 konnte ich mit folgenden Sätzen beginnen: Die gewaltige Entwicklung unseres Sportes im verflossenen Berichtsjahr 1920, die sich natürlich auch in unserem Verein in erfreulicher Weise fühlbar machte, führte dazu, daß der Verwaltungsausschuß, im klaren Erkennen seiner Verantwortung, endlich die größte und wichtigste Frage löste, die den Verein seit Jahren beschäftigt hat. Er erwarb ein Gelände in Größe von 80 000 qm käuflich, auf dem in diesem Jahre der langersehnte VfB-Sportplatz erstehen soll. Dieses Ereignis stempelte das verflossene Jahr 1920 zu dem bedeutungsvollsten der 27jährigen Vereinsgeschichte. Einer Vorarbeit von fast acht Monaten hat es bedurft, bis alle Hindernisse genommen waren und wir im Dezember den Kaufvertrag abschließen konnten. Dank allen Vereinskameraden, welche in Opferfreudigkeit die große Summe aufbrachten, die uns zunächst den Kauf ermöglichte. Herzlichsten Dank auch meinen treuen Mitarbeitern Herrn Bettzieche sen., Hönnicke sen., Kurt Oette, Otto Förster, Alfred Stehmann, Jacobi, Albert Otto, O. Hoppe und wie sie alle heißen, die mir einen großen Teil der Arbeit abnahmen. Erneut hat der VfB bewiesen, daß er Pionier sein will in unserer guten Sache. Ein Rückblick auf unsere ruhmreichen, noch von keinem deutschen Sportverein erreichten sportlichen Leistungen wird uns stets den Ansporn geben, die große und herrliche Aufgabe zu lösen, vor die wir heute bei Beginn des neuen Vereinsjahres gestellt sind. Wir alle beginnen diese Arbeit mit unserem Leitwort: Für VfB, du unser Hort!«

Zum Länderspiel Deutschland – Schweiz am 6. März 1932 wurde die Tribüne des VfB beträchtlich erweitert.

Massenandrang beim VfB Leipzig – kein seltener Anblick in den dreißiger Jahren. Unten deutlich zu erkennen: 1932 wurde die Tribüne erweitert.

Länderspiel Deutschland – Finnland im VfB-Stadion: Am 1. 9. 1940 gewannen die Deutschen mit 13:0; 25 000 Zuschauer waren dabei.

Wacker Leipzig

Inzwischen (1923) war in Leipzig-Gohlis ein modernes, vorbildliches Stadion entstanden. »Wacker« hatte seinen neuen Platz ausgebaut und war damit zum Vorbild für viele andere Vereine geworden. In der Festschrift zur Stadionweihe heißt es: »Die Nord-Süd-Achse teilt symmetrisch nacheinander Empfangshof, Tribüne, Hauptwettkampf-Anlage und die hinteren Spielfelder. Rechts an den Schrebergärten liegen Athletikwiese und Haupt-Hockeyfeld; Fußballfelder an dieser Seite würden eine stete Kollisionsgefahr mit den Garteninhabern wegen der überfliegenden Bälle bedeuten.

Das erste Vereinslokal des SC Wacker im Jahr 1898: »Zur Börse« war auch als »Gohliser Börse« bekannt.

Die Tribüne liegt fast parallel zur Straße, trennt also den Sportbetrieb vollkommen ab von deren Betriebe und bietet den günstigst-möglichen Blick nach Norden auf die St. Georg-Krankenhausanlage und die Dörfer Wiederitzsch und Lindenthal. Nach eingehenden Studien des Sonnenstandes hat sich herausgestellt, daß diese Richtung der nord-südlichen vorzuziehen ist, weil die Lage der Parzelle nicht gestattet, die idealste nordwest-südöstliche zu wählen. Die nord-südliche Lage hat den Nachteil, daß in der Herbst- und Frühjahrshauptspielzeit die tiefstehende Sonne den ganzen Nachmittag in das Nordtor hineinscheint, während im Hochsommer dieser Übelstand für das Osttor eines ost-westlich gerichteten Spielfeldes gegenstandslos ist, weil dann der Fußballbetrieb ruht. Dazu kommt, daß im Winterhalbjahr die Blendwirkung der Sonne viel stärker ist als im Sommer.

Unternehmen wir nun einen Gang durch die Anlage. Wir treten durch einen der Kasseneingänge in den Empfangshof und stehen der Tribünen-Rückansicht gegenüber, deren Mittelteil monumental betont ist, rechts und links grüne Heckenwände, hinter denen sich die Tennisleutchen tummeln, vor uns ein grüner Rasen mit einem Diskuswerfer. Hier wird der SC Wacker Gelegenheit haben, seine Gäste in einer seiner Stellung im deutschen Sport würdigen Weise begrüßen zu können. Die klare Linienführung soll in ihrer ruhigen Wirkung einen gewissen Kontrast bilden zu den uns erwartenden Kampfspielen. Die Tribünen- und Sattelplatzbesucher gelangen durch vier Gänge auf ihre Plätze. Breite Wege führen links und rechts vom Empfangshof auf die Kurvenplätze und die der Tribüne gegenüberliegende Längsseite. Unter dieser sind die Umkleidekabinen für die unteren und Jugendmannschaften eingebaut, während die das Hauptkampffeld benutzenden Ligamannschaften Umkleide- und Waschgelegenheit im Tribünengebäude finden. Die Repräsentativ-Anlagen erfüllen auf diese Weise voll ihre spezielle Aufgabe, werden weniger schnell abgenutzt, und der Großbetrieb der hinter dem Hauptkampffelde symmetrisch angeordneten Spielfelder kann sich ungestört vom großen Zuschauerverkehr entwickeln. Die unteren Mannschaften sollen besonders wochen- und sonntagsvormittags nur durch den Hockey-Eingang rechts und den Feldweg links in die für sie bestimmten Umkleidekabinen gelangen. Die Hockeyspieler erhalten hinter dem Hundezwinger dicht an ihrem Spielfeld ein besonderes kleines Umkleidehaus.

Zwischen Straße und Tribünenflucht sind sechs große Tennisplätze angelegt, der übrige Teil wird dem Geschäftsführer sowie dem Platzwart als Wirtschaftsgarten zur Verfügung stehen.

Die deutschen Athletik-Meisterschaften 1926 fanden im Wacker-Stadion statt.

Ganz hinten rechts in der Ecke liegt von grünen Hecken, Feldern und Gärten umgeben ein Stück Rasenteppich, wo Frauen und Mädchen ungestört ihren Körper im Sonnenlicht baden können. Spätere Geschlechter werden diese Konzession an die verkehrten Sittenbegriffe prüder Vorfahren belächeln. Wir Heutigen müssen zufrieden sein, daß wenigstens beim männlichen Geschlecht der Bade- ›Anzug‹ zu knappstem Lendenschurz zusammengeschrumpft ist.

Der Raum unter den Tribünensitzen wird als Vereinshaus mancherlei Bedürfnissen dienstbar gemacht. Den Mittelpunkt bildet ein geräumiger Versammlungsraum. Auf beiden Flügeln sind ein Umkleideraum mit Baderaum für eine Ligamannschaft, ein Raum für die Tennisspieler und Abortanlagen untergebracht. Im rechten Flügel befinden sich die Wohnungen für Geschäftsführer und Platzwart, im linken ein Erfrischungsraum mit Küche und Wohnung für den Bewirtschafter.

Auch ein Sitzungszimmer, Geschäftsführerbureau, Geräte- und Fahrrad-Abstellraum sind vorgesehen. Die Tribüne soll 1000 Zuschauern gute Beobachtungsmöglichkeiten geben, die Dämme der Hauptkampfanlage werden 30 000 Freunde des Sports aufnehmen können.
Mit Wackergruß!
Architekt Kurt Knauer, Leipzig«

Unter dieser Beschreibung bittet der Vorstand alle Mitglieder noch einmal inständigst um die Zeichnung von Darlehen, »da der Verein die zu bewältigende Last nicht allein tragen könne«. Jedes gezeichnete Kapital wird mit drei Prozent verzinst, die Tilgung soll im Wege der Auslosung der Reihenfolge, nach Ermessen des Klubs und, wenn möglich, innerhalb von 10 Jahren erfolgen. Unterschrieben ist der Aufruf vom Vorstand, der zu dieser Zeit aus Hans Benziny, Kaufmann, Erich Franz, Vermessungsbeamter, Fritz Groh, Direktor der Turn-, Sport- und Jugendpflege der Stadt Leipzig, Fritz Hesse, Jugendleiter, Herrmann Haugk, Dr. med., Otto Reimann, Kaufmann, Rudolf Stengel, Mechaniker, Otto Schlegel, Schlosser, Hans Martin, Fabrikbesitzer, Otto Kretzschmar, Schneidermeister, und Johannes Kirmse, Kaufmann und Stadtverordneter, besteht.

Eine eindrucksvolle Anlage war entstanden, auf der viele Jahre lang große Spiele vor Zehntausenden Zuschauern stattfinden sollten.

Das Wacker-Stadion aus der Luft fotografiert; das Foto entstand 1924 aus einem Flugzeug heraus.

Der Sportfreundepark an der Meusdorfer Straße wurde 1912 eröffnet. Hier fanden viele bedeutende Spiele unter anderem auch um die Mitteldeutschen Meisterschaften statt.

Der Eintracht-Sportpark am Forsthaus Raschwitz wurde am 19. Juni 1910 eingeweiht. Das Eröffnungsspiel bestritt die Eintracht gegen den VfB Leipzig.

Eine wahre Platz-Odyssee erlebte der BV Olympia. Nachdem man bereits auf dem Exerzierplatz, im Rosental an der Marienbrücke, in Lindenthal sowie während des I. Weltkrieges im Sportfreunde-Park gespielt hatte, bezog man 1918 endlich einen eigenen Platz in der Herloßsohnstraße (unser Foto).

*Auch die Arbeitersportler hatten eigene Anlagen gebaut, wie diese, die dem
»Verein für Körperkultur Leipzig-Südwest« im Arbeiter-Turn- und Sportbund gehörte.
Der Platz befand sich auf der Baronwiese am Schloßweg und wurde 1924 erbaut.*

Die »Kohlstücke« in Sellerhausen. Hier spielte 1907 unter anderem der BC Arminia. Der Name leitete sich von den benachbarten »Kohlgärten« ab.

Der »Leipziger Sportverein von 1899«, Zusammenschluß von Britannia und FC Hertha 05, dem früheren FC Hohenzollern 05, spielte auf dem 99er an der Merseburger Landstraße. Später war hier Stahl Nordwest aktiv.

Nordwestsachsens Repräsentative der Jahre 1897-1927

Die 50 erfolgreichsten repräsentativen Spieler

Name	Verein	Bund	VMBV	Gau	gesamt
Pömpner Paulsen	VfB	6	34	24	64
Pendorf, Edy	VfB	3	24	27	54
Mückenheim	SpVgg.	-	11	25	36
Ugi	Sportfreunde	15	13	7	35
Gröbner	Wacker	-	6	24	30
Hempel, W.	Sportfreunde	11	9	10	30
Feustel	Fortuna	-	9	18	27
Dölling	Eintracht	-	15	11	26
Denkewitz	Wacker	-	13	11	24
Drechsel	VfB	-	13	10	23
Kuntzsche	Eintracht	-	8	15	23
Weißenborn	Fortuna	-	8	13	21
Hofmann	Wacker	-	6	13	19
Lederer	VfB	-	3	16	19
Drese	SpVgg.	-	7	11	18
Pendorf, Hansi	VfB	-	6	12	18
Rölke	Eintracht	-	7	11	18
Schulze	SpVgg.	-	9	9	18
Schneider	Eintracht	-	11	6	17
Wuttke	Fortuna	-	2	15	17
Albrecht	Wacker	1	7	8	16
Roßburg	SpVgg.	-	1	15	16
Schmidt	SpVgg.	-	3	13	16
Schneider	VfB	2	6	8	16
Winkert	TuB	-	5	11	16
Ebert	Wacker	-	3	12	15
Baum	Fortuna	-	3	11	14
Hermsdorf	Fortuna	-	4	10	14
Köhler	Wacker	-	2	12	14
Laessig	LBC	-	3	11	14
Rokosch	SpVgg.	1	6	7	14
Schmoller	VfB	-	5	9	14
Lorenz	Olympia	-	6	7	13
Pranse	SpVgg.	-	5	8	13
Richter, L.	VfB	1	4	8	13
Ulbrich	Olympia	-	3	10	13
Dathe	SpVgg.	-	1	11	12
Fischer	VfB	-	6	6	12
Ketzscher	Olympia	-	6	6	12
Bennöder	Wacker	-	3	8	11
Apel	Sportfreunde	-	3	8	11
Friedrich, Bert	VfB	1	4	6	11
Strehl	Fortuna	-	1	10	11
Uhle	VfB	1	3	7	11
Blüher	LBC	-	5	5	10
Heidrich	Eintracht	-	1	9	10
Höhne	Fortuna	-	1	9	10
Jacob	SpVgg.	-	1	9	10
Richter	Wacker	-	3	7	10
Schumann, Karlo	Sportfreunde	-	1	9	10

Repräsentative Spieler

Name	Verein	Bund	VMBV	Gau	gesamt
Albrecht	Wacker	1	7	8	16
Albrecht	Arminia	-	-	2	2
Alversleben	Delitzsch	-	-	1	1
Andersen	VfB	-	-	1	1
Apel	Germ./Sportf.	-	3	8	11
Arno	VfB	-	1	3	4
Arnold	Sportfreunde	-	-	2	2
Arzel	LBC	-	-	1	1
Assing	LBC	-	-	4	4
Bähr	VfB	-	-	1	1
Bäslack	Eintracht	-	-	3	3
Baum	Fortuna	-	3	11	14
Baurittel	VfB, TuB	-	1	3	4
Becker	Lipsia	-	-	1	1
Beer	Eintracht	-	2	6	8
Beerbaum	LBC	-	2	-	2
Bennig	Olympia	-	1	5	6
Benno	Wacker	-	-	6	6
Bennöder	Wacker	-	3	8	11
Berger, A.	Arminia	-	-	2	2
Bergmann	Pfeil/Fortuna	-	-	4	4
Bernstein	Sportfreunde	-	-	3	3
Bernstein	VfB	-	-	1	1
Beth 1	LBC	-	1	2	3
Bielitz	TuB	-	-	4	4
Biermann	Mawe	-	-	2	2
Blauschmidt	Germania	-	-	3	3
Blom	Wacker	-	-	1	1
Blüher	LBC	-	5	5	10
Böber	Helios	-	-	1	1
Böhme	Tapfer	-	-	4	4
Bogen	Corso	-	-	2	2
Bohne	Britannia	-	-	1	1
Bohr	Eintracht	-	1	-	1
Bönecke	Rasensport	-	-	1	1
Börner	LBC	-	-	6	6
Braune	VfB	-	-	2	2
Büchner	SpVgg.	-	2	1	3
Burg	LBC	-	1	2	3
Burger	Wacker	-	-	1	1
Cicilski	SV 99	-	-	5	5
Claus	Viktoria	-	2	5	7
Colditz	Fortuna	-	2	7	9
Corse	Olympia	-	1	5	6
Dathe	SpVgg.	-	1	11	12
Degen	VfB	-	-	1	1
Denkewitz	Wacker	-	13	11	24
Deutsch	VfB	-	-	2	2
Dietrich	Lipsia	-	-	1	1
Dietze	Wacker	-	5	3	8

Unsere Internationalen
(Fuß- und Handball)

Albrecht Wacker	**Friedrich** V.f.B.	**Hempel** Sportfreunde	**Matthes** L.B.C.
Pendorf V.f.B. Edy	**Pömpner Paulsen** V.f.B.	**Reisland** Wacker	**Richter** V.f.B.
Riso V.f.B.	**Riso** Wacker	**Rokosch** Spielvereinigung	**Schneider** V.f.B.
Ugi Sportfreunde	**Uhle** V.f.B.	**Dr. Völker** V.f.B.	**Riederich** Spielvereinigung (Handball)

Name	Verein	Bund	VMBV	Gau	gesamt
Dittel	LBC	-	5	3	8
Dittrich	LBC	-	1	-	1
Dolge	VfB	-	1	2	3
Dölling	Eintracht	-	15	11	26
Dörfel	Olympia	-	-	1	1
Drechsel	VfB	-	13	10	23
Drese	SpVgg.	-	7	11	18
Eberhard	Wacker	-	1	3	4
Ebert	Wacker	-	3	12	15
Ebert	Olympia	-	-	2	2
Ebert	VfB	-	-	6	6
Eichner	TuB	-	-	1	1
Enke	Lipsia	-	-	2	2
Enzmann	SpVgg.	-	-	1	1
Erler	LBC	-	-	1	1
Esche	Zwenkau	-	-	1	1
Espenhain	Markranstädt	-	-	1	1
Eulenberger	VfB	-	2	-	2
Eulenstein	Schleußig	-	-	2	2
Everth	Olympia	-	-	1	1
Eypenstein	LBC	-	-		11
Feiskorn	SV 99	-	-	2	2
Feustel	Fortuna	-	9	18	27
Fiedler	VfB	-	-	3	3
Findeisen	SV 99	-	-	4	4
Fischer	Sportfreunde	-	-	2	2
Fischer	TuB	-	-	3	3
Fischer	VfB	-	6	6	12
Förster	Zwenkau	-	-	1	1
Franke	Wacker	-	-	2	2
Frick	VfB	-	2	-	2
Friedrich	Fortuna	-	-	1	1
Friedrich, Bert	VfB	1	4	6	11
Fröhlich	VfB	-	-	1	1
Fuchs, Mar.	LBC	-	1	8	9
Gadau	Arminia	-	1	5	6
Gampe	Mawe	-	-	1	1
Garn	Sportfreunde	-	-	1	1
Gebser	Sachsen	-	-	1	1
Geißler	VfB	-	-	1	1
Genath	Oly.-Germania	-	-	3	3
Georgsen	VfB	-	-	1	1
Geyer	Wacker	-	-	3	3
Gibson	Wacker	-	-	2	2
Graichen	Schleußig	-	-	1	1
Grilling	VfB	-	1	1	2
Gröbner	Wacker	-	6	24	30
Gründler	Olympia	-	4	5	9
Gullmann	Sportfreunde	-	-	1	1
Günsel	Arminia	-	-	1	1
Günther	Rasensport	-	-	1	1
Günther	VfB	-	1	1	2
Haferkorn	LBC	-	-	1	1
Haferkorn	Sportfreunde	-	-	2	2
Hähnel	LBC	-	-	1	1
Haring	LBC	-	-	1	1
Hartmann	Olympia	-	1	4	5
Haugk, Dr.	Wacker	-	-	4	4
Heider	Sportfreunde	-	-	1	1
Heidrich	Eintracht	-	1	9	10
Heinichen	Wacker	-	-	3	3
Held	Sportfreunde	-	-	3	3
Hempel, Fritz	Sportfreunde	-	6	-	6
Hempel, W.	Sportfreunde	11	9	10	30
Hentschel	LBC	-	1	3	4
Hermann	Olympia	-	-	7	7
Hermsdorf	Fortuna	-	4	10	14
Hesse	VfB	-	1	8	9
Heymann	LBC	-	-	2	2
Hiering	LBC	-	-	4	4
Hochmuth	Tapfer	-	-	3	3
Hoffmann	Pfeil	-	-	5	5
Hofmann	VfB	-	5	-	5
Hofmann	Wacker	-	6	13	19
Hofmann	Fortuna	-	1	-	1
Höhne	Fortuna	-	1	9	10
Horn	Eintracht	-	-	2	2
Horn	Sportfreunde	-	-	4	4
Hübner	Arminia	-	-	1	1
Itzinger	Viktoria	-	-	2	2
Jacob 1	SpVgg.	-	1	9	10
Jacob 2	SpVgg.	-	-	2	2
Jähnischen	Sportfreunde	-	-	2	2
Janas	Viktoria	-	1	7	8
Josiger	Olympia	-	-	1	1
Jung	SpVgg.	-	-	1	1
Kaden	Rasensport	-	2	5	7
Kanitz	Olympia	-	-	1	1
Käseberg	Corso	-	-	1	1
Kern	Markranstädt	-	-	6	6
Ketzler	LBC	-	-	1	1
Ketzscher	Olympia	-	6	6	12
Kießling	SpVgg.	-	1	3	4
Kirbach	Wacker	-	-	3	3
Kitzing	Olympia	-	-	3	3
Klepsch	Sportfreunde	-	-	5	5
Klinger	Eintracht	-	-	6	6
Klippel	Sportfreunde	-	-	4	4
Knauer	SV 99	-	-	2	2
Knoch	TuB	-	-	2	2
Knothe	VfB	-	-	1	1
Köhler	Wacker	-	2	12	14
Köhler	VfB	-	1	1	2
Kollmann	LBC	-	-	3	3
Korn	Pfeil	-	-	2	2
Krabbes	Wacker	-	-	5	5
Kraus	Viktoria	-	4	2	6
Kraus	Wacker	-	1	3	4
Krause	Olympia	-	-	2	2
Krause	SpVgg.	-	-	4	4
Krause	LBC	-	-	1	1
Kretzschmar	Eintracht	-	-	1	1
Kretzschmar	Wacker	-	-	1	1
Kreutzer	Helios	-	-	1	1
Kröber	Wacker	-	-	1	1
Kroßt	Sportfreunde	-	-	1	1

Name	Verein	Bund	VMBV	Gau	gesamt
Krug	VfB	-	-	1	1
Krügel	VfB	-	1	1	2
Kühn	SpVgg.	-	1	-	1
Kühnapfel	Olympia	-	-	2	2
Kulens	VfB	-	-	1	1
Kummerlöw	Fortuna	-	1	3	4
Kuntsche	Eintracht	-	8	15	23
Kunze	LBC	-	-	1	1
Kunze	Pfeil	-	-	2	2
Kunze	Wacker	-	-	1	1
Kutscher	Tapfer	-	-	1	1
Laessig	LBC	-	3	11	14
Landeis	Wacker	-	-	1	1
Lange	Sportfreunde	-	-	4	4
Langer	LBC	-	-	1	1
Lasse	Pfeil	-	-	1	1
Lechner	VfB	-	-	1	1
Lederer	VfB	-	3	16	19
Lemecke	LBC	-	1	-	1
Lemke	VfB	-	2	3	5
Lengefeld	Olympia	-	-	1	1
Lenz	Wacker	-	3	3	6
Lippold	Wacker	-	-	1	1
Lorenz	Olympia	-	6	7	13
Lotze	VfB	-	-	1	1
Lüdecker	LBC	-	-	1	1
Lüdigke	LBC	-	-	2	2
Machals	Sportfreunde	-	-	1	1
Manneburg	LBC	-	1	3	4
Martin	Tapfer	-	-	3	3
Matthes	LBC	1	-	2	3
Meinel	Helios	-	-	3	3
Meißner	VfB	-	5	2	7
Michel	VfB	-	4	2	6
Moldenhauer	Wacker	-	-	2	2
Mückenheim	SpVgg.	-	11	25	36
Müller	SpVgg.	-	-	1	1
Müller	Sportfreunde	-	-	3	3
Müller	Tapfer	-	-	1	1
Müller	Viktoria	-	-	1	1
Müller	Westens	-	-	6	6
Namysloh 1	SpVgg.	-	-	4	4
Namysloh 2	SpVgg.	-	-	1	1
Naumann	VfB	-	-	1	1
Naumann	Wacker	-	-	2	2
Neumann	Corso	-	-	1	1
Nieber	VfB	-	4	2	6
Nitzsche	Sportfreunde	-	-	1	1
Ohme	Olympia	-	-	1	1
Oley	LBC	-	-	1	1
Otto	LBC	-	-	2	2
Otto	VfB	-	-	4	4
Palm	Wacker	-	-	7	7
Pauckert, K.	Arminia	-	-	2	2
Pauckert, M.	Arminia	-	-	2	2
Paul, M.	LBC	-	-	1	1
Paulmann	Sportfr., VfB	-	-	5	5
Peck	SpVgg.	-	-	1	1
Pendorf, Edy	VfB	3	24	27	54
Pendorf, Hansi	VfB	-	6	12	18
Pestner, K.	Arminia	-	-	5	5
Pfeiffer	LBC	-	-	1	1
Pflaume	VfB	-	-	2	2
Pohle	Schleußig	-	-	2	2
Pömpner Paulsen	VfB	6	34	24	64
Pranse	SpVgg.	-	5	8	13
Prieser	TuB	-	-	5	5
Purucker	Wacker	-	-	2	2
Radegast	Pfeil	-	-	1	1
Raydt, E.	VfB	-	-	1	1
Reichel	Fortuna	-	1	1	2
Reimer	Eintracht	-	-	1	1
Reifegerste	Wacker	-	1	4	5
Reisland	Wacker	1	-	3	4
Richter	Fortuna	-	-	2	2
Richter	Eintracht	-	3	7	10
Richter, L.	VfB	1	4	8	13
Richter	Wacker	-	-	1	1
Riedel	Fortuna	-	-	2	2
Rieger	SV 99	-	-	1	1
Risch	LBC	-	-	3	3
Riso 1	VfB	2	-	7	9
Riso 2	Wacker	1	4	1	6
Ritter	Mawe	-	-	1	1
Rokosch	SpVgg.	1	6	8	15
Rölke	Eintracht	-	7	11	18
Rose, Walter	SpVgg.	1	-	-	-
Roßburg	SpVgg.	-	1	15	16
Rößler	Zwenkau	-	-	1	1
Rost	Eintracht	-	-	1	1
Rub	Sportfreunde	-	1	2	3
Rudolf	Wacker	-	1	-	1
Runkel	Sportfreunde	-	-	5	5
Rupprecht	VfB	-	-	4	4
Saalbach	Fortuna	-	3	-	3
Sandig, K.	Eintracht	-	-	4	4
Saemann	SpVgg.	-	-	4	4
Scharf	Eintracht	-	-	3	3
Schaub	Eintracht	-	-	1	1
Schild	Markranstädt	-	-	1	1
Schilling	SpVgg.	-	-	2	2
Schirrmann	Olympia	-	-	1	1
Schlag	LBC	-	1	-	1
Schlegel	Fortuna	-	-	8	8
Schmidt, G.	SpVgg.	-	3	13	16
Schmidt	Olympia	-	-	1	1
Schmidt	LBC	-	-	3	3
Schmidt	TuB	-	-	5	5
Schmidt, E.	VfB	-	-	2	2
Schmidt	VfB	-	-	2	2
Schmidt	Rasensport	-	-	6	6
Schmidt	Sportfreunde	-	-	1	1
Schmöller	VfB	-	5	9	14
Schmoller	Wacker	-	-	1	1
Schneider	Eintracht	-	11	6	17
Schneider	VfB	2	6	8	16

Name	Verein	Bund	VMBV	Gau	gesamt
Scholz	07	-	-	1	1
Schöne	VfB	-	-	1	1
Schräber	Mawe	-	-	5	5
Schulze	SpVgg.	-	9	9	18
Schumann	Sportfreunde	-	1	9	10
Schumann, C.	Sportfreunde	-	2	-	2
Schuster	Markranstädt	-	-	1	1
Schuster	Corso	-	-	1	1
Schwarzburger	Viktoria	-	-	2	2
Schwarzer	Sportfreunde	-	-	1	1
Schweppe	Oly.-Schleuß.	-	-	1	1
Sechehaye, H.	LBC	-	-	1	1
Sechehaye, L.	LBC	-	-	1	1
Sechehaye, J.	LBC	-	-	1	1
Seide	Wacker	-	-	1	1
Seidel	Helios	-	-	1	1
Seyffert	Viktoria	-	-	9	9
Sicker	Eintracht	-	-	2	2
Skokan	Wacker	-	-	1	1
Snorkowsky	Olympia	-	-	1	1
Spreewitz	Eintracht	-	-	1	1
Stache	Helios	-	-	3	3
Stanischewsky	VfB	-	-	1	1
Steif	Sportfreunde	-	-	1	1
Steinbach	VfB	-	-	1	1
Steinert	Delitzsch	-	-	1	1
Stengel	Wacker	-	-	1	1
Steyer	LBC	-	-	1	1
Stiebritz	Wacker	-	-	2	2
Strehl	Fortuna	-	1	10	11
Tanneberger	07	-	-	1	1
Tauchnitz	SpVgg.	-	-	1	1
Teichgräber	Fortuna	-	2	6	8
Thiel	Wacker	-	-	1	1
Thobias	Tapfer	-	-	1	1
Treuter	VfB	-	-	6	6
Trummlitz	VfB	-	-	1	1
Ugi	Sportfreunde	5	13	7	35
Uhle	VfB	1	3	7	11
Ulbrich	Olympia	-	3	10	13
Umlauf, F.	Sportfreunde	-	6	3	9
Vikum	Fortuna	-	1	1	2
Vogel	Helios	-	-	3	3
Völker, Dr.	VfB	2	3	4	9
Wagner	Olympia	-	1	4	5
Wagner	SV 99	-	-	3	3
Wallenstein	Wacker	-	-	1	1
Walseck	TuB	-	-	5	5
Walter	Viktoria	-	-	5	5
Walter	Fortuna	-	-	1	1
Weber	Eintracht	-	2	2	4
Weber	VfB	-	-	2	2
Wede (Haferkorn)	Fortuna	-	1	5	6
Wedel	Viktoria	-	-	2	2
Weißenborn	Fortuna	-	8	13	21
Wenzel	Olympia	-	-	1	1
Werner	VfB	-	-	2	2
Wilde	Viktoria	-	-	2	-
Winkert	TuB	-	5	11	16
Winkler	Eintracht	-	-	7	7
Winter	Wacker	-	1	5	6
Wolf	Corso	-	-	2	2
Wurst	Lipsia	-	-	1	1
Wuttke	Fortuna	-	2	15	17
Zeißing, R.	Arminia	-	-	2	2
Zimmermann, A.	Arminia	-	-	2	2
Zuleeg	Tapfer	-	-	1	1

* Der Spieler Rose wurde der Vollständigkeit halber eingefügt, jedoch bestritt er sein Länderspiel erst 1937.

Bekannte Persönlichkeiten des Leipziger Fußballs

Folgende Auflistung bedeutender Persönlichkeiten des Leipziger Fußballsports richtet sich weitestgehend nach der Festschrift »30 Jahre Gau Nordwestsachsen im VMBV«. Sofern aus heutiger Sicht zusätzliche Angaben möglich waren, wurden diese behutsam eingefügt.

Albrecht (Wacker)
Der Sohn des Besitzers des Debrahofes, geb. 1889, kam durch den Sportbetrieb des FC Wacker schon frühzeitig mit dem Fußball in Berührung. 1906 spielte Erich Albrecht als Rechtsaußen der ersten Mannschaft und war schon bald eine Stütze. Bis zum Kriegsausbruch 1914 gehörte er dem Team ununterbrochen an. Infolge seines Könnens wurde er zu vielen repräsentativen Spielen herangezogen und wirkte 1908 als Internationaler gegen England mit. Später spielte er bei den Alten Herren und wirkte im Verwaltungsrat von Wacker mit.

Athner (Spielvereinigung)
1899 trat Athner der Spielvereinigung bei und wurde einer der eifrigsten Mitarbeiter des Vereins. Er spielte mehrere Jahre in der 1. Mannschaft, später auch bei den Alten Herren. Er war jahrelang Schriftführer des Vereins und hat auch vorübergehend als 1. und 2. Vorsitzender den Verein geführt, später wirkte er als Geschäftsführer. Viele Jahre bis 1914 war er in der Gauverwaltung als Kassierer tätig, und oft war ihm die Leitung erstklassiger Spiele als Schiedsrichter übertragen. Athner wurde zum Ehrenmitglied der Spielvereinigung ernannt.

Balke (Olympia)
Seit 1903 Mitglied des BV Olympia, erlebte aber vorher beim SV Lipsia die Anfänge des Leipziger Fußballsportes mit und war viele Jahre Stütze in der 1. Mannschaft. Im BV Olympia war er zirka 20 Jahre die Seele des gesamten Spielbetriebes und gehörte neben Hoffmann und Braun zu den großen Führern des Vereins. Auch hier war er über Jahre einer der erfolgreichsten Spieler in der Spitzenmannschaft.

Barthels (Wacker)
Ein Pionier der Leipziger Fußballbewegung. Er gehörte seit 1900 dem FC Wacker an und war ein vielseitiger Verwaltungsbeamter. Er vertrat die Interessen seines Vereins auf allen Gau- und Verbandstagen. Mehrere Jahre war Barthels der Führer des Gaues Nordwestsachsen. Während der Kriegsjahre 1914/15 lenkte er als stellvertretender Vorsitzender den FC Wacker. Barthels verstarb 1919 an den Nachwirkungen einer im Krieg zugezogenen Krankheit.

Bauer (Sportfreunde)
1898 begann er als 12jähriger in Zwickau mit dem Fußballspielen. Damals war dieser Sport noch verboten. Nach seiner Übersiedlung nach Leipzig gründete er mit anderen sportbegeisterten jungen Leuten den Leipziger Sportverein. 1913 vereinigte sich dieser Verein mit den Leipziger Sportfreunden. Dort arbeitete er in der Verwaltung und bekam 1923 die Ehrenmitgliedschaft.

Baum (Fortuna)
Trat der Fortuna 1912 bei und spielte vorerst in der 7. Mannschaft. Als der Krieg ausbrach und viele aktive Fußballer ins Feld mußten, dauerte es nicht lange, und er spielte in der 2. Mannschaft. 1914 beim 1:9 gegen Wacker kickte Baum zum ersten Mal in der 1. Mannschaft. Seinen größten Triumph als Mittelstürmer feierte er am 1. August 1915, als in Magdeburg Meister Preußen mit 14:2 geschlagen wurde und er allein neun Tore erzielte. Im September 1915 wechselte er ins Tor, wo er seine größten Erfolge hatte. Im Krieg in Rußland wurde er Divisions-Meister mit der 133. Division. Später spielte er als Torwart auch in der Städtemannschaft, für den Gau sowie den VMBV. 1926 gewann er mit der Fortuna die Gaumeisterschaft.

Berger (Arminia)
Hans Berger, 1893 geboren, Bankprokurist, trat 1909 dem BC Arminia bei. Seit Anfang 1911 spielte er ununterbrochen in der 1. Fußballmannschaft, bis er Ostern 1915 in den Krieg mußte. Infolge des Verlustes seines linken Armes kehrte er bereits 1915 wieder zurück und war seitdem wieder in der 1. Fußballelf bis 1923 tätig. Er spielte außer Torwart auch alle anderen Posten. In die Vereinsverwaltung trat Berger 1911 als Schriftführer ein und übte dieses Amt 16 Jahre lang aus.

Blüher (LBC)
Am 13. November 1881 als Sohn des Dr. Paul Blüher in Leipzig geboren, betätigte er sich frühzeitig sportlich und gründete mit einigen Freunden den Blüher-Klub. Durch den strengen Turnlehrer der Thomasschule wurde der Klub wieder aufgelöst, und so trat Blüher 1893 der Spielabteilung des Thomanerturnvereins bei, wo er hauptsächlich durch die Anweisungen seines Spielführeres Skokan ein sehr brauchbarer Spieler wurde. Durch Schöffler wurde Blüher Mitglied des VfB und hatte sich bald durch seine »boomige Ruhe« einen dauernden Platz in der 1. Mannschaft gesichert. Er spielte dann kurze Zeit beim FC Wacker. Von 1901 bis 1905 war er in Wiesbaden, Dresden und England unterwegs. In England hatte Blüher wegen seines Könnens zweimal in einem der größten englischen Berufsspielerklubs als Amateur-Ersatz ausgeholfen. Nach Leipzig zurückgekehrt, spielte er für VfB und gehörte

zur deutschen Meistermannschaft. Besondere Verhältnisse veranlaßten seinen Vereinswechsel, und so war Blüher bis zu seinem Tode Mitglied des Leipziger Ballspielklubs. Er spielte wiederholt repräsentativ für Gau und Verband und war als Schiedsrichter einer der Besten.

Braun (Olympia)
Am 28. Januar 1883 in Berlin geboren, war er von frühester Jugend an ein eifriger Anhänger der Sportbewegung. Braun trat nach seiner Übersiedlung nach Leipzig dem BV Olympia bei und hatte an den Erfolgen seines Vereins großen Anteil. Er war der Schöpfer eines der ersten geschlossenen Plätze, und zwar des Olympia-Parkes, links des Scherbelberges, der aber wegen der Regulierung der Elster leider nicht erhalten werden konnte.

Als Vorsitzender baute er eine neue Anlage in Lindenthal mit auf, die allerdings dem Krieg zum Ofer fiel. Unter seiner Leitung entstand die 3. Platzanlage am Scherbelberg. Mehrere Jahre war er der Führer des Gaues und hat die Sportbewegung in Leipzig mit vorwärtsgebracht.

Brohm (Corso)
Seit 18. Februar 1902 Mitglied von Corso. 1907 gründete sich der Leipziger Verband, dort war Brohm Spiel-Ausschuß-Vorsitzender. 1908 wechselte er nach Weimar, wurde Mitglied von »Vimaria«. Als er ein Jahr später nach Leipzig zurückkehrte, wurde er wieder Mitglied von Corso. In seiner 25jährigen Tätigkeit war er Schriftführer, Kassierer, Spiel-Ausschuß-Obmann und Vorsitzender und seit 1909 Verbands-Vertreter. Infolge eines Schenkelhalsbruches konnte er nicht mehr aktiv Fußball spielen, blieb dem Fußball aber als Schiedsrichter treu.

Brüggemann (Arminia)
Kaufmann, 1887 geboren, gehörte seit November 1903 dem BCA an und war vor allem als Verwaltungsbeamter eine unschätzbare Kraft. Von 1907 bis 1910 war er der 1. Schriftführer und Spiel-Ausschuß-Obmann, bis ihn seine Reisetätigkeit zwang, diese Posten aufzugeben.

Büchel (Arminia)
Als Mitglied war Büchel dem Verein Januar 1919 beigetreten. Ein freundschaftliches Verhältnis zu den Führern des Vereins brachte es mit sich, daß er bald in den Vorstand gewählt wurde. Januar 1923 wurde er 1. Vorsitzender und arbeitete rastlos für den BCA. Unter seiner Leitung entstand eine vergrößerte Platzanlage, ein weiterer Ausbau des gesamten Vereins, und man schaffte den Aufstieg der 1. Fußball- und 1. Handballmannschaft in die Liga.

Büttner (LBC)
1870 in Leipzig zur Welt gekommen, ging Oskar Büttner als junger Mensch nach England und lernte während seines dortigen Aufenthaltes das Fußballspiel. In seine Heimat zurückgekehrt, gehörte er dem LBC an und hat hier mit viel Mühe und Fleiß in die LBC-Mannschaft System gebracht, so daß dieselbe jahrelang die führende Stellung in Leipzig einnahm. Er war mehrere Jahre der 1. Vorsitzende des LBC. Auf seine Veranlassung begann 1896 die Vorbesprechung zwecks Gründung des Verbandes Leipziger Ballspielvereine, und in der Gründungsversammlung 1897 wurde er 1. Verbandsvorsitzender. Büttner leitete mit J. Kirmse die Vorarbeiten zur Gründung des DFB.

Chemnitz (VfB)
1913 siedelte Chemnitz von Arminia zum VfB, in dem er während seiner zehnjährigen Mitgliedschaft verschiedene Ämter bekleidete. Als Vorsitzender (1921-23) konnte er mit dem Bau des VfB-Stadions in Probstheida einen lange Jahre hindurch von den Mitgliedern gehegten Wunsch in die Tat umsetzen. Nach dem Austritt aus dem VfB kehrte Chemnitz zu Arminia zurück. Doch ab 1926 gab er auch dort seine Mitgliedschaft aus beruflichen Gründen auf. Seine Kriegsverwundung hinderte ihn an einer aktiven Betätigung, und so beschränkte sich Chemnitz auf die Tätigkeit als Schiedsrichter. Neben einer Reihe von DFB-Spielen um Meisterschaft und Pokal leitete er den Länderkampf in Budapest Ungarn-Österreich. Doch die Folgen seiner Kriegsverletzung zwangen ihn, seine Laufbahn als Schiedsrichter mit Ende der Spielzeit 1924/25 zu beenden. Danach arbeitete er als Sportjournalist.

Colditz (Fortuna)
Colditz trat 1912 in den Sportverein »Fortuna« ein. Ende 1919 kam er in die 1. Herrenmannschaft, die 1926 die Gaumeisterschaft und sogar die Teilnahmeberechtigung zur Deutschen Meisterschaft errang.

Dathe (Spielvereinigung)
»Bin geboren am 31. März 1891 zu Krauschwitz (Kreis Weißenfels). Mit dem 6. Lebensjahre zogen wir nach Lindenau. Da auf dem Dorfe, wo wir wohnten, und überhaupt dem Sport für die Jugend in den früheren Jahren keine Bedeutung beigelegt wurde, hatte ich vom Sport noch keine Ahnung. Erst in der hiesigen Volksschule wurde durch das Turnen und Ballspielen (Schlagball, Schleuderball usw.) der Sport in mir geweckt. Laufen und Springen war mir eine Begabung, und bald wurde ich in der Schule beim Klassen-Wettrennen Favorit. Das Fußballspiel lernte ich kennen durch die Spiele der früheren ›Turner‹ (Spielvereinigung). Ich bekam Interesse an dem Spiel und versäumte dann sonntags als Zuschauer kein Spiel mehr. War es auf eigenem Platze oder auf Gegners Platze, überall war ich und mein Bruder Hermann (auch Spieler der Spielvereinigung), der leider als vermißt im Felde geblieben ist, zur Stelle. Ich begann auch zu probieren,

es ging. In der Schule wurden nun Klassenspiele arrangiert, um dem Fußball auf die Beine zu helfen. Trotzdem es manche Tracht vom Vater gab, da die Schuhe sehr darunter litten, denn Fußballschuhe gab es trotz Bitten nicht, ließ ich mich nicht davon abbringen, Fußball zu spielen. 1905 wurde ich aus der Schule entlassen. Nach ungefähr einem 1/2 Jahr trat ich in den Fußballclub ›Saxonia‹ ein. Selbiger ging bald zugrunde, und wir gründeten den Lindenauer Sportclub. Finanzielle Schwierigkeiten ließen auch diesen Verein nicht lange bestehen, und so trat ich 1906 in die Spielvereinigung ein. Ich kam in die 6. Mannschaft als Linksaußen, da es dazumal wenig Spieler gab, die links spielen konnten oder wollten.« Seit 1918 gehörte Dathe der 1. Mannschaft der Spielvereinigung bis 1924 ununterbrochen an. 1909 spielte er in der Verbandsmannschaft im Spiel gegen Norddeutschland mit. 1925 ist er aus der Spielvereinigung ausgetreten, um der jüngeren Generation Platz zu machen. Danach wirkte er im Sportverein Sturm Leutzsch.

Denkewitz (Wacker)
Denkewitz wurde am 10. September 1897 geboren. Er war schon als Jugendlicher Mitglied im Wacker. Im Juli 1912 kam er als 16jähriger zur Herrenabteilung und spielte sofort in der 1. Mannschaft in der Stürmerreihe und nahm dort später den rechten Verteidigerposten ein. Nach seinem zweijährigen Kriegseinsatz spielte er 1918 sofort wieder als Stütze der Mannschaft bis zum Jahre 1922, wo er bei einem Repräsentativspiel gegen die Tschechoslowakei einen Knieschaden erlitt, der seinem Wirken als erstklassiger Spieler ein vorzeitiges Ende setzte.

Dietrich (Lipsia)
Nach Beendigung seiner Lehrzeit trat er am 1. Mai 1895 dem SV Lipsia 1893 bei. Dort wurde er als Torwärter aufgestellt. Später spielte er auf jedem Posten in der 1. oder Spielmannschaft. Bald nach seinem Eintritt in den Verein wurde er durch seine Berufsbildung auf den Posten des Schriftführers gewählt. Bei der Gründung des »Verbandes Leipziger Ballspielvereine« wurde er ebenfalls Schriftführer. An der Gründung des VMBV nahm er auch teil. Der Verbandstag in Mittweida wählte ihn zum Verbandsschriftführer. Dieses Amt bekleidete er fünf Jahre bis zur Anstellung des ersten besoldeten Geschäftsführers Herrn Rise. Von da an war er Beisitzer im VMBV-Vorstand. Ab 1920 wurde er Ehrenmitglied.

Dietze (Wacker)
Im Jahre 1885 geboren, trat er mit 16 Jahren dem FC Wacker bei. Er wurde bald die Stütze der Mannschaft und zählte zu den besten deutschen Verteidigern. Sehr oft wurde er zu repräsentativen Spielen herangezogen. Auch in der mitteldeutschen Mannschaft, die als erste den Kronprinzpokal erkämpfte, wirkte er mit. In den Jahren 1906-08 befand er sich beruflich in Italien, 1911 ging er nach Südamerika. Nach Ausbruch des Weltkrieges schmuggelte er sich nach Deutschland durch und ging nach kurzer Ausbildung ins Feld. Als Offiziersstellvertreter fiel er bei einem Sturmangriff an der Lorettohöhe am 15. April 1915.

Dittel (LBC)
Er wurde am 26. Januar 1886 in Leipzig-Plagwitz geboren. Bereits mit zehn Jahren trat er dem LBC bei und spielte wiederholt für den Gau und Verband. Am 3. August 1914 zog er beim Inf.-Reg. 107 mit ins Feld, wo er in der Marneschlacht am 17. September 1914 schwer verwundet ins Lazarett kam. Im Februar 1915 wieder im Feld, wurde er diesmal im Osten am 15. August 1915 schwer verwundet und mit Vollrente entlassen. Jedoch 1918 wieder zur Truppe gezogen und am 3. November verwundet in die Heimat überwiesen, wo er am 5. November 1918 verstarb.

Dölling (Eintracht)
Dölling wurde am 27. August 1896 geboren. Er wurde bereits 1911 Mitglied des Leipziger Sportvereins Eintracht. Seit dem Spieljahr 1913/14, also schon als 17jähriger, war Dölling Torwart der 1. Mannschaft seines Vereins. Unvergessen bleibt das Spiel Mitteldeutschland gegen Ungarn, das kurz nach Beendigung des Weltkrieges in Budapest stattfand, nach dessen Schluß er von den begeisterten Ungarn auf den Schultern vom Platze getragen wurde.

Dörl (Arminia)
Ursprünglich einem sogenannten »wilden« Verein angehörend, trat Dörl im Jahre 1909 dem damaligen Leipziger FC Britannia bei. Daneben betätigte er sich als Spieler und Schiedsrichter. 1912 trat er zum BV Arminia 03 über.

Drechsel (VfB)
Am 15. 7. 1894 in Dresden geboren, huldigte er schon als Junge dem Fußballsport und war damals – kaum 14 Jahre alt – einer der besten Verteidiger in Schülermannschaften. 1913 brachte Drechsel dem Dresdner Fußballring viele Erfolge ein, gewann die Gaumeisterschaft Ostsachsen. Ab 1924 gehört er dem VfB Leipzig an.

Drese (Spielvereinigung)
Aus der Turnerschaft hervorgegangen, gehörte Drese seit Oktober 1910 der Liga-Mannschaft der Spielvereinigung ununterbrochen als rechter Verteidiger an. Vor dem Kriege war Rokosch-Drese eines der spielstärksten Verteidigerpaare Mitteldeutschlands. Seine Größe gab ihm den Vorteil, alle hohen Bälle mit dem Kopf wegzufangen. Vor allem ist sein wuchtiger, befreiender Schlag zu erwähnen, den die gegnerischen Stürmer nicht gern hatten, weil sie befürchten mußten, direkt getroffen zu werden.

Ebert (Wacker)
Ebert wurde am 29. Januar 1903 geboren. Er trat 1918 Wacker bei. 1920 wurde er zum ersten Mal in der Liga-Mannschaft aufgestellt. Er vertrat in seinen Spielen mehrmals die Stadt Leipzig und den Mitteldeutschen Verband. Eine Verletzung zwang ihn zu mehreren Pausen, doch insgesamt absolvierte er über 250 Spiele für seinen Verein.

Eichner (TuB)
Eichner wurde am 3. Februar des Jahres 1879 in Leipzig-Lindenau geboren. 1905 traten auf seine Veranlassung 35 Mitglieder vom Allgemeinen Turnerverein Kleinzschocher aus und gründeten den Verein für Turn- und Bewegungsspiele Leipzig-West. Hier war er lange Jahre Mittelläufer der 1. und später der 2. Mannschaft. Er spielte zum Beispiel auf der Dresdner Hygiene-Ausstellung in der Leipziger Alte-Herren-Mannschaft gegen Dresden.

Elfte (Eintracht)
Im November 1910 trat Elfte dem Leipziger Fußballclub (später Leipziger Sportverein) Eintracht 1904 e.V. bei. Dort hat er stets ein Vorstandsamt (Schriftführer, Vereinszeitung, Kassenverwaltung, Meldewesen) bekleidet. Nach der Rückkehr aus dem Krieg wurde er im Frühjahr 1918 als Beisitzer in den Vorstand des Gaues NWS gewählt. Anläßlich der im Jahre 1920 erfolgten Bildung von Kreisen wurde ihm das Amt des 1. Gauvorsitzenden angetragen.

Fährmann (Tapfer)
Als treuer Anhänger der Fußballbewegung trat er 1912 dem Sportverein Tapfer 06 e.V. Leipzig bei. Seine Erfahrung und sein taktisch kluges Handeln im Spielausschuß, welchem er mehrere Jahre angehörte, hatte dem Verein manchen Erfolg gebracht. Unter seiner Leitung war es auch dem Verein vergönnt, im Jahre 1922 in die 1. Klasse aufzusteigen.

Feustel (Fortuna)
Mit 17 Jahren spielte Feustel bereits für die Farben der Stadt. Er hatte an den Erfolgen des SV Fortuna großen Anteil. Die Farben des Gaues und Verbandes hat er sehr oft und gut vertreten. Feustel war ein eifriger Mitarbeiter in der Jugendbewegung.

Findeisen (SV 1899)
Findeisen wurde am 5. Februar 1889 geboren. Er trat bereits 1901 in den Fußballverein »Weststern« ein, 1903 noch als Schüler, wirkte er schon aktiv in der 1. Herrenmannschaft bis 1904. Am 14. November 1914 gründete er den Fußballverein »Lindenauer Sachsen«. Nach seiner Lehre als Schlosser 1907 zog es ihn in die Fremde, doch vorher schloß sich der Verein mit dem FC Hohenzollern zusammen. In Hannover-Hainholz, wo er sich niederließ, war nur das Rugby-Spiel bekannt, einen Fußballverein gab es nicht, außer in Hannover selbst. Mit einigen Kollegen, die er vom Fußballsport überzeugt hatte, kaufte er sich einen Ball und gründete auch hier einen Verein. Im Januar 1909 kehrte er in die Heimat zurück. Nach Kriegsende machte Findeisen mit anderen Mitgliedern den alten Verein wieder auf, nur diesmal unter dem Namen FC Hertha. Kurz darauf erfolgte die Vereinigung mit dem FC Britannia 1899. Im Jahre 1920 kehrte er allerdings den blaugelben Farben den Rücken und war bis zum Juni 1925 Mitglied und Spieler der 1. Mannschaft des SC Wacker. Am 9. Juni 1925 kehrte er abermals zu seinem alten Verein zurück, in dem er dann zur 1. Mannschaft als Mittelläufer gehörte. In seiner 25jährigen Spielzeit spielte er über 23 Jahre in der 1. Mannschaft.

Fließbach (gen. Fels, VfB)
Fließbach trat mit 16 Jahren der damals 1b-klassigen Schleußiger Olympia bei, in der er auch einmal in der 3. Mannschaft mit dem VfB-Ligaspieler Hansi eine Klassenmeisterschaft errang.

Als Läufer hat er 100 erste Preise, 37 zweite und 16 dritte errungen. Er war damit der erfolgreichste mitteldeutsche Läufer, wurde zehnmal »Mitteldeutscher Meister« über 100 m (2), 200 m (3) und 400 m (5) und viermal »Mitteldeutscher Staffelmeister« (viermal 100 m). Außerdem wurde er elfmal »Gaumeister von NWS« über 100 m (1), 200 m (4) und 400 m (6) und achtmal 4x100-m-Gau-Staffelmeister. Also insgesamt errang er 33 Meisterschaften. Fünfmal bestritt er eine deutsche Meisterschaft, fünfmal rang er sich bis zum Endlauf durch und wurde einmal Zweiter (1917 400 m), zweimal Dritter (400 m) und einmal Vierter (200 m). Insgesamt brachte er für den VfB über 60 Staffelsiege. In der ersten Fußballmannschaft des VfB wirkte er sechsmal – meist mit Torfolgen – als Rechtsaußen mit. In der ersten Hockeymannschaft wurde er nur einmal (gegen Wacker 6:0 gewonnen) »versucht«. In der ersten Wasserballmannschaft des SV Leipzig Ost, dem er im Krieg wieder beitrat, und später in der neugegründeten Wassersportabteilung des VfB war er geraume Zeit Torhüter.

Friedrich (gen. Bert, VfB)
Am 27. 5. 1884 geboren, betätigte sich Adalbert Friedrich von seinem 10. Lebensjahr an sportlich. Als Quintaner der Petrischule arrangierte er die damals noch streng verpönten Wettspiele gegen andere Klassen. Dem VfB trat er etwa im Jahr 1897 bei. Der VfB hatte 1898 nur eine 1. und 2. Mannschaft, letztere bestand aus Schülern, die danach jahrelang die erste Mannschaft bildeten und 1903 mit Bert erstmalig die Deutsche Meisterschaft errangen. Friedrich nahm an drei deutschen und acht mitteldeutschen Meisterschaften siegreich teil und war außerdem mit dem VfB noch dreimal in der Endrunde um die Deutsche Meisterschaft vertreten. Er bestritt ein Länderspiel und spielte bis 1914 beim VfB.

Große (LBC)
Als Große aus der Schule kam, meldete er sich sofort bei LBC an. Dort arbeitete er in der Verwaltung, und als 18jähriger wurde er Zeugwart. Sechs Jahre lang war er Spielführer, und jedes Amt (außer dem des Vorsitzenden und des Schriftführers) hatte er in diesem Verein inne.

Gruhnert (Lipsia)
Gruhnert wurde am 10. Juli 1878 in Leipzig geboren. Seit seiner frühesten Jugend war er ein Anhänger des Fußballsports. Er gehörte in der Gründungszeit 1890-93 verschiedenen Vereinen an. Im Jahre 1896 wurde Gruhnert Mitglied des FC Lipsia und hat hier am weiteren Ausbau des Fußballsportes gearbeitet. Mehrere Jahre war er auch in der Verwaltung des Verbandsspielausschusses tätig.

Haase (VfB)
Haase, zunächst beim LBC, trat im April 1903 in den VfB über, eröffnete dort sein Debüt durch sieben Tore in der 2. Mannschaft als Mittelstürmer und spielte dann einige Male als Ersatz in der 1. Mannschaft. Haase arbeitete schon als junger Mann in der Verwaltung mit. Außerdem gab es kaum ein Amt, das er im VfB nicht bekleidet hat. Als Zeugwart hat er die Bälle aufgeblasen, als Schriftführer viel Tinte für den VfB verschrieben, als Kassierer sammelte er für den VfB. Im Januar 1912 wurde Haase dann, an Stelle des aus dem Vorstand ausscheidenden Herrn Dr. Haupt, zum 1. Vorsitzenden gewählt. Er war damals erst 27 Jahre alt. Haase, Erbauer des Stadions beim VfB, blieb bis 1922 1.Vorsitzender, ab 1925 wurde er erneut gewählt.

Haferkorn (gen. Wede, Fortuna)
Alfred Haferkorn, geboren am 12. Dezember 1899, spielte mit elf Jahren in der Schulmannschaft Sportbrüder Paunsdorf. Dann ging er von Leipzig nach Flöha und spielte in der ersten Mannschaft des Ballspielclubs Flöha. Ab Januar 1925 war Haferkorn Mitglied von Fortuna, wo er seit seinen ganzen Fußballjahren das erste Mal als Mittelstürmer und mehrere Male für den Gau spielte. Im SV Fortuna errang er 1925/26 die Gaumeisterschaft mit. Das größte und interessanteste war für ihn das Spiel gegen Bayern München, was Fortuna 2:0 gewann.

Hartmann (Olympia)
Seit dem 8. Lebensjahr war Hartmann Mitglied des BV Olympia und spielte mit 17 Jahren in der 1. Herrenmannschaft. Aus beruflichen Gründen trennte er sich ein Jahr lang von Olympia, spielte während dieser Zeit beim VfL Bitterfeld, kehrte aber danach wieder bis 1924 zu seinem alten Verein zurück.

Hartzsch (TuB)
Hartzsch wurde am 9. September 1882 in Steinpleis bei Werdau geboren, war Inspektor bei der Allgemeinen Ortskrankenkasse für die Stadt Leipzig. Er hat am 13. Oktober 1905 TuB Leipzig mit ins Leben gerufen und war dort fast ständig Mitglied des Vorstandes und außerdem 1. Vorsitzender.

Haugk (Wacker)
Dr. Hermann Haugk wurde am 16. Dezember 1886 in Leipzig geboren. Ab 1900 war er als Mitglied des Sportklubs Wacker in seinen Fußballmannschaften aktiv. Sein erstes Ligaspiel absolvierte er 1903, sein letztes 1919. Außerdem wirkte Haugk mehrmals in repräsentativen Städtespielen mit. Von 1919 bis 1922 bekleidete er das Amt des 2. und von 1922 an das Amt des 1. Vorsitzenden im Sportklub Wacker.

Heidrich (Eintracht)
Von 1918 an war Heidrich 1. Vorsitzender von Eintracht. Er begann seine fußballerische Laufbahn im Jahre 1900 als zehnjähriger Junge, als die Schulklassen untereinander Wettspiele auf der Rennbahnwiese austrugen. Nach seiner Schulentlassung war er 1904 Mitgründer des Leipziger Sportvereins Eintracht. Von 1907 bis 1919 spielte Heidrich ununterbrochen in der 1. Mannschaft, mit Ausnahme der drei Kriegsjahre. Vom 9. September 1909 an nahm er 275mal an erstklassigen Spielen seines Vereins teil und gewann als Urlauber die Mitteldeutsche Meisterschaft 1916/17 für Eintracht mit. In den Jahren 1910/15 spielte er erfolgreich als Mittelstürmer in der Leipziger Städtemannschaft gegen Dresden, Magdeburg, Halle, Berlin, Hamburg. Von 1908 bis 1915 war Heidrich sieben Jahre im Gauvorstand tätig, nach dem Krieg wurde er Mitglied des Verbands-Spielausschusses sowie Vorsitzender des Gauschiedsrichterausschusses.

Hempel (Sportfreunde)
Anfangs spielte Walter Hempel (geboren 12. 08. 1887, gestorben 10. 1. 1940) unter dem Pseudonym »James« an der 3. Realschule in Leipzig. Als linker Verteidiger der 1. Mannschaft seines Vereins (1900-1923) hatte er wesentlichen Anteil an dem sprunghaften Aufstieg von der 3. bis zur 1. Klasse. Am 4. April 1908 konnte er das erste Länderspiel des DFB gegen die Schweiz in Basel, das mit 2:5 für Deutschland verlorenging, bestreiten und war somit der erste Internationale aus der Messestadt. Den Schluß seines sportlichen Wirkens für den DFB bildete die Olympiade 1912 in Stockholm mit einem Spiel gegen Rußland am 1. Juli 1912, welches 16:0 endete.

Hermsdorf (Fortuna)
Hermsdorf wurde am 4. Januar 1902 in Leipzig-Kleinzschocher geboren. Mit einigen Schulkameraden trat er 1915 dem Sportverein Fortuna bei. Sein erstes großes Spiel vor mehreren tausend Zuschauern spielte er in der Liga gegen VfB Leipzig, das sie 1:0 gewannen. In den darauffolgenden Jahren fehlte er in der ersten Mannschaft bei keinem großen Spiel.

Hesse (Viktoria)
Hesse ist in der Leipziger Waldstraße groß geworden. Er war Mitgründer des Vereins Concordia, trat als Schüler jedoch später mit mehreren Freunden in Olympia ein. Ende 1899 wechselte er zum LBC. Hier war er als Stürmer, hauptsächlich aber als Läufer tätig. Als 19jähriger übernahm Hesse die Schriftleitung der Klubzeitung, war im Spielausschuß beschäftigt und später auch Vereinsvertreter. 1907 trat er in den Sportklub Wacker Leipzig ein, spielte dort in den unteren Mannschaften, einige Male auch in der ersten. 1911 gründete Hesse im Verein mit Schirlitz vom LBC den Alte-Herren-Verband Leipzig im VMBV und brachte damit die Alte-Herren-Bewegung im Verbandsgebiet in Fluß. 1912 und 1913 war er außerdem Spielausschußvorsitzender des Wacker. Bei Wacker brachte Hesse im Verein mit Knauer, Eberhardt und Schmuntzsch die Stärke der Jugendabteilung in einem Jahre von 75 auf nahezu 500. Er schuf die erste Mustersportschule mit dieser Jugendabteilung. 1921 erteilte ihm der Verband Deutscher Sportlehrer die Lizenz als geprüfter Sportlehrer. 1920 rief Hesse die Jugendleiter des ganzen Verbandsgebietes zu einer Werbekundgebung für die zu schaffende Jugendorganisation zusammen, und bald darauf wurde vom Verband ein vorbereitender Jugendausschuß ins Leben gerufen und er mit dessen Führung beauftragt. Die von ihm im Verein mit Lorenz, Zwenkau, und Spatz, Halle, geschaffenen Richtlinien für die Jugendpflege im Verband sind in ihren Hauptzügen noch heute maßgebend. 1921/22 war Hesse Geschäftsführer des Sportklubs Wacker. Mitte 1922 trat er aus dem Wacker wegen Meinungsverschiedenheiten über die Jugendpflege im Verein aus und ging zum FC Viktoria 03 Leipzig-Möckern. Hier wählte man ihn Anfang 1923 zum Vorsitzenden.

Hoffmann (Arminia)
Hoffmann wurde 1892 geboren, trat 1908 dem BCA bei und war seit 1911 bis Kriegsausbruch in der 1. Fußballelf vorwiegend als Verteidiger oder Mittelläufer tätig. Infolge einer Kriegsverletzung war es ihm jedoch nicht wieder möglich, nach Rückkehr aus dem Felde regelmäßig aktiv tätig zu sein. In der Leichtathletik war er ein bekannter Springer, und sein Dreisprung von durchschnittlich zirka 13,50 m ist lange nicht erreicht worden.

Hoffmann (Olympia)
Bereits in den 90er Jahren war Hoffmann als Realschüler ein eifriger Fußballspieler. 1898 wurde er Mitglied des BV Olympia. Mit Balke und Paul Braun war er viele Jahre Führer des Vereins, dann mehrere Jahre 1. Vorsitzender. Als Verbands- und Gauvertreter hatte Hoffmann großen Anteil an der Entwicklung des Gaues Nordwestsachsen.

Hofmann (VfB)
Otto Hofmann begann bei Rasensport Leipzig. Später führte sein Weg zur Spielvereinigung, mit der er einen stolzen Aufstieg schaffte. Die erste mitteldeutsche Meisterschaft der Spielvereinigung im Jahre 1911 sah Hofmann als den stillen, fairen linken Läufer in der siegreichen Mannschaft und stellte ihm das beste Zeugnis als Spieler und auch als Sportsmann aus. Hofmann zählte zu den besten Läufern. Ernste Differenzen hatten ihn jedoch zum Leipziger Wacker geführt, dem er bis 1920 angehörte. Von 1920 an war er Mitglied des VfB Leipzig, dem er manches Spiel gewinnen half. Was ihn als Spieler besonders auszeichnet, ist sein Paßspiel und seine Taktik.

Höhne (Fortuna)
Höhne wurde am 27. 1. 1899 geboren. Seit 1919 bildeten Kummerlöw und Höhne ein langjähriges Verteidigerpaar des SV Fortuna 02. In Städtespielen wirkte er mit gegen Berlin, Dresden, Duisburg, Halle, Zürich. Außerdem nahm Höhne an sämtlichen Reisen der Fortunamannschaft in das In- und Ausland bis 1926 teil. Ab Juni 1926 war er passives Mitglied des SV Fortuna 02 und aktives Mitglied des FK Wettin Wurzen.

Hübner (Sportfreunde)
Hübner war der erste hauptamtliche Geschäftsführer des Gaues Nordwestsachsen, der die Geschäftsstelle einrichtete und in den ersten Jahren ihres Bestehens leitete.

Jacob (Spielvereinigung)
Eine Stütze der 1. Mannschaft der Spielvereinigung. Hervorgegangen aus der Jugendmannschaft, gewann Jacob für seine rot-weißen Farben mehrere Meisterschaften mit und spielte wiederholt für den Gau und den Verband.

Kern (Markranstädt)
Kern wurde am 23. 2. 1901 in Markranstädt geboren. Bereits in den Entstehungsjahren war er begeisterter Anhänger und Verfechter des Fußballs. Ab 1913 spielte er aktiv beim FC Sportfreunde 1912 Markranstädt. Nur für kurze Zeit wechselte er im Herbst 1922 zu Viktoria 03 L.-Möckern, kehrte aber wieder nach Markranstädt zurück. Kern spielte achtmal erfolgreich für den Gau. Am 6. Februar 1927 absolvierte er sein 389. Spiel im Verein.

Ketscher (Olympia Germania)
Als Zwölfjähriger ist Ketscher 1903 der Jugendabteilung des BV Olympia beigetreten. Mit 16 Jahren war er in der ersten Mannschaft tätig, die seinerzeit zur Leipziger ersten Klasse gehörte. 1909 wechselte er zum Sportklub Wacker Leipzig.

Kiemeyer (Marathon-Westens)
1909 trat Kiemeyer in den Verein Leipziger Sportfreunde ein, wo er lange Zeit den Posten des 1. Vorsitzenden bekleidete.

1913/14 war er 1. Vorsitzender im Gau NWS. Während des Krieges als Kriegsverletzter zurückgekehrt, führte er wieder 1916/18 als 1. Vorsitzender die Geschäfte des Gaues. Infolge des großen Aufschwunges des Rasensportes wurde auf seine Veranlassung 1919 die Gaugeschäftsstelle eingerichtet. Bei der neuen Einteilung der Kreise wählte man ihn zum 1. Vorsitzenden. Besondere Verdienste erwarb sich Kiemeyer durch den weiteren Ausbau des Gaues und Kreises, und einen großen Anteil hat er der starken Entwicklung der Jugendbewegung entgegengebracht. Doch nicht nur hier betätigte Kiemeyer sich, auch als Schiedsrichter ist er in der Zeit von 1914-1918 einer der Besten Deutschlands gewesen, pfiff er doch eine große Anzahl Bundes- und Länderspiele.

Kirmse (Wacker)
Als Sohn des Seilermeisters Bernhard Kirmse am 4. August 1876 in Leipzig geboren, genoß ich die frühesten Tage meines Lebens in den Promenaden-Anlagen gegenüber dem jetzigen Hauptbahnhof, da meine Eltern in dieser Nähe in der Hallischen Straße, jetzt Hallisches Tor, wohnten und woselbst ich schon mit meinem Jugendfreund, dem unermüdlichen Ehrenvorsitzenden und Streiter für unsere Sache, Herrn Otto Kretzschmar vom Sportclub Wacker, dessen Eltern ein paar Häuser von meinen entfernt wohnten, zusammentraf. Auch schon in diesen Zeiten, also vor mehr als 40 Jahren, war es in Leipzig üblich, die Straßen aufzureißen, Schleusen zu legen und dergleichen, welcher Umstand uns natürlich im Gegensatz zu jetzt große Freude machte, da diese Aufwühlereien der Straßen uns Gelegenheit gaben, unsere Sprung- und Laufkünste zu erproben, und so entstand schon in jener Zeit ein Turnklub, dessen Mitglieder nur »Knirpse« waren und sich besonders durch schöne Turngürtel, dem Turnzeichen, dem vierfachen »F«, auszeichneten, in deren Herstellung die Mütter von uns Knirpsen geradezu wetteiferten. Zu jener Zeit kam ich auch schon mit dem Stadtrat in Konflikt! Unsere Sprungübungen, zu denen ich als eines Seilermeisters Kind stets die besten Springschnüre aus dem Geschäft meines Vaters, selbstverständlich ohne daß dieser etwas davon wußte, lieferte, wurden in den Anlagen lebhaft betrieben, nur manchmal unterbrochen von Spaziergängern, die sich in den Teil dieser Anlagen verirrten. Eines schönen Tages kam auch eine Dame dahergeschritten, und mein Zuruf, die gespannte Schnur zu entfernen, kam zu spät, die Dame verwickelte sich und kam zu Fall. Das Ergebnis dieses Falles war Zitierung sämtlicher Mitglieder der in der Umgegend natürlich bekannten Horde auf die Polizei, wohin ich aber nicht mit bestellt war, da mein Vater bei Vorsprechen des Polizeibeamten seinem Herzen energisch Luft gemacht hatte und behauptete, daß, wenn es sich nicht um eine Frau »Stadtrat« handeln würde, kein Hahn nach den Missetätern einer solchen, keinesfalls beabsichtigten, Jugendtorheit krähen würde. Dieser Oppositionsgeist hat sich wahrscheinlich auf mich vererbt. Meinen ersten Turnunterricht genoß ich in der 3. Bürgerschule unter Leitung des bekannten Turnlehrers Erbes jun., der zu jener Zeit mit seinem Vater, einem namhaften Turner, an dieser Schule wirkte. Bald besuchte ich die Realschule an der Nordstraße und genoß dort den Turnunterricht bei dem bekannten Leipziger Turnlehrer Graupner, der schon zu jener Zeit für Fußballsport, Gerwerfen, Schleuderball größtes Interesse zeigte. Ich erinnere mich noch lebhaft, daß wir oft bis zu Ende der der Turnstunde folgenden Pause auf dem Schulhofe erbitterte Kämpfe im Schleuderballwerfen lieferten. Bald kam das Fußballspiel in Leipzig zur Einführung, und unser erster Spielplatz war der Exerzierplatz am früher dortselbst gelegenen Pestalozzistift. Zwei Wäschepfähle und eine Schnur darüber gespannt bildeten das Tor. Mit Turnschuhen versuchten wir anfangs des Balles Herr zu werden, mußten aber bald die Turnschuhe ausziehen, wenn wir nicht noch sämtliche Zehennägel einbüßen wollten. Der Wegzug meiner Eltern nach dem Osten Leipzigs veranlaßte mich zum Besuche der 2. Städtischen Realschule, woselbst ich das Fußballspiel zur Einführung brachte, und am 11. November 1893 wanderte eine Schar sportbegeisterter Jünglinge nach dem fernen Osten, nach dem Monarchenhügel, und gründete dortselbst den Klub Sportbrüder, der sich später mit dem Verein für Bewegungsspiele vereinigte. Unsere lange Zeit geheimgehaltenen Spiele fanden bei unserem Turnlehrer Herrn Schützer gute Unterstützung, und bald folgten leichtathletische Wettkämpfe auf unserem Spielplatz hinter dem Schützenhaus Sellerhausen. Der Schule entronnen, entfaltete der Klub Sportbrüder, dessen Vorsitzender ich bis zum Jahre 1893 war, regste Tätigkeit. Leichtathletische Meetings, 40-km-Laufen, 40-km-Radfahren wie im Winter Eiswettlaufen wechselten ab, und ich sage nicht zuviel, wenn ich diese Tätigkeit auf dem Gebiete der verschiedentlichsten Sports als eine grundlegende und bahnbrechende mit bezeichne. Später ging ich nach Dresden. Nachdem ich in Leipzig noch Mitbegründer des Vereins Leipziger Ballspielvereine geworden war, wurde ich sehr bald Vorsitzender des Dresdner Sportklubs und legte auch dort den Grundstein zum Verein Dresdener Ballspielvereine. Auch in Dresden darf ich auf eine erfolgreiche Tätigkeit zurückblicken, und Ehrengeschenke vom Klub Sportbrüder wie auch vom DSC zeugen noch heute von längst verklungen Zeiten meiner erfolgreichen Tätigkeit auf dem Gebiete des Sportes. Des Lebens Ernst, die Gründung einer selbständigen Existenz, ließen mich dann dem Sport Valet sagen. Im Jahre 1907 war ich wieder in Leipzig und gründete mit dem früheren langjährigen Vorsitzenden des Sportklubs Wacker, meinem leider viel zu früh verstorbenen Sozius, die noch jetzt bestehende Firma Reimann & Kirmse, Bureau für Vermittlung von Hypotheken, Grundstücks- An- und Verkäufen wie Finanzierungen. Mit meinem Sozius konnte ich 20 Jahre lang in bestem Einverständnis und nicht ohne Erfolg Schulter an Schulter arbeiten und konnten wir in

späteren Jahren gemeinschaftlich unsere Dienste zur Förderung des Sports im allgemeinen wieder zur Verfügung stellen. Es war mir dann zu meiner allergrößten Freude als Mitglied des Stadtverordneten-Kollegiums unserer Vaterstadt seit Beginn des Jahres 1919 möglich, unserem Sport besondere Dienste zu leisten, indem es mit vergönnt war, als Mitglied des Spielplatzausschusses (früher Tiefbauausschuß) und jetzt als Mitglied des Hauptausschusses des Amtes für Leibesübungen bei Beschaffung von Sport- und Spielplätzen in erfolgreicher Weise mit tätig zu sein. Mein weiteres Ziel ist, alles zu versuchen und zu tun, um unserem Leipzig ein vorbildliches Stadion mit schaffen zu helfen! Ich darf heute sagen, daß mir die Betätigung im Turnen und im Sport, namentlich in der Jugend, stets ein gesundes und freudiges Herz erhalten hat und daß vor allen Dingen, leider manchmal im Gegensatz zu vielen Erscheinungen der Neuzeit, meine lieben Freunde aus jeder Zeit und ich aus reinen idealen Motiven uns in den Dienst der guten Sache unseres Sportes gestellt haben. Ich schließe mit dem Wunsche, daß dem deutschen Sport auch in aller Zukunft Mitarbeiter und Förderer mit reinsten und heiligsten Idealen beschieden sein mögen.

Klinger (Eintracht)
Friedrich Otto Klinger, geboren am 28. März 1892 zu Wurzen, beschäftigte sich schon mit sieben Jahren mit Sport, und zwar hinter dem Tor vom Wurzener Wettin als Ballholer. Als Lehrling schloß er sich dann der Angerschen Hertha im damaligen Leipziger Verband an. Bei dem ersten Spiel gegen Eintracht wechselte Klinger im Jahre 1907 zu Eintracht.

Kloppe (Olympia-Schleußig)
Kloppe wurde am 26. Januar 1888 geboren. Er trat 1904 dem FC Sportfreunde 1900 als aktives Mitglied bei. 1907 wechselte er zu dem neugegründeten BC Olympia L.-Schleußig. In diesem Verein, der vorwiegend aus Schülern bestand, war Kloppe mit der Älteste. Mit 19 Jahren wurde er zum 1. Vorsitzenden gewählt. Nach 2 1/2 Jahren zählte der Verein bereits über 150 Mitglieder. Große sportliche Erfolge hatte Kloppe als Halbrechter der ersten Mannschaft, errang die Meisterschaft der ersten Mannschaft mit und brachte den Verein, der seinerzeit großes sportliches Ansehen genoß, ohne Schwierigkeiten in den VMBV, in dem er in der zweiten Klasse des Gaues Nordwestsachsen seinen Siegeszug fortsetzte.

Köhler (Wacker)
Geboren am 30. August 1897, kam er im Jahre 1919 zum SC Wacker. Die erste Wackermannschaft, die durch den Krieg fast sämtliche ihrer früheren Spieler verloren hatte, erhielt durch ihn einen Führer, der er bis zum Jahre 1925 blieb. Für den Gau NWS und den VMBV spielte er infolge seines Könnens repräsentativ. Eine nicht erkannte tückische Krankheit lähmte seit Ende 1925 seine sportliche Tätigkeit. Viel zu früh für die Sportbewegung erlag er dieser Krankheit Weihnachten 1926.

Konheiser (Olympia Germania)
Konheiser wurde am 3. Mai 1888 in Leipzig geboren. Er trat Olympia bei und spielte dort meist in der 2. Mannschaft. Ab 1927 bekleidete er das Amt des 1. Vorsitzenden.

König (Spielvereinigung)
Von frühester Jugend an Turner, trat König schon mit 14 Jahren zu den Sportlern über. 1901 gründeten er und mehrere Schulfreunde den Fußballklub »Sparta« in Leipzig-Lindenau. 1903 wurde der Name in FC »Tapfer« umgewandelt. Im März 1905 wechselte König in die Spielvereinigung Leipzig. 1911 wurde er Schiedsrichter und wurde 1912-1913 auf Vorschlag von Blüher (LBC) in den Schiedsrichter-Ausschuß (bestehend aus den Herren Blüher, Perls, Klopfer, Friedrich, König) gewählt. 1918 wählte ihn der Gautag wiederum in den Schiedsrichter-Ausschuß, und von 1919 bis 1920 gehörte König dem Gauvorstand als Beisitzer, von 1920 bis 1922 als 2. Gauvorsitzender an.

Köster (VfB)
Im Mai 1913 trat Köster in den VfB ein. Etwa zwei Jahre später gehörte er, als 19 1/2jähriger, rechtsbeflissener Student, bereits zum Vorstand des VfB und war u.a. mit der Schriftleitung der Vereinszeitung betraut. Ab 1926 bekleidete Köster außerdem das Amt eines stellvertretenden Vorsitzenden.

Krabbes (Wacker)
Krabbes trat mit 13 Jahren in den von Pauckert gegründeten Verein »Volkmarsdorfer Tapfer« ein, der auf dem alten Schrebergartenplatze seine Bleibe hatte. Seine Fußballaufbahn begann jedoch ab 1921 bei Olympia. Er machte nur ein paar Spiele in der 3. Mannschaft und avancierte bis zur »Ersten«. In dieser Zeit spielte Krabbes repräsentativ für Leipzig. Durch eine Vereinskrise wechselte er den Verein und schloß sich dem SC Wacker an. Eine Knieverletzung zwang ihn dann zum Aufhören.

Kretzschmar (Wacker)
Kretzschmar erlebte als Mitglied von Lipsia die Uranfänge des Fußballsports in Leipzig mit. Er trat 1902 in den FC Wacker über und betätigte sich noch lange Zeit auch als AH aktiv sportlich. Im Jahre 1907 zum 1. Vorsitzenden Wackers gewählt, bekleidete er dieses Amt, auch während des Krieges die Geschicke des Vereins vom Kriegsschauplatz kontrollierend, bis zum Jahre 1922 ununterbrochen. Seit 1922 gehörte er dem VMBV-Vorstand an und führte später erneut den 1. Vorsitz im SC Wacker. Die großzügige Platzanlage, auf der sich der SC Wacker heute betätigt, verdankt nur seiner unermüdlichen Aufopferung und Arbeitskraft ihr Entstehen.

Kuntsche (Eintracht)
Geboren am 17. Mai 1891, spielte seit seinem 4. Lebensjahr Fußball. Er meldete sich im Jahre 1903 beim Leipziger SC 02 (später Verein für Rasensport) an und spielte bei diesem Verein in der Jugendmannschaft. Im April 1905 trat er zum Sportverein Eintracht 04 über. Bei diesem Verein bestand damals die erste Elf nur aus neun Spielern. Kuntsche errang mit seinem Verein die Meisterschaften der 3. Klasse 1907/08, der 2. Klasse 1908/09, zugleich Gau- und Mitteldeutsche Meisterschaft der 2. Klasse, die damals noch ausgetragen wurde, und die Mitteldeutsche Meisterschaft der Ligaklasse 1915/16. In seiner Vereinsmannschaft trug er über 500 Ligaspiele aus, wirkte 23mal im Ausland und mehrfach gegen Landesverbände mit. Kuntsche war 2. Vorsitzender des Vereins und Vorsitzender des Spielausschusses.

Laessig (LBC)
Laessig wurde in Leipzig als Sohn des Fabrikanten Karl Gustav Laessig geboren. Er kam 14jährig zum VfB Leipzig, rückte mit 17 Jahren in dessen erste Mannschaft auf, errang in dieser als Innenstürmer VfB's zweite Deutsche Fußballmeisterschaft in Nürnberg. Spielte in der ersten mitteldeutschen Kronprinzenpokalmannschaft gegen Westdeutschland in Braunschweig, 1907-1908 beim Leipziger Ballspielclub, dann in Hamburg beim Hamburger Sportverein v. 1888. Während des Krieges sah man Laessig bei den Berliner Preußen und in der Deutschen Sportvereinigung Warschau. Nach dem Krieg blieb Laessig in Leipzig beim Leipziger Ballspielclub. In seiner Laufbahn spielte er in mehrfachen repräsentativen Spielen für Leipzig.

Lederer (VfB)
Zwar keiner von denen, wie vielleicht mancher meiner Vorgänger, die, wenn sie sonn- oder wochentags ihren Sport ausführen wollten, Fahnen- und Torstangen auf den Schultern, weit von der Stadt hinauswandern mußten, so habe ich doch noch manche Tracht Prügel, manche Strafarbeit und manche Stunde Karzer wegen dem Fußballspiel zu Hause und in der Schule einstecken müssen. Die Schularbeiten waren meistens nicht im Sinne des Herrn Lehrers verfertigt (denn wo sollte die Zeit herkommen, wenn das Wettspiel der Oeserstraße gegen die Schnorrstraße vom frühen Mittag bis zum späten Abend währte), und die Eltern zankten des Abends, da die Spitzen der Schuhe wieder durchgestoßen waren und vor Schmutz standen. Manches Taschentuch ist zum Reinigen der Stiefel geopfert worden, aber zum Nähen derselben hatte ich kein Geld, denn das wenige Taschengeld langte kaum, um meinen Teil für die Defekte des Balles auszugleichen. Schon frühzeitig sah ich als gebürtiger Schleußiger (geboren am 11. Juni 1903) den Spielen der Olympia zu und freute mich an den Siegen, die meistens hervorgerufen durch das gute Spiel meines jetzigen Spielführers Edy erzielt wurden.

Der alte Corsoplatz (jetzt bebaut) war es, wo ich gemeinsam mit Boler, Sprebitz (Eintr.), Katerbow, Hellriegel, Flor (VfB) usw. die ersten Wettspiele, bis ich nach Hause geholt wurde, austrug. Als Pennäler mitwirkend in der Schulmannschaft der 4. Realschule, gewannen wir die inoffizielle Schulmeisterschaft. Mannschaften wie Nikolaischule (Ebert, Wacker), Seminar (Sportfreunde), Schiller (Wacker und VfB) fertigten wir mit 4-5 Toren ab. In diese Zeit fällt es auch, da ich mich als 13jähriger trotz Verbot der Schule und Eltern, mit meinem Karton (Utensilien) unter dem Arme, der Jugendabteilung des VfB anschloß. Um 10 Uhr durfte ich in der 2. Mannschaft und um 11 Uhr in der 1. Mannschaft spielen. Gern denke ich an die Spiele gegen die Kiemeyer-Mannschaft (Sportfreunde) zurück, die uns Jahr für Jahr der Stein im Wege zur Meisterschaft war. Alle drei Jahre hintereinander erkämpfte aber die unter der bewährten Leitung des Herrn Ackermann stehende Jugendabteilung sämtliche vorhandenen Meisterschaften. Als erste deutsche Jugendmannschaft fuhren wir nach Süddeutschland, um uns mit Gegnern wie Fürth, Nürnberg, Würzburg usw. zu messen. Geiger, Auer, Kraus, Sill, Reimer waren die Kanonen auf der Gegenseite, und wenn wir uns manchmal treffen, denken wir gern an die Zeiten unseres ersten Kennenlernens zurück. Während dieser Zeit hatte ich als 14jähriger die Ehre, für die Stadt Leipzig tätig zu sein; 2:1 schlug Leipzig Halle in Halle. Ein Jahr später spielte ich unter anderem mit Hermsdorf (Fortuna) in Leipzig gegen Dresden 1:1. Auch in der Leichtathletik holte ich so manchen ersten Preis für meinen Verein, gewann ich doch sämtliche damalig ausgeschriebenen Langstrecken gegen meine Klubkameraden Taubert und Ehrig (jetzt ASC). Wenn ich mit meinen Jugenderinnerungen jetzt schließe, kann ich doch nicht umhin, einiger meiner damaligen Mitspieler zu gedenken, die durch Verletzungen durch den Sport für denselben erledigt sind: Fischer, Voigt, Lechner sind alles Leute, die den VfB und Gau bereits hervorragend vertreten haben. Mit 16 Jahren kam ich in die Herrenmannschaft, und noch nicht 17 Jahre alt, spielte ich schon mein erstes Spiel vor fremden Zuschauern, auf fremdem Platze gegen die damalige Extraklasse »Teplitz 03« (Prokop, Kozelule, Haberstroh). Eins der schönsten Spiele, das immer in meiner Erinnerung haften bleiben wird, war das am nächsten Tage gegen DFC Prag in Prag, das wir unter begeisterten Zurufen der Tschechen 4:1 gewannen. Als Linksaußen spielte ich von diesem Tage an ständig in der Liga-Mannschaft und habe mit Ausnahme meiner Abwesenheit in Breslau fast alle vorgekommenen Spiele absolviert. Als Links- und Rechtsaußen, Mittel- oder Halbstürmer, Außen- oder Mittelläufer, auf allen Posten bin ich für Verein, Gau oder Verband tätig gewesen. Gern gehe ich jederzeit zu meinem lieben Fußballspiel und muß offen bekennen – ein Sonntag ohne Spiel ist langweilig.

Viel verdanke ich meinem Sport, habe ich doch durch ihn nicht nur Deutschland kennengelernt, sondern auch ein schönes Stück fremde Erde. Erinnerungen tauchen da auf! Städtespiel Zürich – Leipzig 0:1, Luzern – Leipzig 0:2. Zwei schöne Siege auf fremdem Boden! Rütli! Alle können ihn besteigen, nur unser hinkender Gauvorsitzender Drechsel (Baron) nicht. Ein Stamm durch den Stuhl, und unser Baron erlebt die schönsten Stunden seines Lebens. So könnte ich stundenlang noch schreiben, doch darüber plaudern wir Sportleute lieber, wenn wir unter uns und auf Reisen sind und mit Freuden bemerken, daß wir am Endziel angelangt sind. Regiert hat aber die ganze Fahrt wieder das Gespräch: »König Fußball«.

Lieniger (Wacker)
In den Anfangsjahren des Leipziger Fußballsports war Lieniger Mitglied des damaligen FC Vorwärts. Im Jahre 1904 trat er in den FC Wacker ein und spielte schon 1905 als Mittelläufer der 1. Mannschaft, der er ununterbrochen bis 1912 angehörte.

Matthes (LBC)
Mit 16 Jahren war Matthes Mittelstürmer der 1. Elf vom Leipziger Ballspielclub, dessen Glanzzeit (1895-1905) er miterlebte. In vielen Städtekämpfen hatte das schußfreudige Innentrio Riso-Stany-Matthes einen guten Namen (für Stany kam später Blüher). 1905 verzog er nach Magdeburg und erkämpfte dort in der bekannten Mannschaft Viktoria 96 viele Meisterschaften mit.

Michael (Wacker)
Als Michael 14 Jahre alt war, wurde der FC Sportfreunde gegründet, bei dem er zu dieser Zeit gastierte. Nach und nach rückte er in die erste Mannschaft auf und spielte dort als Mittelläufer. Nach einem »Abstecher« in die später eingegangene Union ging er zu Wacker und brachte es dort bis zur zweiten Mannschaft.

Moldenhauer (Wacker)
Moldenhauer war ein Mitbegründer des FC Wacker, bis 1899 Torwart der 1. Mannschaft. Bei der Gründung des Leipziger Verbandes wirkte er als Vereinsvertreter mit und wurde Vorstandsmitglied des Verbandes. Bei dem neugegründeten Verband Mitteldeutscher Ballspielvereine wurde ihm der Posten des 1. Schriftführers und Vertreters beim Deutschen Fußballbund übertragen. Hauptsächlich seinem Wirken war die Übersiedlung des Vereins nach dem Debrahof in Eutritzsch zu verdanken.

Mückenheim (Spielvereinigung)
Mückenheim wurde am 14. Oktober 1890 in Leipzig geboren. 1905 trat er in die Spielvereinigung ein, der er 21 Jahre die Treue hielt. Bereits vom 15. Lebensjahr an spielte er in der 1. Mannschaft der Spielvereinigung.

Müller (Helios)
Müller war langjähriger 1. Vorsitzender des Vereins. Ihm ist vor allem durch rege Arbeit zu verdanken, daß der Sportverein Helios e.V. zu einer eigenen umzäunten Platzanlage, der Sportplatzanlage Debrahof in L.-Eutritzsch, kam. Müller wurde für seine großen Verdienste zum Ehrenmitglied ernannt. Neben seiner Tätigkeit in der Verwaltung war R. Müller der Leiter der Jugendbewegung des Vereins.

Müller (SV 1899)
Müller wurde am 31. Juli 1886 in Leipzig geboren. Bei Hertha begann er seine sportliche Laufbahn. Im November 1908 wurde er Mitglied des FC Britannia 99. Dort erhielt Müller den Posten des 1. Schriftführers.

Namysloh (Spielvereinigung)
Max Namysloh wurde am 3. 10. 1894 in Leipzig-Lindenau geboren. Im Jahre 1909 trat er in die Spielvereinigung in Lindenau ein. Bereits mit 16 Jahren teilte man ihn in die 1. Mannschaft ein. Nach seiner Rückkehr aus der französischen Gefangenschaft im Jahre 1920 wurde er Mittelläufer im selben Verein. Diesen Posten behielt er bis 1925. Mit seiner Mannschaft erreichte er die Gaumeisterschaft 1920/21, 24/25, die Mitteldeutsche Meisterschaft 1911/12, 13/14, 21/22 und 24/25. Außerdem vertrat er oft als repräsentativer Spieler den Gau Nordwestsachsen.

Nielius (Helios)
Nielius war ab 1908 bei Helios sportlich tätig. Nach dem Posten des Schriftführers im SV Helios übernahm er am 1. November 1922 die Gaugeschäftsstelle.

Nittel (Lipsia)
Zur ersten Generation des Fußballsportes gehörend (21. Juli 1889 geb.), war er bereits als Schüler begeisterter Anhänger des Sportes. Bei den Spielen des FC Wacker am Debrahof war er ständiger »Zaun«-Gast, auf den umstehenden großen Bäumen saß die Gohliser Jugend, um ohne Eintrittsgeld Zeuge der Kämpfe auf dem Rasen sein zu können. Unter ihnen war Nittel stets zu finden. Das dort Gesehene wurde nun auf den Straßen fleißig geübt, und fehlte es an einem Ball, so mußten alte Blechbüchsen oder gar Steine diesen Zweck erfüllen. Als Nittel im Jahre 1903 aus der Schule entlassen wurde, war er mit noch einigen Altersgenossen sofort drauf und dran, in Gohlis einen neuen Fußballverein zu gründen. Leider zerschlugen sich die Bestrebungen der jungen Leute an der Klippe Geld, man ging auseinander, z. B. der unvergeßliche Hans Heise (er kehrte aus dem Völkerringen nicht wieder) ging nach Möckern und wurde Mitbegründer des FC Viktoria 03. Nittel und Kühn (jetzt Spielv.) siedelten zu Lipsia über. Er erlernte das Schlosserhandwerk und konnte es dadurch ermöglichen, jeden Sonntag den geliebten Fußballsport richtig zu

betreiben. Gleich nach Beendigung seiner Militärzeit 1911 übernahm er ein Amt in der Vereinsleitung und hatte als eifriger Pionier des Sportes neben den Herren Karl Reichel (jetzt Wacker) und Max Zschiesche großen Anteil an der jetzt bestehenden Platzanlage des SV Lipsia 93 in Eutritzsch. Als gedienter Soldat mußte Nittel gleich bei Beginn des Krieges beim Grenadier-Regt. 101 eintreffen, um sofort ins Feld zu gehen. Infolge zweimaliger Verwundung wurde er im Jahre 1917 vom Heeresdienst entlassen, sofort übernahm er den Vorsitz in seinem alten Verein, und es war vor allem sein Verdienst, daß sich die Lipsia selbständig erhalten konnte und nicht wie viele andere Vereine, Sportgemeinschaften oder Vereinigungen eingehen mußte. Getreu seinem Wahlspruch: »Vorwärts immer, rückwärts nimmer« lenkte er das Vereinsschiff bis zum Sommer 1926. Neben seiner Tätigkeit im Verein war er 1922-23 im Schiedsrichterausschuß des Gaues NWS tätig. Oft mußte selbst die Familie hinter dem Sport zurückstehen. Bei seiner Amtsniederlegung im Jahre 1926 wurde er auf Grund seiner Verdienste um das Wohlergehen des Vereins zum Ehrenmitglied ernannt; noch heute dient er vielen jungen Leuten in der Vereinsleitung als Berater.

Otto (VfB)
Albert Otto wurde am 1. 1. 82 in Freiberg geboren. Seit 1910 hat er entweder dem Vorstand oder einem der technischen Ausschüsse des VfB angehört. Dort übte er das Amt des 1. und 2. Schriftführers sowie Kassierers aus und war außerdem im Jugend-, Hockey-, Fußball- und Athletikausschuß tätig.

Otto (Tapfer)
Seit 1912 ist Otto Mitglied des Sportvereins Tapfer 06 e.V. Leipzig. Als treuer Anhänger des Fußballsportes trat er nach Beendigung des Weltkrieges in die Verwaltung des Vereins ein und betätigte sich dort als 1. Schriftführer und als 1. Vorsitzender.

Pauckert (Arminia)
Seit seiner frühesten Jugend ein eifriger Turner und Anhänger der Sportbewegung. Kurt trat 1907 als Jugendmitglied dem BC Arminia bei und war von 1912-1922 Stütze der 1. Herrenmannschaft und ein zäher Arbeiter in der Verwaltung des Vereins. Besonders die Jugend war es, der er sich, kaum selbst der Jugend entwachsen, annahm, und die gute Jugendabteilung seines Vereins mit ihren großen Erfolgen war neben Böhme, Günzel und Engler zum großen Teil sein Verdienst. Im Spielausschuß war er viele Jahre Schriftführer und dem Verein immer ein treuer Berater. Im Jahre 1920 trat er in die Gauverwaltung ein und hat hier in jahrelanger selbstloser Weise für unsere Bewegung mitgearbeitet. Während des Amtswechsels in der Geschäftsführung übernahm er die Ansetzung der Verbandsspiele und Ausarbeitung der Terminlisten und richtete 1923 die Spielerbörse ein. Mit großer Liebe war es die Jugend, der er sich ganz besonders annahm, und hat hier immer wieder neue Anregungen gegeben und viele Veranstaltungen mit großem Erfolg durchgeführt. Der erste öffentliche Jugendwerbetag der Ost-Vereine Fortuna, Arminia, Tapfer, Sportverein und Bar Kochba war bahnbrechend für Jugendwerbetage und für ihn ein großer Erfolg, so daß mehrere gleiche Veranstaltungen folgten. Das 1. Mitteldeutsche Jugendtreffen zum DFB-Jubiläum war sein Werk, und das Treffen der 9000 mit Übernachtung, Verpflegung und Fackelzug war eine Organisations-Großtat. Der Aufmarsch der Vereine zum VMBV-Jubiläum und der Jugendwandertag nach der Sächsischen Schweiz fanden dank seiner Erfahrungen und unermüdlichen Arbeit eine glatte Durchführung. Der Verbandsjugendausschuß, dem P. angehört, übertrug ihm die Durchführung des Jugendleiterkursus des VMBV im Oktober 1926. Der Kreis Sachsen, in den er seit vielen Jahren berufen ist, hat einen fleißigen Mitarbeiter in dem Leipziger. Zum Jahre 1927 hat man ihn auch in den Vorstand des Verbandes Deutscher Jugendverbände und Deutscher Jugendherbergen (Ortsgruppe Leipzig) hineingewählt. Seit 1912 ist er als Schiedsrichter tätig und ein an Erfahrung reicher Praktiker. Aber auch die Athletik ist von frühester Jugend mit ihm verwachsen.

Zum 30jährigen Jubiläum des Gaus Nordwestsachsen zeichnete Pauckert als Autor für das Buch »30 Jahre Nordwestsachsen« verantwortlich, in dem die Geschichte des Leipziger Fußballs bis 1927 skizziert wird.

Pendorf (gen. Edy, VfB)
Eigentlich ein Sohn der »Waterkant«: geboren am 18. Oktober 1892 in Lehe bei Bremerhaven. Schon im Mai 1898 finden wir ihn jedoch in Leipzig. Drei Jahre später wird in dem neunjährigen Edy das Interesse für den Fußballsport wach, noch mehr, seitdem er als grünbemützter Carolagymnasiast Gelegenheit zu häufiger Übung auf den bekannten »Bauernwiesen« hat. Als Sextaner tritt Edy dem jetzt im Arbeitersportlager stehenden Schkeuditzer FC Normannia 01 bei, der sich damals überwiegend aus Thomas- und Handelsschülern zusammensetzte. Regelmäßiger Besuch der Kämpfe von VfB und Wacker auf dem Lindenauer Sportplatze bzw. in Eutritzsch verschafft ihm bleibende Eindrücke auch von dem Können großer Auslandsgegner (Corinthians, DFC Prag) und macht ihn nach geraumer Zeit zum begeisterten Anhänger des – SC Wacker! Schon als 12jähriger Quintaner (1904) wird Edy erstmals repräsentativer Ehren für würdig befunden: Er wirkt als Halbrechter in der Schulmannschaft mit. Das erfolgreiche Spiel des kräftigen Jungen lenkt die Aufmerksamkeit anderer Vereine auf ihn. Sportfreunde und LBC machen »Ziehversuche«. Aber Edy beachtet sie nicht, gründet vielmehr im Sommer 1907 mit einem Dutzend fußballbegeisterter Schüler den Schleußiger FC Olympia. Im ersten Spiele des neuen Vereins (16:0 gewonnen!) schießt er allein 10 Tore! Nicht zuletzt

durch Edys Mitwirkung (als linker Verteidiger und Stürmer) erzielt der junge Verein bald ausgezeichnete Ergebnisse und Meisterehren. Auch als Auswahlspieler in der Gau- und in der Verbandself wird Edy jetzt aufgestellt. Juli 1912 erfolgt Edys Übertritt zum VfB Leipzig, und von da ab ist sein Name mit den Erfolgen von dessen 1. Fußballelf bis auf die Gegenwart untrennbar verknüpft. Bis 1932 spielte er in Probstheida, bestritt dabei über 750 Spiele. Zuerst als Mittelstürmer, dann (zunächst nur versuchsweise!) als Mittelläufer, wirkt er seitdem auf den verschiedensten Posten bei der Erringung von einer Deutschen Meisterschaft sowie von fünf Verbands- und sechs Gaumeisterschaften mit, ganz abgesehen von seiner vielfachen Berücksichtigung als Stürmer, Läufer und Verteidiger in Auswahlspielen des Bundes (drei Spiele), Verbandes und Gaues. Auch in der Leichtathletik hat Edy es in jüngeren Jahren zu achtbaren Leistungen, u.a. als Staffelläufer in Zwenkau-Leipzig, gebracht.
Pendorf verstarb am 3. 11. 1958.

Pendorf (gen. Hansi, VfB)
Hervorgegangen aus der Schleußiger Olympia, siedelte Pendorf bereits vor dem Kriege zum VfB Leipzig über. Mitteldeutschland, Gau und die Stadt Leipzig vertrat er wiederholt repräsentativ, wodurch er mit der silbernen Ehrennadel des VMBV und Gaues ausgezeichnet wurde. Sein erfolgreichstes Jahr war 1924, wo er in einer Saison nicht weniger als 47 Spiele für seinen Verein spielte und in dieser Zeit wohl die meisten Posten in der Mannschaft ausfüllte.

Perls (LBC)
In Berlin hatte er seine Jugend verlebt und sich dort im Sport als Spieler sowie im Verwaltungswesen aktiv betätigt. Ungefähr 1905 kam er nach Leipzig, wo die Organisation des Rasensports noch in den Kinderschuhen steckte. Infolge seiner reichen Kenntnisse und seiner rechnerischen Begabung wurde ihm bald die Verwaltung des Leipziger Ballspielclubs sowie später die Spitze des Verbandes Mitteldeutscher Ballspielvereine übertragen. Hier war er am richtigen Platze. Hier konnte er seine Pläne und Ideen von der organisatorischen Umgestaltung des VMBV in die Tat umsetzen. Seine erste Arbeit galt der Ausbreitung des Rasensports. Es gelang ihm bald, eifrige Anhänger zuzuführen. Reisen, verbunden mit zahlreichen Werbevorträgen, führten ihn in Gebiete, die bisher eines geregelten Betriebes entbehren. Den Harz, die Altmark, größere Teile Thüringens und der Provinz Sachsen erschloß er so, gliederte sie dem Verbande an und richtete sie ein. Durch eine großzügige Propaganda versuchte er möglichst die Behörden, die bisher sehr, sehr wenig für die Pflege des Rasensports getan hatten, zu gewinnen und für seine Betrebungen dienstbar zu machen. Das Entgegenkommen und die Unterstützung, die jetzt die Behörden dem Sport angedeihen lassen, die jetzt als etwas Selbstverständliches erscheinen, sind erst in harter Arbeit von Perls mit abgerungen worden. Aber nicht nur das war Alfred Perls' Lebenswerk. Er war es, welcher das Zusammengehen der Turner und Sportler anregte. Anfangs schien die Kluft unüberbrückbar, doch gelang es ihm nach harter Arbeit, Verständigungen anzubahnen. Wenn er auch die Krönung seines Lebenswerkes nicht mehr erleben durfte, so ist es doch zum größten Teil seiner Initiative zu verdanken. Dank ist es, was wir ihm schulden, und danken wollen wir es ihm durch die Tat in seinem Sinne.

Pfeiffer (LBC)
Oskar Pfeiffer, 1876 in Leipzig geboren, war zuerst Fußballspieler in einem Schulverein auf dem Leipziger Exerzierplatz. Ende 1894 trat er in den LBC ein, wo er bald eine Stütze der 1. Mannschaft wurde und sich als Mittelläufer auszeichnete. Er wirkte in vielen wichtigen Wettspielen, auch ausländischen, mit. 1897 führte ihn sein Beruf nach England, wo er auch dort in zwei Serien Fußball spielte. Nach seiner Rückkehr spielte er wieder im LBC, ging dann beruflich nach Berlin. Dort spielte Pfeiffer in der 1. Mannschaft der Britannia als Läufer. Ein schwerer Gelenkrheumatismus setzte seiner Fußballkarriere ein Ende.

Pömpner (gen. Paulsen, VfB)
Eine der erfolgreichsten sportlichen Laufbahnen hat wohl, nicht nur für den VfB und Gau, sondern auch für den VMBV, Paul Paulsen hinter sich. Ein Spieler, welcher schon von frühester Jugend ein eifriger Anhänger des Fußballsports war. Am 28. Dezember 1892 zu Weißenfels geboren, gehörte er schon früh als Schüler dem SC Preußen, dem jetzigen TuR Weißenfels, an. Trotz strengen Verbotes der Schule konnte er seinen Sport nicht entbehren, und bereits als Sextaner spielte er mit 16 Jahren für Wacker Halle, wo er erst einmal in der 2. Mannschaft ausprobiert werden sollte, doch wollte es der Zufall oder war es Bestimmung: jedenfalls mußte Paulsen als Ersatz sofort in der 1. Mannschaft einspringen und schlug so gut ein, daß er vom gleichen Tage zur Stammannschaft gehörte und Wacker Halle mit zur Meisterschaft des Saale-Gaues verhalf, allerdings im Entscheidungskampf der Spielvereinigung Leipzig knapp in der Mitteldeutschen Meisterschaft unterlag. 1912 trat Pömpner zum VfB Leipzig über und hat hier eine selten erfolgreiche sportliche Tätigkeit hinter sich. Sein erstes Treffen für den VfB war gegen die englischen Berufsspieler Tottenham. Wohl selten hat ein Spieler so regelmäßig und immer gleich gut seine sportliche Betätigung ausgeübt wie Paulsen. 380mal spielte er für den VfB. Die Farben der Stadt Leipzig vertrat er in 24 Spielen gegen die Städte Hamburg, Dresden, Berlin, Zürich, Luzern, Düsseldorf, Köln und Duisburg. Für den Verband war er jederzeit bereit, sich einzusetzen, und wirkte in 34 Spielen mit großem Erfolge mit. Sechsmal kam Paulsen zu höchsten internationalen Ehren. Er spielte am 31. 8. 1924 gegen die Schweden in Berlin,

am 22. 11. 1924 gegen Italien in Duisburg, am 14. 12. 24 gegen die Schweiz in Stuttgart. Im März 1925 fuhr er mit nach Amsterdam gegen Holland und war mit in Stockholm gegen Schweden und in Helsingfors gegen Finnland. Nicht nur ein tüchtiger Fußballer war Paulsen, sondern auch ein hervorragender Leichtathlet, und viele schöne Erfolge errang er auf der Aschenbahn.

Trotz seiner großen Erfolge war Paulsen ein bescheidener, aber temperamentvoller Mensch und hat für seinen Verein, Gau, Verband und Bund immer sein ganzes Können eingesetzt. Paul Pömpner kam am 17. 5. 1934 bei einem Verkehrsunfall ums Leben.

Raydt (VfB)
Kam Ostern 1897 als Schüler von Hannover nach Leipzig. In Hannover hat er sich schon im »Deutschen Fußball-Verein von 1878« im Rugby-Fußball und in der Leichtathletik betätigt. Mit einer Anzahl von Schülern des damaligen königlichen Gymnasiums und der 1. Realschule in Leipzig betrieb Raydt in einer losen Vereinigung, die Anlehnung und Förderung durch FC Wacker Leipzig erhielt, auf dem Gohliser Exerzierplatz in den Jahren 1897 und 1898 eifrig das Fußballspiel, war dann eine Zeitlang Mitglied des FC Wacker Leipzig und nahm an der Gründungsversammlung des Deutschen Fußball-Bundes Ende Januar 1900 als Vertreter seines Hannoverschen Vereins teil. Um auch an Wochentagen sich sportlich betätigen zu können – bei Wacker konnte damals der Platzverhältnisse halber nur sonntags Sport getrieben werden – trat Raydt Anfang 1900 in den VfB Leipzig ein. Hier betätigte er sich eifrig und erfolgreich sowohl sportlich wie auch in der Verwaltung. Schon im Frühjahr 1900 wurde Raydt Vorsitzender des VfB. Im Verband Leipziger Ballspielvereine betonte Raydt in den folgenden Monaten besonders die Wichtigkeit eines engen Zusammenschlusses mit befreundeten Vereinen der Nachbarstädte Dresden, Halle, Madgeburg usw. Auf dem Bundestage des DFB in Frankfurt a.M. im Sommer 1900 vertrat Raydt außer dem Verbande Leipziger Ballspielvereine auf Grund besonderer Vollmachten gleichzeitig auch eine Anzahl anderer mitteldeutscher Vereine. Die Erfahrungen des Frankfurter Bundestages, über den Raydt im Verband Leipziger Ballspielvereine ausführlich berichtete, brachten in Raydt den Plan der Gründung eines mitteldeutschen Verbandes für Fußball und Leichtathletik zur Reife. Am 26. Dezember 1900 wurde der VMBV in Leipzig gegründet, und Raydt wurde zum Vorsitzenden gewählt. Aus beruflichen Gründen, zwecks Vorbereitung zum Staatsexamen, zog sich Raydt im Laufe des Jahres 1901 aus der Verwaltung zurück, als aktiver Sportsmann war er aber an den Erfolgen des VfB, insbesondere an denen der ersten Fußballelf, weiterhin hervorragend mit beteiligt. Er war mehrere Jahre lang Torwächter und Spielführer der Mannschaft. Die erste Deutsche Meisterschaft im Jahre 1903 half Raydt für den VfB mit erringen. Von 1906 ab wandte Raydt sich dann mehr dem Tennis- und Hockeysport zu, als Mitglied des Leipziger Sportclubs, dem er außer dem VfB auch gegenwärtig noch angehört. In den Jahren 1912 und 1913 gewann Raydt mit der Mannschaft des LSC zweimal die akademische Hockeymeisterschaft von Deutschland. Das Abzeichen des Deutschen Reichsausschusses für Leibesübungen in Gold erwarb sich Raydt im Jahre 1913. Während Raydt nach dem Kriege, insbesondere auch wegen einer Kriegsverletzung, im aktiven Sport sich nur noch in geringem Umfange betätigen kann, arbeitet er seit einigen Jahren als Mitglied des Vorstandes des Verbandes Mitteldeutscher Ballspielvereine in der Verwaltung für unsere Bewegung wieder eifrig mit, nachdem er sowohl im VfB wie im LSC auch für die Vereinsverwaltung wiederholt seine Kräfte zur Verfügung gestellt hat.

Reichelt (Sportfreunde)
Reichelt wurde am 3. 7. 1886 in Leipzig-Connewitz geboren, ist ab 1. 10. 1912 als gelernter Kaufmann selbständig und verheiratet. Mitglied der Leipziger Sportfreunde wurde er im Dezember 1902, war dort aktiver Fußballer und hat 1905 auch wiederholt in der 1. Mannschaft gespielt. Vorsitzender der Leipziger Sportfreunde wurde er im Jahre 1913, danach wieder im Jahre 1922 und 1926.

Reisland (Wacker)
Am 31. 5. 1883 geboren, spielte er seit 1897 Fußball und war seit 1898 Mitglied des SC Wacker. Von 1900 an hat er bis auf drei Jahre, in denen er in Dresden, Bonn und England war, in der 1. Mannschaft gespielt und die Gaumeisterschaft und Mitteldeutsche Meisterschaft gewonnen. Nebenbei spielte er Tennis, Landhockey, Eishockey und betrieb Leichtathletik. Im Tennis gewann Reisland über 200 Preise, darunter verschiedene Meisterschaften.

Richter (VfB)
Leopold Richter, geb. am 22. 5. 1885, trat in den Dresdner Sportclub ein, als dessen Halblinker er im Jahre 1905 die Mitteldeutsche Meisterschaft gegen Halle 96 mit erzielte. Sein erstes Spiel für VfB Leipzig bestritt er gegen die englische Mannschaft der Casuals. Spielte 1909 im Länderspiel gegen England mit. Eine im Oktober 1909 erlittene schwere Knieverletzung zwang ihn, seine sportliche Betätigung erst sehr einzuschränken, später ganz aufzugeben.

Richter (Arminia)
1893 geboren, trat Richter 1908 dem BCA bei, spielte bis Sommer 1911 in unteren Mannschaften Fußball, ab Sommer 1911 bis Kriegsausbruch in der 1. Mannschaft. Nach dem Krieg spielte er wieder bis 1923 in der 1. Mannschaft des BCA, später in der 1. Mannschaft des Zwickauer Sportklubs, dann kurze Zeit für den TuB Werdau.

Richter (Wacker)
1894 geboren, Mitbegründer des Connewitzer Ballspielklubs. Wiederholt spielte Richter für Gau und Verband und war eine starke Stütze seines Vereins.

Riso (Wacker)
Am 16. März 1889 geboren, Gründer des BC Arminia, trat 1904 in den FC Wacker ein, spielte als Torwärter zuerst in der 4. Mannschaft, im nächsten Jahr in der 2. und von 1906 bis 1914 ununterbrochen in der 1. Mannschaft. 1908 im Länderspiel gegen die Schweiz kam Hans Riso als Torwärter zu internationalen Ehren.

Riso (VfB)
»Heini« Heinrich Riso, geboren am 30. 6. 1882, gehörte als »Schöfflerschüler« zu den markantesten Erscheinungen des Leipziger Fußballsports in den Jahren 1898-1912. Nachdem er zwischen 1891 und 1900 bei der »Spielvereinigung des ATV 1845« spielte, kam er dann zum VfB, wo er zweimal Deutscher Meister wurde, zwei Länderspiele bestritt und siebenmal für den Gau antrat.

Rokosch (Spielvereinigung)
Mein Wahlspruch: »Allzeit getreu dem Fußball«. Die heutige Generation macht sich ja gar keinen Begriff, mit welchen Schwierigkeiten um 1900 herum Fußball gespielt wurde. Leidenschaftlich spielten wir Jungen, erst barfuß, ein Ereignis bedeutete es, als ich das erstemal mit neuen Fußballschuhen auf den Platz kam, alle 11 Mann mußten in einem Spiel die Schuhe probieren, eine ergötzliche Geschichte. Gern denke ich daran, wie ich, auf einem Stein sitzend, Versammlung abhielt und schon dazumal die säumigen Zahler mahnte. Frühzeitig wurde ich von den Erwachsenen geholt, um in ihrer Mitte zu spielen. Da es an linken Spielern mangelte, mußte ich linken Verteidiger spielen, welcher Rolle ich noch heute treu bin. 1906 trat ich der Leipziger Spielvereinigung bei, der ich ja noch heute angehöre. Frühzeitig vertrat ich den Gau bei den Städtespielen, später den VMBV, um endlich 1914 das Ziel meiner Sehnsucht, Internationaler zu sein, zu erreichen. 1914 vertrat ich mit Völker (VfB) Deutschland gegen Holland.

Aus der Gefangenschaft zurückgekehrt, nahm ich meinen Platz als Ligaverteidiger wieder ein, um meinen Verein und den VMBV wieder zu vertreten. Um Jüngeren Platz zu machen, nahm ich Abschied von der Liga, um in unteren Mannschaften zu beweisen, daß Alter nicht ausschlaggebend beim Spielen ist.

Rölke (Eintracht)
Seit 1911 gehörte Rölke dem Sportverein Eintracht 04 an. Schon mit 16 Jahren spielte er in der ersten Mannschaft, erst als Halbstürmer, später als Mittelläufer.

Roßburg (Spielvereinigung)
Roßburg ist einer der bekanntesten Leipziger Spieler. Er gehörte viele Jahre zur Spielvereinigung und hat in seiner Vereinsmannschaft auf jedem Posten seinen Mann gestanden. Dem Gau und Verband ist er immer eine wertvolle Stütze gewesen.

Roterberg (VfB)
Roterberg wurde 1891 in Leipzig geboren. Er war Geschäftsführer des VfB. Im Jahre 1914/15 übernahm er die Jugend-Abteilung im VfB, die er dann weiter ausbaute. Als Zeugwart hatte er außerdem die Aufgabe, mit Herrn Eulenberger zusammen sämtliche Ehrenpreise des VfB, und derer waren es sehr viele, zu sammeln und in einem Verzeichnis festzuhalten.

Runkel (Sportfreunde)
Es war im Jahre 1899, als ich das letzte Jahr zur Schule ging, wo eine Mandel Jungen sich vereinigte und auf den Lindenauer Wiesen (heutiger Westplatz) unter dem Namen Britannia einen Fußballklub gründete. Meine Wenigkeit wurde äls Kassierer gewählt, und als wir 7 Mark zusammengesteuert hatten, ging an einem schulfreien Nachmittag der ganze Klub nach Lindenau, um beim Turngeräte-Faber einen Fußball zu erstehen. In dieser Britannia, jetzt Sportverein von 1899, begann ich meine Fußball-Laufbahn und gehörte demselben bis zum Jahre 1905 an. Mißliche Platzverhältnisse veranlaßten mich dann, Britannia den Rücken zu kehren und zu den Sportfreunden überzugehen. Hier spielte ich zunächst in der 2. Mannschaft; doch schon nach kurzer Zeit wurde ich in der 1. Mannschaft aufgestellt. Hier spielte ich Verteidiger, Mittelläufer, Stürmer, und als der damalige Sportfreunde-Torwärter Liebhaber nach Dresden zum Militär eingezogen wurde und kein Ersatz da war, so wurde ich als Torwärter ausprobiert. Gegen den damaligen führenden LBC gab ich mein Debüt als Torwärter, wo wir 9:1 siegten. Als neuer Stern wurde ich jedoch erst nach einiger Zeit entdeckt, als wir den Sportplatz-Pokal gewannen und dem deutschen Meister VfB die erste Niederlage mit 3:2 beibrachten, wo ich unter anderem einen von Riso geschossenen 11-m-Ball hielt. Von diesem Tage an hatte ich dem bekannten VfB-Torwärter Schneider als Repräsentativen den Rang abgelaufen und vertrat Leipzig in sämtlichen folgenden Städtewettkämpfen. Im Jahre 1910 wurde ich für das Länderspiel Deutschland-Schweiz aufgestellt, konnte jedoch geschäftlich nicht abkommen, so daß Riso von Wacker Leipzig im deutschen Tore stand. Leider wurde ich aus meiner Glanzzeit herausgerissen, da mir mein Vater, der vom Sport nichts wissen wollte, nur unter der Bedingung das väterliche Geschäft gab, wenn ich dem Fußball Valet sagte. Schweren Herzens nahm ich mit 24 Jahren Abschied vom grünen Rasen, um kurze Zeit darauf das väterliche Geschäft zu übernehmen. Leicht ist es mir damals nicht geworden, jedoch mein Wahlspruch war: Erst das Geschäft,

dann der Sport, und ich habe es nicht bereut. Heute betreibe ich am Platze eine der ältesten Fleischereien und hoffe, daß mein Sohn einst in die Fußstapfen seines Vaters tritt. Noch heute gehöre ich den Leipziger Sportfreunden, welche mir vor einigen Jahren für meine sportliche Tätigkeit das silberne Abzeichen verliehen, an.

Schacht (Wacker)
Anfang der 90er Jahre begann ich mit dem Fußballspiel. Die erste Anleitung dazu erhielt ich als Schüler der 1. Realschule zu Leipzig, zuerst nur auf dem Schulhof, dann zu den Schulspielen auf dem Gohliser Exerzierplatz. Da dieses zwangsläufige Spielen einigen meiner Mitschüler und mir nicht genügend erschien, haben wir uns zu einer Schülerclique vereinigt, die den Namen »Constanzia« trug und einen mir gehörigen Fußball benutzte.

Der Gohliser Exerzierplatz beherbergte mehrere solcher Schülercliquen, von denen einige sich 1895 zu dem Fußballklub Wacker vereinigten. Zu den Gründern gehöre auch ich. Bis zu einer schweren Erkrankung Ende 1900 habe ich ständig der 1. Mannschaft des Wacker angehört. Zuerst spielte ich rechten Deckungsmann, später rechten Läufer. Bei allen auswärtigen Spielen des Vereins, wie in Magdeburg, Prag, Berlin, Köthen, Mittweida, Halle und dergleichen, habe ich mitgewirkt. Im Wacker habe ich in dieser Zeit verschiedene Ämter, wie das des Spielwarts und des Vorsitzenden, bekleidet und war Ende 1916 auch nochmals Vorsitzender. Seit 1920 bin ich Ehrenmitglied des Vereins. Der Gründungsversammlung des Deutschen Fußball-Bundes habe ich als Bevollmächtigter verschiedener Leipziger Vereine des genannten Verbandes beigewohnt.

Scharfe (VfB)
Scharfe wurde 1879 geboren. Er war von jeher ein überzeugter Anhänger des Sportes, trat 1898 dem VfB Leipzig bei. Noch im gleichen Jahr wurde er Schriftführer des Verbandes Leipziger Ballspielvereine und bereits 1899 dessen Vorsitzender. Mit Dr. Raydt und Kirmse gründete er 1900 den Verband Mitteldeutscher Ballspielvereine. Im Juli 1901 ging Scharfe nach Berlin und wurde der Nachfolger Dr. Wagners und als solcher 1. Vorsitzender des Verbandes deutscher Ballspielvereine. Aus beruflichen Gründen mußte er aber Ende des Jahres bis Anfang 1903 nach Budapest. Auch dort konnte er sich als Mitglied des Budapester Tornaklub im ungarischen Verband betätigen. 1903 gründete er in Breslau den Verband Breslauer Ballspielvereine (VBB), dessen 1. Vorsitzender er wurde.

Nach Leipzig zurückgekehrt, wählte ihn der Mitteldeutsche Verband 1904 zum 1. Vorsitzenden. In rastloser Arbeit gelang es Scharfe, seinen Verband von 45 auf 135 Vereine zu bringen. Seine Tätigkeit erstreckte sich auf die DSB, wo er viele Jahre erfolgreich gearbeitet hat. Außerdem war er 2. Schriftführer des DFB. Später zog Scharfe nach Dresden, konnte infolge einer Krankheit nicht mehr mitarbeiten.

Schirmer (Tapfer)
Im Februar 1894 geboren, begann Schirmer seine Fußball-Laufbahn 1911. Zuerst schloß er sich der damaligen Britannia von 1899 an, wurde später aber Mitglied von Tapfer. Infolge einer Verwundung konnte Schirmer nicht mehr spielen, widmete sich so den Verwaltungsaufgaben und war zugleich Schiedsrichter. Seit 1918 war er als 1. Schriftführer und als 2. Schriftführer für seinen Verein tätig. Ab 1920 gehörte er dem Gauvorstand als Beisitzer an, in den folgenden Jahren bis 1925 war er im Verein als Börsenvertreter und Spielausschuß-Schriftführer tätig.

Schmidt (Markranstädt)
Schmidt wurde im Juli 1899 in Leipzig-Lindenau geboren. Schon als Elfjähriger trat er dem Lindenauer FC Hohenzollern (später Sportverein von 1899) bei. Als 15jähriger spielte er in der 1. Mannschaft des genannten Vereins mit, der damals eine gute 2. Klasse spielte. 1916 trat Schmidt der Spielvereinigung bei. Unstimmigkeiten brachten ihn zu dem Entschluß, nach zehn Jahren der Spielvereinigung den Rükken zu kehren. Verwandtschaftliche Beziehungen brachten ihn zu den 1b-klassigen Vereinen ATV und Sportfreunde Markranstädt.

Schmidt (LBC)
Studienrat Max Schmidt, geb. am 6. 12. 1888 in Leipzig, war seit April 1903 Mitglied des Leipziger BC. Von 1905-1909 gehörte er dem Dresdner SC an. 1910-1912 spielte er in der Ligamannschaft des Chemnitzer BC, wurde auch in der Städte-Elf aufgestellt. 1912 kehrte Schmidt endgültig nach Leipzig zurück. Hier spielte er bis zum Kriege neben Blüher halblinks. Im LBC bekleidete er mehrere wichtige Ämter, vor allem entwickelte er die Jugend- (damals Schüler-)Abteilung so erfolgreich, daß der LBC fünf Mannschaften zugleich ins Treffen schicken konnte.

Schmidt (Fortuna)
Am 13. August 1881 zu L.-Sellerhausen geboren, besuchte ich die Schule daselbst. Lernte als Steindrucker und begab mich nach Beendigung der Lehrzeit im Jahre 1900 drei Jahre auf Wanderschaft. Bis zum Jahre 1904 hatte ich, trotzdem ich mich für den Sport sehr interessierte, noch kein Fußballspiel gesehen. Das erste Spiel sah ich an den Meyerschen Häusern Fortuna I gegen Britannia I. Da ich die Spielregeln noch nicht kannte, machte das Hin- und Herrennen der jungen Leute auf mich einen komischen Eindruck. Ich ahnte wohl damals noch nicht, daß ich einmal Mitglied dieses einen Klubs werden würde. Im Jahre 1906 trat ich dem FC Fortuna bei. Nachdem ich 1 1/2 Jahr als Kassierer das Schifflein etwas in Ord-

nung gebracht, widmete ich mich nur noch dem Schiedsrichterwesen. Den ersten Anstoß gab es bei einer Protestverhandlung VfB III gegen Arminia I 1:2. Bei dieser Verhandlung im Mariengarten, Carlstraße (Kolonnade seligen Angedenkens), wurde jeder Protest zu der Zeit vor der Gauvertreter-Versammlung verhandelt. Hier war es meines Erachtens erstmals, wo ein Vertreter eines kleinen Vereins sich ein Herz faßte und die großen Vereine einmal erinnerte, daß der Verband für alle da sei.

Kurze Zeit darauf wurde ich in den Spielausschuß des VMBV gewählt und gehörte demselben vom 12. 9. 07 bis 10. 8. 08 an. Später wählte man mich in den Ausschuß des Gaues NWS, und ich gehörte ihm vom 1. 8. 09 bis 11. 11. 09 und später nochmals vom April 1912 bis Ende 1913 an. Als Schiedsrichter wurde ich nun zu großen Spielen recht oft herangezogen, da das Schiedsrichterwesen zu damaliger Zeit noch nicht wie heute ausgebaut war. Es gab bald keinen Sonntag, wo ich nicht als Schiedsrichter tätig war.

Nach Beendigung des Krieges wollte ich nicht wieder an die Öffentlichkeit treten, doch waren die Verhältnisse dermaßen, daß ich als Sportsmann mir sagen mußte, du mußt noch ein paar Jahre mitmachen, bis sich andere dem Gau zur Verfügung stellen. Erwähnen möchte ich noch zur Charakterisierung, daß ich in dem 1. Vierteljahr 1912 von 13 Sonntagen dreimal in Leipzig, sechsmal in Chemnitz, einmal in Auerbach, einmal in Falkenstein, einmal in Magdeburg und einmal in Plauen amtierte, da kann sich wohl jeder ungefähr einen Begriff machen, was da für Zeit für meine Familie übrig blieb.

Schmöller (VfB)
Geboren am 1. 10. 1898 in Leipzig, verbrachte er seine Jugendzeit beim Sportverein Fortuna Leipzig. Seit August 1922 gehörte er dem VfB Leipzig an.

Schmuntzsch (Wacker)
Schmuntzsch wurde am 28. Juli 1887 in Leipzig geboren. Als Zehnjähriger ist er in den Turnverein Leipzig-Neustadt eingetreten. Später war er Mitglied des Allgemeinen Turnvereins Leipzig-Kleinzschocher und Allgem. Turnvereins L.-Connewitz. Schmuntzsch gründete den »Verein für Turn- und Bewegungsspiele Leipzig« und »Leipziger Laufsport-Verband« mit. Von 1919 bis Mitte 1921 war er als Sportlehrer des SC Wacker Leipzig tätig, danach bis Anfang 1924 vom Reichswehr-Ministerium als Hauptsportlehrer angestellt.

Schneider (VfB)
Hans Schneider wurde am 5. August 1887 als Sohn des Konservenfabrikanten August Schneider in Leipzig geboren. Schon als Gymnasiast spielte er im VfB. Da sich seinerzeit Schüler an Wettkämpfen sportlicher Vereine nicht beteiligen durften, spielte Hans Schneider unter dem Namen John. Das war in den Jahren von 1900 bis etwa 1903. Schneider hat für den VfB die ganzen Meisterschaften mit gewonnen. Er fiel am 8. September 1914 bei Bitry-le-François.

Es ist rührend, wie seine heute noch lebende Mutter im Alter von 75 Jahren mit Stolz an ihren leider so früh gegangenen Hans zurückdenkt. Eine schlichte einfache Frau, die es sich hat nie nehmen lassen, auch nur ein Spiel zu versäumen. Ganz unauffällig hat sie hinter dem VfB-Tore gestanden, um ihren Hans zu sehen, wie er bemüht war, für den VfB die Lorbeeren mit zu holen. Mit Tränen in den Augen hat sie mir das Album mit den vielen Aufnahmen der VfB-Mannschaft überreicht.

Auf jeder Karte war Gegner, Ort und das Resultat verzeichnet. Das würde ich auch jedem heutigen echten Sportsmann empfehlen. Alle Auszeichnungen, Münzen, Plaketten, Schleifen usw. liegen noch an dem Platze, wo sie mein Freund Hans bei Kriegsausbruch seiner Mutter zur Aufbewahrung übergeben hat. Mit liebevollen aber traurigen Augen streichelt sie die Sachen und legt alles behutsam wieder an den alten Platz. Man soll sich aber nicht eine gebrochene alte Dame vorstellen, sondern mit wahrer Energie bekämpft sie ihre innerlichen mütterlichen Regungen, und der Stolz auf ihren Jungen gibt ihr neue Kraft auszuhalten. Wer eine solche Mutter hat, muß ein echter Sportsmann werden.

Schöffler (VfB)
Der Gründer des VfB Leipzig und zugleich der erste Pionier im Leipziger Fußballwesen, der am 13. Mai 1896 als erster Vorsitzender des VfB Leipzig die späteren »Lilien« aus der Taufe hob, war Theodor Schöffler.

Schon im Juni 1897 brachte er es fertig, eine Berliner Fußballmannschaft nach Leipzig zu verpflichten, die mit 6:1 Toren siegreich blieb. Das erste ausländische Spiel brachte er 1899 zustande, wo er die Verbindung mit dem DFC Prag aufnahm, der den Leipziger Bewegungsspielern mit 8:0 das Nachsehen gab.

Aber nicht nur für die 1. Mannschaft sorgte er, schon 1897 rief er eine zweite Fußballmannschaft ins Leben, und 1898 schickte er die ersten Jünger der Leichtathletik ins Rennen, die siegreich heimkehrten. Viel zu früh, am 22. März 1903, wurde seinem Streben ein Ziel gesetzt, und viele Freunde aus nah und fern trauerten mit dem VfB Leipzig um den Mann, der neues Leben gebracht hatte.

Sein Ziel, die Deutsche Fußballmeisterschaft, hat er nicht mehr erlebt, wenige Monate nach seinem Tode schenkten ihm seine VfBer Dr. Raydt, Erh. Schmidt, Dr. Werner, Walter Friedrich, Wilhelm Rößler, Otto Braune, Dr. Steinbeck, Stanischewsky, Aßmus, Riso und Bert durch einen hervorragenden Sieg über den DFC Prag die 1. Deutsche Fußball-Meisterschaft.

Schöffler geht als einer der ganz großen Figuren des Leipziger Fußballs in die Annalen ein.

Schomburgk (VfB)
Als Schüler trat Schomburgk 1899 in den VfB Leipzig ein. Von 1904 bis Sommer 1906 spielte er in der 1. Fußballmannschaft des VfB. Im Jahre 1906 konnte Schomburgk die Deutsche Meisterschaft mitgewinnen, spielte sämtliche Spiele bis auf die Schlußrunde, da er in der Vorschlußrunde gegen Hertha Berlin ziemlich schwer verletzt wurde. Gegen die schottische Berufsspielermannschaft der Celtics nahm er im Sommer 1906 an seinem letzten Spiel teil.

Schulze (LBC)
Robert Kurt Schulze, geboren am 1. 5. 1890. Beruf: Oberpostsekretär. In den Jahren 1904 bis 1906 war er Jugendmitglied des Leipziger Ballspielklubs. Ende 1909 trat er in den BC Olympia Schleußig ein, wurde aber ab 1911 wieder Mitglied des LBC. Dort war er in unteren Mannschaften im Fußball und Hockey tätig. Im Verwaltungsdienst des Vereins arbeitete er als 2. Schriftführer, war Athletikausschußmitglied und zeitweise Leiter der Vereinsnachrichten. Nach Kriegsschluß war er ca. drei Jahre 1. Kassierer im LBC.

Sechehaye, Henry (LBC)
Sechehaye wurde am 19. April 1878 in Rosario in Uruguay (Südamerika) geboren, hatte die Schweizer Staatsangehörigkeit. Im LBC, meistens als linker Außenstürmer, hat er in allen Leipziger und auswärtigen Wettspielen mitgewirkt. Er ging 1898 nach Singapore und später, nach zweimaligem Erholungsurlaub in der Heimat, nach Holländisch-Indien, wo ihn ein schweres Tropenfieber befiel. Sechehaye starb 1906 auf der Rückreise nach Hause auf dem Dampfer im Mittelländischen Meer.

Sechehaye, Jules (LBC)
Geboren am 14. August 1880 auf einem Dampfer auf der Reise von Montevideo nach Bordeaux. Er war ebenfalls Schweizer, blieb bis zu seinem 15. Lebensjahr in der Schweiz. Jules S. kam ca. 1895 nach Leipzig und entwickelte sich sehr bald im LBC zu einem tüchtigen Fußballspieler. Er spielte zusammen mit L.S. und H.S. als Deckung während seines Aufenthaltes in Leipzig sämtliche Wettspiele im LBC mit. In fast allen Spielen der damaligen Zeit waren die drei Brüder S. in der Mannschaft vertreten. Zirka 1901 ging J.S. nach Afrika, blieb dort in verschiedenen Etappen bis 1914. Ab 1914 lebte er in Düsseldorf.

Sechehaye, Luis (LBC)
Geboren am 2. Januar 1877 in Rosario in Uruguay (Südamerika), kam 1881 nach Leipzig. Ebenfalls Schweizer Staatsangehöriger, spielte er als Schüler der 1. Realschule auf dem Exerzierplatz zum ersten Mal Fußball, beteiligte sich dort schon an Wettkämpfen. Luis S. kam durch eine Anzeige in einer Leipziger Zeitung zum LBC. Dort wirkte er sehr bald in Wettspielen mit.

Außerdem nahm er am ersten Wettspiel in Prag gegen Regatta, später DFC Prag, teil. In seinem Verein spielte er ständig in der 1. Mannschaft, meistens als rechter Außenstürmer, und machte alle Wettspiele in Berlin, Mittweida, Prag, Wien, Budapest, Hamburg usw. mit. Sechehaye bekleidete bis zu seinem Austritt 1905 verschiedene Vorstandsämter. Später wurde er wieder Mitglied und sogar zum Ehrenmitglied ernannt. Seit 1905 betrieb er als Mitglied des RC Sport Radpolo, Hockey und Tennis. An zahlreichen Wettkämpfen in allen drei Sportarten nahm er teil. 1913 und 1914 war Sechehaye Mitglied des Leipziger Sportvereins (Tennisklub am Mückenschlößchen) und hat als dessen Vorstand und gleichzeitiger Vorstand des RC Sport beide Vereine 1920 vereinigt. Insgesamt war S. 15 Jahre Vorsitzender im RC Sport, später Ehrenvorsitzender und Ehrenmitglied. Während dieser 15 Jahre übte er Ämter als Spielwart, Kassierer und Schriftführer aus.

Starke (Schleußig)
Von der Gründung des FC Wettin (jetzt Mawe) im Jahre 1906 bis Juni 1907 war er Mitglied desselben und spielte aktiv in der 2. bzw. 3. Fußballmannschaft. 1907 wurde er Mitglied im BC Olympia L.-Schleußig. Hier spielte er in den unteren Mannschaften und war zeitweise in der Vereinsverwaltung tätig. Im Juli 1914 wurde er zum 2. Vorsitzenden gewählt, um nach Eintritt des damaligen 1. Vorsitzenden Fr. Kiemeyer in den Heeresdienst im September 1914, in Vertretung bis zur erfolgten eigenen Einziehung zum Heeresdienst im Oktober 1915, die Führung des Gaues NWS zu übernehmen.

Strehl (Fortuna)
Meine ersten Versuche mit dem Fußball habe ich in meinem 10. Lebensjahre unternommen. Als ständiger Zaungast im Debrahof wurde dann auf dem Heimweg irgendeine unbelebte Straße als Fußballfeld erkoren, und der eben miterlebte Sport von 20-24 begeisterten Jungens mehr mit Reden als Taten nachgeahmt. Als sich dann im Jahre 1911 der FC Preußen Mockau gründete, wurde die ganze Sache schon etwas kultivierter. Für Schuljungen war zwar vereinsseitig kein Geld da, aber mit Geduld und gutem Willen wurden die Spargroschen zusammengelegt und für 2 Mark ein abgelegter Ball von Wakker erstanden. Aber nun der Platz! Im Herbst wurde ein Stoppelfeld hergerichtet. Die andere Zeit aber war steter Krieg zwischen Gartenbesitzern und uns Jungens. Oft haben wir uns unseren Ball von der Polizeiwache holen müssen. Oft haben wir Pflichten und Essen vergessen und von früh bis spät auf dem Platze getollt. Nach meiner Schulentlassung trat ich dem FC Preußen bei und kam nach einigen Spielen in der dritten gleich in die erste Mannschaft. Meine erste Fußballreise ging nach Eilenburg. Noch heute ist mir diese schöne, sorgenfreie Zeit im Gedächtnis. Im Januar 1916 trat ich zu Fortuna über. Das erste Spiel machte ich gegen den damaligen Meister Eintracht als Halblinker mit. 3:2 blieben wir Sie-

ger, für Eintracht war es das einzige verlorene Spiel in dieser Spielserie. Im Juni 1917 kam ich ins Feld, Januar 1918 verwundet, gelangte ich im März wieder nach Leipzig. Als nach dem Kriege jeder wieder sein eigener Herr war, habe ich mit Fortuna meine erste Auslandsfahrt gemacht. Es war eine dreitägige Reise nach Aussig und Teplitz. Diese Fahrt wird wohl keiner der Teilnehmer vergessen. Am schönsten war aber die Schweizfahrt Ostern 1923. An die wundervolle Autopartie am Vierwaldstätter See entlang mit den historischen Orten wird jeder gern zurückdenken. Spielerisch errangen wir in drei Spielen einen Silberpokal. Eine schöne, aber sehr anstrengende Tour war auch die Fahrt nach Wien, Pilsen, Frankfurt und Würzburg innerhalb 8 Tagen. Ferner die Osterjubiläumspokalspiele in Breslau. (Vorwärts Berlin, Meister des VBBV 3:2; Ver. Bresl. Sportfr., Meister von Südsostd. 3:2); die Rheinfahrt Ludwigshafen (1:3), Kreuznach (2:0), Worms (5:1); Altona 93 (3:2), Bremen (8:1); so könnte ich nach einer elfjährigen Spielzeit in der ersten Mannschaft noch eine ganze Reihe deutsche und außerdeutsche Städte aufzählen. Aber auch auf heimischem Boden gegen namhafte deutsche und außerdeutsche Mannschaften, u.a. UTC (1:1, 5:0) und Kispesti (5:2), MTK Budapest (0:5), Hakoah (2:3), Amateure Wien (0:2), DFC Aussig (5:2), Sparta Prag (0:5, 1:1), Hertha BSC (5:0, 3:3), Tennis Borussia (3:3), Bayern (2:0, 6:3), Wacker München (4:1), 1. FC Nürnberg (2:2). Im Spiel gegen die englische Berufsspielermannschaft Bolton Wanderers kugelte ich mir gleich zu Anfang die Großzehe aus und konnte leider nicht weiterspielen. Die höchste Torzahl wurde im Spiel gegen Brandenburg Dresden mit 14:0 erzielt. Mein bestes Spiel habe ich gegen Sparta Prag 1:1 geliefert. Aber auch in den Meisterschaftsspielen habe ich immer meinen Mann gestellt und hoffe, noch recht lange guten Fußball spielen zu können.

Stützel (Fortuna)
Wohl im Herbst 1903 war es, als ich gelegentlich eines Abendspazierganges das erste Mal junge Leute damit beschäftigt sah, einen Ball mit dem Fuße zwischen zwei Stangen hindurchzubefördern, was durchaus einer, der zwischen diesen Stangen stand, verhindern wollte. Es dauerte nicht lange, und der erste Stoß war gemacht, als einer der Leute zu stark an den Ball gestoßen hatte. Mit gefiel diese Stoßerei, und so war bald mit einigen Freunden ein Klub gegründet, der sich »Bavaria« nannte. Ich selbst erhielt das Amt des Schriftführers, und da genügend Gelände in L.-Sellerhausen vorhanden war, wurde fast jeden Abend trainiert, d.h. auf das Tor gestoßen. Es dauerte nicht lange und es wurden auch schon Wettspiele ausgetragen. Wir schlossen uns damals einem sogenannten Leipziger Verband an, der aber später wieder verschwand. 1906 trat ich der heutigen Fortuna, die 1902 aus einer Vereinigung Hohenzollern-Fortuna hervorgegangen war, bei und wurde auch da bald als Schriftführer gewählt. 1908 ging ich dann auswärts in Stellung, im Herbst 1909 trat ich meine zweijährige aktive Militärzeit an. Schon im Rekrutenjahre kam mir der betriebene Sport sehr zustatten; denn manche Strapaze wurde leicht überwunden durch den abgehärteten Körper. Gerade zu dieser Zeit wurde auch im Heere der Sport eingeführt, und ich denke noch gern zurück an die erste Trophäe, die ich mir ersportelte. Im Endspiel schlugen wir (3./179) die 7./179 mit nicht weniger als 7:1 aus dem Felde. Trotz des anstrengenden Dienstes wurde natürlich sonntags auch Fußball gespielt, und zwar half ich während des 2. Dienstjahres beim FC Wettin Wurzen mit, die Sportbewegung vorwärts zu bringen. Ich spielte dort linken Verbinder. 1912 nach Leipzig zurückgekehrt, spielte ich wieder für die rotweißen Farben, bis abermals die Militärzeit in Form des Weltkrieges störend dazwischenfuhr. Im August 1914 ging es als junge Reserve mit ins Feld, und schon am 25. August 1914 ereilte mich das Schicksal in Form eines schweren Lungenschusses bei einem Überfall. Mitte 1915 kam ich nach Leipzig zurück, und da durch meine Verwundung eine Wiederverwendung an der Front nicht mehr in Frage kam, stand ich wieder meinem Verein zur Verfügung. Mit Freuden wurde ich von den wenigen, die noch daheim waren, als Mitarbeiter aufgenommen und 1916 zum 1. Vorsitzenden gewählt, welches Amt ich noch heute bekleide. 1918-1919 war ich auch für den Verband tätig, und zwar als Vorsitzender des Spielausschusses im VMBV. Im Gau gehörte ich zur Geschäftsstellenkommission, die seinerzeit bei Errichtung der Geschäftsstelle und Anstellung des Geschäftsführers die Vorarbeit zu leisten hatte. Ein Leben für den Sport, kein Gereuen, nur Freude und Genugtuung! 2 Knaben und 1 Mädchen eifern dem Vater nach!

Trummlitz (VfB)
Wohl eine der bekanntesten Persönlichkeiten in der Leipziger Sportwelt bei Jung und Alt ist der Tierarzt Ewald Trummlitz. Von Geburt Leipziger, begeisterte ihn bereits in jungen Jahren das Fußballspiel, dessen Pionier er in Leipzig mit wurde. Sein Lehrmeister war der kluge und energievolle Theodor Schöffler, dessen Vorbild ihm keine Erlahmung zuließ. Auch während seiner Studentenzeit war er der eifrigste und vorbildlichste Kämpfer für die Fußballsache. Als Mitbegründer des Altmeisters VfB Leipzig hat er, erst auf grünem Rasen selbst, dann später hauptsächlich im Verwaltungsdienste für den Verein, wie auch für den Gau und Verband, dessen Tagungen er regelmäßig besuchte, jederzeit als bester Mann vorbildlich gewirkt, was ihm bei Freund und Feind große Achtung verschaffte. Auch bei Behörden, Schulen und Privatfirmen fand er immer Gehör, und er verschaffte sich dort Vertrauen, so daß er immer gern gesehen ist. Seinen VfB Leipzig immer größer zu machen und ständig an der Spitze stehend, ist sein Lebensziel. Heute ist er noch gern der Berater in allen Sportfragen und Sportarten, denn außer Fußball ist er

noch ein treuer Anhänger des Radsportes, Schwimmens und der Leichtathletik, wo er ebenfalls ehrenamtlich zu Ämtern und Würden berufen wurde.

Ugi (Sportfreunde)
Wo Pleiße und Elster in Sachsens Tiefebene zusammenfließen, erschien am 21. Dezember 1884 bei Ugis unser Camillo. Mit 14 Jahren, nach seiner Schulentlassung, widmete er sich den Leibesübungen durch seinen Eintritt in den Allgemeinen Turnverein Leipzig. Hier legte er den Grundstock zu seiner eisernen Gesundheit, die ihn zu seinen fast einzigartigen Leistungen befähigte. Schon im ATV lernte er das Fußballspiel kennen, dem er sich später weitaus in der Hauptsache widmete. 1902 tat er den wichtigen Schritt vom Turnen zum Sport durch seinen Eintritt in den LBC. Arno Kunze, der damalige Mittelläufer des Ballspielclubs, hatte Ugis Fähigkeiten erkannt und gewann den damals Achtzehnjährigen für unseren Sport. Interessant sein erstes Auftreten im Fußball! Im LBC spielte er sein erstes Spiel als halbrechter Stürmer, schoß während der ersten zwanzig Minuten zwei Tore und – wurde mitten aus dem Spiel von dem Spielausschuß seines Vereins herausgeholt, um am Nachmittag in der ersten Mannschaft gegen Berliner Union mitzuspielen! Wohl verlor die Erste gegen die Reichshauptstädter 1:8, aber die Sieger sowohl wie die Unterlegenen und nicht zuletzt Leipzigs ganze Sportgemeinde stand kopf: Ugi war bei seinem Debüt der beste Mann auf dem Felde gewesen! Die Zeitungskritik unterstrich dieses Aufsehen und meinte: Ugi war der beste Mann als Universalhalf! So begann er seine sportliche Laufbahn, die ihm ein an Auszeichnungen und Ehren, äußerem Glanz und innerer Befriedigung selten reiches Sportsleben bescheren sollte. Schon 1903 spielte der damals knapp Neunzehnjährige zum ersten Male repräsentativ für Mitteldeutschland (gegen Berlin 1:3) mit den alten Kanonen Riso, Bert, Schmidt, Dr. Werner, Matthes, Kunze, Bock und Affing zusammen. 1905 ein weiterer wichtiger Schritt. Camillo Ugi trat zusammen mit Hüttig zum VfB Leipzig über, nachdem persönliche Differenzen ihn mit dem LBC und dessen Mannschaft völlig überworfen hatten. Hier unter Leitung Blühers und Oppermanns lief er zu seiner Höchstform auf und gewann 1906 mit dem VfB die zweite deutsche Meisterschaft. 1906/07 Soldat in Dresden, spielte er für den DSC, von wo aus er nach Beendigung seiner Militärzeit wieder zum VfB zurückkehrte. 1908 verließ er Deutschland und trat eine Stellung in Südfrankreich an. Hier versagte zum erstenmal sein Körper, der dem Gifthauch der Cholera und dem schlechten Wasser nicht gewachsen war. So mußte er wieder heimwärts ziehen und siedelte nach Frankfurt über, wo er sich für den Fußballsportverein Frankfurt betätigte. Lange hielt es ihn jedoch nicht in Süddeutschland! Nach einem Dreivierteljahr zog er wieder nach seinem lieben Leipzig und zum VfB, den er jedoch im Oktober 1911 wieder verließ, weil er in Breslau eine Stellung antrat. Nur ungern verließ er Schlesiens Hauptstadt, als ihn der Krieg nach seiner Heimat Sachsen zurückrief. Mit seinem Regiment, den Grenadieren Nr. 100, zog er nach Frankreich und holte sich als erster seiner Kompanie am 3. Oktober 1914 das Eiserne Kreuz. Schon sechs Tage später haschte es ihn dafür, zwar war es nicht eine feindliche Kugel, wohl aber ein alter feindlicher Unterstand. Beim nächtlichen Vormarsch geriet er in einen Spalt zwischen zwei Balken, knickte mit dem rechten Fuß um und brach sich den Knöchel. So tauschte er sein Gewehr mit dem Krückstock und mußte über 10 Wochen das Bett hüten. Nur halb geheilt, kam er dann zu seinem Ersatz-Truppenteil nach Pofen, von wo aus er 1917 als dauernd dienstuntauglich entlassen wurde. Im Feuerwerkslaboratorium Dresden fand er eine neue Stellung, und nun zog es ihn mit Gewalt wieder zum geliebten Lederball. Doch – was war aus dem einst so gefürchteten Techniker geworden? Mühsam nur und nach langem eifrigen Training kam er wieder in Form und konnte für den Dresdner Fußballring tätig sein. Bei Kriegsende siedelte er wieder nach Leipzig über. Wahrlich, ein an Erfolgen und an äußeren Ehrungen (15mal international für Deutschland und viele Male repräsentativ für Verband, Kreis und Stadt gespielt) reiches Fußballerleben wickelt sich vor unseren Augen ab, wenn man Ugis Biographie an sich vorüberziehen läßt. Den Alten unter uns eine Erinnerung! Namen wie Kunze, Matthes, Affing, Bert, Riso, Blüher predigen im Zusammenhang mit Camillo Ugi von fernen, längst vergangenen Zeiten unseres Sportes, von Zeiten, wo der Sport um des Sportes willen getrieben wurde, wo Fußballer noch in jedem Spiel um die Anerkennung und um das Verständnis des deutschen Volkes mühsam ringen mußten. Den Zeitgenossen eine Mahnung! Die Mahnung, es ihm nachzutun, gleich ihm Körperbildung als das Wesentliche des Fußballsportes anzusehen und Gesundheit sowohl wie innere Befriedigung als zwar nicht faßbaren, wohl aber ideellen Dank eisernen Trainings und streng solider Lebensweise in Empfang zu nehmen! Und weiterhin die Mahnung, nicht zu früh den Fußball in die Ecke zu legen, weil man zu alt ist. Alt ist nur, wer sich alt fühlt. Camillo Ugi lebt uns noch mit seinen 40 Jahren ein junges Fußballerleben vor. Unserer Jugend aber ein Vorbild!

Uhle (VfB)
Carl Uhle wurde am 16. 7. 1887 geboren, begann schon im ersten Schuljahr mit dem Fußballspiel. Zur Konfirmation hatte er bereits sein erstes offizielles Spiel, zuerst in der alten Leipziger Britannia, dann ab 1905 im VfB Leipzig. Zwei Deutsche Fußballmeisterschaften, vier Mitteldeutsche und vier Gaumeisterschaften holte er mit für die gefürchteten Lilien. Er beteiligte sich in vielen Städtespielen erfolgreich. Für den VMBV trat er in sechs Spielen an, und 1913 in Stockholm bei den Olympischen Spielen besiegte er mit seiner Mannschaft die russischen Gegner mit 16:0. Ein altes Knieleiden zwang ihn 1913 zum Aufgeben.

Ulbrich (Olympia Germania)
Geboren ist Ulbrich am 8. 8. 1892. 1904 meldete er sich bei Olympia Leipzig an und konnte schon am darauffolgenden Sonntag in der Knabenmannschaft spielen.

Bereits mit 16 Jahren spielte er in der ersten Mannschaft. In seinem ersten Spiel gewann seine Mannschaft gegen Köthen 02 10:0; Olympia spielte damals schon erste Klasse. Schon damals war es Ulbrich vergönnt, große Reisen gegen Vereine wie Slavia Prag, Deutscher Fußballclub Prag, Sportclub Pilsen zu machen.

1912 trat er mit gegen Holland an. Am 29. 2. 1920 absolvierte Ulbrich sein 500. Spiel in der ersten Mannschaft. 1925 wechselte er aber in die erste Mannschaft der Spielvereinigung Leipzig und war dort bis zum Ende seiner Karriere linker Verteidiger.

Umlauf (Sportfreunde)
Umlauf war als Mittelstürmer und besonders als Mittelläufer in seiner Vereinsmannschaft tätig. Die erste Kriegsmeisterschaft des Gaues NWS 1914/15 erkämpfte er für seine schwarz-weißen Farben mit. Seine Ausdauer und seine Energie, seine glänzende Spielübersicht und sein Können machten ihn in seiner Mannschaft unentbehrlich. In jeder repräsentativen Verbands- und Städtemannschaft wurde er aufgestellt und hat als rechter Läufer immer viel geleistet. Umlauf fiel 1917 im Krieg.

Völker (VfB)
Er war mit 16 Jahren der beste Turner unter den Schülern in Gera, sah damals sein erstes Fußballspiel. Nachdem trotz aller Schulverbote sein Talent im Geraer Ballspiel-Club im verborgenen geblüht hatte, wurde ihm nach zwei Jahren der Geraer Boden doch zu heiß und er fuhr deshalb jeden Sonntag zum Fußballspielen nach Plauen zum FC Apells. Ostern 1910 ging er nach Leipzig und trat dem VfB bei. Dort spielte er bis 1924 in der ersten Mannschaft. Jahrelang war er halblinks Stürmer, nachdem er aber seinen linken Fuß brach, spielte er rechten Verteidiger. Seine besten Jahre waren von 1910-14, wo er für Leipzig und Mitteldeutschland und auch einmal für Deutschland gegen Holland repräsentativ spielte. Durch seinen Umzug nach Jena hörte er mit dem Fußballspielen im VfB Leipzig auf, schloß sich aber später dem VfB Jena an.

Walseck (TuB)
Geboren am 9. Juli 1894, trat er 1911 dem Verein für Turnen und Bewegungsspiele bei. Vom Tage seines Eintrittes bis 1920 spielte er in der 1. Elf als rechter Läufer und verhalf als solcher dem Verein 1919/20 zum Aufstieg in die Liga. Kurz danach wurde er als Torhüter eingesetzt, spielte in dieser Zeit gegen Hamburg, Düsseldorf, Mönchen-Gladbach, Plauen, Chemnitz, Magdeburg.

Warnstorff (Wacker)
Zuerst war Warnstorff Mitglied des VfB Zwenkau, seit 1904 im SC Wacker Leipzig. Vor dem Krieg war er lange Zeit als aktiver Spieler und als Verwaltungsbeamter in Süddeutschland tätig.

Weber (Eintracht)
Kurt Weber, geboren am 19. 7. 1892, spielte bereits seit seinem 6. Lebensjahr Fußball und meldete sich 1909 beim Sportverein Eintracht 04 als aktives Mitglied an. Zunächst wurde er in der 4. Herrenmannschaft aufgestellt. 1912 begann seine Militärzeit in Plauen. Auch hier war Weber Torwart in der Regiments-Mannschaft. Während der Zeit seines Urlaubes, den er in Leipzig verbrachte, war er als rechter Läufer, als Rechtsaußen sowie als Torwart in der Ligamannschaft tätig und errang die Gaumeisterschaften seines Vereins im Jahre 1915, 1916/17 und die Mitteldeutsche 1916/17 mit. Hervorzuheben wäre noch, daß Weber kriegsverletzt wurde und das linke Auge einbüßte. Ungeachtet dessen wirkte er noch immer als repräsentativer Torwart in Städtekämpfen gegen Dresden, Berlin, Breslau, Erfurt, Fürth u.a. mit. Selbst Mitteldeutschlands Farben hat er des öfteren als Torwart mit besten Erfolgen vertreten.

Wehnert (VfB)
Wehnert spielte 1908 in der 1. Mannschaft des VfB. Später war er in der Verwaltung des Vereins tätig. Danach übte er für kurze Zeit den Beruf eines Sportlehrers aus. Sein Talent lag aber in der schriftstellerischen und redaktionellen Tätigkeit im Fachbereich Sport. Zu dieser Zeit wurde der Sport-Sonntag, die frühere Sportzeitung, gegründet. Seine Neigung führte ihn zur verlegerischen Seite innerhalb des Zeitungsbetriebes.

Weißenborn (Fortuna)
Schon seit seiner frühesten Jugend an hat Weißenborn Interesse an Sport. Nach mehrjähriger aktiver Tätigkeit in Hertha (damals noch Leipziger Verband) ging er dann zu Eintracht, ab 1911 bis 1914 zu BC Union. Durch die Einberufung fast aller Mitglieder und durch den Verlust vieler im Kriege gefallener Spieler wurde der BC Union leider aufgelöst. Deshalb schloß Weißenborn sich 1915 Fortuna an. Hier spielte er ab 1920 nicht nur in fast allen Städtespielen mit, sondern war auch in den meisten mitteldeutschen Auswahlmannschaften vertreten.

Wille (Tapfer)
Wille war langjähriges Mitglied des Sportvereins Tapfer 06 e.V. Leipzig. Sein Eintritt erfolgte im Jahre 1911. Seine unermüdliche Tätigkeit in Beschaffung und Ausarbeitung einer vorbildlichen Platzanlage im Osten Leipzigs sowie beim Bau eines Vereinshauses hat ihm ein besonderes Ansehen im Verein gebracht.

Winkert (TuB)
Seit frühester Jugend ein Anhänger des Fußballsports, brachte er es durch eifriges Training zu hohen Leistungen. Er gehörte mehrere Jahre dem VfB an. Danach wurde er Mitglied von TuB. Winkert spielte wiederholt für den Gau.

Winkler (Eintracht)
Am 14. 9. 1902 wurde Winkler geboren. Er trat am 1. 10. 1918 dem Sportverein Eintracht bei, spielte in der Jugendmannschaft und rückte 1920 in die 2. Mannschaft auf. Im gleichen Jahre spielte Winkler bereits in der 1. Mannschaft. Er war jederzeit ein zuverlässiger Spieler und hat seinem Verein viele Erfolge mit erkämpft. Wiederholt hat er die Farben der Stadt in Städtekämpfen mit vertreten.

Wuttke (Fortuna)
Kurt Wuttke, geboren am 31. 1. 1900 in Leipzig, trat 1915 dem Leipziger Sportverein Fortuna 02 bei. Er spielte ununterbrochen seit 1916 als linker Läufer in der Ligamannschaft, außerdem repräsentativ für die Verbandsmannschaft und wiederholt für Leipzig.

Zimmermann (SV 1899)
Zimmermann trat 1919 dem SV 1899 bei. Von Anfang an hatte er sich der Schiedsrichterbewegung zugewandt. Er gehörte seit 1924 ununterbrochen dem Gauschiedsrichter-Ausschuß als stellv. Obmann an. Wiederholt leitete er Spiele für Bund und Verband.

Heinrich Riso

Camillo Ugi

Gründungsgeschichte der wichtigsten Leipziger Vereine

Auszüge aus dem Buch »30 Jahre Gau Nordwestsachsen im VMBV« in Original-Wortlaut. Zusätzliche Einträge wurden behutsam eingefügt.

Akademischer Sport-Club Leipzig

Am 2. Juni 1902 wurde der ASC als rein studentische Korporation gegründet mit Genehmigung der Universität. Als Sportzweige wurden zunächst Fußball, dann Fechten und Tennis eingeführt. In kurzer Zeit hatte er eine Mitgliederzahl von 30 aktiven, zum Teil sportlich sehr tüchtigen Mitgliedern erreicht. Spielplatz- und Geldsorgen erschwerten ihm anfangs das Dasein, von seiten der Fußballvereine wurde ihm die Anerkennung versagt. Trotzdem wuchs Leistungsfähigkeit und damit das Ansehen des Clubs. War im Anfang der korporative Charakter noch sehr betont, so kam man mehr und mehr dazu, den Club auf eine breitere Grundlage zu stellen. Für geregelten Sportbetrieb und feste innere Verwaltung war der starke Wechsel im Mitgliederstand sehr hinderlich. Auch machte sich nötig, daß die Mitglieder nach ihrem Scheiden von der Universität volle Mitglieder bleiben konnten. So gab der ASC erst seinen Charakter als Korporation auf und wurde zur freien Vereinigung sporttreibender Akademiker (1909). Um der Jugendpflege zu dienen und einen Nachwuchs heranzubilden, wurde 1908 eine Schülerabteilung ins Leben gerufen und 1910 auch die Aufnahme von Nichtakademikern und Damen beschlossen. Diese Entwicklung fand mit der Eintragung ins Vereinsregister ihren Abschluß. Rasch wuchs die Mitgliederzahl, 1912 betrug sie über 200 Mitglieder. 1908 war Fußball aufgegeben worden und dafür Hockey als Hauptsportzweig aufgenommen.

BC Arminia 1903 Leipzig

Am 24. Juni 1903 zogen 3 Schüler der 2. Realschule, die Gebrüder Meiser und Steiner, hinaus zum Rohrteich, mit einem nach den heutigen Verhältnissen nicht als spielfähig zu bezeichnenden Fußball. Es spielte auf diesem Gelände bereits ein anderer Klub, der sofort herausgefordert wurde und infolge besserer Technik und Kombination von der Konstantinstraße geschlagen wurde. Noch begeistert von dem errungenen Siege eilte man nach Hause und fand in den Freunden Erich Kaufmann und Hans Riso (dem späteren Internationalen) begeisterte Anhänger und berief am 1. Juli 1903 in der Laube von Erich Kaufmanns Eltern in der Konstantinstraße die Gründerversammlung ein. Man taufte den neuen Klub »Arminia«, und jeder Versammlungsteilnehmer erhielt ein Amt, damit alle Arbeit gleichmäßig verteilt war. 1. Vorsitzender wurde Georg Meiser und sein Stellvertreter Hans Riso. Während Hans Steiner alle schriftlichen Arbeiten erledigen mußte, übertrug man Erich Kaufmann die Verwaltung des Vermögens (Taschengelder), und für Instandhaltung der Pille (Fußball) hatte Hans Riso zu sorgen. Schon innerhalb 8 Tagen hatte man noch 7 Freunde gefunden, und bereits am 8. Juli war das erste Wettspiel gegen den »FC Meteor«, der mit 13:0 geschlagen vom »Pumpsch« (Spielplatz am Rohrteich) heimgeschickt wurde und im Herausforderungskampf am 11. 7. 03 abermals 9:0 geschlagen heimwärts zog. Im Oktober traten ein großer Teil der Mitglieder vom »Iltis« zu uns über, und die Zukunft »Arminias« war gesichert. Mit ca. 40 Mitgliedern traten wir das 2. Spieljahr an. Unsere ersten Vereinsheime waren: »Die Windmühle«, »Gothisches Bad« und die »Wilhelmsburg«. Der Mitgliederzugang war in den ersten Entwicklungsjahren ein sehr starker, aber durch die Schule (die Mitglieder waren fast ausschließlich 2. Realschüler), wo unser geliebter Fußballklub, unsere »Arminia«, sehr schlecht angeschrieben war, denn die Lehrer waren fast ohne Ausnahme Turner, wurde ein großer Teil Mitglieder gezwungen, ihren Klub zu verlassen. Trotz aller dieser Gegnerschaften feierte man also am 2. Juli 1904 recht fidel das 1. Stiftungsfest im »Parthenschlößchen«, noch nicht ahnend, daß dort einmal unsere Sportplatzanlage in allernächster Nähe sich befinden würde. Eine Bildzeitung durfte bei der 1. Feier natürlich auch nicht fehlen. Wir schlossen unser erstes Jahr mit 26 Wettspielen, und zum größten Teil waren wir siegreich heimgekehrt. Bereits mit 3 Mannschaften begannen wir unser 2. Geschäftsjahr. Die Entwicklung schritt rüstig vorwärts, doch mancher Rückschlag mußte überwunden werden, was bei der Jugend der Vereinsleitung erklärlich war. Bereits im Oktober wurde das Spielverbot des Verbandes Leipziger Ballspielvereine gegen uns aufgehoben, und am 4. April 1905 wurde Arminia Mitglied des Leipziger Verbandes, und am 10. Juni 1905 erfolgte der Beitritt zum Verband Mitteldeutscher Ballspielvereine. Unter dem Kampfe Schule gegen Sport hatte »Arminia« besonders zu leiden, denn oft mußten wir aus Rücksicht auf die Schule nur mit 9 und 10 Mann antreten, worunter natürlich auch die Ergebnisse der Mannschaft litten. Am 14. April 1906 erschien die erste Nummer unserer Vereinszeitung, wohl eins der größten Ereignisse der damaligen Zeit, wurde doch gleich in der 1. Nummer die Gründung einer Hockeyabteilung angeregt. Unser 1. Redakteur, Verleger und Drucker war unser lieber Alex Brüggemann. An ein Drucken war natürlich nicht zu denken, und so hatte er eine riesige Schreibarbeit zu leisten, denn die ersten Nummern waren autographiert. Hatten wir bis 1907 auf einem Gelände am Rohrteich gespielt, was uns der Vater unseres Mitgliedes

Die Arminia im Jahr 1907.

Köllner freundlich zur Verfügung gestellt hatte, so mußten wir uns infolge baulicher Veränderungen nach einem Platz umsehen und wandten uns in einer Eingabe an die Stadt Leipzig, die uns mit Schreiben vom 16. 1. 1907 einen Platz auf den Kohlstücken mit dem Bemerken: »weil Arminia der größte ostvorstädtische Fußballklub sei und das den Vorzug habe«, zur Verfügung stellte. Wir wechselten auch unser Vereinshaus und hielten in der »Güldenen Aue« in Sellerhausen Einzug. Am 12. April 1907 erfolgte die 1. gesellschaftliche Großtat, nämlich ein »Arminiakränzchen« im Künstlerhaus. Erstmalig im Jahre 1907 kam unsere Fußballmannschaft zu Meisterehren.

Bar Kochba Leipzig
Am 19. August 1920 fanden sich ca. 60 begeisterte Sportler zusammen, um den Sportclub Bar Kochba zu gründen. Der erste Vorstand setzte sich zusammen aus den Herren: 1. Vorsitzender Adolf Rotter, 2. Vorsitzender Moritz Czopek, 1. Schriftführer Otto Rotter, 2. Schriftführer Max Michlewitsch, 1. Kassierer Benno Finster, 2. Kassierer Adolf Beilin, Spielausschuß: L. Parnaß, H. Roßaig, S. Alexander, Jugendausschuß: D. Hilsenrath, P. Kanner, Sig. Lehrfreund. Die erste Zeit wurde auf dem Platze der Spielvereinigung Leipzig trainiert. Im Oktober 1920 bauten wir daselbst eigene Umkleideräume. Im November 1920 betrug der Mitgliederstand 300. Die 1. Verbandsspielserie wurde ungeschlagen beendet: 6 Spiele, 12 Punkte, Tore 33:3. Am 1. Januar 1921 erschien Heft 1 der Vereinsmitteilungen des Sportklub Bar Kochba. Vom gleichen Tage an wurde eine eigene Geschäftsstelle unterhalten, von der aus der gesamte Vereinsbetrieb geleitet wird. Durch immer größeren Zuwachs an Mitgliedern – wir stellten bald die 4. Mannschaft auf – wurden wir veranlaßt, daran zu denken, uns eine eigene Platzanlage zu schaffen. Unserem damaligen 1. Vorsitzenden, Herrn Adolf Rotter, ist es besonders zu danken, daß wir am 27. Februar 1921 in Eutritzsch zwischen der Dübener Landstraße und der Delitzscher Straße 30 500 qm Gelände kaufen konnten. Unter seiner bewährten und umsichtigen Leitung wurde es zum Sportpark Bar Kochba ausgebaut. Durch Pflichtarbeit der Mitglieder konnten wir einen großen Teil der Anlage durch eigene Kraft schaffen, die ein großes Fußballfeld mit Aschelaufbahn und Dämmen und ein kleines Feld enthält. Vorgesehen sind noch Tennisfelder. Die neue Platzanlage wurde im Herbst 1922 fertiggestellt und am 29. Oktober 1922 durch ein Pokalspiel gegen Hakoah Zürich eingeweiht. Anläßlich der Einweihung wurden die Herren Adolf Rotter und M. Mussenow zu Ehrenmitgliedern ernannt. Die 1. Mannschaft wurde Meister der 3. Klasse 1920/21 und rückte in die 2. Klasse auf, in der sie noch heute spielt. Der Sportclub Bar Kochba stellt 4 Herren- und 6 Jugendmannschaften für Fußball, die verschiedentlich Abteilungsmeister wurden. Der Mitgliederstand betrug zeitweise über 1000. Die Jugendabteilung besteht immer aus einigen 100 Mann, die von einem energischen Jugendausschuß geführt werden. Reisen aller Mannschaften innerhalb Deutschlands sowie auch verschiedentlich ins Ausland brachten gute sportliche Beziehungen zu anderen Vereinen. In Zürich, Nürnberg, Berlin, Dresden usw. sind wir immer gern gesehene Gäste. Besonderer Wert wird auf die Geselligkeit im Sportclub Bar Kochba gelegt; wir können unsere Feste zu den bestbesuchten der Saison rechnen. Dem Sportclub Bar Kochba ist eine Vorabteilung angeschlossen, die in Meisterschaftskämpfen immer mitzureden hat. Zweimal gelang es uns, einen Titel als Mitteldeutscher Meister zu erringen.

Connewitzer Ballspiel-Club Leipzig
Im Jahre 1909 fanden sich einige unentwegte junge Leute zusammen, um einen Fußballverein ins Leben zu rufen, und gaben ihm den Namen »Wettin 1909«. Der damalige Platz lag an der Waisenhausstraße, und es konnten nur Spiele gegen Vereine ausgetragen werden, die ebenfalls noch nicht dem Verband Mitteldeutscher Ballspiel-Vereine angeschlossen waren. Als Gründer und 1. Vorsitzender machte sich Herr Ernst Eckhardt verdient. In den Jahren 1912/14 lenkte Herr Max Wehmann die Geschicke des Vereins, der sich auch für die Anmeldung im VMBV tatkräftig einsetzte. Ein denkwürdiger Tag waren die Einweihungsspiele unserer 3 Mannschaften auf dem neuen städtischen Platze »Streitteich«, der uns noch heute zur Ausübung unseres Sportes dient. Unsere 1. Mannschaft trug an diesem Tage ein Spiel gegen die zweitklassige »Union« aus und unterlag höchst ehrenvoll mit 1:2. Unserer Spielstärke verdankten wir im Jahre 1914 den Aufstieg in die zweite Klasse. Der unglückselige Krieg riß auch in unseren Verein starke Lücken; denn 19 unserer Getreuen starben den Heldentod fürs Vaterland. Nach Kriegsende fanden sich wiederum die alten CBCer zusammen und brachten es durch Einigkeit und sportlichen Ehrgeiz so weit, daß sie die Befähigungsspiele als Abteilungsmeister beendeten und im Jahre 1919 in die neugegründete 1b-Klasse aufrückten. Ein vielversprechendes Fußballtalent war in diesen Jahren der leider viel zu früh verstorbene Otto Torge. Nach dem Aufstieg traten leider bald darauf Unstimmigkeiten im Verein ein,

die dahin führten, daß wir uns mit dem Verein für Rasensport unter dem Namen »Leipziger Sportverein 02« vereinigten. Den Vorsitz hatte bis zu dieser Zeit Herr Georg Schuhmann geführt. In der Vereinigung ruhte kein Segen, denn es trat insofern eine Zersplitterung ein, als viele Connewitzer austraten und andere dem Verein treu blieben, der dann wieder den Namen »Rasensport« annahm. Erst im Mai 1921 besannen sich die CBCer und eroberten sich in der Serie 1921/22 in beispiellosem Siegeszug die Abteilungsmeisterschaft der 3. Klasse. Das Hauptverdienst an der Wiederbelebung unseres Vereins zu dieser Zeit trug der 1. Vorsitzende Herr Arthur Altmann. Die Inflation beeinträchtigte auch unseren Spielbetrieb bis Mitte 1923 in starker Weise. Am 4. Mai 1923 wurde unser Verein amtsgerichtlich als eingetragener Verein bestätigt. Heute stellt unser Verein 3 aktive Herrenmannschaften zu Verbandsspielen.

SV Corso Leipzig
Gleich den wenig älteren Vereinen unseres Gaues kann auch »Corso«, auf Zschocherischen Fluren enstanden, für sich in Anspruch nehmen, auf dem Gebiete unseres Hauptzweiges mit bahnbrechend gewesen zu sein. Von den westlichen Vororten Leipzigs hat Kleinzschocher eigentlich erst seit der Jahrhundertwende eine interne Fußballbestätigung aufzuweisen. Sie führte allerdings bereits 1900 dazu, daß sich kaum dem Knabenalter entwachsene Jünglinge veranlaßt fühlten, sich zu Mannschaften zusammenschließen. Mit den »Regeln« stand man zwar noch tüchtig auf dem Kriegsfuß, aber immerhin wurde eine Sportbegeisterung gezeigt, die selbst 4- bis 5-stündige »Wettkämpfe« von allen daran Beteiligten ohne Murren ertragen ließ. 1902 setzte sich dann die Kenntnis der eigentlichen Voraussetzungen für das Fußballspiel immer mehr und mehr durch, was dem neuen Sportzweig stetig weitere Anhänger gewann. Die einzelnen Spielergruppen brachten auch festere Zusammenschlüsse, und so kam es am 18. Februar 1902 zur Gründung des FC Adler 1902. Gleichzeitig entstand der Ortsverein »Großer Adler«, mit dem, um aufgetretene Verwechslungen zu vermeiden, vereinbart wurde, daß der Unterlegene in einem auszutragenden Wettspiel seinen Namen ändert und den von beiden Vereinen benutzten Platz räumt. Dieses denkwürdige Spiel, welches 2:3 vom »Kleinen Adler« verloren wurde, gab die Veranlassung, im Anschluß an den Besuch des Berliner SV Corso den gleichen Namen für den »Kleinen Adler« zu wählen. Während der »Große Adler« wie auch sämtliche anderen Jungvereine jener Zeit gar bald wieder von der Bildfläche verschwanden, zum Teil auch – wie z. B. die »Teutonia« – in Corso aufgingen, behaupteten sich die blaugelben Farben des letzteren auch weiterhin recht erfolgreich. Mit anderen Leipziger Vereinen wurde Fühlung genommen; und Tapfer, Sportclub 98, Leipzig-West (Lindenau) und viele andere mußten plötzlich bekennen, daß die Zschochersche Spielstärke ununterbrochen zunahm. Auch außerhalb Leipzigs war Corso schon bald vertreten, denn bereits 1904 und 1905 war man in Erfurt, Plauen und auch Weimar tätig. Mit dem VMBV trat man erst 1907 in Fühlung, ohne sich einigen zu können, weshalb Corso im gleichen Jahre den sog. »Leipziger Verband« gründete, dem über 20 Vereine angehörten und dessen Meisterschaft Corso bereits 1908 errang. Die Spielstärke des Leipziger Verbandes stand mit der seinerzeitigen des VMBV bestimmt auf gleicher Höhe; doch war dem Verbande nur ein kurzes Leben beschieden, und bereits Anfang 1909 erfolgte seine Auflösung, nachdem Corso in den VMBV übergetreten war. Gleichzeitig erfolgte die Anlehnung an den Allgemeinen Turnverein Leipzig-Kleinzschocher; letzteres zwecks gemeinsamer Schaffung einer geschlossenen Sportplatzanlage, die jedoch erst 1913 an der Kirche Schleußig in Betrieb genommen werden konnte. Im Jahre 1911 gelang es dem Verein, die Meisterschaft der 3. Klasse (das Ausscheidungsspiel gegen Hohenzollern wurde nach nahezu 3stündiger Spielzeit mit 4:3 gewonnen) und weiterhin die Zugehörigkeit zur 2. Klasse zu erringen. Auch in der neuen Umgebung fand man sich schnell zurecht, und bereits in der folgenden Spielserie 1912 vollbrachte man die Glanzleistung, Abteilungsmeister zu werden. Trotz alledem ging es mit frischem Mut an die Arbeit; und schon im ersten Nachkriegsjahr 1919 gelang es Corso, die Abteilungs-Meisterschaft der 2. Klasse zu erringen. Das Aufrücken in die Liga stand in greifbarer Nähe; doch der große Wurf zur Zugehörigkeit zur 1. Klasse scheiterte am Spiel gegen TuB, was mit 0:2 verlorenging. 1920 wurde alsdann die 1b-Klasse errichtet, wozu sich Corso die Zugehörigkeit ohne Schwierigkeit erkämpfte, um wieder eine achtbare Rolle zu spielen und sich mit wenig Ausnahmen regelmäßig in der Spitzengruppe der Abteilung festzusetzen. Zur Zeit wird der Spielbetrieb in den verschiedenen Sportzweigen mit Herren-, Alte Herren-, Junioren-, Jugend-, Knaben- und Damen-Mannschaften durchgeführt. Zum Schluß sei noch erwähnt, daß Corso die Früchte des gemeinsam mit dem Allgemeinen Turnverein Leipzig-Kleinzschocher geschaffenen Sportplatzes nicht lange ernten konnte. Obwohl die Zusammenarbeit mit letzterem als ganz gut zu bezeichnen war, zwang die Trennung zwischen Turnen und Sport zu einer Lösung des Verhältnisses, wodurch Corso seinen Platz verlor. So wurden 1925 und 1926 zu Jahren erbittertsten Kampfes um die Existenzberechtigung, und auch das Jubeljahr schien sich seinen Vorgängerinnen nur im gleichen Sinne anzupassen! Und doch ist das 1. Jahr im 2. Vierteljahrhundert seines Bestehens dem SV Corso zu einem Jubeljahr im wahrsten Sinne des Wortes geworden; denn nach dreijährigem Bemühen ist es doch gelungen, den Rat der Stadt Leipzig zu überzeugen, daß nicht nur die Turnvereine ein Anrecht auf Sportplätze haben! Der Verein hat auf städtischem Gelände auf Zschocherscher Flur eine Platzanlage erworben, und während diese Zeilen in Druck gehen, schaffen fleißige

Hände in uneigennütziger Arbeit den blaugelben Farben ein neues Daheim!

SV Eintracht 04 Leipzig

Im Frühjahr des Jahres 1904 spielten wir als 12-14jährige Schulbuben auf der Wiese Ecke Kronprinz- und Lößniger Straße täglich Fußball. Die erste »Pille« hatte unser 1911 verstorbener Sportkamerad Bruno Rölke von seinen Eltern geschenkt bekommen. Jeder an dem Spiel teilnehmende Junge mußte wöchentlich 5 Pfg. bezahlen, damit wir unsere Geräte (einen Fußball!) erneuern konnten. Nach einiger Zeit waren 11 Mark zusammen, und stolz ging eine vier Mann starke Kommission zu Wilhelm Petersmann in die Dorfstraße, um eine neue Lederkugel zu erstehen. Groß war nun die Freude, als wir diese an einem Sonntagmorgen im Wettspiel untereinander (neun gegen neun) einweihen konnten. Die lose Gemeinschaft dieser Schuljungen (ein großer Teil wurde Ostern 1904 konfirmiert) führte dann am 15. Juni 1904 zur Gründung des Vereins. An diesem schönen Junisonntag saßen auf der oben bezeichneten Wiese über zwanzig junge Leute im Kreise und gründeten offiziell einen Fußballklub. Viel Kopfzerbrechen machte nun der Name; eine Menge Vorschläge wurden gemacht, und schließlich einigte man sich auf den Namen Fußballclub Eintracht. Ein Vorstand, ein Kassierer und ein Kapitän (Spielführer) wurden bald gefunden, und somit war die Versammlung geschlossen. Anschließend fand wieder ein Wettspiel statt, welches bis zum Nachmittag dauerte. Unser sehnlichster Wunsch war nun, einmal ein »richtiges Wettspiel« auszutragen. Bald gelang es auch, Teutonia Leipzig-Connewitz nach unserer Wiese zu verpflichten. Was mit diesem Spiel alles verknüpft war und wie es vonstatten ging, will ich kurz schildern, obwohl es alle, die heute Fußball spielen, für kaum glaubwürdig finden. Zuerst mußten ein Paar Tore beschafft werden, und dies geschah nun auf folgende Weise: Am frühen Sonntagmorgen wurden aus den nahen Neubauten einige geeignete Latten geholt, die in die Erde verpflanzt und mit Bindfaden überzogen wurden. Dies waren sämtliche Geräte, die uns zum Aufbau des Spielfeldes »zur Verfügung standen«. Zur festgesetzten Zeit traf »Teutonia« ein. Da verschiedene Leute des Gegners sich schon eine Fußballhose zugelegt hatten, zog man sich um. Unsere Spielwiese war durch einen Zaun von der Bayerschen Bahnlinie getrennt, und an diesem wurden die Zivilsachen aufgehängt. Dann begann das große Wettspiel, welches von Eintracht mit 10:1 gewonnen wurde. Daß bei diesem Kampf mancher Spieler einen linken, ein anderer den rechten Fußballschuh an hatte, dieser in der guten Sonntagshose, jener in Badehose antrat, sei nur nebenbei erwähnt. Es bestanden in diesen Jahren eine große Zahl kleinerer Vereine, die dem VMBV nicht angehörten, gegen alle diese trug Eintracht Spiele aus. Uns sind noch Stötteritzer »Urania«, Lindenauer »Normannia«, »Hertha« Anger, »Sachsen Eutritzsch« in Erinnerung. Da ein Spielen gegen die Vereine des VMBV verboten war und es uns an geeigneten Gegnern fehlte, meldeten wir uns im Jahre 1907 beim VMBV mit einem Mitgliederstand von 36 an. An diesem Sonntag spielten wir das letzte Spiel gegen den stärksten Leipziger Nichtverbandsverein »Sachsen Eutritzsch« und gewannen 6:1.

SV Fortuna Leipzig

Der Fußballclub Fortuna wurde im Juni 1902 von einem Dutzend kaum der Schule entlassener junger Leute gegründet und hatte sein »Spielfeld« zuerst in der Sandgrube am Napoleonstein, später auf einer Wiese direkt neben dem Südfriedhof. Klublokal waren nacheinander Gasthof Napoleonstein, Brauereigarten Stötteritz und Gasthof Probstheida. Im Jahre 1904 vereinigte man sich mit dem ebenfalls 1902 gegründeten und in Sellerhausen beheimateten FC Hohenzollern, wobei der Name Fortuna beibehalten, aber die Farben Hohenzollerns – Rot-Weiß – angenommen wurden. Man spielte jetzt an der verlängerten Oststraße bei den sogenannten Meyerschen Häusern, Umkleidelokal war die »Münsterburg« in der Unteren Münsterstraße. Kurz nach der Vereinigung erfolgte der Beitritt zum Verband, wo Fortuna der 3. Klasse zugeteilt wurde. Als Spielfeld wurde von jetzt an ein Ratsplatz, die sogenannten »Kohlstücke« in Sellerhausen, benutzt. Bereits im nächsten Jahre rückte Fortuna in die 2. Klasse auf, um schließlich im Jahre 1908 in der 1. Klasse zu landen. Leider konnte sich Fortuna in dieser Gesellschaft, wo sich Vereine wie VfB, LBC, Wacker gerade auf der Höhe ihres Könnens befanden, nicht halten; auch der Mangel eines eigenen Platzes sowie zahlreiche Spielerabwanderungen trugen dazu bei, daß Fortuna am Schlusse der Serie den Schwanz der Tabelle zierte und das gefürchtete Ausscheidungsspiel liefern mußte, welches gegen Helios mit 1:2 verlorenging. Glücklicherweise warf man die Flinte nicht ins Korn und errang in glattem Siegeszug die Meisterschaft der 2. Klasse. Da kam ein neuer Schlag: Arno Kutscher, der langjährige Mittelläufer, hatte versehentlich keinen der damals gerade neu eingeführten Pässe erhalten. Fortuna wurden vom damaligen Gauvorstand 24 Punkte gestrichen, und die Arbeit eines ganzen Jahres war umsonst gewesen. Doch unverdrossen wurde im nächsten Jahre die Meisterschaft wieder gemacht, und diesmal mußte Rasensport durch einen 3:1-Sieg den Platz mit Fortuna tauschen. Das nächste Jahr brachte Fortuna wieder an das Ende der Tabelle, und wieder standen sich Fortuna und Rasensport, diesmal mit vertauschten Rollen, gegenüber. Fortuna siegte abermals mit 3:2, blieb also in der ersten Klasse und ist auch seitdem nicht wieder in Abstiegsgefahr gewesen. Inzwischen war es Fortuna nach jahrelangem Bemühen gelungen, im Osten Leipzigs, an der Flurgrenze Paunsdorf-Engelsdorf, Land zu erwerben. Nun setzte eine emsige Tätigkeit ein, und am 31. Oktober 1913 wurde der neue Sportpark mit einem Einweihungsspiel gegen LBC (0:1) der Öffentlichkeit übergeben.

Alle Voraussetzungen für eine günstige Weiterentwicklung waren nun gegeben, da setzte der Krieg ein und machte alle Hoffnungen zunichte. Die erste Zeit ruhte der Sportbetrieb vollständig, nachdem sich jedoch der Krieg länger hinzuziehen schien, versuchte man auch die sportliche Tätigkeit, so gut es ging, wieder aufzunehmen. Jahrelang würgte man sich nun so hindurch, zwei Mannschaften waren das Höchste, was ein Verein noch zusammenbringen konnte, ein großer Teil war ganz schlafen gegangen. In dieser Zeit erkannten die Vereine einmal so recht den Wert sachgemäß geleiteter Jugendabteilungen. Nur dadurch war es Fortuna möglich, sich über Wasser zu halten, denn von seiner früheren ersten Mannschaft war alles unter den Waffen, ein großer Teil sogar schon gefallen. Man sah sich daher gezwungen, Jugendliche einzustellen, und Ende 1915 bestand nahezu die ganze 1. Mannschaft aus solchen. Seit dieser Zeit begann der sportliche Aufschwung Fortunas; am Ende der Spielzeit stand Fortuna erstmalig an 2. Stelle und ist auch seit dieser Zeit immer in der Spitzengruppe Leipzigs gewesen. Nach Kriegsende besserten sich die Verhältnisse nach und nach, und man konnte wieder daran denken aufzubauen. Der Platz wurde vergrößert, Dämme aufgeschüttet, Sitzplätze angelegt und vieles andere mehr. Namhafte Gegner des In- und Auslandes wurden verpflichtet, um die Massen heranzuziehen und die eigene Spielstärke zu heben. Daneben vergaß man auch nicht, nach dem Hauptziel, der Gaumeisterschaft, zu streben, doch wollte es hier ein eigenes Geschick, daß Fortuna jahrelang stets kurz vor dem Ziel strauchelte und sich den bezeichnenden Namen »ewiger Tabellenzweiter« erwarb. 1927 wurde Fortuna erstmalig ihrer Tradition untreu, indem sie allen Voraussagen zum Trotz bis zum Ende durchhielt und sich damit erstmalig die langersehnte Gaumeisterwürde erkämpfte.

SV Guts-Muts Leipzig
Der SV Guts-Muts wurde im Jahre 1912 als Spielabteilung des ATV zu Leipzig-Mockau gegründet, aus dieser dann die Fußballabteilung Guts-Muts. Die Spiele selbst wurden in der Deutschen Turnerschaft (D.T.) ausgetragen. Bis zum Kriegsjahre 1916 wurde noch gespielt, und von da an ruhte der Betrieb bis Anfang 1919. Bei Wiederbeginn der Spiele machte sich dann das Fehlen von 37 aktiven Mitgliedern, welche im Kriege gefallen waren, bemerkbar. Im Jahre 1920 waren wir die stärkste Spielabteilung in der Leipziger Spielgruppe, was uns auch die Meisterschaft der D.T. einbrachte. Nach diesen Spielen war sich der Vorstand der Abteilung bewußt, daß für sie in der D.T. kein Fortkommen mehr möglich war; vor allem waren die Gegner zu schwach, und die D.T. hatte kein Verständnis für das Fußballspiel, so daß er den Austritt aus der D.T. erklärte und den Eintritt im VMBV beantragte und daselbst aufgenommen wurde. Durch das Ausscheiden aus der Spielgruppe wurde auch das Verhältnis zwischen Verein und Abteilung kritischer, was auch dann die Loslösung der Abteilung vom ATV zu Leipzig-Mockau herbeiführte. Doch am selben Abend erstand der SV Guts-Muts e.V. Leipzig.

Jetzt kam die Schwierigkeit; wir hatten keinen Platz. Der Gau Nordwestsachsen wies uns den Nordplatz zu. In dieser Zeit ließ es der Vorstand nicht unversucht, ein eigenes Gelände zu erlangen. Das ist ihm nach sehr großen Schwierigkeiten geglückt. In der Hauptstraße in Mockau wurde der Platz erstanden und wurde am 6. 6. 1927 eingeweiht.

SV Helios Leipzig
Wenige Jahre waren seit dem Einzug des Fußballspieles in Leipzig vergangen. Überall auf brachliegenden Plätzen tummelte sich die Jugend mit mehr oder weniger kleinen Bällen. So auch auf dem Gelände zwischen Gravelotte- und Beaumont- und Craußhaarstraße im sogenannten Franzosenviertel in Leipzig-Gohlis. Hier fanden sich drei Freunde, unter ihnen unser unvergeßlicher Fritz Lutze (genannt Manna), die ihre Spargroschen zusammenlegten, einen Fußball kauften und den Fußballklub »Preußen« gründeten. Ziegelsteine oder Mützen bildeten das Tor, und bis in die Dunkelheit wurde geübt oder »ein Ganzes« gemacht. Jeder durfte mitspielen, der pro Woche 5 Pfennige bezahlte, so daß bei einem Ganzen häufig bis zu 30 Spieler teilnahmen. Gewechselt wurde meist bei 6 Toren. Da auch eine größere Anzahl Knaben daran teilnahmen, wurde unter den Schulentlassenen der Wunsch rege, einen Klub für sich zu gründen, um zu einem regelrechten Spielbetrieb zu gelangen. In einer von Reinhold Fuchs einberufenen Zusammenkunft wurde am 1. Juli 1902 in einer Gartenkantine am Viertelsweg zu Leipzig-Gohlis der Fußballklub »Helios« gegründet. Von den Gründern ist nur noch unser lieber Reinhold Fuchs Mitglied. Mit großer Energie wurde die Ausrüstung beschafft. An den nächsten Sonntagen gewahrten die Anwohner an der Gravelottestraße mit Befremden und Kopfschütteln die schmucke Schar junger Fußballer, bekleidet mit kurzen langen Hosen und blauen Sportblusen mit zwei weißen, schräg über die Achsel führenden Streifen, so wie unsere Alte-Herren-Mannschaft noch spielt. Bezeichnend für die damaligen Verhältnisse war die Besitznahme des Spielfeldes. Da »Preußen« sein erstes Anrecht auf den Platz nicht aufgab, wurde vereinbart zu spielen. »Helios« lieferte den Ball und Torstangen und blieb Sieger in diesem feinen ersten Wettspiel. »Preußen« hörte auf zu bestehen, und »Helios« war bis 1916 ungestört im Besitz des Platzes. Vereinslokal war bis September 1905 Café »Eugling« in der St. Privatstraße. Am 15. Oktober 1906 zogen wir nach Restaurant »Stadt Cassel«, Werdestraße, zu Vater Grau, wo wir bis zur Schließung des Lokales blieben im Jahre 1922. Kurze Zeit nach der Gründung des Vereins konnten wir 3 Mannschaften aufs Feld bringen. Mit wechselndem Erfolg wurden in und außerhalb Leipzigs Spiele ausgetragen, von denen das erste Spiel in Aschersleben gegen »Askania«, das wir mit 9 Mann 11:3 gewannen, allen Teilnehmern noch

in angenehmer Erinnerung sein wird. 1907 nahmen wir an der Gründungsversammlung des »Leipziger Verbandes« im »Reichsverweser« zu Leipzig-Kleinzschocher teil. Diesem Verband gehörten wir bis zum Eintritt in den VMBV an. Im Juni 1908 3:4 gegen die Städtemannschaft dieses Verbandes auf dem »Corso«-Platz in Leipzig-Kleinzschocher. Da der VMBV mehr und mehr Macht gewann, traten auch wir am 21. 7. 1909 mit 49 Mitgliedern in diesen ein. An den Verbandsspielen beteiligten wir uns mit drei Mannschaften. Unsere 1. Elf, die durch den Eintritt der fünf »Reudnitzer« (Kurt Hauwede, Karl Berger, Arthur Roth, Arthur Gebbert und Victor Wolf) sehr spielstark war, wurde der 3b-Klasse zugeteilt und stand am Ende der Spiele mit Eintracht II punktgleich an der Spitze. Das sich notwendig machende Entscheidungsspiel am 26. 6. 1910 verloren wir mit 2:4. Durch Neueinteilung der Klassen wurden wir der 2c-Klasse zugeteilt, die aus den Mannschaften von Britannia, Pfeil, Rasensport, Leipziger Sportklub 1898, Viktoria 03, Wettin, Olympia II und Wacker II bestand. Trotz der Spielstärke dieser Vereine gelang es uns, als Abteilungsmeister hervorzugehen. In der Vorrunde spielfrei, standen wir im Schlußspiel am 16. Juli 1911 auf dem TuB-Platze Olympia Schleußig gegenüber. Mit einem 4:3-Sieg erkämpften wir uns die Meisterschaft der 2. Klasse. Den in diesem Jahr letztmalig ausgeschriebenen Titel »Meister der 2. Klasse des VMBV« errangen wir als einziger meldender Verein ohne Kampf. Am 30. Juli 1911 traten wir auf dem Eintrachtplatz im Befähigungsspiel dem Punktletzten der 1. Klasse »Fortuna« gegenüber. Unsere Mannschaft siegte mit 2:1 und rückte damit in die damals aus acht Vereinen bestehende erste Klasse auf. Gerade zwei Jahre waren seit unserem Eintritt verflossen, seitdem wir dem VMBV angehörten. Doch mit des Geschickes Mächten... Als wir im Herbst 1911 mit fünf Mannschaften in die Verbandsspiele eintraten, war unsere alte so siegesgewohnte 1. Mannschaft zerrissen. Hauwede weilte beruflich in Stuttgart, Fritz Lutze in Berlin, Arthur Roth in Dessau, Arthur Gebbart verließ uns, und Willy Rößner und Max Datemasch wurden zum Militär eingezogen. Nach Verlauf eines Jahres, während dessen wir auch einige Geselligkeitsspiele austrugen (u.a. National Chemnitz 4:3, Ring Dresden 1:2, Germania Magdeburg 1:2, Borussia Halle 4:5, Halle 96 2:2, Wacker Halle 1:7), traten wir wieder auf dem Eintracht-Platz zu einem Befähigungsspiel an, diesmal gegen Rasensport, den Meister der 2. Klasse. Wir verloren mit 2:0 und stiegen in die 2. Klasse ab, in der wir bis zum Kriegsausbruch spielten. Zu Beginn des Krieges zählte der Verein 105 Mitglieder. Der größte Teil der Mitglieder wurde sofort eingezogen, und 1916 mußten wir den Sportbetrieb einstellen. 16 Mitglieder fielen für das Vaterland. Als nach dem Waffenstillstand die Mitglieder zurückkehrten, wurde der Sportbetrieb wieder aufgenommen. Da der Spielplatz von Kleinpächtern eingenommen war, trugen wir die Spiele meist auf dem Kasernenhof aus. Im Herbst 1920 siedelten wir auf den Spielplatz in der Artillerie-Kaserne über. Am 1. Januar 1920 zählte der Verein 87 Mitglieder. Durch Umstellung des Vereins wurde der Name Fußballklub Helios am 9. Oktober 1920 in Sport-Verein Helios 02 e.V. Leipzig-Gohlis umgeändert. Durch die unermüdliche Tätigkeit des damaligen Ersten Vorsitzenden Herrn Reinhard Müller konnten wir am 27. August 1922 gemeinsam mit dem Turn- und Sport-Verein Leipzig-Eutritzsch den Sportpark »Am Debrahof« übernehmen.

Deutsche Jugendkraft Leipzig
Die Abteilung ist gegründet am 1. 6. 1921 und führt den Namen »Deutsche Jugendkraft«, Abteilung Leipzig-West. Sie ist dem Reichsverband für Leibesübungen in katholischen Vereinen, Sitz Düsseldorf, angeschlossen und untersteht dem Bezirk Leipzig im Kreis »Elbe«. Die Abteilung bezweckt, Turnen, Spiel und Sport innerhalb der katholischen Vereine zu fördern und zu pflegen. In den ersten Jahren wurde nur geturnt und Wanderungen unternommen. Eine hohe Blütezeit hatte die DJK im Jahre 1923/24. Durch die ungünstigen wirtschaftlichen Verhältnisse ist dann die Mitgliederzahl etwas zurückgegangen. In den Jahren 1923-1925 ist die DJK mit der Turn- und Sport-Gemeinde 1848 in eine Arbeitsgemeinschaft getreten. Nachdem Mitte 1925 die Mitglieder nicht mehr in der wünschenswerten bzw. erforderlichen Anzahl zum Turnen erschienen, wurde durch den damaligen Abteilungsleiter die DJK auf den Fußballsport umgestellt. Dadurch erhielt die DJK neuen, nennenswerten Zuwachs an Mitgliedern. Im Mai 1926 schloß sich die DJK dem Verband Mitteldeutscher Ballspiel-Vereine an. Gegenwärtig sind im VMBV angemeldet eine Herren- und eine Jugendfußballmannschaft sowie eine Handballmannschaft. In der letzten Zeit stieg erfreulicherweise die Mitgliederzahl von Monat zu Monat. Kern und Stern der DJK ist wahre und echte Körperkultur. Naturanlagen, die zur Entfaltung körperlicher Kräfte drängen, können auch zu sittlichem und körperlichem Hochstreben führen. Dem Turn- und Sportfreunde muß allerdings auch entsprechende Anleitung gegeben werden, damit er das geistige Hochziel neben dem körperlichen nicht verfehlt. Darin liegt die Aufgabe der DJK! Sie ist dem jugendfrohen Stürmer eine treue Wacht. Verankert in den überragenden Ideen der katholischen Weltanschauung, warnt und mahnt sie, wenn Ausartungen auf dem Gebiete der Leibesübungen die Seele des Menschen zu schädigen drohen. Das Ziel ist: »Eine reine starke Seele in einem starken gesunden Leibe«, also der »ganze« Mensch!

Leipziger Ballspielclub
Es geht aus den verschiedenen Versammlungsberichten des Jahres 1893 hervor, daß schon im Jahre 1892 eine lose Gemeinschaft einiger weniger Sportbegeisterten bestand, darunter drei Engländer, die sich schließlich am 6. März 1893 im

Leipziger Ballspiel-Club zusammenschlossen. Natürlich baute sich der Sportbetrieb zunächst nur unter sehr primitiven Verhältnissen auf, die nicht nur Begeisterung zur Sache, sondern auch finanzielle Opferbereitschaft voraussetzten. Am Ende des Jahres 1893 weist die Mitgliederliste 44 Namen auf, von denen wir als die bekanntesten, wenigstens für die älteren Mitglieder unter uns, die Herren A. und H. Dufour-Feronce, Luis und J. Sechehaye, Alkier, Mutze, Meister, Dr. Hofmann, Feldweg und Fröhner aufzählen möchten. Der erste Vorstand wurde, was interessehalber gemeldet sei, gebildet von Paul Krauß 1. Vorsitzender, Alexander Alkier Kassierer, A. Dufour-Feronce Schriftführer, Th. Lange 1. Spielwart, C. Kramer 2. Spielwart. Aus dem Versammlungsbericht vom 31. August 1894 erfahren wir, daß der Stadtrat in Genehmigung eines Antrags seitens des Vereins eine Wiese zum Spielbetrieb zur Verfügung stellt, und zwar das »Eilenburger Rodeland, Abt. 5 und 4«. An Pacht für drei Acker sind 300 Mark jährlich zu bezahlen, womit die Versammlung einstimmig einverstanden ist. Ein planmäßiger Spielbetrieb war aber noch nicht im Gange, und man beschränkte sich meistens auf Üben und provisorische Wettspiele innerhalb des Vereins. Zwei auswärtige Spiele in Jena und Berlin (gegen Phönix) waren geplant, sie fielen aber durch Absagen der Gegner aus. Mit dem Fußball scheint es im Anfang überhaupt gehapert zu haben, denn die Generalversammlung am 8. 2. 1895 beschloß, daß dieses Jahr das Tennisspielen besonders im Vordergrund stehen soll, zumal sich Herr Dufour bereit erklärt habe, die Kosten für einen Spielplatz zu tragen. Gleichzeitig solle aber auch der Vergrößerung und strafferen Organisation der Fußballriege, wie man sie nannte, größtes Augenmerk geschenkt werden. Mit »Regatta« Prag war für den Sommer ein Wettspiel in Prag vereinbart worden, dessen Vorbereitungen mit genügender Sorgfalt rechtzeitig zu treffen waren. Dazu interessiert gerade für die heutigen Zeiten der einstimmige Versammlungsbeschluß: »Die Wettspielmannschaft der Fußballriege hat durch wöchentliche Beiträge eine Kasse zur Aufbringung der Kosten für die Reise nach Prag zu bilden. Die Klubkasse zahlt hierzu einen entsprechenden Zuschuß von 50 Mark als Grundstock.« Das Wettspiel hat dann auch tatsächlich stattgefunden, leider ist aber kein Bericht über dessen Ausgang vorhanden, nur die Feststellung, daß ein entstandenes Defizit von 60 Mark durch nachträgliche Sammlung gedeckt worden ist. Davon wurden dann noch Liederbücher gekauft, die für die regelmäßigen Vereinsabende gebraucht wurden. Man legte also auch damals schon Wert auf gemütliche Zusammenkünfte und pflegte auch den Gesang. Spaßig für unsere heutige Zeit, die mit großen Beträgen zu rechnen gewöhnt geworden ist, ist es, daß sich in einer Märzversammlung 1895 eine lebhafte Debatte wegen der Beseitigung der Schneemassen auf dem Spielfelde entwickelte, die damit endete, daß man zu diesem Zwecke den Höchstbetrag von 6 Mark (kein Druckfehler) bewilligte. Am 3. Mai 1895 wurde nach langer Beratung ein Kontrakt mit dem Verein Sportplatz geschlossen, und seit dieser Zeit ist dieser das ständige Quartier des LBC geblieben. Es wurde nun in das Spielprogramm auch Kricket aufgenommen und lange Zeit mit bestem Erfolge gepflegt. Im Dezember 1895 wurde gegen die Spielvereinigung des Allgem. Turnvereins ein Spiel ausgetragen und mit 3:0 gewonnen, die Gegner waren meistens dieselben, nämlich Lipsia, Wacker sowie die Thomaner und Nikolaitaner. Alle Spiele wurden gewonnen, im ganzen 9, das Torverhältnis war 21:7. Das Jahr 1895 war, wie aus dem Berichte über die Generalversammlung vom 3. Januar 1896 hervorgeht, für die innere und äußere Entwicklung des Klubs ein günstiges, trotz aller finanziellen Sorgen, alle Mitglieder haben kräftig mitgearbeitet. Es war sogar am

Der erste Gaumeister: der Leipziger Ballspielclub im Jahr 1897.

Jahresschluß ein Kassenbestand vorhanden, und zwar 45 Mark. Am 6. März 1896 wurde zum ersten Male das Stiftungsfest gefeiert. Es fand im Rosentalkasino statt, geboten wurden Vorträge mit darauffolgendem Tanz. Die Kosten betrugen 30 Mark und wurden durch Extraumlage gedeckt. Mit dem Verlauf ist man sehr zufrieden gewesen, eingeladen waren die befreundeten Vereine Spielvereinigung, Lipsia, Akad. Turnverein Albertina und die Thomaner und Nikolaitaner. Um neue Mitglieder zu gewinnen, wurde in der Universität ein Anschlag an den schwarzen Brettern gemacht. Herr stud. med. Roese kümmerte sich besonders darum. Übrigens endeten um diese Zeit alle Versammlungsberichte mit den immer wiederkehrenden Worten: »Anschließend fand eine kleine Kneipe statt.« Wie die Alten sungen... Im Mai 1896 ist die Bildung einer Schülerriege erfolgt, der zunächst nur Schüler höherer Lehranstalten angehören sollten. Aus dieser Abteilung stammen dann auch fast ausnahmslos die Spieler der ersten Mannschaft in den nächsten Jahren, und für die Folge wurde der Jugendabteilung immer auch großes Augenmerk gewidmet. In diese Zeit fällt auch der Versammlungsbeschluß, mit den anderen hiesigen Fußballklubs Fühlung zu nehmen zwecks Gründung einer lockeren Vereinigung der Fußballklubs von Leipzig und Umgebung, die unter Führung des LBC 1897 erfolgt. Den ersten Vorsitzenden stellte auch der LBC in der Person des Herrn Oskar Büttner. Diese Verbandsgründung ist zweifellos ein Markstein in der Entwicklung des mitteldeutschen Fußballsportes, an die wir angesichts des heutigen Standes unserer Bewegung mit Stolz zurückblicken können. Schon damals wie in späteren Zeiten bis auf den heutigen Tag hat der LBC für die Sache der Sportes Führer und Mitarbeiter gestellt, die nicht die schlechtesten waren und deren Namen in der ganzen Bewegung einen guten Klang haben. Es ist wahrhaftig eine Riesenarbeit uneigennützig geleistet worden, und wir sollten dankbar daran zurückdenken, daß nur die zähe und kluge Arbeit in den schweren Jahren des Anfangs den festen Grund schaffen konnte, auf dem heute Verband und Bund so fest stehen können. Die Gründung des Verbandes Leipziger Ballspielvereine brachte auch regelmäßigen Spielbetrieb, und die Resultate der ersten Serie einschließlich der Freundschaftsspiele lauteten: Dresdner Fußball-Club 5:0, Wacker Leipzig 3:1, Mittweidaer Ballspiel-Club 4:0, Lipsia 3:1, Germania Berlin 0:4, VfB 6:0, Internationaler Fußball-Club 12:0, Britannia Berlin 12:0. Auch die nächsten Resultate lauten ähnlich, und so ist es wohl kein Wunder, daß die ersten Meisterschaften des Verbandes dem LBC zufielen.

Ein ganz besonderes Ereignis war das Spiel der Berliner Victoria in Leipzig im März 1897 gegen unsere erste Mannschaft, welche in folgender Aufstellung antrat: Wünsche; J. Sechehaye, Suhr; Schneider, Pfeifer, Thielmann 2, L. Sechehaye, Werner, Matthes, Feldweg, H. Sechehaye. Das Spiel wurde mit 2:5 ehrenvoll verloren, dafür siegte unsere 2. Mannschaft über dieselbe der Gäste mit 6:3. Die Berliner Herren waren schon am Sonnabend angekommen und scheinen sich beim LBC außerordentlich wohlgefühlt zu haben, es ist u. a. auch die Rede von dem Freibier des Herrn G. W. Das vierte Stiftungsfest wurde am 28. März 1897 im Sportplatzrestaurant gefeiert, nachdem vorher zu Ehren des Tages leichtathletische Wettkämpfe abgehalten wurden. Die Resultate sind genau aufgezeichnet und zum Teil schon recht beachtlich. Vom anderen Teil des Stiftungsfestes schreibt der Chronist: »Herr Händler hatte freundlicherweise ein vorzügliches Fäßchen aufgelegt, ein anderes Mitglied spendete die nötigen Nahrungsmittel, kurz, es war genügend gesorgt, und das Festkomitee hatte seine Aufgabe glänzend gelöst. Heitere Vorträge von einzelnen künstlerisch-dichterisch angehauchten Mitgliedern wechselten ab mit gemeinsamen Liedern, kurzen resp. langen Ansprachen usw. usw., und spät war's, als die Versammlung teilweise in gehobener Stimmung, die sich verschieden äußerte, den Sportplatz verließ. Dem LBC ein glückliches Jahr, hipp hipp hurra!« Die Zeit um die Jahrhundertwende sieht den Verein in immer festerer Position, Hand in Hand mit tadelloser Geschäftsführung gehen schöne sportliche Erfolge, und die verschiedenen Vereinsberichte geben Kunde von der Autorität, die der geschäftsführende Vorstand im Klub genießt, und von der schönen Disziplin der Mitglieder. Auch vor den Cracks der ersten Mannschaft wird in keiner Weise haltgemacht, denn einige Male werden Spieler der ersten Mannschaft in der Versammlung böse angehaucht, weil sie am Tage vor dem Spiel nicht entsprechend gelebenswandelt haben. Das soll zwar heute auch noch vorkommen, aber im allgemeinen werden diese Rügen jetzt wohl vorsichtiger und gemäßigter angebracht. Geschadet hat es aber früher nichts, weil damals keine noch so große Kanone dem Klub mit seiner Austrittsdrohung konnte imponieren. Es war, wie es scheint, im Gegenteil jeder froh, wenn er weiter mittun durfte, und das war die Frucht des Geistes, der den Klub beherrschte, und der im allgemeinen vorherrschenden vornehmen sportlichen Gesinnung. Als Beispiel dafür sei angeführt, daß lt. Versammlungsprotokoll (es war 1901) die Anmeldung eines der besten Spieler eines anderen angesehenen Leipziger Vereins vorlag. Bevor die Aufnahme in den LBC erfolgte, war beim anderen Verein angefragt worden, ob etwa von dieser Seite Einwände vorlägen. Die Antwort lautete, daß das ganz und gar nicht der Fall sei, der Spieler sei deshalb freiwillig ausgetreten, weil er eine Strafe nicht anerkennen wollte, die über ihn wegen mangelnder Diziplin gegenüber dem Spielführer verhängt worden war. Das genügte, um den LBC die Aufnahme ablehnen zu lassen. Wäre das heute im punktejagenden Fußballsport möglich? Wir LBCer haben gerade im letzten Jahr, wo wir besonders hart um unsere Existenz kämpfen mußten, viel erlebt.

Wie bereits zu Anfang gesagt wurde, erscheint im Jahre 1902 zum ersten Male eine Klubzeitung, die von da ab regelmäßig monatlich herausgegeben wurde. Nur der Krieg brachte darin später eine Unterbrechung, und auch heute macht diese Frage dem Klub wegen der erschreckend hohen Kosten wieder Kopfschmerzen. Es ist wohl überflüssig, über den Wert dieser Einrichtung für das innere Vereinsleben ein Wort zu verlieren, denn die Klubzeitung hat sich jederzeit als wertvolles Bindemittel und Nachrichtenmittel bewährt. Besonders für die Vereinsgeschichte ist sie die lebendige Quelle, und das beste Bild der Weiterentwicklung des Klubs kann man durch deren Lektüre gewinnen. Wir müssen uns damit begnügen, an dieser Stelle in gröbsten Umrissen besondere Ereignisse herauszugreifen, die in der Vereinszeitung ausführlich behandelt sind. Das wären zunächst wiederholte Reisen der ersten Mannschaft nach Kopenhagen, Wien, Budapest, Berlin, Hamburg, Dresden, Jena, Halle, Prag, Breslau, Kassel usw., die größtenteils mit bestem sportlichen Erfolg begleitet waren. Auch englische Berufsspieler- und Amateurmannschaften (Southampton, Celtics) hatten wir zu Gaste.

FC Lipsia 1893 Leipzig
Hauptsächlich waren es einige Lehrlinge und junge Gehilfen der Mechanischen Werkstatt von Poller, die sich mit einigen Freunden und Schulkameraden am 1. Februar in der Gastwirtschaft »Zur Mühle« in Gohlis zusammenfanden und den ersten Leipziger Fußballklub gründeten, der den Namen »Lipsia« erhielt. Von den Gründern sind zu nennen: Ewald Anton, Alex Westeroth, Otto Thebus (gest. 1912), Kurt Häußler (gef. 1916), Arthur Paasche (gest. 1926), Bernhard Jülich, Georg Hosenberg, zu denen sich kurz danach noch einige andere gesellten. Als Klubfarben wurden zunächst Grün-Weiß-Rot erwählt. In der Zwischenzeit hatte natürlich auch Lipsia Zuwachs erhalten, besonders als 1894 der Gohliser Fußballclub »Germania«, der nur kurze Zeit bestand, sich auflöste. Seine Mitglieder traten fast restlos zu Lipsia über. So war um diese Zeit die Mitgliederzahl schon auf 28 gestiegen, wodurch es ermöglicht wurde, zwei Mannschaften zu bilden und regelmäßig ganze Übungsspiele abzuhalten.

SC Marathon-Westens Leipzig
Auf den Beginn des zweiten Jahrzehnts des 20. Jahrhunderts fiel die Gründung des »Ersten Leipziger Laufsport-Clubs Marathon«. Am 11. Januar 1910 fanden sich im Restaurant Grüne Aue, L.-Schleußig, 6 junge Leutchen zusammen und gründeten obigen Verein.

Als Gründer nennt die Geschichte folgende Namen: Kurt Naundorf, Otto Kunzemann, Alfred Karte, Otto Geidel, Kurt Geidel und Paul Schilde, von denen die letzten beiden noch heute dem Verein angehören. Als Übungsbahn wurde der Cottaweg benutzt. Umkleideräume waren Luxus. Die Oberkleidung wurde unter Obhut einiger Passiven auf der Wiese links des Cottaweges verstaut. Doch sollte dieses bescheidene Vergnügen nicht lange dauern. Durch Ratsverbot mußte die Übungsstätte preisgegeben werden. Man half sich und siedelte nach der sogenannten Linie im Nonnenholz über. Der Kinderspielplatz am Jahnsteg diente als Umkleidelokal. Im steten Wechsel von Kommen und Gehen der Mitglieder fristete die Neugründung bis zur Saison 1911 ihr Dasein. Erst durch Zuwachs einiger Mitglieder anderer Vereine, die sich ausschließlich der Leichtathletik widmen wollten, kam eine Wendung in das Vereinsleben. Klubwettkämpfe mit dem Rivalen Komet sowie Fahrten nach auswärts, vor allem nach Meerane, Zwickau, Chemnitz usw., festigten die Mitglieder untereinander und trugen dazu bei, den Klub sportlich und auch geschäftlich vorwärtszubringen. Er erwarb Heimrecht auf dem Leipziger Sportplatz und gliederte sich dem Verband Mitteldeutscher Ballspielvereine an. Dank der nunmehr besseren Übungsgelegenheit und der größeren Konkurrenz innerhalb der Verbandsvereine entwickelte er sich sehr rasch. Weitere nationale Veranstaltungen in den Jahren 1912, 1913, 1914, unter deren Wettbewerben besonders das von allen besten Läufern der langen Strecke gern besuchte Laufen und Gehen »Quer durch Leipzig« hervortritt, trugen viel zur weiteren Entwicklung bei. Auch sportlich wurde Schritt gehalten. Gaumeisterschaften wurden errungen, und besonders die Erfolge im damaligen Großstaffellauf Zwenkau-Leipzig überzeugten von der eifrigen Arbeit. 1914 wurde die unermüdliche Arbeit mit 2 Mitteldeutschen Meisterschaften belohnt, welche der allen Marathonern unvergeßliche Willy Ludwig für die schwarz-weißen Farben erringen konnte. Der in der Nachkriegszeit einsetzende Hochbetrieb im Sport machte sich auch bei Marathon bemerkbar. Die Mitgliederzahl stieg eminent. Die vorhandene Leichtathletikanlage und der dem Verein zur Verfügung stehende Spielplatz reichten kaum aus, um die sporttreibenden Mitglieder aufzunehmen. Durch günstigere Einteilung des hinteren Sportplatzgeländes wurde Rat geschafft, und es entstanden 2 neue Spielplätze, welche von Marathon benutzt werden konnten. Mit diesen Plätzen war nunmehr der Verein in der Lage, seinen Sportbetrieb zu erweitern. Das Prinzip des reinen Leichtathletik-Vereins wurde geändert. Durch Aufnahme des Fußballspiels und des Stockballspiels wurde aus dem Leichtathletikverein ein moderner Sportverein. Während die Fußballer sich nicht in besonderer Weise durchsetzen konnten, erfaßten die Stockballspieler die Zeit des allgemeinen Aufbaues und konnten sich dank der leichtathletischen Durchbildung seiner Anhänger bald zur ersten Klasse emporarbeiten. Mit Einführung des Boxsportes in Deutschland war es in Leipzig wiederum der Sportclub Marathon, der den Wert dieses Sportes erkannte und sich für dessen Verbreitung einsetzte. Unter Leitung von Reinken verfügte er in kurzer Zeit über eine Kampfmannschaft, die weit über die Gebiete des Gaues Nordwestsachsen bestens bekannt war. Schmöcker, Dörfer, Heßler, Theuerkauf, Wagner, Katzmarek und Kathner haben lange Zeit Marathons Farben bestens vertreten. Bedeutungsvoll war 1923 deshalb, weil sich in diesem Jahre die glückliche Vereinigung mit dem Sportclub des Westens vollzog. Ein neuer Geist durchblutete den Verein. Der Fußballsport bekam ein anderes Gesicht. Mit der Vereinigung kam Marathon in die 1b-Klasse der Gauvereine. Damit war er mit allen von ihm gepflegten Sportarten in der ersten Klasse vertreten. Vom Tage der Vereinigung ab marschierte der Verein unter dem Namen Marathon-Westens e.V. Als Gründungsjahr wurde das ältere angenommen, und zwar das des SC Westens 1906.

Im Jahre 1906 gründete sich im damaligen Restaurant »2 Linden« an der Frankfurter Straße der Fußballklub Wettin. Seine Gründer sind Kurt Jörg, W. Böselt, R. Stengel, H. Piel, Brosmann, Kröber, Hagemann. Unter diesen finden wir noch heute im Verein die Herren Piel, Kröber, Benkenstein, K. Stengel, Böselt. Als Spielwiese wurde das Gelände rechts vom Cottaweg benutzt. Auch im Westens war es zähe, zielbewußte Arbeit einer Reihe von jungen Leuten, die aus sehr kleinen Anfängen heraus einen Fußballklub erstehen ließen, welcher sich sehr bald einen achtbaren Platz in der zweiten Klasse des Gaues Nordwestsachsen erspielte. Die treue Kameradschaft seiner Mitglieder sicherte ihm manch schönen Erfolg und manche Meisterschaft seiner Klasse. Von bekannten Spielern aus seinen Reihen nennen wir Fritz Hentzschel, welcher mehrere Male in Leipzigs Städteelf mitspielte und auch in der Kronprinzenmeisterschaft mitwirkte. Auch Wettins Weiterentwicklung wurde durch den Weltkrieg unterbrochen. Durch Einberufung aller seiner Mitglieder mußte der Sportbetrieb eingestellt werden. Nach Kriegsende waren es auch hier wieder die alten Gründer und vor allem H. Piel, welche die Arbeit wieder aufnahmen. Den Zeitverhältnissen Rechnung tragend, löschte man den Namen Wettin und nannte sich Sportclub des Westens. Mit Aufnahme der Leichtathletik und des Boxens wurde hier aus dem Fußballclub ein Sportclub. Durch die besondere Arbeitsfreude der Mitglieder B. Krause, H. und W. Müller, Gebrüder Stengel, F. Hentzschel, M. Starke, M. Kunze, von den Aktiven Höhne, Schräber usw., konnte Westens bald an seine Erfolge anknüpfen und mit seiner ersten Mannschaft in die 1b-Klasse aufsteigen. 145 Mitglieder, darunter über 90 Aktive, spielten in 5 Herren- und 2 Knabenfußballmannschaften. Ein kleiner Kreis Leichtathleten scharte sich um die Herren W. Böselt, welcher den Verein bereits in den Vorkriegsjahren bestens vertreten konnte und auch international in Dänemark erfolgreich war, Fr. Hentschel, R. Stengel und Hagemann und konnte unter deren Leitung manch schönen Sieg und Platz für den Klub buchen. Der Spielplatz war die Schafwiese, auf welcher Westens mit guten Erfolgen seine Verbandsspiele erledigte. Oft war die 1. Mannschaft nahe daran, in die Ligaklasse aufzusteigen. 4 Jahre hintereinander fehlte es immer nur an einem einzigen Punkte, mit welchem Westens in der Tabelle hinter dem aufrückenden Meister endete. Daß bei solch traditionellem Pech der Gedanke an eine Verstärkung der eigenen Reihen

auftauchte, ist verständlich, und so nahm man den Vorschlag des SC Marathon zur Vereinigung beider Vereine zu einem Ganzen an. Bereits im Juli 1923 wurde die Vereinigung vollzogen. Die erste Mannschaft siedelte nach dem Sportplatz und hoffte dort, verstärkt mit 3 Marathonleuten, sich den Aufstieg zur Liga erspielen zu können. Doch auch hier war es wieder der treubleibende eine Punkt, welcher die Hoffnung zerschlug. 1924 war es BC Olympia Germania, 1925 BC Arminia, welche mit einem Punkte Vorsprung das ersehnte Ziel vor Mawe erreichten. Die jahrelangen Bemühungen der ersten Mannschaft, in welcher sich seit einer Reihe von Jahren besonders die Herren Gebr. Stengel, Gebrüder Müller, Biermann, Schräber, Gustav, Höhne, Hentzschel und Schiller durch eifriges Spielen und Treue zur Mannschaft auszeichneten, waren wieder einmal umsonst gewesen. Die nächstfolgenden Spielserien waren wiederum nicht die glücklichsten für die Fußballer Marathon-Westens' und so mußten sie sich mit einem Mittelplatz in der Abschluß-Tabelle begnügen. Die gute Harmonie zwischen den ehemaligen Westlern und den Marathoner drückt sich am deutlichsten in der gemeinsamen Verwaltung der Vereinsgeschäfte aus, welche einen wohlgeordneten Sportbetrieb unterhält und auch ausreichte, beide Vereine zu einem festen Ganzen zusammenzuschmieden.

Nord-Amicitia Leipzig
Am 3. Dezember 1920 gründeten 12 Sportler des Fußballklubs Preußen L.-Mockau, anläßlich des Übertritts Preußens in den Arbeiter-Turn- und Sportbund, den Sport-Verein »Nord 1920« Leipzig. Nach Aufnahme in den VMBV wurde »Nord« der Klasse 3 zugeteilt und errang im 1. Jahre seines Bestehens die Abteilungsmeisterschaft.

Am 11. November 1921 errang die 1. Herrenmannschaft den Nord-Pokal, gestiftet von einem Gönner des Vereins, ausgespielt durch vier Vereine.

Nach der Spielserie 1922/23 rückte die 1. Herrenmannschaft in die 2b-Klasse auf. Die 1. Herrenmannschaft konnte bis Oktober 1923 zwei Ränge und zwei Diplome gewinnen. Am 15. Oktober 1924 vereinigte sich der »BV Amicitia 21« mit uns, und es wurde der Name »Nord-Amicitia« e.V. Leipzig angenommen. Nach der Spielserie 1923/24 rückte die erste Herrenmannschaft in die 2a-Klasse auf. Am 19. 7. 1925 trat das erstemal unsere 1. Damenhandballmannschaft auf den Plan. Im Sommer 1925 gewannen unsere ersten Herren in Panitzsch einen Pokal. Endspielgegner Panitzsch I konnte mit 6:0 besiegt werden. Die Damenhandballmannschaft errang im Kranzspiel gegen Lipsia 1 einen mühsamen 1:0-Sieg.

Es wurden von unseren Mannschaften noch 1 Kranz, 1 Diplom und 1 Plakette gewonnen. Durch treue Mitarbeit der Mitglieder war es dem Verein möglich, die schwere Inflationszeit zu überstehen, trotzdem das Vereinsgeschick manchmal an einem Fädchen hing. Der Verein zählte 1927 78 Mitglieder.

Ballspiel-Verein Olympia Leipzig e.V.
Olympia ist aus kleinsten Anfängen entstanden. Am 10. Juni 1896 gründeten einige herzhafte junge Leute einen Fußballverein, dem sie den stolzen Namen »Olympia« beilegten und der sich dann bald, bis in die heutige Zeit hinein, diesen Namen mit Recht erobert hat. Von ihnen gehört heute nur noch Gustav Oehmichen dem Verein als Mitglied an. Das erste Klublokal, die »Goldene Kugel« in der Parkstraße, wurde bald mit dem »Deutschen Hof« hinter dem Chausseehaus vertauscht, denn der Spielbetrieb fand ja auf dem Gohliser Exerzierplatz, längs des Pestalozzi-Stift-Gartens, statt, ungefähr da, wo die große Meßhalle stand. Die Spielgeräte mußten damals von den Spielern selbst vom Klublokal nach dem Spielfeld getragen werden, und jeder hatte beim Aufbauen des Feldes mit Hand ans Werk zu legen, ehe das Spiel begonnen werden konnte. Aus Zweckmäßigkeitsgründen wurde später als »Garderobe« ein Keller im Grundstück Nordstr. 57 gemietet (Mietpreis monatlich 5 Mark), das Vereinslokal wurde nach dem »Plauenschen Hof« in der Plauenschen Passage verlegt; nicht lange darauf nach der »Kulmbacher Bierstube«, Hainstraße 3. Es war dies um das Jahr 1900. Der Verein war zu dieser Zeit gesellschaftlich auf einer recht beachtlichen Stufe, Mitglieder wurden etwa 50 registriert, doch die sportlichen Erfolge wollten nicht Schritt halten. Es langte gerade immer zur zweiten Klasse des damaligen Leipziger und dann später Mitteldeutschen Verbandes. Im Jahre 1903 glaubten die führenden Männer mit scharfem Weitblick eine Hebung der sportlichen Leistungen dadurch herbeiführen zu können, daß sie eine Verschmelzung mit dem damals neu auf der Bildfläche erschienenen »Neuen Leipziger Ballspielverein«, der sich aus Mitgliedern des FC »Lipsia« gebildet hatte, zuwege brachten. Der Gedanke war gut, denn die sportlichen Leistungen besserten sich, geeignete Vereinsführer wie Winkler, Bahlke und Hoffmann nahmen die Führung in die Hand, und der Name des Vereins wurde in »Neuer Leipziger Ballspielverein Olympia«, später »Ballspiel-Verein Olympia, Leipzig« umgeändert. Der Spielbetrieb wickelte sich jetzt in der Kasernenweite des damaligen Exerzierplatzes ab; Vereinslokal wurde der »Neue Gasthof«, Leipzig-Gohlis. Von nun an stand auch der Spielbetrieb auf einer weit größeren Basis. 1904 spielte beispielsweise die erste Vereinsmannschaft schon in Teplitz, und bald darauf erfolgte auch der Aufstieg in die erste Klasse des VMBV (Liga gab es damals noch nicht) gelegentlich einer Neueinteilung der erstklassigen Verbandsvereine. Um diese Zeit erschien auch Braun auf dem Plane, und seiner Tatkraft nebst derjenigen Winklers verdankte der Verein seinen ersten eingefriedeten Spielplatz im Rosental an der Marienbrücke, um den er seinerzeit von vielen Leipziger Vereinen mit Recht beneidet wurde. Als erster Leipziger Verein nahm Olympia die sportlichen Beziehungen mit Slavia Prag und Sportclub Pilsen auf. Bereits 1910 trat die Mannschaft die ersten Reisen nach Holland an. Als wichtigstes Ereignis kommt das Treffen im Jahre 1912 gegen die vorzügliche englische Mannschaft »Lancashire Wanderers« auf neutralem Boden in Den Haag (Holland) in Betracht, welches die Engländer knapp mit 3:2 vor 12 000 Zuschauern für sich entscheiden konnten. Im Jahre 1913, als Wasserregulierungsarbeiten den Platz im Rosental vernichteten, schuf der Verein wiederum aus eigener Kraft die weiträumige Platzanlage in Lindenthal. Schade, daß hier der Krieg den Plänen Brauns ein Ziel setzte und alle Opfer an Zeit und Geld infolgedessen umsonst gebracht waren. Die Mitgliederzahl war zu Anfang des Krieges auf etwa 180 gestiegen, von denen etwa 75 Prozent zu den Waffen gerufen wurden. Die wenigen Zurückgebliebenen hielten unter großen Opfern aller Art den Vereinsbetrieb aufrecht. Vorübergehend wurden die Spiele während des Krieges im Sportfreunde-Park zu Leipzig-Connewitz ausgetragen, und im Jahre 1917 wurde mit dem LBC, der ebenfalls stark unter der Einberufung seiner Mitglieder zu leiden hatte, die »Sportgemeinschaft« gegründet. Als nach Beendigung des Krieges die Mitglieder zurückkehrten, erwachte auch wieder neues Leben im Verein. Die Sportgemeinschaft wurde gelöst und ein neuer, allen Anforderungen der Neuzeit entsprechender Platz an der Herloßsohnstraße geschaffen.

Ballspiel-Club Olympia Leipzig-Schleußig
Der Ballspielclub Olympia Leipzig-Schleußig wurde am 5. Juni 1907 gegründet. Wie bei allen Vereinen, die damals entstanden, setzten sich die Mitglieder fast nur aus jungen Leuten zusammen. Hauptsächlich waren es Schüler höherer Lehranstalten und Kaufleute, von denen letztere den geschäftlichen Teil im Verein übernahmen. Schon längere Zeit hatte man »wild« gespielt, bis die Gründung des Vereins feste Form annahm. Geld war natürlich nicht vorhanden, genauso wie heute. Der erste Monatsbeitrag betrug 50 Pfg. und reichte gerade dazu aus, vier Torpfosten und zwei Querlatten anzuschaffen. Der erste Fußball wurde bei Petermann gekauft resp. geborgt. Gespielt wurde zunächst auf dem Platze der alten Schleußiger Schrebergärten, der etwa vor der Schule in der Rochlitzstraße lag. Trotz der Schwierigkeiten, die den Schülern seitens der Schulen gemacht wurden, nahm der Fußballsport bald größeren Umfang an, so daß die Mitgliedschaft des Vereins im Leipziger Fußball-Verband erlangt wurde. Bereits im ersten Spieljahr wurde der BCO Abteilungsmeister der ersten Klasse. Gestützt auf die Erfolge, suchte der BCO um Aufnahme in den Verband Mitteldeutscher Ballspielvereine nach. Nach einem Befähigungsspiel gegen Sportfreunde II, das BCO hoch gewann, wurde er sogleich der zweiten Klasse zugeteilt.

Im VMBV hatte BCO eine sportliche Siegserie nach der anderen nachzuweisen. Der Pol des Ganzen war Edy, später VfB Leipzig, um den sich alles scharte und der auf die anderen Spieler wirkte. Kein Wunder, daß er bald bekannt wurde und als 19jähriger bereits in der Städtemannschaft spielte und dadurch für seinen Verein warb. Der Platz hatte längst den Bedürfnissen nicht mehr entsprochen. Gegen eine verhältnismäßig hohe Pachtsumme war ein Platz am Hochflutgebiet hinter den neuen Schrebergärten gepachtet worden. Mit den Spielerfolgen wuchs die Mitgliederschaft und Zuschauerzahl. Bald wurde gegen mehrere erstklassige auswärtige Gegner gespielt und alle Spiele gewonnen. In der Spielserie 1909/10 wurde BCO Abteilungsmeister der zweiten Klasse. Edy wechselte den Verein, und mit ihm gingen nach und nach die besten Spieler, darunter auch sein Bruder Hansi. Diese Schwächung an Spielern blieb natürlich nicht ohne nachteilige Folgen für die nächsten Spieljahre; die überragenden Ergebnisse blieben aus.

SV Pfeil Leipzig
Der oben genannte Verein wurde am 5. August 1905 von ca. 12 Anhängern des Rasensports in Wahren gegründet. Nach längerem Bemühen gelang es ihm, in den VMBV aufgenommen zu werden, in welchem der Verein in der damaligen 3. Klasse eine achtunggebietende Rolle spielte. Bis zum Kriegsausbruch gelang es ihm, in die zweite Klasse zu kommen, und stand auch im Juli 1914 im Ausscheidungsspiel zur ersten Klasse. In diesen Jahren 1905-14 wurde der Verein von den Herren Heischkel, Hunger, Lier, Schmidt usw. geleitet. Ein Gönner des Vereins stiftete in dieser Zeit einen wertvollen Pokal. An der Pokalkonkurrenz beteiligten sich eine große Anzahl Leipziger Vereine. Sieger wurde der Sportverein Fortuna, welcher in der damaligen Zeit manchen harten Strauß mit Pfeil ausfechten mußte. Infolge des Kriegsausbruches mußte der Verein seinen Betrieb einstellen, da fast sämtliche Mitglieder zu den Fahnen einberufen wurden, und erweckte es tatsächlich den Anschein, daß Pfeil ganz von der Bildfläche verschwinden sollte. In den Jahren 1916/17 machte sich aber doch wieder eine Schar jüngerer Leute an die Arbeit und riefen den Verein zu neuem Leben. Ein besonderes Verdienst war dies s. Zt. von den Herren Schurade und M. Hoffmann. Mit den Erfolgen der ersten Mannschaft nahm der Mitgliederbestand immer mehr zu, was unbedingt zur Folge haben mußte, daß ein Platz gepachtet bzw. gekauft werden sollte. Da infolge der damaligen wirtschaftlichen Verhältnisse von einem Kauf nicht die Rede sein konnte, so wurde in Leipzig-Wahren die sogenannte Spittelwiese am Lunapark mit einer Gesamtfläche von 23 700 qm gepachtet. Der Zustrom zum Verein war ein gewaltiger. Es waren in den Verbandsspielen 5 Herrenmannschaften, 1 Alt-Herrenmannschaft, 2 Jugend- und 4 Knabenmannschaften tätig. Im Jahre 1921 gelang es erstmals dem Verein, die Kreismeisterschaft der 1b-Klasse zu erringen, und 1 Jahr später wurde der Verein der Liga durch Verbandstagsbeschluß eingereiht. Die schönsten Erfolge, die der Sportverein wohl je erzielt hatte, fielen in die Jahre 1923/24. Es wird ein jeder Gönner und ein jedes Mitglied des Vereins mit Stolz an die Tage zurückdenken, wo die erste Mannschaft den Namen »Pfeil« im mitteldeutschen Verbandsgebiet, wenn nicht überhaupt im Deutschen Fußballbund, bekannt gemacht hat. Auch wurden Spieler in Repräsentativspielen des Gaues Nordwestsächsen herangezogen, und zwar Paul Hoffmann, Edwin Klopsch, Georg und Martin Kuntze, Richard Lasse, Walter Bergmann und Alfred Korn. Große Erfolge erzielte die erste Mannschaft in Bielefeld, Osnabrück, Mönchen-Gladbach, wo eine Städtemannschaft mit 3:4 geschlagen wurde. Es sind schöne Zeiten gewesen, die der Verein durchgemacht hat, und dann kam das bittere Ende. Durch Differenzen innerhalb der ersten Mannschaft, innerhalb der Verwaltung, konnte in den letzten Monaten der Verbandsspielzeit 1924/25 nicht die Punktzahl erreicht werden, um sich in der Liga zu halten, das Ausscheidungsspiel gegen Markranstädt ging unverdient 2:1 verloren, und der Verein mußte den Abstieg in die erste Klasse antreten. Mit dem Abstieg kehrte fast die gesamte 1. Mannschaft dem Verein in höchst unsportlicher Weise den Rücken, und auch sonst machte sich ein Abgang von Mitgliedern bemerkbar.

SC Phönix Leipzig
Der Sportclub der Leipziger Gasthausgesellschaften, Sportclub Phönix, wurde am 22. Februar 1921 gegründet. Der Mitgliederbestand am Gründungstage war 22. Gleichlaufend mit seiner Gründung hatte in Leipzig ein zweiter Sportclub der Gasthausangestellten mit Namen »Sportclub Astoria« Spielberechtigung, dem es jedoch infolge seiner eng begrenzten Mitgliederschaft nicht gelang, seine Existenzberechtigung zu erhalten; da nach und nach die Besten von ihm abgingen und Zugang fehlte, wurde er im Jahre 1922 aufgelöst, der größte Teil seiner Anhänger ging traditionsgemäß zu dem damaligen SC Ganymed über. Der Spielplatz des SC Ganymed war in den Jahren 1921 bis 1922 die von der Stadt bereitgestellte Nonnenwiese. Nach diesem Zeitpunkt wurde die Spielwiese Waldhof in Leipzig-Möckern benutzt. Im Laufe des Jahres entspann sich auch außerhalb Leipzigs eine größere Diskussion darüber, zu versuchen, die gesamten Sport-Vereine des Gastwirtsgewerbes unter eine einheitliche Leitung zu bringen, welche man die Hota-Sport-Bewegung nannte, aber schon auf dem 1. Kongreß 1924 zu Dresden wurden wir durch die Referenten überzeugt, daß die Bestimmungen, die der Hota-Sport-Verband zu seinen Satzungen machen wollte, nicht zum Wohle des SC Phönix sein konnten, da sie unter anderem eine strenge Anlehnung an eine im Gastwirtsgewerbe vorhandene Gewerkschaft wünschten. Diese Zeit der Hota-Bewegung war gleichzeitig eine schwere Krisenzeit für unseren Verein, da die Mitglieder geteilt dieser Anschauung huldigten und es darüber bald zur völligen Auflösung des Vereins gekommen wäre. Nur dem energievollen Durchhalten des damaligen Gesamtvorstandes verdankt der Verein sein Bestehen. Gleichzeitig wurde in der Generalversamm-

lung von 1922 eine Umänderung des Namens in Sportclub Phönix beschlossen und öffentliche Kundgebungen erlassen, daß wir in jedem Fall nur gewillt wären, den Verbands-Interessen zu dienen und als neutraler Verein uns von keiner Gewerkschaft abhängig zu machen. Von dem Waldhof L.-Möckern aus mußte der Verein abermals seinen Spielplatz wechseln, und er bezog die Schafwiese in Leipzig-Lindenau, welche zu dieser Zeit nur ein Spielplatz in den primitivsten Maßen war. Erst nach und nach wurden durch gemeinschaftliches Vorgehen mit dem Arbeiter-Turn- und Sportbund West 03 einigermaßen gesunde Platzverhältnisse geschaffen, auch für eine ordnungsgemäße Plankierung sowie Tore wurde gesorgt. Das Werk krönte ein im Jahre 1926 fertiggestelltes Unterkunftshaus.

Spielvereinigung 1899 Leipzig

Es war zu Anfang des Jahres 1899, als der damalige Vorturner des Allgemeinen Turnvereins zu Leipzig-Lindenau, Herr Oskar Irmischer, die Anregung gab, auch im ATV L.-Li. eine Spielabteilung zu gründen, wie sie schon im ATV zu Leipzig bestand. Am 15. Februar 1899 traf sich dann Herr Irmischer, nachdem er vorher über seine Absicht mit verschiedenen Turnvereinsmitgliedern Fühlung genommen hatte, mit noch etwa sechs Vorturnern und Turnern des ATV L.-Li. im Restaurant seines Vaters, Ecke Merseburger und Queckstraße in Lindenau, um die Gründung der wiederholt besprochenen Spielabteilung vorzunehmen. Man kam, da der gemeinsame feste Wille dazu vorhanden war, schnell zum Ziele und gründete die »Spielvereinigung des Allgemeinen Turnvereins zu Leipzig-Li.« mit dem Zwecke, durch sie im Turnverein die turnerischen Spiele zu pflegen und zu fördern. Als solche Spiele kamen in Betracht Faustball, Schlagball, Ballhoch, Dreimannhoch usw., und erst in letzter Linie dachte man an Fußball. Herr Irmischer wurde zum Vorsitzenden gewählt, und er leitete den nunmehr einsetzenden Spielbetrieb. Er beschränkte sich zunächst hauptsächlich auf die zuerst genannten rein turnerischen Spiele, und nur ab und zu wurde auch Fußball gespielt, und zwar auf dem Turnplatze. Als Tor, denn es wurde nur mit einem »Tore« gespielt, benutzte man den Zwischenraum zweier Bäume; jedoch war immer beim Fußball die Teilnehmerzahl bedeutend stärker als bei den anderen Spielen, denn es hatte jedes Turnvereinsmitglied das Recht, an den Spielen der Abteilung sich zu beteiligen, ohne ihr angehören zu müssen, da die Spielgeräte vom Turnverein gestellt wurden. Wie die alten Spielstatistiken nachweisen, verdrängte der Fußball, der vornehmlich Interesse bei den jugendlichen Turnern fand, bald die anderen Spiele. Man sah diesem zu einseitigen Spielbetriebe von turnerischer Seite mit weniger Wohlgefallen zu, denn der Fußball fand nicht nur damals bei den älteren Turnern wenig Gegenliebe, sondern er war im allgemeinen verpönt. Aber die Jugend ließ sich dadurch nicht beirren, sondern schloß sich gerade wegen des Fußballs der Spielvereinigung an; diese kaufte sich nun selbst einen Fußball und wurde ein geschlossenes Ganzes, indem jeder Mitspieler nun auch zahlendes Mitglied von ihr sein mußte. Herr Irmischer als Leiter der Abteilung setzte sich mit größerem Weitblick über die Schranken, die man der Abteilung ob des einseitigen Fußballspiels von vorgesetzter turnerischer Seite aufzuerlegen versuchte, hinweg und ließ die Jugend gewähren. Der Erfolg davon zeigte sich in einem schnellen Anwachsen der Mitgliederzahl, und bereits im Frühjahr 1900, nachdem man sich inzwischen auch die Fußballregeln verschafft hatte, wurde das erste richtige Fußballwettspiel mit zwei vollen Mannschaften ausgetragen in der Spielkleidung, bestehend aus kurzer, weißer Hose mit weißem Hemd und etwas später dazu noch roter Schärpe. Erwähnt sei hierbei, daß, wie das Fußballspiel selbst, so auch die kurze Hose im allgemeinen mehr Anstoß als Gefallen erregte, und es war nicht leicht für die junge Schar, sich gegen die öffentliche Meinung mit ihrer abfälligen Kritik durchzusetzen. Als Spielplatz wurde nunmehr die sogenannte Schildwiese benutzt, die zwischen der Turnhalle des ATV und dem Charlottenhof lag; wo jetzt die 42. Volksschule steht. Leider ging dieser bequeme und billige Spielplatz, den man einfach für sich in Anspruch genommen hatte ohne jegliche Erlaubnis und noch viel weniger Bezahlung, bald wieder verloren, da der Schulbau begann. Die Spielvereinigung wandte sich deshalb an die Leipziger Westend-Baugesellschaft um Überlassung des Geländes gegenüber der Spielwiese – zwischen der Rietschel- und jetzigen Ottostraße gelegen – zur Fortsetzung ihres Spielbetriebes. Gegen eine jährliche Entschädigung von 60 Mark wurde die Erlaubnis zur Benutzung dieses Geländes als Spielplatz erwirkt. Der Platz war zwar nicht besonders geeignet, und es bedurfte großer Vorrichtungsarbeiten, um ihn nur einigermaßen zu einem Fußballspielfeld brauchbar zu machen. Das war im Jahre 1900. Dieser Platz war nun die grundlegende Entwicklung der jetzigen Spielvereinigung. Auf dem neuen Platze begann der Verkehr mit den Spielabteilungen zunächst der anderen Leipziger Turnvereine, wie Volkswohl, Turnspielverein und ATV Leipzig, dem dann auch Wettspiele mit Leipziger Fußballvereinen folgten, und zwar mit FC Lipsia, FC Vorwärts, Leipziger Ballspiel-Club, FC Sportfreunde und andere.

Von bekannten Namen der ersten Wettspielmannschaft der Spielvereinigung seien hier genannt: W. Hornauer, Storch, Scheffler, Athner, Rich. Scholz, Kölzner, Knauff, Schlesiger, Beer usw. Die schnelle Entwicklung der Spielabteilung führte dazu, daß sie sich Ende des Jahres 1903 vom ATV L.-Li. trennte und sich unter dem Namen »Spielvereinigung L.-Li.« auf eigene Füße stellte. Bis dahin hatten die »Lindenauer Turner«, wie man zu sagen pflegte, »wild« gespielt. Die Spielvereinigung trat nunmehr, Anfang 1904, dem damaligen Verband Leipziger Ballspielvereine bei und wurde ob ihrer Spielstärke, die sich aus den erzielten Resultaten in

Wettspielen gegen Wacker II, VfB II, Sportfreunde II, Britannia I, Vorwärts I usw. ergab, in die erste Klasse dieses Verbandes eingereiht. Bereits im ersten Verbandsspieljahr stand die Spielvereinigung mit ihrer ersten Mannschaft an der Spitze.

Leipziger Sportfreunde 1900
Sommer 1899 war es, als Walter Weber zum Geburtstag einen Fußball als Geschenk erhielt. Mützen oder 2 Ziegelsteine bildeten das Tor, und regelmäßig wurde bis zur Dunkelheit Torverteidigen geübt. Die Zahl derer, die sich daran beteiligten, wuchs, und schließlich fanden sich unter den Gästen auch solche ein, die, wie z. B. Arthur Beyer, der ehemalige Mittelstürmer der Thomasschule, schon etwas konnten. Da inzwischen die Spielerzahl erreicht war, so bildete sich eine Mannschaft und betitelte sich mit dem ominösen Namen »Germany«. Die Klubsitzungen fanden je nach Bedarf in einer Wäschebude auf einem Trockenplatz statt, wobei der Kapitän den Vorsitz führte. Nach mehreren Wochen war man schon soweit und gründete in »Grafes Restaurant« den »Fußballclub Sportfreunde«. Unter den Anwesenden befand sich u. a. Max Graefe. Aus diesen Anfängen heraus, unter zielbewußtem wackeren Vorwärtsstreben, unter unbeirrt unermüdlicher Überwindung all der mannigfachen Widerstände und Hemmnisse äußerer und innerer Art, vermochte die unentwegte junge Gründerschar, die sich meist aus Schülern höherer Lehranstalten zusammensetzte und von denen eine Reihe ihren Farben ihre alte Treue bewahrt hat, ihrem jungen Verein den Platz zu erkämpfen, auf dem er sich ehrenvoll zu behaupten vermochte. Im Jahre 1904 schloß er sich dem VMBV an und heftete durch seinen aufsehenerregenden Sieg über den damals berühmten Mittweidaer Ballspielclub das erste Ruhmesblatt in seine Annalen. Einen bedeutenden Aufschwung nach innen und außen brachten dem Verein die Jahre, während deren er sein sportliches Standquartier auf dem Sportplatz aufschlug. Die Mitglieder- und Anhängerzahl stieg sprunghaft. Die Spiele seiner ersten Mannschaft mit dem vielfachen Internationalen Walter Hempel wurden zu bedeutenden sportlichen Ereignissen. Im Jahre 1912 erfolgte dann die Gründung des eigenen und die Fertigstellung der vorbildlichen Platzanlage an der Meusdorfer Straße. Von sportlichen Höhepunkten während der Folgejahre seien nur die glänzenden Ergebnisse gegen die Northern University-Mannschaft 1:1, gegen den deutschen Meister 1. FC Nürnberg 2:2 im Sommer 1919 in Süddeutschland, gegen den Hamburger Meister Victoria 2:2 im Frühjahr 1920 und gegen die Budapester Törkves 0:0 ebenfalls 1920 erwähnt.

SV 1899 Leipzig
Der FC »Britannia« von 1899 ist am 30. August 1899 von folgenden sportliebenden Mitgliedern gegründet worden: Willy Burkhardt, Rudolf Pfeifert, Gustav Krauß, Alfred Krauß, Walter Bönning, Ernst Krause, Hugo Engelmann, Fritz Runkel, Paul Findeisen, Andreas Lupfer, Hugo Flohver, Reinhold Grimmer, Hermann Schönherr und Willy Stephan. Ein Fest war es jedesmal, wenn die bunte Schar zu einem Spiel gegen einen auswärtigen Verein die Vaterstadt Leipzig verließ. Und das geschah in der alten »Britannia« recht oft, denn der Verein hatte auch außerhalb Leipzigs gar bald einen guten Namen. So gelang im Jahre 1912 der Aufstieg in die 1. Klasse, der aber gar bald durch fehlerhaftes Arbeiten der Vereinsleitung eingebüßt wurde. Bis zum Jahre 1914 hatte sich der Verein von diesem Mißgeschick recht gut erholt und stand bei Ausbruch des Weltkrieges auf sportlich recht hoher Stufe. Die meisten Mitglieder eilten in den Augusttagen des Jahres 1914 zu den Waffen, nur wenige, zumeist jüngere Mitglieder, sorgten für die Fortsetzung des Sportbetriebes. Für den Verein war es in Anbetracht dieser außergewöhnlichen Verhältnisse ganz gewiß keine Schande, daß der damalige erste Vorsitzende die Verhandlungen mit dem »FC Hertha 05« wegen gemeinsamer Errichtung eines Sportparkes am Prießnitzbad in Leipzig-Lindenau nach deren Scheitern in Verschmelzungsverhandlungen beider Vereine überführte. Daß dieser Zusammenschluß, der aus zwei Vereinen, die nicht immer im Schatten stehen wollten, erfolgte, muß vor allen Dingen den damaligen beiden Vorsitzenden der Vereine verdankt werden. Für einen der beiden Vereine, in diesem Falle »FC Hertha 05«, war es auch gewiß keine allzu große Bürde, den Verein als solchen aufzulösen und fast geschlossen dem »FC Britannia« beizutreten. An und für sich hatte der »FC Hertha 05« den Weltkrieg besser überwunden als die alte »Britannia«, und daraus erklärt sich wohl auch die neue Aufwärtsbewegung der Vereinigten. Der »FC Hertha 05« hatte seinen alten Namen »FC Hohenzollern 05« nach Beendigung des Krieges abgelegt. Gegründet wurde dieser Verein am 1. Juli 1905, also sechs Jahre später als die »Britannia«, von sieben Unentwegten, die zum größten Teil dem Verein bis zur Gegenwart die Treue gehalten haben. Unter den selben Umständen wie die alte »Britannia« hatte sich auch »Hohenzollern« durch die Vorkriegszeit geschlagen, elf Freunde in jeder Mannschaft, unermüdliche Vereinsleiter und einen guten Nachwuchs in der Jugendabteilung. Wenn auch oben schon erwähnt wurde, daß dieser Verein in bezug auf die Mitgliederzahl den Weltkrieg besser überstanden hatte als der Stammverein, so darf nicht unerwähnt bleiben, daß gerade die erste Mannschaft dieses Vereins durch die Gefangenhaltung von Mitgliedern recht erheblich geschwächt war. Zur Zeit der Verschmelzung beider Vereine hielten sich aber die ersten Mannschaften so ziemlich die Waage; die nach der Verschmelzung beider Vereine zusammengestellte Mannschaft verstärkte sich aber gegenseitig um so mehr. Trotz kleiner unvermeidlicher Reibungen gedieh der Verein aber zu hohem Ansehen; erinnert sich nicht jedes Mitglied der großartigen Siegesserie der damaligen ersten Mannschaft, die sich unaufhaltsam den zweiten Platz in der Spieltabelle erkämpfte?

Das Vereinsheim des SV 1899 auf dem sogenannten »99er« an der Merseburger Landstraße.

Dann kam die Krönung des zielstrebigen Kämpfens: der Aufstieg in die ehemalige Ligaklasse, durch zwei Befähigungsspiele recht deutlich zum Ausdruck gebracht. Unter großen Opfern hatte die Vereinsleitung nach jahrelangen Bemühungen eine eigene Sportanlage geschaffen, die von den Mitgliedern immer weiter ausgebaut wurde. Die Finanzierungsfrage lastete fast unerträglich auf den Vereinsangehörigen; von keiner Seite wurden dem Verein irgendwelche Unterstützungen gewährt. Von der sportlichen Höhe wurden die Mitglieder herabgerissen durch den Fortgang bewährter Mitglieder, die nicht das letzte, die finanzielle Entbehrung in der anhaltenden Geldentwertung, mitmachen wollten. Vollwertiger Ersatz war nicht so bald gefunden. »Britannia« hatte sich wieder einmal, wie leider so oft, als Lieferant für Spielergrößen hergeben müssen.

Polizei-Sportverein 1921 Leipzig

Der Verein wurde im September 1921 von einigen sporttreibenden Angehörigen der damaligen Landessicherheitspolizei ins Leben gerufen. Seine wenigen Mitglieder betrieben in der Hauptsache Fußball. Die junge Vereinigung trug gegen die Mannschaften der einzelnen Hundertschaften Wettspiele aus und trat auch mit Zivilsportvereinen in sportliche Beziehungen. Leider dauerte dieser Zustand nicht lange an, denn nach dem Weggange des Begründers trat ein gewisser Stillstand ein, und der Verein glich nur noch einem kümmerlichen Pflänzchen, dem die rechte Lebenskraft fehlte. Erst nach der Versetzung des Pol.-Oberw. Wähner von der Schutzpolizei Kiel nach Leipzig kam wieder Leben in den Sportverein. Wähner hatte es verstanden, die in Preußen gesammelten Erfahrungen in der richtigen Weise anzuwenden und zu verwerten. Durch Zuzug aus anderen Standorten hatte der Verein im Herbst 1922 eine Reihe guter Sportsleute aufzuweisen. Zunächst erfolgte auf Betreiben einzelner Mitglieder der Anschluß an den Arbeiter-Turn- und Sportbund, um für die weitere sportliche Tätigkeit eine gewisse Grundlage zu schaffen. Diese Maßnahme erwies sich aber bald als ein großer Fehlgriff, denn zahlreiche Abmeldungen und ungenügende Betätigung waren die Folge. Nach einer halbjährigen Zugehörigkeit zum Arbeiter-Turn- und Sportbund erfolgte im April 1924 der Austritt. Der Erfolg dieses Schrittes trat sehr bald in Erscheinung, denn viele, die damals dem Verein den Rücken gekehrt hatten, schlossen sich ihm wieder an. Bereits im August desselben Jahres erfolgte der Anschluß an den VMBV, und ein neuer Geist und frischer Zug wehte durch den Verein, und auch von seiten seiner Dienststelle fand er die größte Unterstützung. Mit zwei Fußball- und zwei Handballmannschaften, einer Schlagball- und Knabenhandballmannschaft sowie drei Faustballmannschaften wurde der Spielbetrieb aufgenommen. Wenn auch nicht alles nach Wunsch ging, so konnte man doch mit der Vereinsleitung zufrieden sein.

Stern Leipzig-Knautkleeberg
Der Verein wurde am 15. 2. 1912 unter dem Namen »Fußball-Abteilung des Allgemeinen Turnvereins Knautkleeberg« als Unterabteilung desselben gegründet. In den außerordentlichen Versammlungen am 16. und 21. November 1923 beschlossen die Mitglieder, aus dem Turnverein auszutreten, und erklärten sich als selbständiger Verein unter dem Namen »1. Fußball-Club Knautkleeberg-Knauthain 1912«. Nachdem der Sport immer weitere Interessenten und Anhänger fand, machte es sich nötig, daß als weitere Abteilungen der Hockeysport und besonders auch die Leichtathletik aufgenommen wurden. Aus diesem Grunde mußte der Verein abermals seinen Namen ändern und wurde am 3. 9. 1924 als »Sportverein Stern Knauthain« neu gegründet.

Sportvereinigung e. V. Leipzig
Die Sportvereinigung Leipzig e. V. verdankt ihr Entstehen der Kurzsichtigkeit der s. Zt. leitenden Männer im ATV Schönefeld bzw. der schon damals vorhandenen besonderen Eigenart der Deutschen Turnerschaft, die lange vor dem Kriege noch viel weniger als heute vom Sport und besonders dem Fußballsport wissen wollte. Frohgemut, dem jugendlichen Drange folgend, ließen sich 20 Turner in ihrem Bestreben nicht halten und hoben kurzerhand am 9. 11. 1910 einen weiteren Sportverein aus der Taufe. Schon nach Jahresfrist zählte man 50 Mitglieder, und da nunmehr zwei Mannschaften einen geordneten Spielbetrieb verlangten, erfolgte im Jahre 1911 die Anmeldung, am 28. 2. 1912 die Aufnahme im VMBV und am 15. 7. 1912 die Einreihung in die 4. Klasse des Gaues NWS. Selbstverständlich wurde nach Kriegsschluß sofort der Spielbetrieb wieder aufgenommen, jedoch war der bisher benutzte Spielplatz nicht mehr freizubekommen. Es wurde aber nicht nur rührig mit allen Kräften am Neuaufbau des Vereins gearbeitet, sondern auch für die brennende Platzfrage bald eine befriedigende Lösung gefunden. Am 16. 10. 1919 konnte der Spielbetrieb auf dem eigenen, eingezäunten Platz an der Wollkämmerei aufgenommen werden. Der Verein blieb aber auch sportlich auf der Höhe. Aus den vom Gau veranstalteten Befähigungsspielen erfolgte allerdings erst im zweiten Gange der Aufstieg in die 2. Klasse.

Spielvereinigung Süd Leipzig
Die »Spielvereinigung Süd« Leipzig gründete sich unter dem Namen »Fußballclub Süd 13« am 1. Mai 1913 und gehörte mit diesem Tage dem VMBV an. Leider mußte der Verein nach kurzer Spieltätigkeit infolge Ausbruches des Krieges seinen Betrieb vorübergehend wieder einstellen, da fast sämtliche aktiven Spieler eingezogen wurden. Nach Beendigung des Krieges wurde der Spielbetrieb wieder aufgenommen, und schon im Jahre 1920 erkämpfte sich die erste Elf die Abteilungs-Meisterschaft der damaligen 3. Klasse und stieg somit zur 2. Klasse auf. Im Jahre 1922 vereinigte sich der »Fußballclub Süd 13« mit der »Sportvereinigung 22« und im Jahre 1926 mit der Spielvereinigung Dölitz, so daß der damalige »FC Süd 13« unter »Spielvereinigung Süd« spielte.

SV Sturm Leipzig-Leutzsch
Der »SV Sturm« ging aus der am 24. 5. 1910 gegründeten Spielabteilung des Turnvereins Leutzsch hervor. Um diese Zeit fehlte bei den alten Turnern noch jegliches Verständnis für Spiel und Sport. Mit Mühe und Not gelang es der ca. 30 Mann starken Abteilung, sich über Wasser zu halten. Erst im Jahre 1912, als die der 2. Turnerklasse angehörige 1. Elf den Regimentsmeister 77. Art.-Rgt. mit 3:1 sowie den spielstarken MTV Lindenau mit 2:1 besiegte, wuchs das Interesse der Alten. Die Mitgliederzahl verdoppelte sich. 1913 gelang der größte Wurf! Der denkwürdige 4:1-Sieg gegen Stötteritz brachte die Meisterschaft der 2. Klasse und somit den Aufstieg in die 1. Klasse, die der jetzigen 1b-Klasse im VMBV entsprach. Trotzdem errang die 1. Elf die Gaumeisterschaft der 1. Klasse in diesem Jahre. Das Jahr 1916 zwang den Verein, infolge immer mehr ins Feld ziehender Aktiver den Spielbetrieb vollständig einzustellen. Als im November 1918 das Völkerringen beendet war, fing auch die Spielabteilung im Turnverein Leutzsch trotz Verlustes sechs ihrer Besten an, den Spielbetrieb wieder aufzunehmen. Schon das Spieljahr 1919 sah die erste Elf wieder in Front. Nur ein unglückliches Unentschieden gegen Großzschocher (jetzt Blauweiß) kostete die Gaumeisterschaft und sah uns nur als Tabellenzweiten. Die Spielserie 1921/1922 sah uns in der 3. Klasse des Gaues Nordwestsachsen. Ungeschlagen beendeten wir unsere 18 Verbandsspiele! Wie groß war aber die Enttäuschung, als uns nach Beendigung der Verbandsspiele (!) sämtliche Punkte abgesprochen wurden. Ein Versehen des Schriftführers, der einen der ältesten im Verein tätigen Spieler nicht gemeldet hatte, brachte uns um die Früchte dieser Siegesserie.

SV Süd-Ost Leipzig
Der Sportverein »Süd-Ost« wurde am 1. 5. 1921 gegründet. Er ging aus der Spielabteilung der »Leipziger Turnerschaft Süd-Ost« hervor. Seine eigentliche Gründung erfolgte also schon vor dem Kriege, und zwar 1910. Erst durch die Loslösung von der Turnerschaft Süd-Ost, die am 1. 5. 1921 stattfand, beschloß die Mitgliederversammlung die Fortführung des Spielbetriebs als »Sportverein Süd-Ost«. Mit insgesamt 35 Mitgliedern schloß sich der Sportverein nach seinem Ausscheiden aus der Turnerschaft »Süd-Ost« dem VMBV an und spielte in der 3. Klasse des Gaues NWS. Durch die Loslösung von der Turnerschaft stieg die Mitgliederzahl schnell auf etwa 100 Mann, bis der Verein im Jahre 1923 in seiner Entwicklung stark erschüttert wurde. Ein Antrag in einer außerordentlichen Versammlung, der Sportverein wolle sich dem Arbeiter- Turn- und Sportbund anschließen, fand genügend Unterstützung, und die Mehrzahl der Mitglieder verließ den Verein,

gründete einen »Sportverein Thonberg« und trat als solcher dem Arbeiter-Turn- und Sportbund bei. Die übrigen Mitglieder blieben dem Sportverein »Süd-Ost« treu und arbeiteten am Wiederaufbau. Heute hat der Verein 88 Mitglieder. Die Mannschaften spielten mit wechselndem Erfolg, wiederholt errang die 1., 2. und auch 3. Mannschaft die Gaumeisterschaft, und auch die Klassenmeisterschaft wurde vom Verein einmal geholt. Den Aufstieg in die 2a-Klasse erkämpfte der Verein im Jahre 1926. Mit 3 Herren- und 1 Knabenmannschaft nimmt der Verein an den jetzigen Punktspielen teil.

SV Tapfer Leipzig
Ein heißer Julitag des Jahres 1906 neigte sich zu Ende. Niemand achtete auf eine kleine Gruppe junger, kaum dem Knabenalter entwachsener Leute, die in einer Gartenlaube in der Nähe des Ratskellers eine sichtlich ernste angeregte Besprechung hatten. Und doch erwies sich diese nirgends bemerkte Zusammenkunft mit der Zeit als ein Akt wachsender Bedeutung, denn – heute wissen wir – in jener Stunde vollzog sich die Gründung unseres Vereins durch ein Häuflein junger wagelustiger Männer, die die Pflege des kaum gekannten Fußballspiels zu ihrer Aufgabe erhoben. Als Spielplatz kam selbstverständlich kein anderer als der im Jahre vorher vom Rate der Stadt Leipzig angelegte und noch heute benutzte – Kohlstücke benannte – Fußballplatz in Frage, und man sah dort bald die junge Schar an freien Abendstunden oder Sonntagnachmittagen eifrig am Üben. Zur Spielkleidung verwendete man ein blaues Hemd mit schräg von der linken Schulter zur rechten Hüfte fallendem breiten weißen Streifen, wie dieses vordem der nur kurze Zeit bestandene »FC Bavaria« getragen hatte, dazu eine weiße Hose. Das erste Spiel fand statt gegen »Schönefelder Sachsen« und endete gleich mit einem Siege von 2:0, was natürlich auf die jungen Gemüter seinen Eindruck nicht verfehlte. Als Lokal zur Versammlung bzw. zum Umkleiden diente während des Zeitraumes von einem Jahre nacheinander in verhältnismäßig raschem Wechsel: Neusellerhäuser Gasthof, Mückenschlößchen (Krönerstr.), Silberpappel (Kirchstr.), Stadt Wurzen (Wurzner Straße), Café Schilde (Eisenbahnstr.) und Glocke (Bernhardstr.). Es waren mannigfache Gründe, die den Klub, der inzwischen zu 35 Mitgliedern angewachsen war, nirgends seßhaft werden ließen. Im Frühjahr 1907 nahmen die sportlichen Veranstaltungen und Wettspiele rasch an Zahl zu. Auch die neugebildete 2. und im Herbst die weiter hinzukommende 3. Mannschaft trugen bald dazu bei, Ruf und Ansehen der blauweißen Farben zu heben. Am 20. Juli desselben Sommers wurde im kleinen Saale des Schützenhauses Sellerhausen das 1. Stiftungsfest gefeiert. Das Jahr 1908 erhält eine charakterliche Note durch das Bestreben des Klubs, sich einer Organisation anzugliedern. Zuerst erfolgte der Beitritt in den kaum konstituierten sogenannten »Kleinen Leipziger Verband«, der eine ganze Reihe solcher junger Klubs umfaßte. An einem von diesem Verbande angesetzten repräsentativen Spiel in Weimar wirkten sogar einige Tapferleute mit. Aber wenige Monate später sehen wir den Klub auch unter den Neuaufgenommenen im Verbande Mitteldeutscher Ballspielvereine, zum Leidwesen der Mitglieder jedoch ein geringes zu spät, um noch an den schon anberaumt gewesenen Serienspielen teilnehmen zu können. So wurde die nächste Zeit benutzt, um in allerhand Gesellschaftsspielen die Spielstärke der Mannschaften zu verbessern. Sogar die Hallesche Borussia ließ man am 2. Osterfeiertag 1909 nach Sellerhausen kommen, um einmal an auswärtiger Klasse die Kräfte zu messen. Die gesamten Ergebnisse wurden seitens des Verbandes so hoch bewertet, daß Tapfer schließlich bei Aufnahme der sportlichen Tätigkeit im Herbst 1909 gleich der 2. Klasse zugeteilt wurde. Damit begann ganz offenbar ein neuer Zeitabschnitt im Leben unseres Vereins. In den Jahren 1921/22 kam der Aufstieg in die 1b-Klasse, und 1923 rückten wir in die Liga auf.

SV Turn- und Rasensportverein Leipzig 1932
Ein Phänomen entstand im Jahr 1932 im Leipziger Westen: der SV Tura 1932. Fabrikant Karl Schwarz, ein begeisterter Fußballspieler, widmete sich dem Fußballsport und gründete den SV Tura 1932. Ein anderer in seinen Verhältnissen hätte vielleicht Vergnügen daran gefunden, in eigener Jacht im Mittelmeer spazierenzufahren, oder er hätte einige Monate im Jahr auf seiner Besitzung bei Berchtesgaden verlebt. Aber Karl Schwarz verschrieb sich mit Leib und Seele und aus höchstem Idealismus der Ertüchtigung der deutschen Jugend. Er rief, und es stand eine erste Mannschaft, die nicht von Pappe war! Die Spielabschlüsse vermittelte in unnachahmlicher Manier der große Manager der Tura, Jack Emonts, und der Betreuer der ersten Mannschaft war Kamerad Erich Lemmnitz. Unvergeßlich wird der Leipziger Sportgemeinde bleiben, wie die kaum zusammengefügte 1. Turamannschaft vor 30 000 Zuschauern auf dem Sportplatz Leipzig den Deutschen Meister Schalke 04 mit 2:1 Toren schlug. Die Aufstellung der Mannschaft war damals: Croy, Schindler, Brembach, Riedel, Drobig, Darnstädt, W. Schmidt, Weidner, Müller, H. Schmidt, Lindner. Tore: Herbert Schmidt (2). Und dieses Spiel war der Auftakt zu einem Siegeszug, wie er in der Geschichte des deutschen Fußballsports einzig dasteht. Nicht allein wurde jeder Gegner bezwungen: es strömten die Zuschauermassen mit magnetischer Gewalt hinaus nach Leutzsch, um Tura zu sehen. Der Neuling in der Gauliga, Tura 1932, hatte gleich nach Schalke die meisten Zuschauer aller deutschen Fußballvereine! Was viele mißverstanden haben und nur wenige wissen, heute dürfen wir es sagen: Kamerad Schwarz war drauf und dran, seine alte Tura über die Sachsenmeisterschaft zur deutschen Meisterschaft zu führen! Alles, aber auch alles, sprach für das Gelingen des Werkes. Da wurde das Turawerk

in große staatspolitische Aufgaben eingeschaltet, und unser hochverdienter Kamerad Karl Schwarz entschied sich dafür, die sportlichen Interessen den staatspolitischen zu opfern. Nach sieben Jahren selbstloser, rastloser Arbeit für den Sportverein stimmte er der schon früher diskutierten Gründung eines starken Großvereins im Westen Leipzigs zu, und im November 1938 erfolgte der Zusammenschluß der beiden Vereine: SV 1899 Leipzig und Tura 1932, zum Turn- und Rasensportverein von 1899 Leipzig, abgekürzt: Tura 1899 Leipzig. Die Vereinsführung übernahm Georg Wernicke, und er berief zu seinen engsten Mitarbeitern Paul Frenkel, stellvertretender Vereinsführer, Oskar Pregel, Finanzberater und Treuhänder, Erich Hoffmann, Schriftführer, Krimmling, Dietwart, Paul Nußbaum, Spielausschußobmann, Richard Eichfeld, 1. Kassierer; Robert Riedel dient als Sportlehrer und Geschäftsführer dem Verein. Die Kleidung ist blaues Hemd, blaue Hose, blaue Strümpfe. Alle unteren Mannschaften tragen das von Erich Hoffmann entworfene Abzeichen. Die erste Mannschaft spielt in weinroter Kleidung und trägt zu Ehren des Begründers der alten Tura das alte Tura-Abzeichen mit der Jahreszahl 1899. Dem Verein stehen sechs Spielfelder zur Verfügung: 1. Platzanlage Leutzsch, 2. Platzanlage Lindenau, 3. Platzanlage Schafswiese.

(Dieser Text enstammt der Festschrift »40 Jahre Tura 99« von 1939.)

Verein für Bewegungsspiele Leipzig
Zwei Vereine taten sich im Jahre 1898 zum »Verein für Bewegungsspiele« zusammen: der am 11. November 1893 gegründete Klub »Sportbrüder«, der bis dahin der Leichtathletik und dem Radfahren gehuldigt hatte, und der an Mitgliederzahl weitaus härtere Verein für Bewegungsspiele, der am 26. Mai 1896 in Kämpf's Weinstube endgültig ins Leben gerufen worden war. Diese Ur-VfBer waren ehemalige Angehörige der »Spielvereinigung des Allgemeinen Turnvereins von 1845 zu Leipzig«, von der das erste Fußballjahrbuch des VfB berichtet, daß sie schon am 5. Juni 1899 ein mit 0:3 verlorenes Spiel gegen eine Berliner Repräsentativmannschaft des damaligen deutschen Fußball- und Kricket-Bundes austrugen. Bei der zu jener Zeit vorherrschenden Einstellung überzeugter Turner zu den »englischen Sportauswüchsen« ist es nicht verwunderlich, daß den für das Fußballspiel allzu sehr begeisterten Mitgliedern der ATV-Spielvereinigung von ihren Turnbrüdern derart zugesetzt wurde, daß sie schließlich ihrem ATV den Rücken kehrten und unter der Führung von Theodor Schöffler einen »Verein für Bewegungsspiele« gründeten. Daraus folgt aber, daß das Fußballspiel aller Bestimmtheit nach schon vor 1890 eine Pflegestätte im Leipziger Turnlager hatte, ehe (1893) eigentliche Fußballvereine entstanden. Obgleich der Verein im Jahre 1900 endgültig den Namen »Verein für Bewegungsspiele zu Leipzig« annahm, wurde er doch von den Leipzigern wie bisher »Sportbrüder« oder, was recht bezeichnend ist, »Schöffler-Klub« genannt. Die letzte Bezeichnung beruht auf der überlegenen sportlichen Führerschaft Schöfflers, dessen Wirken dem gesamten Sportbetriebe des VfB um die Jahrhundertwende den Stempel aufdrückte. Schon damals wurde zur Vorbereitung für die Fußballspiele Leichtathletik in jeder Art betrieben und sogar auf der Landstraße Distanzläufe veranstaltet (so 1898 ein Marathonlauf Leipzig–Bennewitz–Paunsdorf). Im Sommer pflegte man das inzwischen hier längst verschwundene Krikketspiel. Sogar eine Tennisabteilung wurde 1900 versuchsweise zu freilich zunächst nur kurzem Dasein gegründet.

Das erste Jahrzehnt dieses Jahrhunderts sah den Verein in rascherem Wachstum. Während der VfB 1897 nur 30 Mitglieder zählte, waren es am 1. Januar 1900 insgesamt 83, darunter 32 Schüler. Als im April 1907 eine Fußball-Jugendabteilung mit zunächst 18 Zöglingen gegründet wurde, war die Mitgliederzahl auf 183 gestiegen. Ende 1909 betrug sie 219 und erreichte in schnellem Steigen bis zum Ausbruche des Weltkrieges am 2. August 1914 die stattliche Ziffer von 563 Mitgliedern. Vier schwere Kriegsjahre brachten trotz eines Blutzolls von 106 Vereinsangehörigen, die ihr Leben an der Front opferten, keine Einbuße an Mitgliedern. Die Mitgliederzahl stieg sogar, ein Zeichen des sich zusehends bahnbrechenden Sportgedankens, auf rund 680 (1917/18) und ist nach Kriegsende in starkem Anstiege geblieben. Am 1. Juli 1920 war die Zahl 1000 mit 1014 und schon zwei Jahre später mit 1548 das nächste Fünfhundert überschritten. Die zu jenem Zeitpunkte erfolgte Vereinigung des 1. Leipziger Schwimm-Clubs »Poseidon von 1900« mit der im Herbst 1920 gegründeten Wassersportabteilung des Vereins ließ die Mitgliederzahl in den nächsten Jahren vorübergehend auf fast 3000 anwachsen. Seit Wiederloslösung des »Poseidon von 1900« vom VfB (Mai 1926) bewegt sich der vom »Inflationsrost« unsicherer Kantonisten stark gesäuberte Mitgliederstand annähernd auf der Mitte 1922 erreichten Höhe (Juli 1927: 1350). Der ständig an Umfang zunehmende Sportbetrieb – 1912 Gründung einer Hockeyabteilung, Herbst 1922 Aufnahme des Handballsports mit seit 1925 selbständiger Abteilung und 1925 Anschluß einer harten Sportlergruppe – erforderte einen beschleunigten, zielsicheren Ausbau des Verwaltungsapparates sowie eine energische Führung. Der Verein darf sich glücklich schätzen, stets Männer an seiner Spitze gehabt zu haben, die auch in schweren Zeiten ihren Posten nach Kräften voll auszufüllen verstanden und darüber hinaus zu wegweisenden Führern erwuchsen. Während sich in den Kindheitstagen des VfB insbesondere Kirmse, Schöffler, die Gebrüder G. und D. Braune, Scharfe, D. Förster und Knothe um die Leitung der Geschäfte verdient machten, traten später hierzu Männer wie Dr. Raydt, Trummlitz, Kühn, Goede, C. Dette, H. Mechnert, U. Otto sowie der jetzige Vorsitzende Georg Haase hinzu. In der Nachkriegszeit machten sich in dieser Hinsicht ferner u. a. E. Chemnitz, U. Hoppe, R. Ruckstuhl, P. Geißler, H. Petersohn und Fuhrmann verdient. Auch an der Verwaltung der ver-

Die Sportbrüder, Vorgänger des VfB, im Jahr 1895.

schiedenen Sportverbände nahmen eine Reihe Vereinsmitglieder teilweise sogar hervorragenden Anteil. Freilich läßt sich nicht von der Hand weisen, daß sich unsere Mitglieder aus verschiedenen Gründen immer mehr aus den Verbandsämtern zurückgezogen haben. Das bleibt in jedem Falle zu bedauern, denn Männer aus unseren Reihen wären wohl in erster Linie berufen gewesen, die Nachfolgerschaft der Kirmse, Dr. Raydt, Knothe, Scharfe und Schöffler zu bilden, die um die Jahrhundertwende (1900) sowohl den Deutschen Fußball-Bund wie den Verband Mitteldeutscher Ballspiel-Vereine aus der Taufe hoben und betreuten. Von den Benannten ist Dr. Raydt noch immer im mitteldeutschen Verbandsvorstande tätig. Diesem Schöpfer der ersten Verbandssatzungen hat sich mit Fuhrmann in den letzten Jahren ein weiterer VfBer als Verbandsvorsitzender zugesellt, besonders bekannt und verdient durch seine lebhaft umstrittene, groß angelegte Reform der Verbandssatzungen, der ersten »Kodifikation« deutschen Sportrechts. Jahrzehntelang teilte der Verein das Geschick der meisten deutschen Sportvereine. Er mußte auf fremdem Boden seinen Zielen nachgehen. Bis 1897 war der Gohliser Exerzierplatz auch die Heimstätte des VfB. Dort lieferte er Wacker und Lipsia manchen heißen Kampf. Dann hatte unser Verein ein Vierteljahrhundert Heimatrecht auf dem Lindenauer Sportplatz. Nach langem Bemühen gelang endlich im Herbst 1920 der Vereinsleitung der ersehnte Erwerb von eigenem Lande auf Probstheidaer Flur im Südosten der Stadt. Dort erhebt sich jetzt auf dem 80 000 qm umfassenden Gelände eine auch durch erhebliche persönliche und materielle Opfer der Mitglieder in den Jahren 1921-22 ausgebaute, moderne Platzanlage mit geräumiger Kampfbahn.

Verein für Turnen und Bewegungsspiele (TuB) Leipzig
Stillstand ist Rückstand, sagten sich die aus dem Allgemeinen Turnverein zu Leipzig-Großzschocher ausgetretenen beherzten Sportjünger. Sie beschlossen, dem Turnen und dem Sporte eine neue Pflegestätte im Westen unserer Stadt zu geben, und traten bald zur Gründung eines neuen Vereins zusammen. Laut dem damaligen Protokoll der Sitzung vom 13. Oktober 1905 erhielt der Verein den Namen »Verein für Turn- und Bewegungsspiele, Leipzig-West«. Als Vereinslokal wurde der »Reichsverweser« Kleinzschocher ausersehen und bis zur ersten Generalversammlung am 22. Oktober 1905 vom Vorstand die Statuten ausgearbeitet, um dieselben in dieser vorzulegen. Einen ganz besonderen wertvollen Zuwachs erhielt der junge Verein etwa 2 Wochen nach seiner Gründung durch den geschlossenen Übertritt des schon seit 1902 existierenden Sportclub Meteor, dem in erster Linie die Einführung der Leichtathletik bei uns zu danken ist. Diesem tatenfrohen Club gehörten u. a. an: Willy Blockwitz, Alfred

Das neue Klubhaus von TuB wurde in den zwanziger Jahren erbaut.

Böhme, Karl Kölzner, Willy Meinhold, Fritz Prinz, Fritz Schmuntzsch, Otto Schwalbe, Richard Schwalbe, Karl Tiemann, Richard Vogt, Oswin Weiske und Kurt Winkert. Aus ihren Reihen gingen viele hervorragende Verwaltungsbeamte und Leichtathleten hervor, deren Namen heute noch einen guten Klang im Verein haben. Die Verhandlungen mit der Firma Alwin Vetterlein & Co., Leipzig, führten im Februar 1910 zum Vertragsabschluß über ein 6000 qm großes Areal, auf dem sich der heutige Gartenverein Neu-Brasilien befindet.

Vorsorglich hatte der damalige Vorstand noch mit dem Kirchenvorstand zu Leipzig-Kleinzschocher wegen Erhalts eines geeigneten, rund 15 000 qm großen Feldes am verlängerten Schönauer Weg Fühlung genommen. Die Verhandlungen wurden im Oktober 1910 auf eine Dauer von 6 Jahren abgeschlossen. Mit dem Ausbau des vom Kirchenstand erpachteten Grundstückes wurde mit aller Kraft sofort begonnen. Die Anlage erhielt eine Umzäunung, und am 26. März 1911 konnte die Einweihung derselben stattfinden. Der Verein hatte 1919 sportlich die höchste Stufe erreicht, und der Vereinsleitung erwuchsen durch einsetzenden Zustrom von neuen Mitgliedern und der immer größer werdenden Zahl sich aktiv betätigender Sportler sehr ernste Sorgen insofern, als sich das eine Spielfeld, daß wir besaßen, längst nicht mehr als ausreichend erwies und bei weitem keinen Liga-Ansprüchen genügte. Im September 1919 wurde nach Überwindung mancherlei Schwierigkeiten, durch den Kauf des sich an unsere alte Platzanlage anschließenden rund 20 000 qm großen Areals, auch diese Frage gelöst.

Mit größter Beschleunigung wurde an die Planierung und den Ausbau des erworbenen Geländes gegangen, und am 8. August 1920 öffneten sich die Pforten unserer bedeutend erweiterten Anlage zur Einweihung des großen Wettspielfeldes. Als Gegner hatten wir die erste Mannschaft der Spielvereinigung Leipzig verpflichtet. TuB durfte sich der schönsten Platzanlage Leipzigs rühmen, die erst viel später durch den Bau anderer größerer Plätze (VfB, Wacker) überholt wurde. Den Höhepunkt in der ganzen Vereinsgeschichte bildete zweifellos der Bau des Vereinshauses mit einer Turnhalle auf unserem Platze. Am 31. Oktober 1921 wurde der Grundstein zu demselben gelegt, aus welchem Anlaß eine Urkunde, vom Vorsitzenden abgefaßt, eingemauert wurde. Nach schwerer Arbeit endlich konnte am 23. April 1922 unter starker Beteiligung der Mitglieder und Anwesenheit der Verbandsbehörden die Einweihung des Vereinshauses vor sich gehen unter gleichzeitiger Ehrung zahlreicher verdienter Vereinspioniere durch Verleihung einer besonders gestifteten Ehrennadel.

BV Union Leipzig

Union hat den Vorzug, vom ältesten Fußball-Verein Leipzigs abzustammen. Die 3. Mannschaft der Lipsia hatte 1908 den Mut, sich als geschlossenes Ganzes selbständig zu machen. So entstand BC Union 08. Unter Führung des Herrn Hermann Meyer trat Union dem VMBV bei und wurde der 3. Klasse zugeteilt. Die Ranstädter Viehwiese, beim Fußball Cottaweg (am Sportplatz) genannt, wurde als Spielplatz im Verein gemeinsam mit der Sportvereinigung 07 und Normannia benutzt. Der Wirt vom Frankfurter Torhaus stellte Räume zum Umkleiden zur Verfügung, wie überhaupt das Lokal zum Verkehrspunkt wurde und es noch ist. Die Spielkleidung trägt die Leipziger Stadtfarbe. Damals blau-gelb, längs gestreifte Jacke und weiße Hose, wird jetzt einfarbige blaue Jacke mit gelbem Wappen getragen. Bereits im 1. Jahr mit LBC III an der Spitze stehend, konnte Union in die 2. Klasse, jetzige 1b-Klasse aufrücken. Der Umstand, daß fast alle Mitglieder den Buchhandel bei der Firma Otto Maier, Leipzig, erlernten, trug wesentlich dazu bei, daß die Mitgliederzahl schnell anwachsen konnte. Der Spielbetrieb umfaßte 3 Mannschaften. Von der ersten Mannschaft sind hier bekannte Namen genannt: Weißenborn, Hofmann (jetzt Fortuna), Wöpke (jetzt Corso), Ungethüm (Stötteritz), Immisch, Buhl, Zschernig spielen heute noch 36jährig in der Mannschaft. Den Wettspielen am Cottaweg sah man mit größtem Interesse entgegen. Wurde doch die eigene Spieltüchtigkeit durch Verbandsspielgegner wie Fortuna I, TuB I, Viktoria I, Britannia I, Corso I, Lipsia I

(Mutterverein), Pfeil I, Preußen I, Olympia Schleußig I, Wettin I, die doch viel mehr Fußballkönnen besaßen, erhöht. Auch die Spiele mit bekannten auswärtigen Gegnern wie Alemannia Aue, FC Auerbach, Bernburg 07, Cöthen 02, Dessau 98, Halle Eintracht, Halle Olympia usw. trugen dazu bei, den kleinen Verein vorwärts zu bringen. Durch den Bau des Hochflutbeckens verlor der Verband und somit Union eines der schönsten Rasenspielfelder. Ein Platz an der Berliner Bahn, Nähe Fabrik Augustin, zur Verfügung gestellt, konnte nur ganz kurze Zeit benutzt werden. Fast alle Unioner, im gleichen Alter stehend, rief man 1914 zur Fahne, und somit war der Spielbetrieb aufgehoben. Erst im Jahre 1921 rief eine Stimme zur neuen Tätigkeit auf, und 30 Mann folgten dem Rufe. In der dritten Klasse eingereiht, begann der Spielbetrieb wieder. Als Spielplatz konnte der Union die Nonnenwiese zugeteilt werden und wurde als Umkleidelokal der Sächsische Hof, Könneritzstr. 8, gewählt.

Verein für Leibesübungen Leipzig
Leider mußten wir für die ersten Vereinsjahre auf mündliche Mitteilungen dreier Mitbegründer, die wir noch in unseren Reihen haben, zurückgreifen. Schriftliche Unterlagen sind teilweise während des Krieges verlorengegangen, andernteils wird der Wert der Protokollbücher und sonstigen Unterlagen von den amtierenden Personen nicht so beachtet worden sein. Der erste Anfang wurde im Südviertel auf der Wiese an der Rennbahn, gegenüber der 3. Realschule, gemacht. Es waren die Schüler und Lehrlinge Otto, Max und Willy Müller, Karl und Arthur Nähter, Alex und Georg Kömhild, Oskar Planitz, Fritz Kulpitz, Alfred Schmidt, welche sich des öfteren trafen. Ein Ball, der gemeinschaftlich erstanden wurde, diente den Genannten zur Ausübung des Sports. Nachdem man sich fester zusammengeschlossen hatte, nannte man sich Saxonia. Da aber die Rennbahnwiese zu damaliger Zeit von vielen Vereinen benutzt wurde, dadurch aber ein geregelter Spielbetrieb nicht möglich war, wandte sich die Saxonia wegen Zuweisung eines Platzes an den Rat der Stadt Leipzig. Nach wiederholten Vorstellungen wurden sie an einen gewissen Alexander Richter vom FC Helios verwiesen (mit dem Sportverein Helios 02 nicht identisch), welcher den Pachtvertrag über die Benutzung des Eilenburger Rodelandes am Ziegelweg, gegenüber dem jetzigen RC-Sportpark, in den Händen hatte. Nach einigen Verhandlungen mit dem FC Helios, welche im »Restaurant zum kleinen Palmengarten« stattfanden, entschlossen sich die Wortführer des FC Helios, da ihr Verein nur noch aus fünf Mitgliedern, und zwar den Herren Oskar Stöker, Hans Matho, Benno Röschke, Otto Paltzsch und Arthur Hoyer bestand, zum Zusammengehen mit Saxonia. Die neue Vereinigung wurde am 4. 10. 1904 aus der Taufe gehoben und erhielt den Namen FC Preußen. Im Westviertel wurde dieses bald bekannt, und es gesellten sich weitere Mitglieder hinzu. Das erste Vereinslokal war Ettlinger in der Sebastian-Bach-Straße. Zur Aufstellung einer regelrechten zweiten Mannschaft reichte es in der ersten Zeit nicht ganz, dies geschah aber 1906, als die restlichen Mitglieder eines FC Hertha aufgenommen wurden. Die sportliche Entwicklung war nun soweit gediehen, daß die Anmeldung beim Verband Mitteldeutscher Ballspiel-Vereine beantragt wurde und man von diesem auch aufgenommen wurde. Die Beteiligung an den Verbandsspielen geschah mit wechselndem Erfolg. Einige für damalige Zeit erstklassige Spieler, wie Willy Müller, Blanitz, Dolge, Beerbaum und Benning (Atiller) fühlten sich aber bald in dem kleinen Verein nicht mehr wohl und traten in den FC Britannia 99 über. Von diesen Genannten konnten einige nach nochmaligem Vereinswechsel für Leipzigs Farben repräsentativ spielen. Im Verlauf der weiteren Jahre wurde ziemlich gleichmäßig gearbeitet, und es wäre, wenn die schon erwähnte Spielerabwanderung nicht stattgefunden hätte, ein weiterer Aufstieg möglich gewesen.

Verein für Rasensport Leipzig
Gegründet wurde er am 7. Mai 1902 unter dem Namen »Sportclub 1902«, mit dem Spielplatz auf der Rennbahn. Der Aufstieg ging unter dem damaligen rührigen Vorsitzenden und dem Umstand, daß der Süden Leipzigs außer ihm nur noch einen Verein beherbergte, schnell vonstatten. Ein Jahr später, zum Verbandstag in Chemnitz, fand er seine Aufnahme in den VMBV. Als dann im Jahre 1904 die Platzfrage für die auf dem Gohliser Exerzierplatz spielenden Vereine eine heikle wurde, ging aus der Verbindung mit dem dort spielenden »Fußballklub Vorwärts« der Name »Verein für Rasensport« hervor. In dieser kurzen Zeit schon führte der VfR drei Herren- und eine Jugendmannschaft ins Feld, welch letztere jedoch durch ungünstige Verhältnisse bald wieder aufgegeben werden mußte. Dieser Umstand ließ dem Verein die ersten Früchte verlorengehen, aus denen dann später der »Fußballclub Eintracht« erstand.

FC Viktoria Leipzig
In den neunziger Jahren war das Zentrum des damaligen Fußballsportes innerhalb des Großstadtringes zu suchen. Der Exerzierplatz, wo jetzt die stolzen Häuser des Kickerlingsberges stehen, und der Sportplatz an der Frankfurter Straße waren die Stätten, wo man Fußballspielen lernen konnte. Nach 1900, als infolge Bebauung des Exerzierplatzes die dort beheimateten Vereine sich eine neue Heimat suchen mußten, war für die schon stattlich angewachsene Schar der jüngeren Fußballer – damals spielten wenige Jahre Altersunterschied eine große Rolle in der Entwicklung des Sportlebens –, die außerhalb der Großstadt, in der Provinz wohnten, die Zeit gekommen, sich zusammenzuschließen, um hier die Fahne des Sportes aufzupflanzen.

Möckern und Wahren waren zu jener Zeit noch richtige Dörfer außerhalb der Stadtgrenzen. Hatte das Fußballspielen in der Stadt seine Bedenken, hier draußen gab es ganz andere Schwierigkeiten zu überstehen. Trotzdem faßten Walter Zschenke, Hermann Bolze, Arthur Kittel, Gustav Schönau, Otto Lüttig, Ernst Gericke, Hans und Walter Franke, Alfred Dechant, Erwin Heuschkel, Ernst Werlly und Walter Rässack im jugendlichen Tatendrang den Entschluß, das Fußballspielen im Ort zu pflegen und zu fördern. Unter großer Begeisterung hob man am 15. Februar 1903 den Dorfverein mit dem stolzen Namen »Viktoria« aus der Taufe. Acht Tage später, am 22. Februar, wählte man in der ersten Versammlung des neuen Vereins Walter Zschenke zum Vorsitzenden, zur Seite stand ihm Arthur Kittel. Beide haben mit unermüdlicher Arbeitskraft im mühseligen Vorwärtskommen als treue, selbstlose Führer bis 1911 den Verein geführt. Als Spielplatz diente eine Wiese hinter der Terrasse (Obstweinschänke) in Wahren. Vereinslokal war die Terrasse. Als Umkleideraum für die Mannschaft und auch den Gegner stellte das Mitglied Franke seinen Keller in der Hauptstraße in Wahren zur Verfügung. Im ersten Jahr vertrat nur eine Mannschaft den Verein, aber schon 1904, als Viktoria dem VMBV beitrat und hier in der 3. Klasse eingereiht wurde, spielten 2 Mannschaften. Eifrig wurde um den Aufstieg in die 2. Klasse gekämpft, der auch bald durch Verstärkung der ersten Mannschaft mit Max Beutler, Richard Hummitzsch und Fritz Kretzschmar gelang. Das Jahr 1907 brachte die ersten Platzsorgen. Straßen- und Wohnungsbau zwangen zur Aufgabe des Platzes hinter der Terrasse Wahren. Nach mehreren Mißerfolgen glückte die Pacht einer Wiese des damaligen Rittergutes Möckern, womit der Grund zur jetzigen Platzanlage gelegt wurde. Aus den Wahrenern wurden die Möckernschen. Als Vereinslokal wählte man die Gastwirtschaft »Zur Erholung«, Hermann Trödler, um später in den »Weißen Falken« überzusiedeln. Immer lag sie an der Spitze ihrer Abteilung, aber das nun einmal auch beim Fußballspielen notwendige Glück blieb aus. 1910 errangen erste und zweite Mannschaft die Abteilungsmeisterschaft.

SC Wacker e. V. Leipzig
Der SC Wacker wurde am 24. Februar 1895 als Fußballklub gegründet. Schüler der 1. Realschule und des Albert-Gymnasiums waren es, die den Verein aus der Taufe hoben. Auf dem alten Gohliser Exerzierplatz trug er seine ersten Wettspiele gegen die Mannschaften der Leipziger höheren Schulen, wie Thomas-, Nikolai-Gymnasium, sowie gegen die schon bestehenden Vereine Lipsia und LBC aus. Bald folgten Spiele gegen auswärtige Vereine mit Victoria Berlin, DSC Prag, Britannia Berlin und andere. Der gegnerische Druck, der von Schul- und anderen Behörden auf den damaligen Fußballvereinen lagerte, verhinderte in den ersten Jahren ein schnelles Anwachsen der Mitgliederzahl, so daß Wacker erst viel später weitere Mannschaften stellen konnte. Mit allen Mitteln ließ sich aber das Wachsen der Bewegung nicht hindern, vier Mannschaften stellte im Jahr 1901/02 der Verein und konnte mit allen vier Mannschaften die Meisterschaften des VMBV erringen. Die damalige 1. Mannschaft mit Kuntze, Arth. Wenzel, Deicke, Arth. Mehnert, G. Geyer, Kurt Gibson, Alop Taubert, Alfred Seidel, Visper Franke, Reißland, Kurt Dietze wird unseren alten Sportpionieren noch im Gedächtnis sein. Von da an ging das Wachstum des Vereins mit Riesenschritten vorwärts. Im Frühjahr 1902 siedelte Wacker nach seinem neuen Platze am Debrahof über. Die erste Mannschaft war eine der bekanntesten in Deutschland und errang im Jahre 1908 zum zweiten Male die Meisterschaft des VMBV. Auch die Spieler dieser Mannschaft: Riso, Richter, Paul Dietze, Lenz, Lieniger, Andersen, Albrecht, Palm, Purucker, Reisland, Gräfner waren weit über Leipzigs Mauern hinaus bekannt. An internationalen Spielern stellte Wacker in dieser Zeit Riso gegen die Schweiz, Albrecht gegen England, Reisland gegen Holland, für Mitteldeutschland spielten außerdem Dietze, Lenz, Gräfner, Purucker, später Hofmann, Lippold, Herm. Haugk repräsentativ. Mit allen bekanntesten Fußballvereinen in Deutschland hatte Wacker seine Kräfte gemessen, mit großen Gegnern des umliegenden Auslandes waren Spiele ausgetragen worden, und Wacker war es auch, der als erster Verein in Mitteldeutschland beim Auftauchen von englischen Mannschaften auf dem Kontinent einige derselben verpflichtete. The Parodes, The Nomades und als erste Berufsspieler-Mannschaft die Tottenham Hotspurs waren es, die den Leipziger Sportjüngern die vollendete englische Fußballkunst auf dem Wackerplatz vorführten. Bis zum Jahre 1914 war Wackers 1. Mannschaft diejenige, die in Leipzig immer an erster Stelle genannt wurde. Der ausbrechende Weltkrieg entzog dem Verein in kurzer Zeit alle Spieler der 1. Mannschaft, und da bald alle waffenfähigen Männer unter den Fahnen standen, konnte die sportliche Tätigkeit des Vereins in den Kriegsjahren nur mit wechselndem Erfolge aufrechterhalten werden. 471 Mitglieder von Wacker standen im Felde, 80 von ihnen, darunter die sportlich wertvollsten, kehrten nicht wieder zurück. Dies und die Nachwirkungen der Kriegsjahre ließen die 1. Mannschaft noch nicht wieder zu ihrer vollen Bedeutung der Vorkriegsjahre heranwachsen. Trotzdem stellte Wacker von diesen Spielern für die Repräsentativspiele des Gaues NWS und VMBV verschiedene gute Leute, von denen Denkewitz, Ebert, Alfred Köhler und Gröbner genannt seien.

Auch die Mitgliederzahl war während des Krieges ständig angewachsen, so daß nun nach Beendigung der Schlachten die Platzfrage dringlich wurde. Erst im März 1922 kamen die Verhandlungen zum Abschluß. Im Mai desselben Jahres wurde bereits mit den Arbeiten begonnen, und am 16. September 1923 wurde das Stadion eröffnet. Geistiger Urheber der Anlage war der 1. Vorsitzende des Vereins, Otto Kretzschmar, der den 1. Vorsitz seit 1907 ununterbrochen führte und mit den Geschicken des SC Wacker aufs denkbar engste verbunden war.

Club-Ordnung des Fußball-Clubs »Wacker« Leipzig

I. Pflichten der einzelnen Verwaltungsmitglieder und der Ausschüsse

1. I. Vorsitzender: Derselbe hat die Oberleitung des Klubs in Händen und steht über den anderen Verwaltungs-Mitgliedern, von denen er jederzeit Rechenschaftsbericht über ihre Tätigkeit einholen kann. Ihm liegt die Handhabung der Ordnung und die Leitung der Versammlungen ob. Sämtliche den Klub betreffende Schreiben sind an ihn zu richten und von ihm an die entsprechenden Erledigungsstellen weiterzugeben. Der I. Vorsitzende haftet für Ausführung aller gemäß Protokolle gefaßten Versammlungsbeschlüsse.

2. II. Vorsitzender: Derselbe vertritt den I. Vorsitzenden bei dessen Verhinderung und hat, wie jedes Verwaltungsmitglied, letzteren im besonderen in dessen Amt zu unterstützen. Von wichtigen, bei Abwesenheit des I. Vorsitzenden gefaßten Beschlüssen hat er diesen sofort in Kenntnis zu setzen. Er führt die Mitglieder- und Wettspiel-Chronik und hat für den Empfang auswärtiger Gäste sowie für alle vom Klub veranstalteten Vergnügungen die nötigen Maßnahmen zu treffen.

3. I. Schriftwart: Demselben liegt die Erledigung des laufenden Schriftwechsels, mit Ausnahme des den Spielbetrieb betreffenden, sowie die Führung der Protokolle über die Verwaltungs- und Mitglieder-Versammlungen ob. Im Falle der Verhinderung des II. Schriftwartes hat er dessen Obliegenheiten mit zu verrichten. Einladungen und Bekanntmachungen sind durch den Aushangkasten zur öffentlichen Kenntnis der Mitglieder zu bringen.

4. II. Schriftwart: Dieser vertritt den I. Schriftwart bei dessen Verhinderung. Er hat für rechtzeitige schriftliche Einladung zu Versammlungen und sonstigen Veranstaltungen des Klubs Sorge zu tragen und die von der Verwaltung genehmigten Vierteljahrsberichte allen auswärtigen Mitgliedern zuzusenden.

5. I. Kassenwart: Diesem untersteht die Oberleitung sämtlicher Kassenangelegenheiten. Auszahlungen, mit Ausnahme derjenigen, die durch den II. Kassenwart zu erfolgen haben, sind nur von ihm zu leisten bzw. unterliegen seiner vorherigen Genehmigung. In den Versammlungen ist von ihm genaue Präsenzliste zu führen. Der I. Kassenwart hat dem I. Vorsitzenden vierteljährlich Kassenabrechnung, nachdem dieselbe von den Kassenprüfern revidiert worden ist, vorzulegen und zum Jahresschluß eine vollständige Bilanz aufzustellen.

6. II. Kassenwart: Dem II. Kassenwart liegt Einziehung der Aufnahmegebühr, der monatlichen sowie sonstigen Beiträge und der Strafen ob. Bestätigungen von Neuaufnahmen haben durch ihn bis spätestens 8 Tage nach erfolgter Aufnahme zu geschehen. – Er hat einmal im Vierteljahr der Verwaltungssitzung eine genaue Liste der Mitglieder (geordnet nach der Art ihrer Mitgliedschaft) sowie der mit Beiträgen und Strafen Rückständigen vorzulegen.

7. III. Kassenwart: Dieser hat nach Anweisung des Spiel-Ausschusses die festgesetzten Vergütungen an fremde und eigene Mannschaften zu zahlen und alle den Platz- und Wettspielbetrieb betreffenden Kassenangelegenheiten zu erledigen.

8. Spiel-Ausschuß: Der Spiel-Ausschuß besteht aus den Spielwarten (je einem für jede Mannschaft), dem Wart für Athletik, dem III. Kassenwart und drei weiteren ordentlichen Mitgliedern. Er hat seine Sitzung nach Bedarf, mindestens aller 14 Tage, abzuhalten und sich spätestens 8 Tage nach seiner Wahl zu konstituieren, indem er aus seiner Mitte einen 1. Vorsitzenden und 1. Schriftwart mit je einem Stellvertreter wählt und einen Vertreter für die Verwaltung bestimmt. Er hat den gesamten Spielbetrieb (Aufstellung, Meldung und Ummeldung der Spielmannschaften, Bestimmung der Übungs- und Wettspiele, letztere bis zum Betrage von M. 200, sowie der vom Klub zu stellenden Schiedsrichter, Abschaffung von etwaigen Protesten, Abhaltung von und Teilnahme an athletischen Wettkämpfen usw.) unter sich und gilt hierfür als erste maßgebende Stelle im Klub. Der 1. Schriftwart des Spiel-Ausschusses erledigt dessen gesamte Korrespondenz und hat auch für rechtzeitige Bekanntmachung von abzuhaltenden sportlichen Veranstaltungen in den Tages- und offiziellen Fachzeitungen Sorge zu tragen. Zur Berichterstattung über diese Veranstaltungen in den genannten Zeitungen ist ein Mitglied des Spiel-Ausschusses von diesem besonders zu bestimmen. Wettspiele über M. 200 Kosten hinaus unterliegen dem Mitbeschlusse der Gesamtverwaltung. Die Spielewarte, welche von ihrer Mannschaft bestimmt werden, bilden das Oberhaupt derselben und haben deren Spiele zu leiten. Die Oberleitung auf dem Felde hat der Vorsitzende des Spiel-Ausschusses oder dessen Vertreter. Bei Wettspielen ist der betr. Spielwart dem Klub gegenüber für das Vorhandensein von Tor- und Linienrichtern, Fahnen für dieselben, sowie der Wettspielpfeife verantwortlich. Nach Beendigung des Spieles hat er die Spielbälle nebst den obengenannten Gegenständen unverzüglich dem Klubdiener zurückzugeben. Der Wart für Athletik hat, wie die Spielwarte im Fußball, für Ausbildung der Mitglieder in allen Zweigen der Leichtathletik zu sorgen; die Festsetzung von Übungen zu die-

sem Zwecke hat auf seine Veranlassung vom Spiel-Ausschuß zu erfolgen. Die Spielwarte sind verpflichtet, ihn in seinen Obliegenheiten zu unterstützen.

9. Zeugwart: Derselbe hat für Ordnung im Ankleideraum, für Instandhaltung sämtlicher für den Sportbetrieb in Frage kommender Gegenstände und des Verbandskastens sowie für Aufstellung des Spielfeldes zu sorgen. Zur Unterstützung steht ihm der Klubdiener zur Verfügung.

10. Platzkommission: Dieser untersteht die Instandhaltung des Platzes (Laufbahn, Springgrube usw. inbegriffen) sowie des auf diesem feststehenden Eigentums des Klubs; sie setzt sich aus 3 Mitgliedern zusammen, wählt sich einen Vorsitzenden und entsendet einen Vertreter in die Verwaltung. Aufwendungen über M. 100 für den Platz sind von letzterer vorher zu genehmigen.

11. Leiter der Jugend-Mannschaft: Demselben untersteht die selbständige Leitung der an zwei Nachmittagen der Woche übenden Spieler unter 16 Jahren sowie der sich an diesen Spielen beteiligenden sonstigen Mitglieder. Er darf sich von einem durch eine Monatsversammlung bestätigten ordentlichen Mitgliede vertreten lassen und hat mindestens halbjährlich mit dem I. Kassenwart abzurechnen. Auch er hat darauf zu achten, daß sich die Mitglieder der Jugendmannschaft, welche das 16. Jahr erreicht haben, als Klubmitglieder anmelden.

12. Die zur Vertretung des Klubs von der Verwaltung bestimmten Mitglieder haben in den betr. Sitzungen der Körperschaften, denen der Klub angehört, regelmäßig und pünktlich anwesend zu sein und die Interessen des Klubs nach besten Kräften zu vertreten. Sie haben jeweilig in der nächsten Monatsversammlung Bericht zu erstatten. Ist einer der Vertreter verhindert, so hat er rechtzeitig der Verwaltung Mitteilung zu machen.

13. Zur Öffnung der eingelaufenen Schriftstücke ist jedes Verwaltungsmitglied berechtigt, außerdem auch ordentliche Mitglieder, wenn aus dem Äußeren des Schreibens ersichtlich ist, daß es der Eile bedarf. Wer ein Schriftstück öffnet, welches nicht an seine Adresse gerichtet ist, hat auf demselben seinen Namen nebst Datum der Öffnung zu vermerken und dasselbe sofort an den I. Vorsitzenden zu senden.

14. Sämtliche Mitglieder der Verwaltung und der Ausschüsse haben deren Sitzungen pünktlich und regelmäßig zu besuchen und bis zum 15. Juni eines jeden Jahres schriftlichen Jahresbericht über ihre Amtstätigkeit während desselben sowie ein Verzeichnis des vorhandenen, zu ihrem Amt gehörenden Klub-Inventars (mit Angabe des Anschaffungs- und Zeitwertes) dem I. Vorsitzenden zuzustellen. Letzterer hat einen Jahres-Gesamtbericht zu verfertigen, welcher der Hauptversammlung vorliegen muß.

15. Für Verwaltungsämter sind nur ordentliche Mitglieder wählbar.

16. Zur Aufbewahrung und Instandhaltung aller dem Klub gehörenden Gegenstände, welche den Spielbetrieb nicht betreffen (Pokale, Diplome, Bilder, Albums, Bücher, Liedertexte usw.), ist ein ordentliches Mitglied von der Verwaltung zu bestimmen. Dasselbe hat auch eine Liste der dem Klub zuteil gewordenen Stiftungen sowie die allgemeine Klub-Chronik zu führen.

17. Der I. Vorsitzende und der I. Schriftwart sowie die Inhaber der gleichen Ämter im Spiel-Ausschuß haben sich je eine offizielle Fachzeitschrift, die der I. Vorsitzende für jeden der Genannten bestimmt, auf Kosten des Klubs zu halten.

II. Ordnung in den Versammlungen

1. Geschäftsordnung:
a) Der Vorsitzende eröffnet und schließt die Versammlung.
b) Es erfolgt die Verlesung des Protokolls der letzten Versammlung.
c) Die den Mitgliedern schon vorher mitgeteilte Tagesordnung kommt in ihren einzelnen Punkten zur Erledigung. Etwaige Anträge sind vor Beginn der Sitzung beim Vorsitzenden schriftlich einzureichen und kommen in der Folge ihrer Einreichung zur Beratung.

2. Nebenordnung:
a) Kein Mitglied darf sprechen, ohne vorher das Wort verlangt und vom Vorsitzenden erhalten zu haben.
b) Der Vorsitzende ist berechtigt, die Mitglieder bei Abschweifungen in ihrer Rede auf den Gegenstand der Verhandlung zurückzuweisen und zur Ordnung zu rufen. (f. II. 3) Ist das eine oder andere in der nämlichen Rede zweimal geschehen, so kann dem Redner vom Vorsitzenden das Wort entzogen werden.
c) Bei allen Erörterungen erteilt der Vorsitzende demjenigen Mitglied zuerst das Wort, das nach deren Eröffnung zuerst darum nachsucht.

3. Ordnungsbestimmungen:
a) Verletzungen der parlamentarischen Ordnung sind vom Vorsitzenden zu rügen.
b) Im Falle gröblicher Verletzung kann das Mitglied von der Sitzung ausgeschlossen werden. Leistet es der Aufforderung des Vorsitzenden zum Verlassen des Saales keine Folge, so kann es auf dessen Antrag nach nochmaliger Aufforderung aus dem Klub ausgestoßen werden.
c) Bei störender Unruhe kann der Vorsitzende die Sitzung auf bestimmte Zeit unterbrechen.

III. Ordnung im Ankleideraum

1. Jedes Mitglied ist verpflichtet, seine Kleidungsstücke an den dazu bestimmten Plätzen unterzubringen. Herumliegende Sachen werden als herrenlos angesehen und vom Zeugwart an sich genommen, der sie nur gegen Zahlung von 20 Pf. wieder herauszugeben hat.

2. Alles Klubeigentum ist mit der größten Schonung zu behandeln und an dem dazu bestimmten Platze unterzubringen.

IV. Ordnung auf dem Platze

1. Zu den sportlichen Veranstaltungen des Vereins auf dem Platze haben die Mitglieder freien Eintritt. Als Ausweis dient die Mitgliedskarte.
2. Für die weiblichen Familienangehörigen der Mitglieder (Frau, Braut, unverheiratete Schwestern und Töchter) können Jahreskarten entnommen werden, die gegen eine Zahlung von M. 1 pro Karte beim Platzkassierer in Empfang zu nehmen sind. Für Nichtmitglieder werden Jahreskarten, die für alle sportlichen Veranstaltungen des Klubs gültig sind, zum Preise von M. 5 ausgegeben. Über die Erteilung weiterer solcher bzw. Freikarten entscheidet die Verwaltung.
3. Den Anordnungen der Verwaltungsmitglieder ist unbedingt Folge zu leisten.
4. Montags und donnerstags ist, falls auf diese Tage keine Festtage fallen, das Spielen auf dem Platze verboten.
5. Auf dem Wettspielfelde dürfen nur ganze Spiele ausgetragen werden.
6. An Übungsspielen des Klubs dürfen außer den Mitgliedern nur eingeführte Gäste teilnehmen.
7. Alles laute Rufen und Schreien während des Spieles ist verboten. Der Aufsichtsführende und die Spielwarte sind befugt, zuwiderhandelnde Mitglieder vom Platze zu weisen.
8. Der Aufenthalt von Nichtspielern auf dem Platze innerhalb der Schranke ist verboten, es sei denn, daß sie bei dem betreffenden Spiel irgendein Amt verwalten.
9. Das Rauchen in den Umkleideräumen sowie auf den Spielfeldern bei Ausübung jedweden Sportes ist verboten.
10. Wer den Platz zuletzt verläßt, hat gewissenhaft für das Abschließen desselben sowie der Ankleideräume zu sorgen und die Schlüssel an ihrem Aufbewahrungsort abzugeben. Nichterfolgung dieser Bestimmung zieht Haftbarmachung nach sich.

V. Bestimmungen für aktive Spieler

1. Jeder aktive Spieler muß im Besitz einer eigenen vollständigen Spielkleidung (weiße Kniehosen, Hemd in den Klubfarben, lange dunkle Strümpfe, Fußballstiefel) sein und sich auf Verlangen darüber ausweisen können.
2. Das Tragen fremder Kleidungsstücke ohne ausdrückliche Genehmigung des betr. Eigentümers ist streng verboten. Jedes Mitglied ist verpflichtet, im besonderen darauf zu achten, daß niemand gegen diese Bestimmung verstößt.
3. Die vom Spiel-Ausschuß den einzelnen Klubmannschaften zugeteilten Spieler und Ersatzspieler haben folgende Bestimmungen aufs strengste zu befolgen:
a) Pünktliches Erscheinen bei angesetzten Spielen (auf dem betr. Platz oder Bahnhof) mit sauberer Spielkleidung, gleichviel bei welcher Witterung.
b) Bei etwaiger Behinderung rechtzeitige Benachrichtigung der zuständigen Stelle.
c) Unbedingter Gehorsam gegen die Anordnungen des Spielwartes und des Schiedsrichters.
d) Durchaus solide Lebensweise im eigenen und des Klubs Interesse.

VI. Allgemeine Bestimmungen

1. Sucht ein Mitglied der Jugendmannschaft nach vollendetem 16. Lebensjahr um die Mitgliedschaft des Klubs nach, so ist dasselbe bei erfolgter Aufnahme von Zahlung des Eintrittsgeldes entbunden.
2. Ein etwaiger Verlust der Mitgliedskarte ist sofort dem II. Kassenwart anzuzeigen; von demselben ist gegen Zahlung einer Gebühr von 25 Pf. eine zweite Ausfertigung zu beziehen.
3. Wohnungsänderungen sind sofort dem I. Vorsitzenden anzuzeigen.
4. Dem jeweiligen I. Vorsitzenden ist Postvollmacht zu erteilen.
5. Der Billetvorverkauf bei den Verkaufsstellen ist um 12 Uhr mittags des Spieltages zu schließen.
6. Mitglieder, welche zu den Klubveranstaltungen Gäste einführen, sind für dieselben haftbar.
7. Vertretern des Klubs werden Reisekosten und Auslagen nach Ermessen der Verwaltung vergütet.
8. Jedes Mitglied muß sich Kenntnis der gültigen Fußballregeln sowie der Satzungen der Körperschaften, denen der Klub angehört, verschaffen und diese streng befolgen. Für Schaden, der dem Klub durch etwaige Nichtbefolgung erwächst, haftet diesem das betreffende Mitglied.
9. Bei Spielen zweier Klubmannschaften gegeneinander hat eine derselben mit besonderem Abzeichen anzutreten; welche von beiden, entscheidet das Los.
10. Das einem Mitglied vom Spiel-Ausschuß übertragene Schiedsrichteramt ist auf das gewissenhafteste auszufüllen.
11. Zur Übernahme eines solchen Schiedsrichteramtes ist jedes Mitglied verpflichtet, wenn es dreimal 24 Stunden vor Abhaltung des betr. Spieles die bezügl. Nachricht erhält. Nur umgehende Absage bis zweimal 24 Stunden vor Abhaltung des Spieles bei etwaiger Verhinderung entbindet das betr. Mitglied davon, für die dem Klub im Falle entstehenden Nachteile aufzukommen.

VII. Strafen

1. Handlungen, welche der Ehre und dem Ansehen des Klubs schaden, werden aufs strengste geahndet.
2. Drei Monate rückständige Beiträge und Strafen werden durch Boten eingezogen, wobei ein Botenlohn von 25 Pf. in Anrechnung kommt. Werden die Rückstände an den Boten nicht gezahlt, so kommen die Namen der säumigen Zahler in den Versammlungen der folgenden drei Monate zur öffentlichen Verlesung. Alsdann tritt bei nicht erfolgter Zahlung Ausschluß ein. Die Forderungen des Klubs bleiben bestehen. Die Verwaltung kann auf Ansuchen ausnahmsweise Stundung gewähren.

3. Mitglieder, die trotz Mahnung mit Zahlung der Beiträge länger als drei Monate im Rückstande bleiben, haben keine Stimme in den Versammlungen.
4. Unentschuldigtes Fernbleiben an den festgesetzten Versammlungen des Klubs wird mit 50 Pf. bestraft.
5. Verstöße gegen V.,3 a-d sind auf Antrag des Spiel-Ausschusses durch die Verwaltung in jedem einzelnen Falle bis zur Höhe von M. 5, bei Wiederholung bis zur doppelten Höhe, zu bestrafen. Fruchtet das nichts, so hat der Spiel-Ausschuß bei der Verwaltung den Ausschluß des Betreffenden zu beantragen. Über einen solchen Antrag entscheidet die Verwaltung selbständig.
7. Verhängte Geldstrafen sind dem II. Kassenwart betreffs Einziehung zu melden. Bei Regelung der Verpflichtungen gegenüber dem Verein werden Strafen vor den Mitgliedsbeiträgen verrechnet.

Wacker schlägt den Gaumeister VfB 2:0 (7. 9. 1930)

links: Große (VfB) flankt zur Mitte.

unten: Menzel (Wacker) fängt eine scharfe Bombe sicher. Vor Menzel Boedecker und Große, ganz rechts Mittelläufer Sela (Wacker).

Verzeichnis der Spiel- und Sportplätze des Luft-, Pferde-, Rad- und Wassersportes mit Angabe der Lage, der Spielplätze usw.

Name	Lage	Größe in qm	Spiel- und Sportart	Der Platz faßt Zuschauer
Akademischer Sport-Klub e.V.	Lindenau, Frankfurter Str. 32	36000	Tennis, Hockey, Rugby, Leichtathletik, Gymnastik, Ski	4000
Allg. Turn- u. Sportverein v. 1848 zu L.-Gohlis	DT Gohlis, Heinrothstr. und Halberstädter Str. 18	16000	Faust-, Fuß-, Hand- und Schlagball	–
Allg. Turnverein zu Leipzig 1845	Probstheida, Preußenstr. (Völkerschlachtdenkmal)	50000	Faust-, Fuß-, Hand- und Schlagball, Hockey, Tennis, Volksturnen	10000
Allg. Turnverein, L.-Unger-Str.	Stötteritz, Holzhäuser Str.	31500	Faust-, Fuß-, Hand- und Schlagball	–
Allg. Turnverein L.-Connewitz	Lößnig, Raschwitzer Str.	33500	Fußball, Handball, Leichtathletik	–
Allg. Turnverein L.-Dölitz	Dösen, Bornaische Str.	15000	Ballspiele, Leichtathletik, Turnen	–
Allg. Turnverein L.-Kleinzschocher	Kl.-Zschocher, Straßenbahnhof	37200	Ballspiele, Turnen	10000
Allg. Turnverein L.-Knautkleeberg	Knautkleeberg, Markranstädt. Str.	23000	Ballspiele, Turnen, Leichtahtletik	–
Allg. Turnverein L.-Mockau	Mockau, Weddingenstr.	26000	Hand-, Fuß-, Faustball, Turnen	–
Allg. Turnverein L.-Neuschönefeld	Schönefeld, Rohrteichstr.	11000	Faust-, Hand- und Schlagball	–
Allg. Turnverein L.-Probstheida	Probstheida, Dösner Straße	11600	Fußball, Handball, Turnen	–
Allg. Turnverein L.-Reudnitz	Stötteritz, Verl. Holzhäuser Str.	31500	Faust- und Handball	10000
Allg. Turnverein L.-Schleußig	Schleußig, An der Schleußiger Kirche	18500	Handball	6000
Allg. Turnverein L.-Schönefeld	Schönefeld, Löbauer Str.	31000	Faust- und Handball, Fechten, Tennis	–
Allg. Turnverein L.-Stötteritz	Stötteritz, Holzhäuser Str.	17200	Faust-, Hand- und Schlagball	–
Allg. Turnverein L.-Wahren	Wahren, Mühlwiese	27700	Ballspiele, Leichtathletik, Tennis, Turnen	–
Allg. Turn- und Sportverein L.-Großzschocher v. 1859	Erz.Wi., Am Lauerschen Weg	20000	Fußball, Handball, Leichtathletik, Turnen	–
Ballspielklub Arminia (VMBV)	Schönefeld, Volbedingstr.	40000	Fußball, Handball, Jugendpflege, Wintersport, Leichtathletik, Tennis, Hockey	10000
Ballspiel-Klub Olympia 07 e.V. (VMBV)	Schleußig, Hinter der Schleußiger Kirche bei Schnorrstr.	21000	Fußball, Leichtathletik	500
Connewitzer Ballspielklub 09 e.V.	Kaiserin-Augusta-Str.	25000	Fußball, Leichtathletik	5000
Damen-Sport-Klub 1922 (VMBV)	Möckern, Marienweg	18000	Hockey, Leichtathletik, Handball, Tennis, Schwimmen, Wintersport	–
Deutsche Jugendkraft 21, L.-West (VMBV)	Nonnenwiese	–	Fuß-, Faust- und Handball, Leichtathletik	4000

Name	Lage	Größe in qm	Spiel- und Sportart	Der Platz faßt Zuschauer
Fußballabteilung d. Rudervereins Triton (VMBV)	–	–	Fußball, Leichtathletik, Rudern	–
Leipziger Ballspiel-Klub »LBC«	Lindenau, Frankfurter Str. 82	50000	Hockey, Tennis, Fußball, Handball, Leichtathletik	25000
Leipziger Handball-Klub 1929 (VMBV)	Lindenau, an der Demmeringstr.	10000	Handball	1000
Leipziger Sportklub e.V. (VMBV)	Schleußig, Pistorisstr.	75000	Tennis, Hockey, Eishockey, Leichtathletik	10000
Leipziger Sportfreunde 1900 e.V. (VMBV)	Connewitz, Waisenhausstr.	60000	Fußball, Handball, Hockey, Tennis, Leichtathletik, Wintersport	25000
Leipziger Sportverein von 1890 (VMBV)	Lindenau, Merseburger Str. Vereinsheim	42000	Fußball, Handball, Leichtathletik	16000
Leipziger Sportverein Eintracht von 1904	Connewitz, nördl. d. Gautzscher Bahnhofs	30000	Ballspiele, Tennis, Leichtathletik	–
Leipziger Turnerschaft Südost	Reudnitz, Friedrich-Wilhelm-Str.	6000	Leichtathletik, Turnen	–
Leipziger Turn- und Sportverein Eintracht 1885 e.V.	Connewitz, an der Neuen Linie	32600	Faust-, Fuß- und Handball, Tennis	–
Männer-Turnverein L.-Neuschönefeld	Schönefeld, Rohrteichstr.	11000	Faust-, Hand- und Schlagball	–
Polizei-Sport-Verein 21 (VMBV)	Möckern, Hallische Str. 148	42000	Faust-, Fuß- und Handball, Leichtathletik, Tennis, Kleinkaliber, Turnen, Jiu-Jitsu	5000
Post-Turn- und Sportverein Leipzig	Stötteritz, Holzhäuser Str.	40000	Handball, Fußball, Schießen, Leichtathletik, Turnen	–
Rasen-Club Sport e.V.	Heilige Brücke, Ziegeleiweg	20000	Hockey, Tennis, Radpolo, Leichtathletik	3000
Spielvereinigung Leipzig e.V. (VMBV)	Lindenau, Demmeringstr.	65000	Fußball, Handball, Hockey, Leichtathletik	15000
Spielvereinigung 08 Leipzig-Dölitz	Lößnig, Raschwitzer Str.	19900	Fußball	–
Sportabt. der Kammgarnspinnerei Stöhr & Co.	Kl.-Zschocher, Antonienstr.	9000	Fußball, Handball, Leichtathletik	–
Sport-Klub Kickers e.V. Leipzig	Möckern, Kirschbergstr.	20000	Fußball, Handball, Faustball, Leichtathletik	–
Sport-Club Marathon-Westens (VMBV)	Lindenau, Frankfurter Str.	30000	Boxen, Fußball, Handball, Hockey, Leichtathletik, Tennis	15000
Sport-Klub Phönix 1921 (VMBV)	Lindenau, Schafwiese, Friesenstr.	11000	Handball, Fußball, Leichtathletik, Boxen	4000
Sport-Klub Wacker e.V. (VMBV)	Eutritzsch, Danziger Str. 42	103000	Fuß- und Handball, Tennis, Boxen, Schwimmen, Fechten, Hockey, Rugby, Schach	60000
Sportverein Bar Kochba (VMBV)	Eutritzsch, Delitzscher Landstr.	30000	Boxen, Fußball, Handball, Leichtathletik, Schwimmen, Tennis	15000
Sportverein Corso 02 (VMBV)	Kl.-Zschocher, Verl. Antonienstr.	10000	Fußball, Handball, Leichtathletik	5000
Sportverein Eintracht 1904 (VMBV)	Am Forsthaus Raschwitz	40000	Fußball, Handball, Leichtathletik, Gymnastik, Hockey	15000
Sportverein Fortuna 02	Paunsdorf, Riesaer Str.	63000	Fußball, Leichtathletik	–
Sportverein Guts-Muts 1912 e.V. (VMBV)	Mockau, Mockauer Str. 82, 84	82000	Fußball, Handball, Leichtathletik	8000
Sportverein Helios 02 e.V. (VMBV)	Eutritzsch (Debrahof)	24000	Fuß-, Hand- und Faustball, Leichtathletik	4000

Name	Lage	Größe in qm	Spiel- und Sportart	Der Platz faßt Zuschauer
Sportverein Lipsia 93	Eutritzsch, Friedhofsstr.	19500	Ballspiele, Leichtathletik	–
Sportverein Pfeil 1905 (VMBV)	Sportplatz Mühlwiesen	21000	Fußball, Handball, Leichtathletik	6000
Sportverein Sturm 1910 (VMBV)	Leutzsch, Städt. Sportplatz	10000	Fußball, Handball, Leichtathletik, Schach, Kegeln	4000
Sportverein Südost 1921 e.V. (VMBV)	Probstheida	15000	Fußball, Leichtathletik	2500
Sportverein Victoria 03 e.V.	Möckern, An der Wettinbrücke	42800	Fußball, Leichtathletik	–
Sportvereinigung Leipzig e.V. (VMBV)	Mockau, Gontardweg	24000	Fußball, Handball, Leichtathletik	10000
Turn- und Sportgemeinde 1848	Lindenau, Albertiner Str.	37000	Faust-, Fuß-, Hand- und Schlagball, Hockey, Rugby, Schwimmen	10000
Turn- und Sportverein L.-Eutritzsch 1860	Eutritzsch, Debrahof	22810	Faust-, Fuß- und Handball, Hockey	–
Turn- und Sportverein L.-Lößnig	Dösen, Bornaische Str.	14000	Handball, Volksturnen	–
Turn- und Sportverein 1867 Leipzig	An der Hindenburgbrücke	76000	Faust-, Fuß-, Hand- und Schlagball, Rugby, Wasser- und Wintersport, Schwimmen, Turnen	40000
Turn- und Sportvereinigung L.-Ost von 1858	Sellerhausen, Wurzner Str.	20000	Hand- und Fußball, Turnen	–
Turnverein L.-Connewitz 1858, DT	Lößnig, Raschwitzer Str.	70000	Faust-, Fuß-, Hand- und Stockball, Tennis, Turnen	40000
Turnverein Leipzig-Leutzsch	Leutzsch, Otto-Schmidt-Str.	20409	Ballspiele, Volksturnen	–
Turnverein Leipzig-Möckern von 1861	Möckern, An der Wettinbrücke	25106	Fuß- und Handball, Leichtathletik, Turnen	–
Turnverein Leipzig-Neustadt	Schönefeld, Mariannenpark Rohrteichstr.	10987	Ballspiele, Volksturnen	–
Turnverein zu L.-Plagwitz	Lindenau, Sportplatz	–	Faust-, Hand- und Schlagball	–
Turnverein L.-Schönefeld	Schönefeld, Platz an der Bautzner Landstr.	31900	Faust-, Hand- und Schlagball	–
Turnverein L.-Stötteritz 1848	Stötteritz, an der Lausicker Str.	23000	Faust-, Fuß- und Handball	4000
Verein für Bewegungsspiele zu Leipzig e.V. 1893 (VMBV)	Probstheida, Connewitzer Str.	80000	Fußball, Handball, Hockey, Schlagball, Tennis, Leichtathletik, Sportsegeln	50000
Verein für Leibesübungen 04 Leipzig	Lindenau, Saalfelder Str.	10000	Fußball, Handball	–
Verein für Leibesübungen Olympia 96 e.V.	Gohlis, Herloßsohnstr.	14000	Fußball, Leichtathletik	–
Verein für Leibesübungen Reichsbahn 26 DT	Heiterblick	80000	Faust-, Fuß- und Handball, Kegeln, Leichtathletik	–
Verein für Rasensport 1902 (VMBV)	Bauernwiesen am Germaniabad	45000	Fußball, Handball, Leichtathletik	8000
Verein f. Turnen und Bewegungsspiele 1905 (VMBV)	Kleinzschocher	50000	Fuß- und Handball, Hockey, Leichtathletik, Turnen	10000

Die Endspiele um die Deutsche Meisterschaft mit Leipziger Beteiligung

Finale am 31. Mai 1903 in Altona
VfB Leipzig – DFC Prag 7:2
VfB: Dr. Ernst Raydt, Erhard Schmidt, Arthur Werner, Wilhelm Rößler, Walter Friedrich I, Otto Braune, Georg Steinbeck, Bruno Stanischewsky, Heinrich Riso I, Adalbert Friedrich II, Ottomar Aßmus.
DFC: Pick, Kurpiel, Schwarz, Robitsek, Fischl, Sedlacek, Beck, Kubik II, Meyer, Fischer, Kubik I.
Torfolge: 0:1 Meyer, 1:1 W. Friedrich, 2:1 A. Friedrich (49.), 3:1 Riso, 3:2 Meyer, 4:2, 5:2 Stanischewsky, 6:2, 7:2 Riso. Schiedsrichter: Behr (Altona). Zuschauer: 2000 auf der Exerzierweide.

Halbfinale am 12. Mai 1904 in Leipzig*
VfB Leipzig – Duisburger SV 3:2 n.V.
VfB: Dr. Ernst Raydt, Erhard Schmidt, Georg Hüttig, Arthur »Kuller« Werner, Paul Oppermann, Otto Braune, Bruno Stanischewsky, Walter Friedrich I, Schneider, Martin Beckmann, Adalbert Friedrich II.
Duisburg: Hinze, Buschmann, Schenkel, Jacoby, Langer, Hasencox, Hoen, van der Weppen, Fischer I, Krusenbaum, Schilling.
Torfolge: 0:1 (25.), 1:1 Oppermann, 1:2 van der Weppen, 2:2 (85.), 3:2 Schneider (132.). Schiedsrichter: Neumann (Berlin). Spielort: Sportplatz.

* Das Finale, für welches sich der VfB qualifiziert hatte, sollte am 29. Mai 1904 in Kassel stattfinden. Der Karlsruher FV hatte jedoch Protest eingelegt, der DFB gab dem statt und beschloß, in diesem Jahr keinen Meister zu ermitteln.

Finale am 27. Mai 1906 in Nürnberg
VfB Leipzig – 1. FC Pforzheim 2:1
VfB: Johannes Schneider, Erhard Schmidt, Arthur Werner, Georg Steinbeck, Camillo Ugi, Paul Oppermann, Karl Uhle, Heinrich Riso I, Edgar Blüher, Martin Laessig, »Bert« Adalbert Friedrich II.
Pforzheim: Faas I, Steudle, Hiller I, Jäger, Hiller II, Hofer, Schweickert, Fink, Maier, Stöhr, Rühl.
Torfolge: 1:0 Blüher (15.), 1:1 Stöhr (26.), 2:1 Riso I (85.). Schiedsrichter: Eikhof (Hamburg). Zuschauer: 1100 auf dem Club-Platz an der Ziegelgasse.

Finale am 4. Juni 1911 in Dresden
Berliner Thorball- und Fußballclub Viktoria 1889 – VfB Leipzig 3:1
Berlin: Welkisch, Röpnack, Fischer, Graßmann, Knesebeck, Hunder, Dumke, Krüger, Worpitzky, Kugler, Gasse.
VfB: Johannes Schneider, Dr. Willy Völker, Curt Hesse, Curt Fischer, Camillo Ugi, Lothar Rubin, Karl Uhle, Heinrich Riso I, Hans Dolge, Feiler, »Bert« Adalbert Friedrich II.
Torfolge: 1:0 Worpitzky (42.), 2:0 Kugler (52.), 2:1 Riso I (82.), 3:1 Worpitzky (88.). Schiedsrichter: Schröder (Mönchengladbach). Zuschauer: 12 000 auf dem Sportplatz an der Hygiene-Ausstellung.

Finale am 11. Mai 1913 in München
VfB Leipzig – Duisburger SV 3:1
VfB: Johannes Schneider, Dr. Willy Völker, Alfred Herrmann, Curt Hesse, Paul Michel, »Edy« Eduard Pendorf, Georg Richter, »Paulsen« Paul Pömpner, Johannes Völckers, Hans Dolge, »Bert« Adalbert Friedrich II.
Duisburg: Bruckschen, Klinkers, Schäfer, Büscher, Ludewig, Schütten, Quatram, Bongartz, Fischer I, Steinhauer, Fischer II.
Torfolge: 1:0 Pendorf (9., Handelfmeter), 2:0 Pömpner (15.), 3:0 Pendorf (60.), 3:1 Fischer I (75.). Schiedsrichter: Knab (Stuttgart). Zuschauer: 5000 auf dem MTV-Platz in Sendling.

Finale am 31. Mai 1914 in Magdeburg
Spielvereinigung Fürth – VfB Leipzig 3:2 n.V.
Fürth: Polenski, Burger, Wellhöfer, Seidel, Riebe, Schmidt, Wunderlich, Franz III, Weicz, Hirsch, Jakob.
VfB: Johannes Schneider, Dr. Willy Völker, Dr. Alfred Herrmann, Curt Hesse, Paul Michel, »Edy« Eduard Pendorf, Georg Richter, »Paulsen« Paul Pömpner, Hans Julitz I, Hans Dolge, »Bert« Adalbert Friedrich II.
Torfolge: 1:0 Franz III (17.), 1:1 Pendorf (83.), 2:1 Weicz (104.), 2:2 Hesse (108.), 3:2 Franz III (153.). Schiedsrichter: von Paquet (Berlin). Zuschauer: 6000 auf dem Victoria-Platz.

Leipziger Vereine und ihre Titel

Deutscher Meister:

1903 VfB Leipzig
1906 VfB Leipzig
1913 VfB Leipzig

Deutscher Pokalsieger:

1936 VfB Leipzig

Mitteldeutscher Meister:

1902 Wacker Leipzig
1903 VfB Leipzig
1904 VfB Leipzig
1906 VfB Leipzig
1907 VfB Leipzig
1908 Wacker Leipzig
1910 VfB Leipzig
1911 VfB Leipzig
1912 Spielvereinigung Leipzig
1913 VfB Leipzig
1914 Spielvereinigung Leipzig
1916 Leipziger SV Eintracht
1918 VfB Leipzig
1922 Spielvereinigung Leipzig
1924 Spielvereinigung Leipzig
1925 VfB Leipzig
1927 VfB Leipzig

Gau- und Kreismeister von Nordwestsachsen:

1898 Leipziger BC
1899 Leipziger BC
1900 Leipziger BC
1901 Wacker Leipzig
1902 Wacker Leipzig
1903 VfB Leipzig
1904 VfB Leipzig
1905 Hallescher FC 1896
1906 VfB Leipzig
1907 VfB Leipzig
1908 Wacker Leipzig
1909 VfB Leipzig
1910 VfB Leipzig
1911 VfB Leipzig
1912 Spielvereinigung Leipzig
1913 VfB Leipzig
1914 Spielvereinigung Leipzig
1915 Sportfreunde Leipzig
1916 Eintracht Leipzig
1917 Eintracht Leipzig
1918 VfB Leipzig
1919 Spielvereinigung Leipzig
1920 VfB Leipzig
1921 Spielvereinigung Leipzig
1922 Spielvereinigung Leipzig
1923 VfB Leipzig
1924 Spielvereinigung Leipzig
1925 VfB Leipzig
1926 Fortuna Leipzig
1927 VfB Leipzig
1928 Viktoria Leipzig
1929 Sportfreunde Leipzig
1930 VfB Leipzig
1931 Sportfreunde Leipzig
1932 Wacker Leipzig
1933 Wacker Leipzig

Nachbemerkung

Die Arbeiten zu dem hier vorliegenden Band reichen bis in die achtziger Jahre zurück, als der heutige Verleger dieses Buches einen mit einfachsten Mitteln in kleiner Auflage hergestellten Privatdruck unter dem Titel »100 Jahre Fußball in Leipzig« veröffentlichte. Einige Auszüge dieses Werkes erschienen 1988/89 im damaligen »Sächsischen Tageblatt« sowie in den »Leipziger Blättern«.

Der Autor Jens Fuge hatte ebenso zu dieser Zeit die ersten Berührungen mit der Leipziger Fußballhistorie, welche mit der Veröffentlichung des Buches »Leutzscher Legende« im Jahre 1992 ihren bisherigen Höhepunkt fanden.

Mit Gründung der Connewitzer Verlagsbuchhandlung im Jahre 1990 lag es nahe, die Idee eines größeren Verlagsprojektes mit diesem Thema in die Tat umzusetzen. Daß es jedoch bis November 1996 dauern sollte, ehe der erste die Jahre bis 1945 berücksichtigende Band erscheinen konnte, war zunächst nicht vorauszusehen. Die Sichtung der Quellen gestaltete sich schwierig, denn gerade in der Frühzeit der Sportart berichteten nur wenige Zeitungen durchgängig und ausführlich von den Spielen; nicht einmal von denen der Auswahlvertretungen. Der Krieg tat ein übriges; viele Materialien und Archive verschwanden auf Nimmerwiedersehen. Das Erscheinen unseres bereits 1993 angekündigten Buches wurde auch durch die Tatsache verzögert, daß immer wieder nach vermeintlichem Redaktionsschluß eine Mappe vergilbter Fotografien oder eine Sammlung noch nicht verwendeter Aufzeichnungen auf den Tisch kam und wichtige neue Kenntnisse oder Hinweise brachte.

Die gehobenen Schätze können sich sehen lassen; zurück bis in das Jahr 1883 reichen die ersten gefundenen Nachweise für das Spiel mit dem runden Leder in der Stadt Leipzig. Daß wir für den ersten Band den Untertitel »Die Jahre 1893 bis 1945« gewählt und hier mit keiner früheren Jahreszahl gearbeitet haben, hängt mit unserer Auffassung vom Jahr 1893 als dem Geburtsjahr der ersten Leipziger Fußballvereine zusammen, zu denen auch der VfB gehört.

Hilfreich für dieses Buch war die Tatsache, daß viele dieser neugegründeten Vereine in den 20er Jahren bereits auf ein Vierteljahrhundert ihres Bestehens zurückblicken konnten und aus diesem Anlaß Festschriften mit wesentlichen Erinnerungen und Abbildungen hinterließen. Neben der Lektüre von Sportbüchern, Zeitungen und Zeitschriften war jedoch ein von uns oft zitiertes Werk eine wahre Fundgrube, das von Kurt Pauckert, einem Redakteur der damaligen »Leipziger Neuesten Nachrichten«, herausgegebene »30 Jahre Gau Nordwestsachsen im Verband Mitteldeutscher Ballspielvereine«.

Viele Tabellen, Beschreibungen und Auflistungen aus Pauckerts Buch haben wir übernommen. Die Angaben waren oftmals so detailliert, daß es uns für die Zeit nach 1927 nicht möglich war, diese Dichte an statistischen Daten zu halten. Unseres Wissens gab es leider keinen Chronisten, der ähnlich fundierte Angaben für den Spielbetrieb der 30er und 40er Jahre zusammengetragen hat. Daß wir auch einige Aufsätze und Beschreibungen von Sportplätzen und Persönlichkeiten wörtlich wiedergeben, spricht für den Wert dieses Werkes, erklärt aber auch die eine oder andere von uns verwendete, heute jedoch nicht mehr gebräuchliche Formulierung und Schreibweise. Nach bestem Wissen haben wir die Angaben ergänzt und Einfügungen vorgenommen.

Kompliziert ist auch der Umgang mit alten Abbildungen und Fotografien. Wir meinen jedoch, daß wir zu Recht nicht auf die Wiedergabe von teilweise 70 bis 100 Jahre alten Aufnahmen verzichtet haben, obwohl deren Qualität nicht modernen Ansprüchen genügt; können wir uns doch so ein stimmungsvolles Bild von den Anfängen des Fußballsportes machen.

Wir hoffen nach Erscheinen dieses Buches auf die Entdeckung neuer, bislang noch nicht erfaßter Materialien, die mancher Leser dieser Zeilen vielleicht auf dem Dachboden oder im Schrank aufbewahrt. Im Bewußtsein, daß immer wieder neue Quellen auftauchen werden, haben sich Verlag und Autor entschlossen, ab dem kommenden Jahr ein »Leipziger Fußball-Jahrbuch« herauszugeben. Darin soll die jeweils zurückliegende Saison von der Kreisklasse bis zur Bundesliga beleuchtet werden; aber auch spezielle, bislang unberücksichtigte Geschichten aus der Historie finden Platz. Hier können auch neue Erkenntnisse verarbeitet werden, wobei wir auf die Mithilfe interessierter Leser hoffen.

Derzeit in Arbeit ist der zweite Band unserer Chronik, der die Jahre von 1945 bis zur Gegenwart umfaßt. Auch hier sind wir für Hinweise selbstverständlich sehr dankbar.

Das vorliegende Buch enthält Resultate, Tabellen oder Ereignisse, die schon vor 60 oder 90 Jahren unterschiedlich betrachtet wurden oder die in der Erinnerung der Zeitzeugen nicht genau nachvollziehbar waren. Ab und an tauchen auch in den alten Quellen Widersprüchlichkeiten auf. Sollten Sie solche Unstimmigkeiten bemerken, weisen Sie uns bitte darauf hin und verbessern Sie uns.

Wir hoffen, mit diesem Buch einen aus objektiver Sicht geführten, spannenden Ausflug in die Vergangenheit des Fußballsports unternommen zu haben, der viel Neues zutage brachte und vielleicht auch manch Gegenwärtiges erhellt.

Peter Hinke   Jens Fuge

P.S.: Kontakt zum Thema »Fußball in Leipzig« über:

    Westend-Presseagentur
    Jens Fuge
    Paul-Gruner-Str. 62
    04107 Leipzig

Quellenverzeichnis

ATV zu Leipzig: Jahrbuch 1915
Autorenkollektiv: »Fußball in Vergangenheit und Gegenwart«; Berlin 1976
Carl Diem: Jahrbuch für Leibesübungen; Berlin 1930
Wolfgang Eichel: »Illustrierte Geschichte der Körperkultur«; Berlin 1983
Festschrift »ATV zu Leipzig von 1845«
Festschrift »50 Jahre Deutscher Fußball-Bund«
Festschrift »25 Jahre Fortuna Leipzig«
Festschrift »25 Jahre BC Arminia«
Festschrift »25 Jahre Spielvereinigung Leipzig 1899«
Festschrift »25 Jahre Viktoria Leipzig«
Festschrift »25 Jahre VfB Leipzig«
Festschrift »40 Jahre VfB Leipzig«
Festschrift »50 Jahre VfB Leipzig«
Festschrift »40 Jahre Tura Leipzig«
Festschrift »40 Jahre VfK Leipzig-Südwest«
»Freie Sportwoche«, verschiedene Jahrgänge
Peter Hinke: »100 Jahre Fußball in Leipzig«; 1988
Kicker-Almanach; verschiedene Jahrgänge
»Mitteldeutscher Sport«, verschiedene Jahrgänge
»Mitteldeutsche Sportzeitung«, verschiedene Jahrgänge
Alfredo Pöge: »Libero«; Wiesbaden, verschiedene Jahrgänge
»TuB-Zeitung« von 1920 bis 1940
Adolf Spieß: Turnbuch für Schulen; Basel 1880
»VfB-Mitteilungen« von 1912 bis 1941
»Wacker-Zeitung«, verschiedene Jahrgänge
G. H. Weber: »Ballübungen«; München 1877
H. Wickenhagen: Jahrbuch für Volks- und Jugendspiele; Leipzig und Berlin 1905
Abbildungen:
Archiv Fuge, Archiv Hinke, Rainer Behling (S. 9, 10 oben, 18)

Wir bedanken uns für die Mithilfe bei:

Rainer Baumann; Leipzig-Connewitz
Günter Busch; Leipzig-Gohlis
Christian Dörl; Leipzig
Lutz Eismann; Leipzig-Lindenau
Herrn Frey; Kemberg
Gerhard Heinz; Oschatz
Günter Jakob; Leipzig-Lindenau
Herrn Killinger; Leipzig-Grünau
Herrn Landmann; Leipzig-Grünau
Lothar Langhammer; Leipzig
Herrn Lidauer; Leipzig-Lindenau
Kirstin Meier; Leipzig
Tilo Meyer; Leipzig
Friedrich und Andreas Pöge; Leipzig-Mölkau
Werner Pusch; Leipzig-Lindenthal
Herrn Rokosch; Leipzig-Lindenau
Dr. Horst Sachse; Leipzig
Werner Schröter; Leipzig-Mölkau
Silvio Stäbe; Leipzig
Herrn Syhre; Leipzig-Leutzsch
Manfred Uhlig; Leipzig-Reudnitz
sowie den Mitarbeiterinnen und Mitarbeitern der Deutschen Bücherei Leipzig

Zum Autor

Jens Fuge, geboren am 25. 10. 1963 in Leipzig-Lindenau, beschäftigt sich seit vielen Jahren mit der Geschichte des Leipziger Fußballs. Seine ersten Erfahrungen im Fußball sammelte er als Mitglied von Fortschritt West, einem der Nachfolgevereine der Spielvereinigung. Von den ersten Schritten – der Ausgestaltung eines Schaukastens der BSG Chemie Leipzig am Leutzscher Rathaus mit selbstverfaßten Texten – bis hin zum ersten ernsthaften Werk (das Vereinsbuch des FC Sachsen Leipzig, die 1992 erschienene »Leutzscher Legende«) vergingen zehn Jahre. Fuge, der als freier Mitarbeiter für Leipziger Zeitungen begann und wegen seines Ausreiseantrags 1984 mit einem Schreibverbot belegt wurde, begann 1990 als Redakteur beim »Sächsischen Tageblatt« in der Sportredaktion, arbeitete als Bundesliga-Reporter bei BILD Stuttgart und war für kurze Zeit bei der »Leipziger Volkszeitung«, ehe er sich 1993 selbständig machte und die »Westend-Presseagentur« gründete. Neben der Gestaltung der Sportseite der »Leipziger Rundschau«, Artikeln in der LVZ und in anderen Zeitungen ist »Westend« auch für Programmheft und Vereinsmagazin des FC Sachsen verantwortlich und produziert seit Jahren das offizielle Heft für das Hallen-Masterturnier. Auch im TV-Bereich wurde Fuge aktiv und produziert im Jahr mehrere Filme, darunter u.a. auch die Verfilmung der Geschichte des FC Sachsen.

Vorschau

Jens Fuge
Ein Jahrhundert Leipziger Fußball
Teil 2: 1945-1997

Im Herbst 1997 wird der zweite Band des Buches »Ein Jahrhundert Leipziger Fußball« erscheinen. Er beschäftigt sich mit dem Neuanfang im Jahr 1945, der mit Städtespielen und der Umbenennung der alten bürgerlichen Vereine begann.

Die erste Fußballeuphorie nur drei Jahre nach Kriegsende brach in Leutzsch aus, wo die Tura-Nachfolger SG Leutzsch bzw. ZSG Industrie schon bald wieder Zehntausende in ihren Bann zogen. Der Gewinn der DDR-Meisterschaft durch die 1950 gegründete BSG Chemie Leipzig begründete einen Boom, der jahrelang anhielt. Die danach beginnende Zeitrechnung wurde geprägt durch die Umverteilung der Kräfte im Leipziger Fußballsport. Rotation und der SC Lokomotive entstanden, hatten aber mit der Vergabe der Meisterschaft meist nichts zu tun. Viele interessante Geschichten aus dieser fast vergessenen Zeit werden in diesem zweiten Band erzählt.

Was sich ab 1963 in Leipzig tat, wurde fast Legende. Erneut wurde umstrukturiert, nur daß es diesmal keine gerechte Verteilung an Spielermaterial gab. Doch die »Kleinen«, dem Abstieg eigentlich Geweihten aus Leutzsch, verblüfften alle und holten sich statt des erwarteten Abstiegs die Meisterschaft. In dieser Ausgangsposition liegt die jahrzehntelange Abneigung der seit damals existierenden Fanlager begründet; vor allem die Grün-Weißen aus dem Leipziger Westen vergaßen in den Jahren abnehmender sportlicher Attraktivität niemals die Bevorzugung der anderen Seite aus Probstheida. Der VfB-Nachfolgerverein aus dem Bruno-Plache-Stadion avancierte in den nächsten Jahren zur Nummer Eins in der Messestadt. Immer mehr Spieler vom 1. FC Lok wurden in die Nationalmannschaft berufen, im Europacup wurde die Elf Dauergast. So bescherte man der Leipziger Anhängerschaft immer wieder Sternstunden mit namhaften Gegnern.

Natürlich wird auch die schwere Zeit nach der Wende beschrieben, in der besonders die alte Rivalität zwischen Leutzsch und Probstheida wieder verstärkt aufflammte. Der Weg des VfB in die Bundesliga, die Enttäuschungen des FC Sachsen – all das ist in Teil 2 von »Ein Jahrhundert Leipziger Fußball« zu finden. Neben allen wichtigen Spielen, Entwicklungen und Tendenzen bietet das Buch auch Einblicke hinter die Kulissen, Anekdoten und Erlebnisse von Spielern und Funktionären sowie zeitgenössische Dokumente.

ca. 200 Seiten mit rund 200 Abb., schön gebunden, Fadenheftung,
ca. 45,– DM
erscheint Oktober 1997
ISBN 3-928833-45-6

Leipziger Fußball-Jahrbuch 1997

Mit dem Erscheinen des zweiten Bandes der Leipziger Fußballgeschichte ist das Standardwerk zu diesem Thema abgeschlossen. Doch Verlag und Autor wollen nicht auf diesem Stand stehenbleiben, sondern ganz im Gegenteil die Geschichte des Leipziger Fußballsports ab diesem Moment lückenlos dokumentieren und begleiten.

Aus diesem Grund entschloß man sich, ab 1997 jeweils im August das »Leipziger Fußball-Jahrbuch« herauszubringen. Darin wird einerseits das abgelaufene Jahr von der Kreisklasse bis zur zweiten Bundesliga dokumentiert; alle Leipziger Vereine sowie auch Mannschaften aus dem Umland werden sich darin mit Ergebnissen, Fotos und Reportagen wiederfinden. Statistiken und Berichte werden erstmals auch die sogenannten »Kleinen« berücksichtigen, die oftmals eine große Geschichte und eine bewegte Vergangenheit vorweisen können. Andererseits können neu aufgetauchte Dokumente und Geschichten verarbeitet werden, Lebensläufe erzählt und historische Zusammenhänge dargestellt werden. Der eigentliche Reiz besteht darin, daß hier einerseits die Leipziger Fußballgeschichte fortgeschrieben wird, andererseits die Fakten aus den beiden Bänden »Ein Jahrhundert Leipziger Fußball« um neue Erkenntnisse ergänzt werden können. Interviews, Stories und viele packende Fotos von den besten Leipziger Fußballfotografen beleben das Fußball-Jahrbuch. Geplante Themen sind unter anderem: »Fußballer-Witwen – ihr Leben mit dem Sport«, »Die Krauß-Dynastie – eine Fußballerfamilie in drei Generationen«, »Alfred Kunze – Abschied von einem Denkmal« sowie »Von Rohrlapper bis Picture Point – Leipziger Fußball-Fotografen in fünf Jahrzehnten«.

ca. 200 Seiten, ca. 120 Abbildungen, zahlreiche Tabellen, schön gebunden, Fadenheftung,
ca. 29,80 DM
erscheint August 1997.
ISBN 3-928833-47-2

Jens Fuge

Ein Jahrhundert Leipziger Fußball

Die Jahre 1945 bis 1997

Inhaltsverzeichnis

Vorwort 5
Vom Beginn des Fußballsports in Deutschland 6
Chronik der Jahre 1883-1945 7
Die Gründung des Deutschen Fußball-Bundes 129
Die Entwicklung der Platzanlagen der Leipziger Vereine 135
Nordwestsachsens Repräsentative der Jahre 1897-1927 147
Bekannte Persönlichkeiten des Leipziger Fußballs 152
Gründungsgeschichte der wichtigsten Leipziger Vereine 173
Club-Ordnung des Fußball-Clubs »Wacker« Leipzig 195
Verzeichnis der Spiel- und Sportplätze des Luft-, Pferde-, Rad- und Wassersportes
mit Angabe der Lage, der Spielplätze usw. 199
Die Endspiele um die Deutsche Meisterschaft mit Leipziger Beteiligung 202
Leipziger Vereine und ihre Titel 203
Nachbemerkung 204
Quellennachweis 205